小学语文通用基础知识

专注小学阶段语文基础字、词

学霸
必修课
XUEBA
BIXIUKE

语文其实并不难

曾琴 陈慧颖 主编

笔画笔顺

学习有步骤

延边大学出版社

图书在版编目（CIP）数据

语文其实并不难 / 曾琴，陈慧颖主编. -- 延吉：
延边大学出版社，2023.5
ISBN 978-7-230-05006-7

Ⅰ．①语… Ⅱ．①曾… ②陈… Ⅲ．①小学语文课 –
教学参考资料 Ⅳ．①G624.203

中国国家版本馆 CIP 数据核字（2023）第 091197 号

语文其实并不难

主　　编：曾琴　陈慧颖
责任编辑：王启东
出版发行：延边大学出版社
社　　址：吉林省延吉市公园路 977 号
邮　　编：133002
电　　话：0433-2732435
传　　真：0433-2732434
网　　址：http：//www.ydcbs.com
印　　刷：咸宁市国宾印务有限公司
开　　本：880 mm × 1230 mm　　1/32
印　　张：21
字　　数：460 千字
版　　次：2023 年 5 月第 1 版
印　　次：2023 年 7 月第 1 次印刷
书　　号：ISBN 978-7-230-05006-7
定　　价：110.00 元

目 录

学习有步骤

笔画笔顺

YUWEN QISHI BINGBUNAN

学习有步骤

笔画笔顺

YUWEN QISHI BINGBUNAN

横

我的名字叫作横，汉字有我才平衡。
左低右高向下俯，稳稳当当字中住。

轻松变一变

1. 我遇到"火"字,变成了"灭"字。（一+火→灭）
2. 我遇到"人"字,变成了"大"字。（一+人→大）
3. 我遇到"大"字,变成了"天"字。（一+大→天）

汉字小教室

小画：你会写"灭火"的"灭"字吗？

小顺：当然会呀。"灭"是上下结构,写的时候从上到下,先写上面的横,再写下面的"火"。繁体字"滅"是形声字,从水,威(miè)声。简化字"灭"为会意字,从"一",从"火","一"表示覆压火上。

小画：你会写"大人"的"大"字吗？

小顺：当然会呀。"大"是独体字,写的时候先写中间横,再写"人"。"大"是多音字,读作dà和dài。"大"是象形字,就像一个张开手脚、顶天立地的人的样子。

小画：你会写"天空"的"天"字吗？

小顺：当然会呀。"天"是独体字,写的时候从上到下,先写上面的横,再写下面的"大"。"天"是会意字,下面是正面的人形(大),上面指人的头。"天"的本义是人的头顶,最初指空间,与地相对,后引申为天空、太空等。

"横"的分类与书写

长横：起笔轻按稍顿,顺势向右行笔,横中间提笔较轻,收笔稍顿向左回锋,形态平直,整个笔画稍稍有点左低右高。

短横：书写时落笔应轻,由轻到重向右行笔,大约写到长横的一半,收笔稍顿,整个笔画稍向右上仰。

汉字演变史

"正"是指事字,也是多音字。"正"读 zhēng 时,表示农历一年的第一个月;读 zhèng 时,本义是不偏斜,平正。其甲骨文字形上面原为一个方形的城邑,下面是一只脚,正向着它前进。

| 甲骨文 | 金文 | 小篆 | 隶书 | 楷书 |

相关词语

正→正反　正邪　正负　改正　正面　义正词严　一本正经

我会变变变

一＋一→（二）　　　　　　一＋口→（日）

一＋儿→（兀）　　　　　　一＋日→（旦、目）

一＋十→（干、土、士）　　一＋木→（未、末、本）

每日练一练

灭　灭　大　大　天　天　未　未　正　正

竖

丨

我的名字叫作竖，我在字中起支撑。
竖要垂直字才正，成为字中小英雄。

轻松变一变

1. 我遇到"乜"字,变成了"也"字。（丨+乜→也）

2. 我遇到"人"字,变成了"个"字。（丨+人→个）

3. 我遇到"口"字,变成了"中"字。（丨+口→中）

汉字小教室

小画：你会写"也许"的"也"字吗？

小顺：当然会呀。"也"是独体字，写的时候，先写横折钩，再写竖，最后写竖弯钩。你知道吗？"也"的解释有6种：①表示同样。②单用或重复使用，强调两事并列或对待。③重复使用，表示无论这样或那样，结果都相同。④用在转折或让步的句子里，隐含结果相同的意思。⑤表示委婉。⑥表示强调。

乜 乜 也

小画：你会写"几个"的"个"字吗？

小顺：当然会呀。"个"是独体字，写的时候，先写撇，再写捺，最后写竖。你知道吗？"个"的解释有4种：①作量词。②单独的。③量词"些"的后缀。④加在"昨儿、今儿、明儿"等时间副词后面，跟"某日里"的意思相近。

个 个 个

小画：你会写"中国"的"中"字吗？

小顺：当然会呀。"中"是独体字，写的时候，先写短竖，再写横折，然后写横，最后写悬针竖。你知道吗？"中"读zhōng时，解释有10种：①方位词。跟四周的距离相等；中心。②指中国。③方位词。范围内；内部。④位置在两端之间的。⑤等级在两端之间的。⑥不偏不倚。⑦中人。⑧适于;合于。⑨成;行;好。⑩方位词。用在动词后表示持续状态。"中"读zhòng时,解释有2种:①正对上;恰好合上。②受到;遭受。

中	中	中	中					

"竖"的分类与书写

悬针竖:起笔向右下顿笔,而后竖直向下行笔,收笔时边提边收,迅速出锋。如:干。

垂露竖:起笔向右下顿笔,而后竖直向下行笔,收笔时向右下稍顿,角度别太大。如:土。

汉字演变史

"帅"是形声字,《说文解字》中"帅"是"佩巾"的意思。"帅"常用的意义是率领,引申为引导、带头的意思,又引申为最好的、最优秀的。"帅"作为形容词,常常形容某人的长相英俊。"帅"用作名词,指军队的主将。

甲骨文	金文	小篆	隶书	楷书(繁)	楷书(简)

相关词语

帅→帅才　元帅　大帅　统帅　挂帅　帅气逼人　弃卒保帅

我会变变变

丨+一→(十)

丨+二→(土、干、工、上)

丨+三→(丰、王)

丨+日→(由、甲、申、旧)

每日练一练

丿

我的名字叫作撇，我的书写很特别。
先重后轻收笔尖，认认真真把字写。

轻松变一变

1. 我遇到"之"字，变成了"乏"字。（一+之→乏）

2. 我遇到"丨"和"主"字，变成了"住"字。（丿+丨+主→住）

3. 我遇到"日"字，变成了"白"字。（丿+日→白）

汉字小教室

小画：你会写"乏味"的"乏"字吗？

小顺：当然会呀。"乏"是个独体字，写的时候从上到下，先写上面的撇，再写下面的"之"。你知道吗？"乏"的解释有3种：①缺乏。②疲倦。③能量快消耗完了的；效力将尽的。

乏	乏	乏	乏				

小画：你会写"居住"的"住"字吗？

小顺：当然会呀。"住"是左右结构，写的时候从左到右，先写左边的单人旁，再写右边的"主"。你知道吗？"住"的主要解释有4种：①居住；住宿。②停住；止住。③做动词的补语：表示牢固或稳当；停顿或静止；跟"得"（或"不"）连用；表示力量够得上（或够不上），胜任。④姓。

住	住	住	住	住	住	住	

小画：你会写"白云"的"白"字吗？

小顺：当然会呀。"白"是独体字，写的时候从上到下，先写上面的撇，再写下面的"日"。你知道吗？在甲骨文中，"白"原来是烛火形状，中心是烛芯或灯芯。它既有清楚、明白的意思，也有像霜或雪的颜色等含义。

🏆 **"撇"的分类与书写**

平撇:起笔稍重,向左斜平出。如:千。

竖撇:竖起笔后向左下角斜出。如:月、凡、春。

短撇:由重到轻向左下出锋(注意方向)。如:向、影。

长撇:像柳叶一样,从右上向左下带有一定弧度出锋。如:顺。

注意:"撇"起笔稍顿,提笔向左下斜行,略带弧度,笔力由重渐轻,提笔出锋。短撇写法同长撇,笔程稍短。平撇写法同长撇,行笔略平,笔程稍短。

🐸 **汉字演变史**

"力"是象形字,甲骨文"力"字,其字形像古代一种翻土的农具耒耜(lěi sì)。"力"的本义是体力、力气,引申泛指一般的能力、效能。"力"用作动词时,表示尽力去做。

| 甲骨文 | 金文 | 小篆 | 隶书 | 楷书 |

相关词语

力→力气　力量　浮力　能力　尽力　身强力壮　据理力争

🦎 **我会变变变**

丿+十→(千)　　　　　丿+心→(必)

丿+弋→(戈)　　　　　丿+古→(舌)

每日练一练

捺

我的名字叫作捺，粗细分明难度大。
从轻到重尾巴尖，遇到困难绝不怕。

轻松变一变

1. 我遇到"丿"，变成了"八"字。（丿+㇏→八）

2. 我遇到"丶"和"乛"，变成了"之"字。（丶+乛+㇏→之）

3. 我遇到"口"和"丿"，变成了"史"字。（口+丿+㇏→史）

汉字小教室

小画：你会写"四面八方"的"八"字吗？

小顺：当然会呀。"八"是独体字，写的时候，先写左边的撇，再写右边的捺。写捺的时候，笔画要舒展。"八"是象形字，甲骨文字形像分开相背的样子。与"八"有关的字多与分解、分散、相背有关。

八	八							

小画：你会写"人之初"的"之"字吗？

小顺：当然会呀。"之"是独体字，写的时候从上到下，先写上面的点，再写下面的横撇，最后写捺，写捺的时候，笔画要舒展一些。你知道吗？"之"的解释有6种：①人称代词。代替人或事物（限于做宾语）。②人称代词。虚用，无所指。③指示代词。这；那。④助词。用在定语和中心词之间，组成偏正词组，表示领属关系或表示一般的修饰关系。⑤助词。用在主谓结构之间，取消它的独立性，使变成偏正结构。⑥往。

之	之	之						

小画：你会写"历史"的"史"字吗？

小顺：当然会呀。"史"是独体字，写的时候，先写"口"，再写撇，最后写捺。"史"的解释有4种：①历史。②古代掌管记载史实的官。③古代图书四部分类法（经史子集）中的第二类。④姓。

史 史 史 **史** 史

🌱 "捺"的分类与书写

正捺：运笔由轻到重，至捺脚处平向出锋，捺笔犹如字的"脚"，要和左边的撇形成一种对称的呼应关系。如：又。

平捺：平捺也称"之捺"，是一个字中最有特色的一笔，写好它是全字的关键。平捺一波三折，蚕头燕尾，形似波浪。如：边。

反捺：露锋入笔，回锋收笔。要写得坚定有力，角度把握准确。如：长。

🦎 汉字演变史

"人"是象形字，甲骨文字形像一个侧立的向前伸出了一只手的人形。金文基本承续甲骨文字形。篆文突出了弯腰垂臂、脸朝黄土背朝天的劳作形象，像是双手采摘或在地里忙活。隶书后变形较大，弯腰垂臂的形象完全消失。"人"的本义是指能制造工具改造自然并使用语言的高等动物。现在指一般人。

| 甲骨文 | 金文 | 小篆 | 隶书 | 楷书 |

相关词语

人→人物　人生　人类　军人　诗人　先人后己　一表人才

🐭 我会变变变

乀＋一＋丿→（大、丈）　　　　乀＋丿＋丶＋一 →（今）

乀＋丶＋一＋丿→（文）　　　　乀＋丿→（八、人、入）

每日练一练

文 文 令 令 长 长 今 今 八 八

点

我的名字叫作点，写我可得当心点。
行笔方向若不同，代表含义也不同。

轻松变一变

1. 我遇到"木"字，变成了"术"字。（木+丶→术）
2. 我遇到"王"字，变成了"玉"字。（王+丶→玉）
3. 我遇到"大"字，变成了"犬"字。（大+丶→犬）

汉字小教室

小画：你会写"整齐"的"齐"字吗？

小顺：当然会呀。"齐"是上下结构，写的时候，先写上面的"文"，再写下面的撇和竖。田里的麦子一般都长得整齐划一的，所以古人用三棵麦子表示"齐"的意思。后来它们却逐渐被排列得不太整齐了。"齐"的解释主要有10种：①整齐。②达到同样的高度。③同样；一致。④一块儿；同时。⑤完备；全。⑥跟某一点或某一直线取齐。⑦周朝国名，在今山东北部和河北东南部。⑧朝代。⑨唐末农民起义军领袖黄巢所建国号。⑩姓。

齐 齐 齐 齐 齐 齐

小画：你会写"玉石"的"玉"字吗？

小顺：当然会呀。"玉"是独体字，写的时候，先写"王"字，再写右下角的点。"玉"最早见于甲骨文，在甲骨文中，像一根绳子穿着一些玉石，因此其本义为温润而有光泽的美石，后引申为色泽晶莹如玉之物，形容美好、洁白等。

玉 玉 玉 玉 玉

小画：你会写"犬吠"的"犬"字吗？

小顺：当然会呀。"犬"是独体字，写的时候，先写"大"字，再写右上的点。"犬"是象形字，其甲骨文和金

甲骨文　　金文

文字形像狗,特指大狗,后来犬、狗通名,狗是人类最早驯化的家畜之一。

犬	犬	犬	犬						

"点"的分类与书写

竖点: 凌空取势,起笔轻落,右下重按即收。如:文、大、几、帝。

右点: 轻入笔,向右下落笔,顿笔稍重。如:小、示、乐。

撇点: 落笔重顿,随后向左下撇出,要短促有力。如:首、业、平。

汉字演变史

　　"术"是"術"的本字和简化字。甲骨文和金文字形中间是一只手,表示一种用到手的技巧。此字后加表示动作的"行"成"術",指技术、巫术、武术等;另加表示农作物的"禾"成"秫"。"术"引申为技艺、技术、学术、方法、策略等。

术	术	术	術	術	术
甲骨文	金文	小篆	隶书	楷书(繁)	楷书(简)

相关词语

术→美术　手术　艺术　技术　算术　不学无术　分身无术

我会变变变

勹 + 丶 →(勺)　　　　　　丶 + 万 →(方)

大 + 丶 →(太)　　　　　　丶 + 王 →(主、玉)

丶 + 丘 →(兵)　　　　　　丶 + 兔 →(兔)

每日练一练

头	头	玉	玉	太	太	主	主	方	方

提

我的名字叫作提，诸多偏旁都有我。
右上方向斜提起，真像手臂提东西。

轻松变一变

1. 我遇到"刁"和"丶"，变成了"习"字。（刁+丶+㇀→习）

2. 我遇到"一""亅"和"八"，变成了"扒"字。（一+亅+㇀+八→扒）

3. 我遇到"氵"和"工"，变成了"江"字。（氵+㇀+工→江）

汉字小教室

小画：你会写"习作"的"习"字吗？

小顺：当然会呀。"习"是独体字，写的时候从外到内，先写横折钩，再写内部结构。"习"是会意字，本义是小鸟反复练飞，引申为反复练习、钻研。

习	习	习					

小画：你会写"扒手"的"扒"字吗？

小顺：当然会呀。"扒"是左右结构，写的时候从左到右，先写提手旁，再写"八"。"扒"是会意兼形声字。"扒"读作 bā 时，表示抓着可依附的东西，或指刨、挖；读作 pá 时，指用手或用工具把东西聚拢或散开。

扒	扒	扒	扒	扒			

小画：你会写"江水"的"江"字吗？

小顺：当然会呀。"江"是左右结构，写的时候从左到右，先写三点水，再写"工"。"江"是形声字，本义专指长江，后引申为大河流的通称。

江	江	江	江	江	江		

"提"的分类与书写

短提：起笔向右下顿笔，然后向右上方行笔，由重渐轻，收笔出尖。提一定不要出锋太长，不然会影响右边笔画的伸展。如：地、坤、玩、孤。

长提：斜按起笔，向右上方行笔，角度稍平，渐行渐提，收笔出锋。如：孔、孙、报、抱。

注意：写提时，起笔向右下方顿笔，然后迅速向右上方提笔出锋，出锋速度要快，要刚健有力。"提"在实际书写的时候，出锋方向会有所不同，如"冯"字和"功"字，"冯"字的"提"出锋方向比较陡峭，"功"字的"提"出锋相对比较平缓。

汉字演变史

"地"是形声字，有 dì、de 两个读音。该字最早见于金文，原为古汉语名词，与"天"相对，本义为大地，后逐渐引申为土地、地面等。"地"既可以作为名词，也可以用作助词。

金文	小篆	隶书	楷书

相关词语

地 → 地球　地方　领地　扫地　天地　地大物博　顶天立地

我会变变变

一 + 了 → （子）　　　　一 + 一 + 丨 + 力 → （功）

一 + 十 + 也 → （地）　　一 + 口 + 丨 + 丶 → （虫）

每日练一练

横撇

ㄱ

我的名字叫横撇，一横一撇相连接。
长得神似吹断枝，树枝虽断皮相连。

轻松变一变

1. 我遇到"㇏"，变成了"又"字。（ㄱ+㇏→又）

2. 我遇到"亅""丿"和"㇏"，变成了"水"字。（亅+ㄱ+丿+㇏→水）

3. 我遇到"丿""㇏"和"冫"，变成了"冬"字。（丿+ㄱ+㇏+冫→冬）

汉字小教室

小画：你会写"又"字吗？

小顺：当然会呀。"又"是独体字，书写时先写横撇，再写捺。
"又"是象形字，甲骨文像右手形，表示右手的意思。从"又"的字多
与手有关。它的解释主要有6种：①表示重复或继续。②表示几种性质或
情况同时存在(多重复使用)。③表示补充，追加。④表示整数之外再加零
数。⑤说明另一方面的情况。⑥用在否定句或反问句里，加强语气。

又	又					

小画：你会写"喝水"的"水"字吗？

小顺：当然会呀。"水"是独体字，先写竖钩，再写横撇，最后写
撇和捺。"水"是象形字，中间蜿蜒的曲线表示水流；旁边的几个点
表示水滴或浪花。古文"水"也作"河流"讲。

水	水	水	水			

小画：你会写"冬天"的"冬"字吗？

小顺：当然会呀。"冬"本义是"终"，最早的字形像一
条绳子，绳子的两端各打一结，表示"终了"的意思。

冬	冬	冬	冬	冬		

"横撇"的分类与书写

横长撇：下笔写短横，略顿笔后向左下写撇。注意横要稍向右上斜一点，撇要出尖，一笔写成。如：久、又、多、夕。

横短撇：下笔写短横，略顿笔后向左下写撇，此撇形态不能和长撇相同，形态应该短促有力而且较直。如：令、含、专。

注意：横撇结束紧接下一笔应连贯自然。

汉字演变史

"饭"是形声字，在金文中，其字形左边是盛有食物的器皿，右边是"反"。右边表示字音，有重复之义，这里说吃饭时需不断重复进食、咀嚼、下咽等动作。"饭"可用作名词，意思是"饭食"，即每天吃的食物，如"早饭"。

金文	小篆	隶书	楷书（繁）	楷书（简）

相关词语

饭→饭碗　饭桌　饭量　煮饭　盖饭　茶余饭后　残羹剩饭

我会变变变

フ+乀+丶→（叉）　　　　　　　　ノ+フ+丶→（夕）

每日练一练

横钩

一

我的名字叫横钩，形似横放的铁钩。
起笔往右再下钩，就像伸胳膊招手。

轻松变一变

1. 我遇到"丶"和"车"，变成了"军"字。（丶+乛+车→军）

2. 我遇到"丶"和"与"，变成了"写"字。（丶+乛+与→写）

3. 我遇到"丿""丨"和"又"，变成了"皮"字。（乛+丿+丨+又→皮）

汉字小教室

小画：你会写"军队"的"军"字吗？

小顺：当然会呀。"军"是上下结构，写的时候从上到下，先写点和横钩，再写下面的"车"，最后一笔是竖。"军"字由"車"(兵车，代表武装)、"勻"(表声。小篆讹变为"勺"；隶书又变为"一")构成。"军"的本义是军队，引申为军队的编制单位，通常隶属于军区或方面军，下辖若干个师，还可表示军种，如"陆军""海军""空军"。

军 军 军 军 军 军

小画：你会写"写字"的"写"字吗？

小顺：当然会呀。"写"是上下结构，写的时候从上到下，先写点和横钩，再写下面的"与"。"写"是形声字，本义是移置或放置，引申指描摹、叙述，又用作姓。

写 写 写 写 写

小画：你会写"皮球"的"皮"字吗？

小顺：当然会呀。"皮"是独体字，写的时候从上到下，先写横钩，再写其他的部分。"皮"是会意字，本义是用手剥兽皮，引申指物体的表面等。

皮 皮 皮 皮 皮

"横钩"的书写

书写"横钩"时,藏锋起笔,向右行笔写横,横画略向右上倾斜,笔画不宜写得太粗。行笔至横画末端,再向右下方顿笔(即切笔),切笔角度大概45度,顿笔后,压住笔锋,边行边提,末端提笔出钩。

注意:行至转折处,略向右上提笔,随后用力向右下方顿笔。逐渐提笔出钩时,仍为中锋行笔,切不可侧锋抹出。

汉字演变史

采入货物就叫"买"。甲骨文、金文和小篆字形的上部是"网",下部是"贝"。"贝"是古代的货币,可以用它做买卖来网取市利。隶变和楷书写作"買",简化后写作"买"。"买"引申为贿赂、铺子,现指拿钱换东西(跟"卖"相对)。

甲骨文	金文	小篆	隶书	楷书(繁)	楷书(简)

相关词语

买→购买　买卖　买入　买方　买货　买东西

我会变变变

十 + 一 + 头 →(卖)　　　丶 + 宀 + 由 →(宙)

丶 + 冖 + 车 →(军)　　　氵 + 冖 + 几 →(沉)

每日练一练

冗 冗 欠 欠 矛 矛 买 买 卖 卖

横折

┐

我的名字叫横折,一横一折就是我。
结构简单却有趣,好似门板右上方。

轻松变一变

1. 我遇到"丨"和"一",变成了"口"字。(丨+┐+一→口)
2. 我遇到"丨"和两个"一",变成了"丑"字。(┐+丨+一+一→丑)
3. 我遇到"一"和三个"丨",变成了"皿"字。(丨+┐+丨+丨+一→皿)

汉字小教室

小画:你会写"口罩"的"口"字吗?

小顺:当然会呀。"口"是独体字,写的时候,先写竖,再写横折,最后写横。"口"是象形字,本义指人的嘴巴。后引申为孔穴及容器内外相通的地方,如"瓶口""井口";还可引申指破裂的地方,如"伤口""疮口";还用作量词,表示物品的件数,如"一口锅"。

口 口 口

小画:你会写"丑小鸭"的"丑"字吗?

小顺:当然会呀。"丑"是独体字,写的时候从外到内,先写横折,再写其他部分。"丑"是形声字,本义是貌丑,后借作十二地支的第二位,又指十二生肖中的牛。现引申指相貌难看,又引申指不好的、污秽、侮辱等。

丑 丑 丑 丑

小画:你会写"器皿"的"皿"字吗?

小顺:当然会呀。"皿"是独体字,写的时候从左到右,先写竖,再写横折,最后写两竖一横。本义是器皿。引申为碗、碟、杯、盘一类用器的统称。

皿 皿 皿 皿 皿

"横折"的分类与书写

高折：下笔从左到右写横，到折处稍顿笔再折笔向下写竖。注意横要短，竖要长；横要平，竖要直。如：且、目、具、真。

矮折：下笔从左到右写较长的横，到折处稍顿笔再折笔向下写竖，竖画稍向里斜。注意竖画结束与下一笔的连贯。如：四、皿、田、典。

汉字演变史

"南"是象形字，始见于商代甲骨文。"南"本是古代一种打击乐器，一说此物来自南方而称作"南"。

甲骨文	金文	小篆	隶书	楷书

相关词语

南→南方　南瓜　南极　华南　岭南　南来北往　南征北战

我会变变变

丨＋乛＋丿＋丶→（贝）　　　丨＋乛＋木＋一→（困）

丿＋丨＋一＋乛→（片）　　　丨＋乛＋一＋一→（日）

每日练一练

竖提

我的名字叫竖提，一竖一提组成我。
小小身体大奥秘，就像手臂提东西。

轻松变一变

1. 我遇到"丿"和两个"丶"，变成了"以"字。（乚+丶+丿+丶→以）

2. 我遇到"丿""一"和"乀"，变成了"长"字。（丿+一+乚+乀→长）

3. 我遇到"攵"和"丨"，变成了"收"字。（乚+丨+攵→收）

汉字小教室

小画：你会写"以为"的"以"字吗？

小顺：当然会呀。"以"是左右结构，写的时候从左到右，先写竖提，再写点，然后写其他部分。你知道吗？"以"的解释有8种：①用；拿。②依；按照。③因。④表示目的。⑤于；在（时间）。⑥跟"而"相同。⑦姓。⑧用在单纯的方位词前，组成合成的方位词或方位结构，表示时间、方位、数量的界限。

以	以	以	以					

小画：你会写"长大"的"长"字吗？

小顺：当然会呀。"长"是独体字，写的时候从上到下，先写撇，再写横，然后写其他部分。甲骨文"长"字是一个人的头上长着很长的头发的样子。"长"是多音字，读 zhǎng 时，它的解释有8种：①生。②生长；成长。③增进；增加。④年纪较大。⑤排行最大。⑥辈分高。⑦年龄大或辈分高的人。⑧领导人。读 cháng 时，它的解释主要有4种：①两端之间的距离大（跟"短"相对）。②长度。③长处。④（对某事）做得特别好。

长	长	长	长					

小画：你会写"收获"的"收"字吗？

小顺：当然会呀。"收"是左右结构，写的时候从左到右，先写竖提，再写竖,然后写其他部分。你知道吗?"收"的解释有8种:①把外面的事物拿到里面;把摊开的或分散的事物聚拢。②取自己有权取的东西或原来属于自己的东西。③获得(经济利益)。④收获;收割。⑤接;接受;容纳。⑥约束;控制(感情或行动)。⑦逮捕;拘禁。⑧结束;停止(工作)。

收　收　收　收　收　收

"竖提"的书写

竖提主要由两个笔画组成,一个竖的笔画,一个提的笔画。竖笔下来后稍向左倾斜,然后向斜上方提笔。提画走向基本是右上45度,注意由重到轻。如:切、农。

汉字演变史

"民"的金文字形像是以锐物刺左目,小篆整齐化、线条化,隶变后楷书写作"民"。"民"的本义是奴隶。奴与主相对,百姓与君王、官员相对,因此"民"引申指百姓,如"人民"。百姓不生活在宫廷中,身份低微、财富微薄,故而"民"用作形容词,指民间的。

| 金文 | 小篆 | 隶书 | 楷书 |

相关词语

民→民间　民族　人民　居民　农民　国泰民安　民不聊生

我会变变变

一 +乚+乙+丶→(瓦)　　一 +乚+刀→(切)

亠+丿+乚+丶+丶→(衣)　　乚+一+页→(顷)

宀+丿+乚+丶+丶→(农)　　一+乚+一+乚→(氏)

每日练一练

瓦　瓦　衣　衣　农　农　切　切　氏　氏

竖弯

我的名字叫竖弯，一竖弯向一边来。
就像道路拐个弯，走路可别急拐弯。

轻松变一变

1. 我遇到"口"和"丿"，变成了"四"字。（口+丿+乚→四）

2. 我遇到"口"和"一""丿"，变成了"西"字。（一+口+丿+乚→西）

3. 我遇到"口""丿"和两个"一"，变成了"酉"字。（一+口+丿+乚+一→酉）

汉字小教室

小画：你会写"第四"的"四"字吗？

小顺：当然会呀。"四"是独体字，全包围结构，写的时候先外再里后封口，先写外面的竖和横折，再写里面的撇和竖弯，最后写下面的横。"四"的甲骨文字形像鼻子喘息呼气之形。

四	四	四	四	四				

小画：你会写"西瓜"的"西"字吗？

小顺：当然会呀。"西"是独体字，写的时候，先写上面的横，再写下面的竖和横折，接着写撇和竖弯，最后写最下面的横。"西"是象形字，本义指鸟入巢栖息，后作"栖"，夕阳落下，众鸟归巢，所以用"西"表示日落的方向。现指方向。

西	西	西	西	西	西			

小画：你会写"酉时"的"酉"字吗？

小顺：当然会呀。"酉"是独体字，写的时候，先写上面的横，再写下面的竖和横折，接着写撇和竖弯，最后写里面的横和最下面的横。"酉"是象形字，是"酒"的本字，甲骨文字形像一个酒坛。

酉 酉 酉 酉 酉 酉 酉

"竖弯"的书写

书写"竖弯"时,先下笔写短竖,再圆转向右水平方向写短横,要注意角度,从上往下右弯时,不要写成直角,起笔时轻压笔,收笔稍重,竖弯整体要小。

汉字演变史

"酒"是会意字,小篆从水(表示与水有关),从酉(酒坛子),隶变后楷书为"酒"。"酒"的本义为一种用粮食或水果等发酵制成的、含乙醇的饮品,一般分白酒、黄酒、果酒、啤酒等几种类型。现统称酒。

| 甲骨文 | 金文 | 小篆 | 隶书 | 楷书 |

相关词语

酒→酒店 酒家 美酒 喝酒 黄酒 对酒当歌 酒足饭饱

我会变变变

木+一+口+丿+乚→(栖)　　氵+一+口+丿+乚→(酒)

牜+一+口+丿+乚→(牺)　　丷+一+口+丿+乚+一→(酋)

每日练一练

竖钩

亅

我的名字叫竖钩，直着身子站这里。
腰身竖直似铁钩，不过不能钩东西。

轻松变一变

1. 我遇到"丿"和"丶"，变成了"小"字。（亅+丿+丶→小）

2. 我遇到"一"和"丶"，变成了"寸"字。（一+亅+丶→寸）

3. 我遇到"口"和"一"，变成了"可"字。（一+亅+口→可）

汉字小教室

小画：你会写"大小"的"小"字吗？

小顺：当然会呀。"小"是独体字，写的时候，先写中间的竖钩，再写左边的撇和右边的点。"小"在甲骨文和金文中一般写作三个竖点，这些点代表沙粒，用以表示物体之小。本义是细、微，后引申指面积、体积、容量、数量、强度、力量等不及一般或不及所比较的对象，与"大"相对。

小	小	小			

小画：你会写"分寸"的"寸"字吗？

小顺：当然会呀。"寸"是独体字，写的时候，先写横和竖钩，再写点。"寸"是指事字。小篆字形，从又，从一，像手形，一指下手腕一寸之处。"寸"是汉字部首之一，从寸的字往往与手有关。

寸	寸	寸						

小画：你会写"可爱"的"可"字吗？

小顺：当然会呀。"可"是右上包围结构，写的时候，先写上面的横，再写里面的口，最后写竖钩。"可"是会意字，作动词时，表示古代男女以吹笙唱歌的方式求偶；欣赏，接受，允许，同意等。"可"作形容词时，表示令人舒服的,适合的等。

可	可	可	可	可			

"竖钩"的书写

书写"竖钩"时,先露锋起笔横入笔,用力按下笔锋,微微抬下笔锋,侧锋稍向下拖带,然后调成中锋向下行笔,竖画中段相对较细,这样能塑造挺拔的感觉,行至末端稍加重力度缓缓提笔,收拢笔锋在笔画的正中,笔锋不要离纸,达到收拢的目的即可紧提锋上行,稍顿后笔尖朝上压住笔锋,笔管稍右倾,用侧锋向左平方向推出。

汉字演变史

"水"是象形字,甲骨文字形中间像水脉,两旁似流水。从水的字,或表示江河、水利名称,或表示水的流动,或表示水的性质状态。

)l(	)l(	)l(	水	水
甲骨文	金文	小篆	隶书	楷书

相关词语

水→水池　水果　水平　水面　水仙花　心静如水　水到渠成

我会变变变

一 + 亅 → (丁)　　　　　　　一 + 一 + 亅 → (于)

一 + 亅 + 丿 → (才)　　　　　禾 + 丨 + 亅 → (利)

每日练一练

丁	丁	才	才	于	于	求	求	利	利

竖折

我的名字叫竖折，一竖折向一边来。
一竖一折真奇妙，就像门板左下角。

轻松变一变

1. 我遇到"丿""丶"和"丨"，变成了"凶"字。（丿+丶+乚+丨→凶）

2. 我遇到"米"和"斤"，变成了"断"字。（乚+米+斤→断）

3. 我遇到"一"和"斤"，变成了"匠"字。（一+乚+斤→匠）

汉字小教室

小画：你会写"凶狠"的"凶"字吗？

小顺：当然会呀。"凶"是半包围结构，写的时候先里后外，先写里面的撇和点，再写外面的竖折和竖。"凶"是指事字，本义是不吉利，引申为凶恶、恶人、残暴等，还指杀害或伤害人的行为。

小画：你会写"折断"的"断"字吗？

小顺：当然会呀。"断"是左右结构，写的时候从左到右，先写左边的"米"字和竖折，再写右边的"斤"。"断"是会意字，本义指截开、割断，后来引申为断绝、中止，又引申为决断或判断，虚化为副词，意思是决然、一定。

小画：你会写"工匠"的"匠"字吗？

小顺：当然会呀。"匠"是半包围结构，写的时候先上再里后左下，先写上面的一横，再写里面的"斤"字，最后写左下角的竖折。"匠"是会意字，本义是木工，引申指有专门技术的工人。

"竖折"的分类与书写

长竖折:先写长竖,到转折处略顿一下,即转写横,收笔时带稍驻笔。竖长折短,并且折的方向直下。如:区、匡、匝。

短竖折:写法同长竖折,只是竖短折长。如:山。

汉字演变史

"山"是象形字,甲骨文和金文字形像三座并排的山峰。三峰相接而不以其他数量的峰相接则是因为"三"在古代经常用来表示多次或多,用三峰并列而为"山",便表示多座峰峦相接的意思。

甲骨文	金文	小篆	隶书	楷书

相关词语

山→山水　山河　山川　山峰　山清水秀　高山流水　人山人海

我会变变变

丶 + 一 + ㄴ →（亡）　　　　一 + ㄴ + ㄱ + 一 →（巨）

氵 + 一 + ㄴ →（汇）　　　　一 + ㄴ + ㄨ →（区）

每日练一练

斜钩

我的名字叫斜钩，斜着身子站这里。
腰身歪斜如铁钩，可别学我的站姿。

轻松变一变

1. 我遇到"一""丿"和"丶"，变成了"戈"字。（一+乀+丿+丶 →戈）
2. 我遇到"亻""一"和"丶"，变成了"代"字。（亻+一+乀+丶 →代）
3. 我遇到"工""一"和"丶"，变成了"式"字。（一+工+乀+丶 →式）

汉字小教室

小画：你会写"干戈"的"戈"字吗？

小顺：当然会呀。"戈"是独体字，写的时候，先写横和斜钩，再写撇和点。"戈"是象形字，甲骨文字形像一种长柄兵器，故"戈"是兵器或战争的代名词。用"戈"作意符的字多与兵器或军事有关。如"载""戮""戍""战"。

戈 戈 戈 戈

小画：你会写"代表"的"代"字吗？

小顺：当然会呀。"代"是左右结构，写的时候，先写左边的单人旁，再写右边的横、斜钩和点。"代"是形声字，表示更迭、代替。也可用作历史上划分时期和世系的辈分。

代 代 代 代 代

小画：你会写"方式"的"式"字吗？

小顺：当然会呀。"式"是右上包围结构，先写横，再写工字旁，最后写斜钩和点。"式"是形声字，它的解释有5种：①样式。②格式。③仪式；典礼。④自然科学中表明某种规律的一组符号。⑤一种语法范畴，表示说话者对所说事情的主观态度。

式 式 式 式 式 式

"斜钩"的分类与书写

右上"斜钩"：斜钩位于右上部,下部没有长笔画时,斜钩做主笔,伸展至右延线上。如:昏、贷、晓、婚。

右部"斜钩"：斜钩位于右部,全部作为主笔,形成左收右放,左短右长之势。注意除斜钩外的笔画向中宫内收紧。如:成、我、咸、戏。

右下"斜钩"：斜钩位于右下部,斜钩作主笔,形成左收右放,左短右长之势。如:底、茂、民、藏。

汉字演变史

"我"的本义是一种有长柄和三齿的锋刃的武器,现在已经无"武器"这层含义。"我"从甲骨文起就借为表示第一人称的代词,多为殷商的自称,如"我受年""我伐羌"等。

甲骨文	金文	小篆	隶书	楷书
𢦏	我	我	我	我

相关词语

我→我们 我国 我家 忘我 你追我赶 我行我素 唯我独尊

我会变变变

一 + 一 + 扌 + 乚 + 丿 + 丶 → (我)   纟 + 二 + 乚 + 丿 + 丶 → (线)

一 + 丿 + ㇆ + 乚 + 丿 + 丶 → (成)   日 + 乚 + 一 → (曳)

每日练一练

我 我 成 成 线 线 曳 曳 式 式

弯钩

我的名字叫弯钩，弯着身子站这里。
腰身弯弯像铁钩，真是有用又有趣。

轻松变一变

1. 我遇到"一""乀"和四个"丿"，变成了"豕(shǐ)"字。(一+丿+)+丿+丿+丿+乀→豕)

2. 我遇到"苗"和两个"丿"，变成了"猫"字。(丿+)+丿+苗→猫)

汉字小教室

小画：你会写"田豕"的"豕"字吗？

小顺：当然会呀。"豕"是独体字，写的时候，先写横、撇和弯钩，再写里面的两撇。"豕"是象形字，其甲骨文像直立的大肚子的猪。金文线条化，但猪的长嘴和大耳朵非常突出。隶变后楷书写作"豕"。"豕"的本义为人所豢养的猪。在古代，猪有大小之分："豕"和"毳"属大猪，"猪"和"豚"属小猪。

| 豕 | 豕 | 豕 | 豕 | 豕 | 豕 | 豕 | | | |

小画：你会写"小猫"的"猫"字吗？

小顺：当然会呀。"猫"是左右结构，写的时候，先写左边的反犬旁，再写右边的"苗"。"猫"是形声字，本义指猫，又引申指躲藏。如"猫冬"，指躲在家里过冬；"猫蹲"，指不务正业，赋闲在家。

| 猫 | 猫 | 猫 | 猫 | 猫 | 猫 | 猫 | 猫 | 猫 | 猫 |
| 猫 | | | | | | | | | |

🟢 "弯钩"的书写

书写"弯钩"时下笔稍轻,由轻到重向右下弧弯行笔,到起钩处略顿笔向左上钩出,收笔要出尖。书写时起笔和收笔要在一条垂直线上,弯出去的弧度上下对称。钩和弯要垂直,带弯钩的字有很多。如:家、象、狗。

🐸 汉字演变史

"独"是形声字,从犬,蜀声。它的解释有 7 种:①一个。②独自。③年老没有儿子的人。④唯独。⑤与众不同;独特地。⑥自私;容不得人。⑦姓。

小篆	隶书	楷书（繁）	楷书（简）
獨	獨	獨	独

相关词语

独 → 独自　独立　独白　孤独　独来独往　独树一帜　独一无二

🐘 我会变变变

) + 丿 + 丿 + 王 →（狂）　　　) + 丿 + 丿 + 虫 →（独）

) + 丿 + 丿 + 者 →（猪）　　　) + 丿 + 丿 + 星 →（猩）

) + 丿 + 丿 + 句 →（狗）

宀 + 一 + 丿) + 丿 + 丿 + 丶 →（家）

⺈ + 口 + 丿) + 丿 + 丿 + 丶 →（象）

每日练一练

狂	狂	猪	猪	狗	狗	独	独	家	家

卧钩

我的名字叫卧钩，形状弯弯像铁钩。
笔画之中我最懒，成天躺着睡大觉。

轻松变一变

1. 我遇到三个"、"变成了"心"字。(ㄑ+乚+丶+丶→心)

2. 我遇到"丿"和三个"、"，变成了"必"字。(ㄑ+乚+丶+丿+丶→必)

3. 我遇到"氵"和三个"、"，变成了"沁"字。(氵+ㄑ+乚+丶+丶→沁)

汉字小教室

小画：你会写"爱心"的"心"字吗？

小顺：当然会呀。"心"是独体字，写的时候，先写左边的点和底下的卧钩，再写中间的点和右边的点。"心"是象形字，在甲骨文和小篆里，它的字形中间像心，外面像心的包络，因此它用来表示人的心脏。

心	心	心	心				

小画：你会写"必须"的"必"字吗？

小顺：当然会呀。"必"是独体字，写的时候，先写左边的点和底下的卧钩，再写中间的点和撇，最后写右边的点。"必"作动词时，表示必须、一定要；作副词时，表示必定、必须等。

必	必	必	必	必			

小画：你会写"沁人心脾"的"沁"字吗？

小顺：当然会呀。"沁"是左右结构，写的时候从左到右，先写左边的三点水，再写右边的"心"。"沁"是形声字，它的解释有3种：①(香气、液体等)渗入或透出。②头向下垂。③往水里放。

沁	沁	沁	沁	沁	沁	沁	

🐢 "卧钩"的书写

在写卧钩的时候,露锋轻入笔,然后朝45度右下角夹角运笔,直到完全是水平方向,起钩时向左上钩出短锋。

🐸 汉字演变史

思,最早见于金文,"思"的上部原来不是"田",而是"囟"(囟门,代表大脑),下部是"心",古人认为大脑和心脏都是思维器官。所以,"思"的本义是思考,引申为思念、怀念、想念或希望,还引申为思路、心思、情绪等。

金文	小篆	隶书	楷书

相关词语

思→思念　思想　思绪　思考　沉思　冥思苦想　思前想后

🐘 我会变变变

乚+丿丶、丶+田 →(思)　　　　乚+丿丶、丶+士 →(志)

乚+丿丶、丶+今 →(念)　　　　乚+丿丶、丶+丿+氵→(泌)

乚+丿丶、丶+相 →(想)　　　　乚+丿丶、丶+丿+禾→(秘)

每日练一练

思	思	念	念	想	想	志	志	泌	泌

撇点

我的名字叫撇点，一撇一点相连接。
侧看我像红对钩，又像鸟儿展翅飞。

轻松变一变

1. 我遇到"丿"和"一"，变成了"女"字。（丿+一+乀→女）
2. 我遇到"辶"，再加两个我，变成了"巡"字。（辶+乀+乀+乀→巡）
3. 我遇到"果"字，再加两个我，变成了"巢"字。（果+乀+乀+乀→巢）

汉字小教室

小画：你会写"女孩"的"女"字吗？

小顺：当然会呀。"女"是独体字，写的时候，先写撇点，再写撇，最后写横。"女"是象形字，甲骨文字形像一个合手跪着的人形。本义是女性，与"男"相对。古代以未婚的女子为"女"，已婚的女子为"妇"。现通称"妇女"。

小画：你会写"巡逻"的"巡"字吗？

小顺：当然会呀。"巡"是半包围结构，写的时候先里后外，先写里面的三个撇点，再写外面的走之旁。"巡"是形声字，甲骨文字形像水流动的样子，本义是到各地视察、巡行，后来引申为巡视、审视。

小画：你会写"巢穴"的"巢"字吗？

小顺：当然会呀。"巢"是上下结构，先写上面的三个撇点，再写下面的"果"。"巢"是象形字，在小篆字形中，下边是树木，木上是三只鸟和鸟窝，合起来表示鸟栖于树窝上。"巢"的本义即鸟窝，也泛指蜂、蚂蚁等的窝，又指坏人盘踞藏身的地方。

🦉 **"撇点"的书写**

书写撇点时,要逆锋起笔,折笔向右下稍按,折锋向左下提锋撇出。

🦎 **汉字演变史**

"如"是会意字,甲骨文一边为"口",表示主人的命令,另一边是"女",表示被迫服从的女子。金文和小篆都直接由甲骨文演变而来,隶变后楷书写作"如"。"如"的本义是从随、遵从,人们常说"不尽如人意",就是不随人愿的意思,又引申为去、往,还引申为好像。

甲骨文	金文	小篆	隶书	楷书

相关词语

如→如今　如果　比如　假如　犹如　如虎添翼　如影随形

🐢 **我会变变变**

乚+丿+一+也→(她)　　　乚+丿+一+圭→(娃)

乚+丿+一+马→(妈)　　　丶+ᐟ+丨+乚+丿+一→(妆)

乚+丿+一+乃→(奶)

每日练一练 🦉

撇折

ㄥ

我的名字叫撇折，一撇一折就是我。
我像弯曲的手臂，也像数学的锐角。

轻松变一变

1. 我遇到"丨"和两个"一"，变成了"车"字。（一+ㄥ+一+丨→车）

2. 我遇到"口"和"丶"，变成了"台"字。（ㄥ+丶+口→台）

3. 我遇到"禾"和"丶"，变成了"私"字。（禾+ㄥ+丶→私）

汉字小教室

小画：你会写"汽车"的"车"字吗？

小顺：当然会呀。"车"是独体字，写的时候，先写上面的横和撇折，再写下面的横和竖。"车"是象形字，本义是陆地上有轮子的交通工具，如"火车""车驾（帝王的马车）"。后来引申为用轮轴来转动的器具，如"纺车""水车"。

车	车	车	车				

小画：你会写"台风"的"台"字吗？

小顺：当然会呀。"台"是上下结构，写的时候从上到下，先写上面的撇折和点，再写下面的"口"。"台"是形声字，它的解释主要有8种：①平而高的建筑物，便于在上面远望。②公共场所室内外高出地面便于讲话或表演的设备（用砖砌或用木料制成）。③某些做座子用的器物。④像台的东西。⑤桌子或类似桌子的器物。⑥某些机构的名称。⑦量词。⑧指我国台湾地区。

台	台	台	台	台			

小画：你会写"私自"的"私"字吗？

小顺：当然会呀。"私"是左右结构，写的时候从左到右，先写左边的"禾"字，再写右边的撇折和点。"私"是形声字，它的解释有4种：①属于个

人的或为了个人的(跟"公"相对)。②自私。③暗地里;私下。④秘密而
不合法的。

私 私 私 私 私 私 私

🦉 "撇折"的书写

撇折是由两个部分组成。撇的特点藏锋起笔,向左下由重渐轻,收笔
逐渐出锋。折接撇画,同样藏锋起笔,向右上方提笔露锋。

🦎 汉字演变史

"云"是象形字,甲骨文字形中上面两横画表示天上横向的云层,下面
的弯钩表示卷状的云团。"云"借为"说"等义之后,就另造"雲"字,简化字
其实是恢复了古字。"云"本义是指悬浮在空中由大量水滴、冰晶或兼由
两者组成的可见的聚合体,后由此引申出盛、多的意义。后又借指说等。

𠃉	𠃌	雲	雲	雲	云
甲骨文	金文	小篆	隶书	楷书(繁)	楷书(简)

相关词语

云→云彩　云朵　乌云　云雾　过眼云烟　天高云淡　风卷残云

🐢 我会变变变

一 + 乚 + 小 → (东)　　　　乚 + 丶 + 口 → (台)

乚 + 丿 + 又 + 丶 → (发)　　土 + 乚 + 丶 → (去)

每日练一练

东 东 发 发 台 台 去 去 私 私

横斜钩

我就是那横斜钩，横和斜钩组成我。
体态优美我最棒，好像鸟儿的翅膀。

轻松变一变

1. 我遇到"丿"和"丶"，变成了"飞"字。（乁+丿+丶→飞）

2. 我遇到"丿"和两个"一"，变成了"气"字。（丿+一+一+乁→气）

3. 我遇到"丶"和两个"丿"，变成了"风"字。（丿+乁+丿+丶→风）

汉字小教室

小画：你会写"飞翔"的"飞"字吗？

小顺：当然会呀。"飞"是独体字，写的时候，先写横斜钩，再写撇和点。"飞"是象形字，本义是飞翔，引申为挥发。

小画：你会写"生气"的"气"字吗？

小顺：当然会呀。"气"是独体字，写的时候从上到下，先写撇和两横，再写横斜钩。"气"是象形字，甲骨文和小篆的字形像云气蒸腾上升的样子。

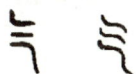

甲骨文　　小篆

小画：你会写"风筝"的"风"字吗？

小顺：当然会呀。"风"是三面包围结构，缺口向下。写的时候先外后里，先写外面的撇和横斜钩，再写里面的撇和点。"风"是形声字，是"風"的简化字。

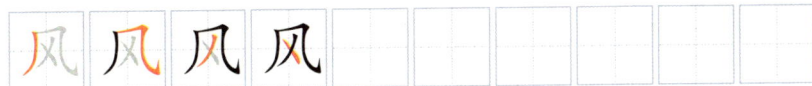

語/文/其/实/并/不/难

🐲 "横斜钩"的书写

写"横斜钩(乀)"笔画时要注意与"横折弯钩(乚)"区分开来,横斜钩是"横"和"斜钩"组合而成的笔画。先顿笔写横,横不宜太长(在字中的时候,要根据具体字来确定横段的长度)稍稍向上倾斜。在折角处顿笔,然后向下行笔写竖,写至过半慢慢向外斜,注意斜度要缓,要写得圆润。收笔时顿笔,最后向上勾出,钩要短小有力。

🐸 汉字演变史

凤,形声字,从鸟,风声。甲骨文和金文"凤"字像一只凤凰,特别突出它尾部美丽的羽毛,有的写法右上角有一个"凡"字,表示它的读音。其本义是凤凰,中国古代传说中的百鸟之王,常用来象征祥瑞。雄的称"凤",雌的称"凰"。

甲骨文	金文	小篆	隶书	楷书(繁)	楷书(简)

相关词语

凤→凤凰　凤冠　丹凤眼　龙飞凤舞　凤毛麟角　龙凤呈祥

🐎 我会变变变

　扌+丿+乀+丶→(执)
　　　　　　　氵+乀+十→(汛)

　丿+乀+白+王→(凰)

每日练一练

飞　飞　气　气　风　风　凤　凤　凰　凰

横折提

我就是那横折提，一个横折一个提。
两个部分构成我，小小木棍提灯笼。

轻松变一变

1. 我遇到"十"和"、"，变成了"计"字。（、+乚+十→计）

2. 我遇到"鸟"和"丿"，变成了"鸠(jiū)"字。（丿+乚+鸟→鸠）

3. 我遇到"禾""页"和"丿"，变成了"颓"字。（禾+丿+乚+页→颓）

汉字小教室

小画：你会写"计划"的"计"字吗？

小顺：当然会呀。"计"是左右结构，写的时候，先写左边的"讠"，再写右边的"十"。"计"是会意字，从言，从十。"言"有数(shǔ)的意思；"十"是整数，表示事物成一个数目。"计"的本义是算账、总计、计算，引申为核算、主意、策略、谋划。

计	计	计	计				

小画：你会写"鸠占鹊巢"的"鸠"字吗？

小顺：当然会呀。"鸠"是左右结构，写的时候，先写左边的撇和横折提，再写右边的"鸟"。"鸠"是形声字，从鸟，九声。"鸠"的本义是鸟名，是斑鸠、雏鸡的统称，也可以表示为聚集之意。

鸠	鸠	鸠	鸠	鸠	鸠	鸠	

小画：你会写"颓废"的"颓"字吗？

小顺：当然会呀。"颓"是左右结构，写的时候，先写左边的"秃"，再写右边的"页"。"颓"是会意字，从页(xié)，从秃。"颓"的本义指头秃。现在"颓"的解释有3种：①坍塌。②衰败。③萎靡。

"横折提"的书写

先从左到右写横,横的右侧略向上。行至转折处稍提笔后立即向右下方顿笔。中锋下行,行至转折处略向左下方提笔阔出。随即向右下方将笔顿住,然后再向右上方逐渐提笔并挑出笔锋。

汉字演变史

"说"是会意兼形声字,小篆字形从言,从兑。隶变后楷书写作"説"。汉字简化后写作"说"。"说"的本义是喜悦、快乐,是"悦"的古字,读 yuè。"说"读 shuō 时,意思是说话,又表示说明、解释,还表示谈论。用作名词,指说法、言论。如"众说纷纭""著书立说"。"说"读 shuì 时,指劝说。古时,把士人奔走于各诸侯国、凭口才劝说诸侯采纳其主张的行为,称作"游说";把从事游说的人称为"说客"。

小篆	隶书	楷书(繁)	楷书(简)

相关词语

说→说话　说明　劝说　谈天说地　道听途说　说三道四

每日练一练

误 误 语 语 读 读 计 计 颏 颏

横折弯

乙

我就是那横折弯，横折一边拐个弯。
就像鸭子水面游，末端不能翘起来。

轻松变一变

1. 我遇到"木"和"丿"，变成了"朵"字。（丿+乙+木→朵）

2. 我遇到"又""扌"和"丿"，变成了"投"字。（扌+丿+乙+又→投）

3. 我遇到"舟""口"和"丿"，变成了"船"字。（舟+丿+乙+口→船）

汉字小教室

小画：你会写"花朵"的"朵"字吗？

小顺：当然会呀。"朵"是上下结构，写的时候，先写上面的撇和横折弯，再写下面的"木"。"朵"是象形字，小篆字形上面像下垂的叶子(或花朵、果实)，下面像植物的根、茎、叶，现在泛指植物的花或苞。"朵"在古代指两旁，如"朵廊"指的是大殿的左右走廊。"朵"用作动词时，意思是"动"。现在常用于量词，如"一朵花"。

朵 朵 朵 朵 朵 朵 　 　

小画：你会写"投递"的"投"字吗？

小顺：当然会呀。"投"是左右结构，写的时候，先写左边的提手旁，再写右边的撇、横折弯和"又"。"投"的本义是敲击。现在，"投"常表示有目的地扔、抛，如"投篮"。"投资"是指投入钱财用于某事。两个人很合得来，称为"意气相投"。此外，"投"还有依靠之义，如"投奔"。

投 投 投 投 投 投 投 　

小画：你会写"小船"的"船"字吗？

小顺：当然会呀。"船"是左右结构，写的时候从左到右，先写左边的"舟"，再写右边的撇、横折弯和"口"。"船"是形声字，从舟，古文字形像条小船，表示船是沿水道而行。"船"还指水上的运输工具。

船

🔔 "横折弯"的书写

书写"横折弯"时,横折均等,竖弯约90度,不能上翘或出钩。正确书写方法为横轻起笔,逐渐加重,右上抬头后顿笔,接着回笔出肩膀。上面一横较右上斜,垂直折下,横折均等,竖弯大约90度,下面的弯较平稳,收笔要圆。

🐸 汉字演变史

"没"的本义是沉入水中。其篆书字形表示用手打捞沉物,隶书、楷书从氵(水),从殳(shū,一种兵器),表示兵器沉入水中。

| 小篆 | 隶书 | 楷书 |

相关词语

没→埋没 沉没 出没 吞没 没齿难忘

🐭 我会变变变

舟+丿+乚+口→（船）   彳+丿+乚+又→（役）

扌+丿+乚+又→（投）   疒+丿+乚+又→（疫）

每日练一练

横折钩

丁

我的名字叫横折钩，一横再加一竖钩。
我的样子像把镰刀，加上长撇才有力。

轻松变一变

1. 我遇到"丿"和两个"丶"，变成了"办"字。（丁+丿+丶丶→办）

2. 我遇到"丿"，变成了"刀"字。（丁+丿→刀）

3. 我遇到"一"和两个"丨"，变成了"币"字。（一+丨+丁+丨→币）

汉字小教室

小画：你会写"办公"的"办"字吗？

小顺：当然会呀。"办"是独体字，写的时候，先写横折钩，再写撇，然后写左边的一点，最后写右边的一点。"办"的本义是办理、治理。它还有处理、置备、创设等含义，引申为处分、惩治。

办 办 办 办

小画：你会写"刀刃"的"刀"字吗？

小顺：当然会呀。"刀"是独体字，写的时候，先写横折钩，再写撇，要注意的是，撇在横折钩的里面。"刀"是象形字，本义是指古代兵器。"刀"可以用来表示切、割、斩、削、砍、刺等工具。"刀"也是中国的纸张计量单位，一刀合一百张。"刀"还是古代的一种钱币，因其形如刀，故称"刀币"。

刀 刀

小画：你会写"纸币"的"币"字吗？

小顺：当然会呀。"币"是独体字，写的时候，先写横撇，再写短竖，之后再写横折钩，最后写长竖，长竖可以超出横折钩但不能超过上方的横撇。"币"是形声字，从巾，表示送礼用的布帛；敝（bì）声，"敝"通"蔽"，表示成捆的布帛里面被外面遮蔽。"币"的本义是古人用作礼物的丝织品，引申为货币。

市 市 市 市

🌱 "横折钩"的书写

书写"横折钩"时,横折钩的形态在不同的字体中呈现出不同的表现形式,我们起笔先写横,略顿笔后折向下写竖钩,注意横平竖直、横短竖长、横轻竖重,到起钩处略顿笔后向左上方钩出,一笔写成。

🐸 汉字演变史

"旬"是形声字,甲骨文字形像是周匝循环的形状,表示周遍循环之意。金文的字体中间增加一"日"字,表示"旬"与时间有关。到了西周加"日"旁作为形符,勹成了声符。"旬"的意思是十天为一旬,一个月有三旬,分别是上旬、中旬、下旬。它还指十岁为一旬,八旬老母意思是指八十岁的老人。

甲骨文	金文	小篆	隶书	楷书

相关词语

旬→旬年 初旬 中旬 上旬 下旬 年过六旬 七旬老翁

🐢 我会变变变

丿＋丁＋一＋一→（月）   丨＋丁＋丨→（巾）

丶＋一＋丨＋丁＋丨→（市）   北＋丿＋丁＋一＋一→（背）

每日练一练

问 问 加 加 向 向 月 月 旬 旬

横折折

乙

我的名字叫横折折，我的一生坎坷曲折。
只要有朋友来找我，我们都能相互帮助。

轻松变一变

1. 我遇到"一""丨"和两个"丨"，变成了"凹"字。（一+丨+丨+乛+乚→凹）

2. 我遇到"儿""一""丨"和两个"丨"，变成了"兕(sì)"字。（儿+一+丨+丨+乛+乚→兕）

3. 我遇到"土""一""丨"和两个"丨"，变成了"坳(ào)"字。（土+一+丨+丨+乛+乚→坳）

汉字小教室

小画：你会写"凹凸"的"凹"字吗？

小顺：当然会呀。"凹"是独体字，写的时候，先写长竖，再写横折折，再写短竖，之后写横折，最后一笔写横。"凹"是象形字，指周围高，中间低，与"凸"相对。"凹"还读wā，同"洼"，多用于地名。

凹	凹	凹	凹	凹				

小画：你会写"兕(sì)虎"的"兕"字吗？

小顺：当然会呀。"兕"是上下结构，写的时候从上到下，先写上面的"凹"，再写下面的撇和竖弯钩。"兕"在古代指犀牛。

兕	兕	兕	兕	兕	兕	兕		

小画：你会写"山坳(ào)"的"坳"字吗？

小顺：当然会呀。"坳"是左右结构，由土字旁和"凹"字构成。写的时候，先写左边的"土"，再写右边的"凹"字，左小右大。"坳"是形声字，表示山间的洼地。

坳	坳	坳	坳	坳	坳	坳	坳	

🏺 "横折折"的书写

书写"横折折"时,横起笔轻,逐渐加重,右上抬头后顿笔,然后回笔出肩,上面一横较右上斜,垂直折下来,横折均等,竖弯约90度,下面的弯较平,收笔部分要圆,不可太尖或太过有棱角,不能上翘或出钩。

🐸 汉字演变史

"兕"的甲骨文字形像一头生独角的犀牛,因犀牛皮常用来制造武士的盔甲,所以"兕"的上部表示犀牛皮帽,下部是"儿",表人形。小篆字形保留了皮帽,却使用了动物的四肢。"兕"的隶书写法将"兕"从古文字中剥离出来。

甲骨文	金文	小篆	隶书	楷书

相关词语

兕→兕虎　兕角　野兕

每日练一练

凹	凹	兕	兕	圳	圳				

竖弯钩

我就是那竖弯钩，竖的末端弯成钩。
形状有趣又奇特，真像蝎子的尾巴。

轻松变一变

1. 我遇到"丨""一"和"ㄱ"，变成了"巴"字。（ㄱ+丨+一+乚→巴）

2. 我遇到"舌"字，变成了"乱"字。（舌+乚→乱）

3. 我遇到"建""丿"和两个"一"，变成了"毽"字。（丿+一+一+建+乚→毽）

汉字小教室

小画：你会写"尾巴"的"巴"字吗？

小顺：当然会呀。"巴"是独体字，写的时候，先写横折、竖、横，再写竖弯钩。"巴"是象形字，小篆字形像蛇。"巴"的本义指古代传说中的一种可以吞食大象的蛇，引申为目光黏滞之状，有了巴望之词，又用作某些词语的后缀。

小画：你会写"脏乱"的"乱"字吗？

小顺：当然会呀。"乱"是左右结构，写的时候，先写左边的"舌"字，再写右边的竖弯钩。"乱"是会意字，它的金文字形像上下两手在整理架子上散乱的丝。"乱"的本义是理丝和丝乱，引申为治理、混乱、叛乱、战争、杂乱、扰乱、昏乱以及任意等。

小画：你会写"踢毽子"的"毽"字吗？

小顺：当然会呀。"毽"是半包围结构，写的时候先外后里，先写外面的"毛"，再写被包围部分"建"。"毽"是一种用脚踢的玩具，用皮或布裹铜钱，钱孔中扎有鸡毛。

"竖弯钩"的书写

书写"竖弯钩"时,起笔先向右下方稍稍压一下,到竖的部分运笔要轻,笔速稍快;在弯的位置注意过渡要平缓、自然,并且加重,笔速放缓;在横的部分时,横是逐渐加粗的,并不是一个很直的横;最后勾的部分笔力达到最大,向上轻轻出锋,笔速要快,并且要轻。

汉字演变史

"北"是会意字,甲骨文像两个人背靠背的样子。金文和小篆的字形与甲骨文较一致。隶变后楷书写作"北"。"北"的本义是指背或相背,是"背"的本字。打了败仗逃跑时总是以背对敌,"北"由此引申为败、败逃,"败北"就是战败之意。古代君主面朝南坐,臣子朝见君主则面朝北,所以对人称臣为"北面"。"北面于燕",就是对燕国称臣的意思。

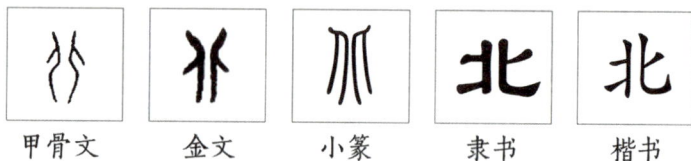

| 甲骨文 | 金文 | 小篆 | 隶书 | 楷书 |

相关词语

北→北面　北方　北极　北京　河北　南来北往　天南海北

我会变变变

扌+乚→(扎)　　　　　口+丿+乚→(见)

日+一+乚→(电)　　　月+乚→(甩)

每日练一练

竖折撇

ㄥ

我的名字叫竖折撇，由竖折和一撇组成。
竖略左斜折要平行，最后一笔短撇收尾。

轻松变一变

1. 我遇到"车""丶"和两个"一"，变成了"转"字。（车+二+ㄥ+丶→转）
2. 我遇到"亻""丶"和两个"一"，变成了"传"字。（亻+二+ㄥ+丶→传）
3. 我遇到"石""丶"和两个"一"，变成了"砖"字。（石+二+ㄥ+丶→砖）

汉字小教室

小画：你会写"旋转"的"转"字吗？

小顺：当然会呀。"转"是左右结构，写的时候，先写左边的"车"，再写右边的"专"。"专"字部分先写短横，再写长横，再写竖折撇，最后写点。"转"是形声字，本义是旋转，指围绕一个中心运动，也可以作为量词使用。

| 转 | 转 | 转 | 转 | 转 | 转 | 转 | 转 | |

小画：你会写"宣传"的"传"字吗？

小顺：当然会呀。"传"是左右结构，写的时候，先写单人旁，再写右边的"专"。"传"是形声字，本义是传授、推广、散布，也可以指由一方交给另一方的意思，或由上代交给下代，有传承、流传之意，也有教授之意。

| 传 | 传 | 传 | 传 | 传 | 传 | | | |

小画：你会写"砖块"的"砖"字吗？

小顺：当然会呀。"砖"是左右结构，写的时候，先写左边的石字旁，再写右边的"专"。"砖"是形声字，本义指用土坯烧制而成的建筑材料，也指形状像砖的东西，如"茶砖""冰砖"等。

| 砖 | 砖 | 砖 | 砖 | 砖 | 砖 | 砖 | 砖 | 砖 |

"竖折撇"的书写

书写"竖折撇"时，先写竖折，写折时，笔尖向右上顶笔的同时稍稍抬笔，笔尖即将到达纸面时向右下顿笔，回笔稍停，蓄势向左下撇出，最后出尖。撇的过程是一个一边行笔一边抬笔的过程，注意这里的撇是个直撇。

汉字演变史

"专"是会意兼形声字，甲骨文字形左边像纺塼（zhuān）形，右边是手（寸），合起来为用手纺织。"专"的本义是纺锤，引申为单纯、独一、集中以及在一件事上独自掌握和占有。

甲骨文	金文	小篆	隶书	楷书（繁）	楷书（简）

相关词语

专→专业　专车　专利　专长　专一　专心致志　专断独行

我会变变变

二+厶+丶→（专）　　　　扌+二+厶+丶→（抟）

口+车+二+厶+丶→（啭）

每日练一练

专	专	啭	啭	抟	抟	转	转	砖	砖

竖折折

一竖折成两个折，我就成了竖折折。
认清我来并不难，曲曲折折像小路。

轻松变一变

1. 我遇到"目""ㄅ""ㄱ"和两个"一"、两个"丨"，变成了"鼎（dǐng）"字。（目+ㄅ+一+丿+丨+一+丨+ㄱ→鼎）

2. 我遇到"乃""目""ㄅ""ㄱ"和两个"一"、两个"丨"，变成了"鼐（nài）"字。（乃+目+ㄅ+一+丿+丨+一+丨+ㄱ→鼐）

3. 我遇到"才""目""ㄅ""ㄱ"和两个"一"、两个"丨"，变成"鼒（zī）"字。（才+目+ㄅ+一+丿+丨+一+丨+ㄱ→鼒）

汉字小教室

小画：你会写"问鼎"的"鼎"字吗？

小顺：当然会呀。"鼎"是半包围结构，缺口朝上。写的时候先里后外，先写被包围的"目"，再写包围部分。"鼎"是象形字，本义是古代的一种煮食物的器皿，有三足两耳。词语"鼎沸"就是从这里来的，鼎沸是水涌动翻腾的样子，也表示环境喧闹嘈杂。在古代，鼎不仅仅是用来烹煮食物，也是放在宗庙里祭祀用的一种礼器。鼎，很大，很重，所以"鼎"又表示很盛大。"鼎"很重要，又常用于比喻王位和帝业。鼎后来作为传国的重器，也是国家政权的象征。

小画：你会写"鼎鼐"的"鼐"字吗？

小顺：当然会呀。"鼐"是上下结构，写的时候从上到下，先写上面的"乃"，再写下面的"鼎"。"鼐"是形声字，从鼎，从乃，乃表声。"乃"本指重复、再度，引申为一系列。"乃"与"鼎"联合起来表示同一系列的青铜鼎。"鼐"指大鼎。

汉字演变史

鼎是象形字，该字甲骨文、金文上半部分的"目"实际上是汉字"月"的变形，下半部分像人的两只手托着，也像汉字"片"的正反两部分，好似两堆熊熊燃烧的柴火一样在煮东西。后来金文字形省去了两个提耳。

甲骨文	金文	小篆	隶书	楷书

相关词语

鼎→鼎助　鼎盛　大名鼎鼎　钟鸣鼎食　一言九鼎

每日练一练

横撇弯钩

了

横到转折处，斜斜右下按，
往左撇下来，笔尖不离纸，
向右弯弯下，转左出钩钩。

轻松变一变

1. 我遇到"交"和"丨"，变成了"郊"字。（交+丨+⻏→郊）
2. 我遇到"日"和"丨"，变成了"阳"字。（丨+⻏+日→阳）
3. 我遇到"者"和"丨"，变成了"都"字。（者+丨+⻏→都）

汉字小教室

小画：你会写"郊外"的"郊"字吗？

小顺：当然会呀。"郊"是左右结构，写的时候从左到右，先写左边的"交"，再写右边的横撇弯钩和竖。"郊"是形声字，从邑(yì)，交声，是人聚居的地方。"郊"是都城与城外交合之处，本义指上古时代国都外百里以内的地区，引申表示城市周围的地区、城外。

郊 郊 郊 郊 郊 郊 郊 郊

小画：你会写"太阳"的"阳"字吗？

小顺：当然会呀。"阳"是左右结构，写的时候从左到右，先写左边的横撇弯钩和竖，再写右边的"日"。"阳"是形声字，它的解释主要有7种：①我国古代哲学认为存在于宇宙间的一切事物中的两大对立面之一（与"阴"相对）。②太阳；日光。③山的南面；水的北面。④凸出的。⑤外露的；表面的。⑥指属于活人和人世的。⑦带正电的。

阳 阳 阳 阳 阳 阳

小画：你会写"首都"的"都"字吗？

小顺：当然会呀。"都"是形声字，左右结构。"都"读 dū 时，表示首都、大城市、旧时某些地区县与乡之间的政权机关。"都"读 dōu 时，表示全、完全；语气的加重。

53

都 都 都 都 者 者 者 者 都 都

🐸 "横撇弯钩"的书写

书写"横撇弯钩"时，落笔右行成横，至转折处时，先提笔，随后做顿笔，将笔锋调整后，再逐渐提笔成撇。行至转折处，无须停顿，就势折向右下方，行笔逐渐加力，使笔画成弧线形。当再行至转折处，将笔锋向左下略阔，然后提笔出钩。

🐸 汉字演变史

"阴"是"陰"的简化字。"陰"是形声字，形旁为"阝"和"云"，声旁为"今"。"阝"即"阜"，意思是顶部相对平坦的高山。山的北面和河流的南面，照射到的阳光要偏少一些，因而山南水北称之为"陰"。"陰"字简化为"阴"以后，变成了会意字，"阝"和"月"相会，意思不变，同样指照射到的阳光偏少。

陰	陰	陰	陰	阴
金文	小篆	隶书	楷书（繁）	楷书（简）

相关词语

阴→阴天　阴暗　阴晴　阴沉　阴险　光阴似箭　阴差阳错

🐷 我会变变变

牙 + 丨 + 阝 →（邪）　　　东 + 丨 + 阝 →（陈）

又 + 丨 + 阝 →（邓）　　　人 + 丨 + 阝 →（队）

由 + 丨 + 阝 →（邮）　　　完 + 丨 + 阝 →（院）

每日练一练

那 那 邓 邓 邮 邮 阴 阴 阳 阳

横折弯钩

乙

横到转折处，向右斜斜按，
下行稍往里，拐个大圆弯，
平平向右行，顿笔向上勾。

轻松变一变

1. 我遇到"丿"，变成了"几"字或"九"字。（丿+乛→几）（丿+乛→九）

2. 我遇到"亻"，变成了"亿"字。（亻+乛→亿）

3. 我遇到"艹"，变成了"艺"字。（艹+乛→艺）

汉字小教室

小画：你会写"明月几时有"的"几"字吗？

小顺：当然会呀。"几"是独体字，先写撇，再写横折弯钩。"几"读jǐ时，意思是：①疑问代词。询问数目（估计数目不太大）。②表示大于一而小于十的不定的数目。"几"读jī时，意思是：①小桌子。②几乎。

几 几

小画：你会写"疑是银河落九天"的"九"字吗？

小顺：当然会呀。"九"是独体字，先写撇，再写横折弯钩。"九"是指事字，它表示数目，还表示多次或多数。

九 九

小画：你会写"才艺"的"艺"字吗？

小顺：当然会呀。"艺"是上下结构，先写上面的草字头，再写下面的横折弯钩。"艺"是会意字，意思是：①技能；技术。②艺术。③准则；限度。

艺 艺 艺 艺

"横折弯钩"的书写

书写"横折弯钩"时,逆锋起笔,转锋偏右上方行笔,边行笔边逐渐提笔,驻笔转锋偏左下方行笔,边行笔边逐渐提笔,转锋向右方行笔,边行笔边逐渐用力,注意用腕力把笔画写成弧形,调锋向上,翻腕出钩。注意控制好各个部件的长短、粗细、弧度、方向等。

汉字演变史

"凡"是象形字,本义是指铸造器物的模子。后来其引申为凡是,表示概括。在不同的语境中,它还有平常的、不出奇的含义。

甲骨文	金文	小篆	隶书	楷书

相关词语

凡→平凡　凡间　凡人　凡夫俗子　自命不凡　不同凡响

我会变变变

亻+乚→(亿) 　　　　　丿+乚+丶→(丸)

忄+乚→(忆) 　　　　　丿+乚+丿丶→(风)

亻+丿+乚→(仇) 　　　　丿+乚+又→(凤)

每日练一练

忆 忆 吃 吃 机 机 凡 凡 仇 仇

横折折撇

横到转折处，先往右下按，
竖画斜向左，再来写短横，
横到转折处，右按左下撇。

轻松变一变

1. 我遇到"丿"和"乀"，变成了"及"字。（丿+㇇+乀→及）

2. 我遇到"纟""丿"和"乀"，变成了"级"字。（纟+丿+㇇+乀→级）

3. 我遇到"聿""丿"和"乀"，变成了"建"字。（聿+㇇+乀→建）

汉字小教室

小画：你会写"及时"的"及"字吗？

小顺：当然会呀。"及"是独体字，先写撇，再写横折折撇，最后写捺。"及"是会意字，本义指追上、赶上，引申为比得上。

及	及	及					

小画：你会写"年级"的"级"字吗？

小顺：当然会呀。"级"是左右结构，写的时候从左到右，先写左边的绞丝旁，再写右边的"及"。"级"是形声字，最初表示丝的次第，后来它的含义有层次、等次、年级。

级	级	级	级	级	级		

小画：你会写"建筑"的"建"字吗？

小顺：当然会呀。"建"是半包围结构，写的时候先里后外，先写被包围的"聿"，再写建之旁。"建"是会意字，本义指立朝律，后来引申为建设、建筑、设立、提出等含义。

建	建	建	建	建	建	建	建	

"横折折撇"的书写

书写"横折折撇"时，起笔写短横，稍向上斜，至右端稍顿斜向左下写短撇，至下端再转向右写短横，至右端稍顿再转向左下撇出，横的右端转折点与短横右端转折点上下对齐。

汉字演变史

"及"的甲骨文、金文和小篆字形的下方是一只大手，抓住了上方的人，本义是追上、赶上，这个意义在现代汉语中还存在，如"及时""及早"。后来这两个部分连为一体，成为一个难以分割的结构，变成独体字。

甲骨文	金文	小篆	隶书	楷书

相关词语

及→及格　普及　及时　及第　来不及　望尘莫及　迫不及待

我会变变变

元＋丶＋乛＋丶→（远）　　壬＋乛＋丶→（廷）

斤＋丶＋乛＋丶→（近）　　口＋丿＋乛＋丶→（吸）

力＋丶＋乛＋丶→（边）

每日练一练

远 远 近 近 边 边 廷 廷 吸 吸

竖折折钩

ㄅ

竖到转折处，稍稍作停顿，
向右平平横，转折右下按，
竖画左左斜，左上出钩钩。

轻松变一变

1. 我遇到"口"和"一"，变成了"号"字。（口+一+ㄅ→号）

2. 我遇到"フ"和"一"，变成了"马"字。（フ+ㄅ+一→马）

3. 我遇到两个"一"字，变成了"亏"字。（一+一+ㄅ→亏）

汉字小教室

小画：你会写"号(hào)角声声战鼓急"的"号"字吗？

小顺：当然会呀。"号"是上下结构，先写上面的"口"，再写下面的横和竖折折钩。"号"是会意字，也是多音字，读hào时，它的解释主要有15种：①名称。②原指名和字以外另起的别号，后来也指名以外另起的字。③商店。④标志；信号。⑤排定的次第。⑥指等级。⑦种；类。⑧指某种人员。⑨表示次序（多放在数字后）。⑩用于人数；用于成交的次数。⑪标上记号。⑫切(脉搏)。⑬号令。⑭军队或乐队里所用的西式喇叭。⑮用号吹出的表示一定意义的声音。"号"读háo时，指拖长声音大声叫唤；大声哭。

号	号	号	号	号				

小画：你会写"马到成功"的"马"字吗？

小顺：当然会呀。"马"是独体字，先写横折，再写竖折折钩和横。"马"是象形字，本义指家畜名，单蹄食草大型哺乳动物，史前被人类所驯化，用作驮畜、挽畜和乘骑。

马	马	马						

小画：你会写"亏心"的"亏"字吗？

小顺: 当然会呀。"亏"是独体字,先写两横,再写竖折折钩。"亏"是形声字,本义指气损,现引申为缺少、损失的意思。

亏	亏	亏						

"竖折折钩"的书写

书写"竖折折钩"时,起笔下行写竖,稍向左斜,至下端转向右写横,至横的右端时转向下写竖,竖略向左下斜,竖至下端时稍顿并向左上方钩出。

汉字演变史

"与"是"與"的简化字。"與"是会意字,它的金文字形上面是两只手,下面也是两只手,中间是口中两颗相咬合的牙齿(即"牙"字),意思是两人用手相互给予。"与"字可以看作是"牙"字的变形,用牙齿咬合的含义来表示相互给予。

金文	小篆	隶书	楷书(繁)	楷书(简)
鬥	鬥	與	與	与

相关词语

与→参与 与共 与其 与日俱增 与众不同 与人为善

我会变变变

ㄱ + 一 + ㄣ →(弓)
口 + ㄱ + ㄣ + 一 →(吗)
宀 + ㄣ + 一 + 一 →(写)

王 + ㄱ + ㄣ + 一 →(玛)
虫 + ㄱ + ㄣ + 一 →(蚂)

每日练一练

横折折折钩

横到转折处，稍顿竖左斜，
微微作停顿，向右平平横，
转折右下按，竖画斜向左，
竖尾斜斜按，左上出钩钩。

轻松变一变

1. 我遇到"丿"，变成了"乃"字。（丿+ㄋ→乃）

2. 我遇到"扌"和"丿"，变成了"扔"字。（扌+丿+ㄋ→扔）

3. 我遇到"亻"和"丿"，变成了"仍"字。（亻+丿+ㄋ→仍）

汉字小教室

小画：你会写"失败乃成功之母"的"乃"字吗？

小顺：当然会呀。"乃"是独体字，先写横折折折钩，再写撇。"乃"是代词，指你、你的，引申义有才、是、为、竟、于是、就等含义。

小画：你会写"扔沙包"的"扔"字吗？

小顺：当然会呀。"扔"是左右结构，写的时候从左到右，先写左边的提手旁，再写右边的横折折折钩和撇。"扔"是形声字，本义指牵引、拉，引申义有抛、投掷、丢弃、舍弃、摧等含义。

小画：你会写"仍然"的"仍"字吗？

小顺：当然会呀。"仍"是左右结构，写的时候从左到右，先写左边的单人旁，再写右边的横折折折钩和撇。"仍"是形声字，本义是因袭、依旧，引申义有依然、还、照旧、仍然、仍旧、频繁、重复等含义。

"横折折折钩"的书写

书写"横折折折钩"时,起笔写短横稍上斜,至右端稍顿斜向左下写短竖,至竖的下端再转向右写短横,至横的右端稍顿再转向左下写竖钩。

汉字演变史

"孕"是象形字,甲骨文字形像是女人腹内有子的样子,也就是女人怀孕的样子。后由妇人怀孕引申为所有雌性动物怀胎,又引申为花含实、包含等。由妇人怀孕又引申为生育、分娩。

甲骨文	金文	小篆	隶书	楷书

相关词语

孕→怀孕　孕妇　孕育

我会变变变

女 + 丿 + 乃 →（奶）　　　木 + 乃 + 丿 + 丿 →（杨）

禾 + 丿 + 乃 →（秀）　　　气 + 丿 + 乃 →（氛）

每日练一练

易写错笔顺70例

1. 本表挑选出最容易写错笔顺的70个字,根据《现代汉语通用字笔顺规范》,逐笔标出笔顺。

2. 本表按字的笔画数从少到多排列,同笔画数的字按第一笔笔画横、竖、撇、点、折的顺序排列。

3. 以表内字作为构字部件的字不再列出。

2笔

九：丿九

匕：丿匕

乃：乃乃

3笔

与：一与与

山：丨凵山

义：丶丿义

及：丿乃及

叉：フ又叉

4笔

车：一七三车

巨：一丆三巨

比：一匕比比

瓦：一丆瓦瓦

长：丿一卡长

凶：丿乂凶凶

丹：丿冂月丹

方：丶一方方

火：丶丷少火

为：丶丿为为

丑：フヨ丑丑

办：フ力办办

5笔

甘：一十廿甘甘

世：一十廿廿世

北：丨丨扌扌北

凸：丨丨丨凸凸

由：丨冂日由由

凹：丨乚冂凹凹

年：丿乛乍上年

鸟：丿勹勹鸟鸟

必：丶心心必必

讯：丶讠讯讯讯

出：一凵屮出出

母：乚母母母母

6笔

考：一十土耂考考

耳：一 Т 爪 爪 爪 耳 耳

再：一 丁 爪 爪 币 再 再

舟：丿 丿 月 月 舟 舟

兆：丿 儿 兆 兆 兆 兆

壮：丶 丬 丬 壮 壮 壮

州：丶 丿 丬 州 州 州

7笔

戒：一 二 于 开 戒 戒 戒

报：一 十 扌 扩 护 报 报

巫：一 丁 爪 不 巫 巫 巫

坐：丿 人 从 从 坐 坐 坐

卯：丿 丿 卯 卯 卯 卯

8笔

非：丿 丿 丬 丬 非 非 非 非

齿：一 止 止 歩 止 齿 齿 齿

垂：一 二 千 壬 禾 垂 垂 垂

夜：丶 亠 广 广 疒 夜 夜 夜

肃：フ ヨ ヨ 聿 肃 肃 肃 肃

贯：乚 口 皿 毌 毌 贯 贯 贯

9笔

革：一 十 廿 廿 苩 苩 苣 革 革

幽：丨 丬 丬 丬 幽 幽 幽 幽

重：丿 二 千 盲 盲 盲 重 重 重

10笔

套：一 ナ 大 太 本 本 套 套 套 套

脊：丶 丷 氺 氺 癶 夹 脊 脊 脊 脊

11笔

兜：丶 丷 丬 丬 甶 甶 甶 兜 兜 兜 兜

象：丿 冂 冎 刍 刍 夅 夅 象 象 象 象

祭：丿 夂 夕 夕 夕 夗 终 终 祭 祭 祭

12笔

插：一 十 扌 扩 扩 扦 扦 插 插 插 插 插

搜：一 十 扌 扌 扩 护 护 押 搜 搜

葵：一 艹 艹 芶 芶 苳 苳 葵 葵 葵 葵

鼎：丨 冂 日 目 貝 鼎 鼎 鼎 鼎 鼎 鼎

黑：丨 冂 四 四 甲 里 里 黑 黑 黑

傲：丿 亻 亻 亻 侔 侼 侼 倴 傲 傲 傲

焰：丶 丷 火 火 炒 炒 炉 焰 焰 焰 焰

缘：乚 幺 纟 纟 纟 绔 终 绿 缘 缘 缘

14笔

弊：丶 丷 氵 氵 尚 尚 尚 敝 敝 敝
弊 弊

16笔

燕：一 十 艹 芘 苩 苩 苗 莊 莊 燕
燕 燕 燕 燕

噩：一 丁 丌 π 吅 吅 吅 罕 罕 罘
罘 罘 罘 噩

汉字笔画名称表

序号	笔画	名称	例字
1	一	横	大、天、王、正、灭、干、木、丁、才
2	丨	竖	丰、旧、引、也、上、土、甲、中、申
3	丿	撇	白、乒、么、禾、毛、千、用、帅、力
4	乀	捺	人、八、入、史、大、文、丈、眨、之
5	丶	点	门、术、主、快、客、宝、观、不、令
6	㇀	提	习、扒、江、地、功、打、虫、刁、轮
7	フ	横撇	又、水、冬、叉、夕、之、永、各、列
8	㇇	横钩	买、写、皮、卖、军、尔、矛、你、农
9	𠃍	横折	口、五、丑、皿、贝、片、困、日、骨
10	㇙	竖提	以、长、收、切、顷、氏、瓜、衣、比
11	㇄	竖弯	四、西、百、驷、栖、牺、泗、洒、尊
12	亅	竖钩	小、寸、可、丁、于、才、求、刘、事
13	㇊	竖折	凶、匠、断、亡、汇、继、山、区、巨
14	㇂	斜钩	弋、戈、代、式、曳、武、我、成、线
15	㇁	弯钩	狗、猫、狂、独、豕、家、象

序号	笔画	名称	例字
16	㇃	卧钩	心、必、沁、思、您、泌、志、秘、密
17	㇛	撇点	女、好、如、安、巡、淄、巢、邕
18	ㄥ	撇折	车、云、私、台、去、公、东、红、发
19	㇇	横斜钩	飞、气、风、凤、凰、讯、执、汛
20	㇊	横折提	计、认、让、许、话、读、辩、鸠、颏
21	㇆	横折弯	朵、投、船、沿、躲、般、剁、没、铅
22	㇆	横折钩	办、月、旬、万、幻、局、问、肾、句
23	ㄣ	横折折	凹、凸
24	㇄	竖弯钩	巴、乱、己、巳、扎、电、北、见、甩
25	ㄣ	竖折撇	专、转、砖、传
26	㇋	竖折折	鼎、鼐
27	㇌	横撇弯钩	阴、邻、都、院、郁、阳、陈、邦
28	㇈	横折弯钩	几、亿、旭、艺、凡、丸、机、吃
29	㇋	横折折撇	及、建、延、极、级、远、近、边
30	㇉	竖折折钩	与、丐、号、弓、马、妈、泻、鸟、亏
31	㇍	横折折折钩	乃、孕、场、扬、氖、杨、奶、汤、盈

汉字间架结构类型表

结构类型		例字	间架比例
独体字结构		口、田、中	重心平稳
		天、大、人	双架协调
		三、川、王	笔画匀称
		日、目、心	适当变化
合体字结构	上下结构	思、华、雷	上下相等
		霜、花、罗	上小下大
		基、想、善	上大下小
	上中下结构	器、暴、燕	上中下相等
		褒、裹、衷	上中下不等
	左右结构	村、联、蚌	左右相等
		伟、浮、傍	左窄右宽
		郭、刨、彰	左宽右窄
	左中右结构	街、垧、哟	左中右相等
		滩、班、辨	左中右不等

结构类型		例字	间架比例
合体字结构	全包围结构	围、国、困	全包围
	半包围结构	医、匹、区	左包右
		庆、尾、历	左上包右下
		勾、句、勼	右上包左下
		遍、建、迁	左下包右上
		闻、闲、同	上包下
		凶、函、幽	下包上
	品字形结构	品、晶、众、森、磊、鑫	各部分相等
	框架结构	坐、乘、噩、巫、乖、爽	框架支撑

汉字笔顺基本规则表

基本规则		例字	笔顺展示
独体字	先横后竖	十	一 十
		千	ノ 二 千
		丰	一 二 三 丰
	先撇后捺	八	ノ 八
		大	一 ナ 大
		丈	一 ナ 丈
	从上到下	三	一 二 三
		气	ノ 一 气 气
	先外再里后封口	目	丨 门 月 目 目
		田	丨 冂 日 田 田
	先中间后两边	小	亅 小 小
		水	亅 刁 水 水
		办	乛 力 办 办
		承	乛 了 了 了 手 承 承 承

基本规则		例字	笔顺展示
独体字	先两边后中间	坐	丿 亻 从 从 丛 坐 坐
		火	丶 丷 少 火
合体字	从上到下	花	一 十 艹 艹 艹 艿 花 花
		雷	一 广 广 币 雨 雪 雪 雪 雪 雷 雷 雷
		害	丶 宀 宀 宀 宀 宝 宝 害 害
		莽	一 十 艹 艹 艹 芊 莽 莽 莽 莽
	从左到右	作	丿 亻 亻 亻 作 作 作
		鸡	又 又 又 鸡 鸡 鸡 鸡
		班	一 二 千 王 王 玡 玡 玡 班 班
		掰	丿 冫 三 手 手 扝 掰 掰 掰 掰 掰 掰
	先外再里后封口	团	丨 冂 冂 用 闭 团
		园	丨 冂 冂 冂 冋 园 园
	先两边后中间	脊	丶 冫 氻 氻 少 头 米 脊 脊 脊
		爽	一 丆 丆 丆 爻 爽 爽 爽 爽 爽

汉字笔顺补充规则表

	基本规则	例字	笔顺展示
带点的字	点在正上或左上，先写点	主	、二三丰主
		义	、丷义
		门	、门门
	点在右上或里面，后写点	术	一十才木术
		弋	一弋弋
		瓦	一厂瓦瓦
独体字	缺口朝上的，先里后外	山	丨山山
		击	一二十击击
	缺口朝下的，先外后里	月	丿刀月月
		风	丿几凤风
		凤	丿几凤凤
	缺口朝右的，先上再里后左下	巨	一丆三巨
		臣	一丆丆臣臣
		区	一丆又区

	基本规则	例字	笔顺展示
品字形结构	从上到下，从左到右	品	丶 口 口 口 品 品 品 品 品
		众	丿 人 个 仑 分 众
两面包围结构	右上包围结构，包字头式，先外后里	勾	丿 勹 勾 勾
		匈	丿 勹 勹 匀 匈 匈
		虱	乁 飞 飞 虱 虱 虱 虱 虱
	右上包围结构，非包字头式，先上再里后右	可	一 丁 丆 可 可
		式	一 二 三 王 式 式
		戒	一 二 干 开 戒 戒 戒
	左上包围结构，先外后里	反	丆 厂 反 反
		尾	乛 コ 尸 尸 尸 屋 尾
	左下包围结构，先里后外	廷	丿 二 千 壬 廷 廷
		这	丶 二 文 文 这 这
	左下包围结构，先外后里	赶	一 十 土 土 走 走 走 走 赶
		翅	一 十 支 支 支 翅 翅 翅 翅
		飑	丿 几 凡 凤 凨 凨 飑 飑 飑

	基本规则	例字	笔顺展示
三面包围结构	缺口朝上的，先里后外	凶	ノ メ 凶 凶
		函	一 了 了 习 录 录 函 函
		画	一 厂 币 币 币 面 画 画
	缺口朝下的，先外后里	风	ノ 几 风 风
		内	丨 冂 内 内
		甩	ノ 冂 月 月 甩
	缺口朝右的，先上再里后左下	匡	一 二 三 手 手 匡
		医	一 丆 匚 匚 矢 医
		匹	一 丆 兀 匹
框架结构	先两边后中间	坐	ノ 人 从 从 丛 坐 坐
		爽	一 ナ 才 才 爻 爻 爽 爽 爽
	先中间后两边	巫	一 丁 丌 丌 巫 巫 巫
		乘	一 二 千 千 乖 乖 乖 乘 乘
		噩	一 丅 耳 亜 亜 亜 罪 噩 噩 噩 噩 噩 噩

汉字笔画写法表

序号	笔画	名称	例字	写法
1	一	横	十	起笔稍顿,提笔右行,略向上斜,至右端稍顿收笔。笔力两端稍重,中间稍轻。
		（短横）	二	写法同长横,笔程稍短。
2	丨	竖	引	起笔稍顿,提笔垂直下行,至下端稍顿收笔。
		（短竖）	片	写法同长竖,笔程稍短。
		（悬针竖）	中	写法同长竖,至下端提笔出锋。笔力由重变轻,如钢针悬空。
3	丿	撇	八	起笔稍顿,提笔向左下斜行,略带弧度,笔力由重渐轻,提笔出锋。
		（短撇）	火	写法同长撇,笔程稍短。
		（平撇）	禾	写法同长撇,行笔略平,笔程稍短。
4	乀	捺	人	起笔稍轻,向右下斜行,略带弧度,笔力由轻渐重,至捺脚处略顿向右出锋收笔。
		（平捺）	之	逆锋起笔,向右下斜行,行笔略平,笔力渐重,至捺脚处略顿向右出锋收笔。
5	、	点（右点）	主	起笔向右下稍顿后向左上回锋收笔。笔力由轻变重,笔程短。
		（左点）	军	起笔向左下稍顿后向右上回锋收笔。笔力由轻变重,笔程短。
		（长点）	刘	写法同右点,笔程较长。

序号	笔画	名称	例字	写法
6	㇀	提	地	起笔稍顿,提笔向右上挑出,下粗上尖。
7	㇇	横撇	又	起笔写横,至右端稍顿向左下撇出,略带弧度,笔力由重渐轻,出锋收笔。
8	㇖	横钩	买	起笔写横,至右端稍顿向左下钩出。
9	㇕	横折	口	起笔写横,至右端稍顿向下写竖。
10	㇗	竖提	民	起笔写竖,至下端稍顿转向右上挑出。
11	㇄	竖弯	四	起笔下行先写竖,至下端向右弯行,稍顿收笔。
12	㇙	竖钩	小	起笔写竖,至下端稍顿转向左上钩出。
13	㇄	竖折	山	落笔写短竖,至下端稍顿转向右再写横,稍向上斜。
14	㇂	斜钩	我	起笔向右下斜行,略带弧度,至末端稍顿向上钩出。
15	㇉	弯钩	家	起笔后带弧度下行,至末端后稍顿向左上钩出。
16	㇃	卧钩	心	起笔带弧度向右下行,后半段平走,笔力由轻变重,至右端稍顿向左上方钩出。
17	㇛	撇点	女	起笔向左下先写撇,至撇尖转向右下写长点。
18	㇜	撇折	么	起笔向左下先写撇,至撇尖稍顿再向右写横,横稍向右上斜。
19	㇟	横斜钩	飞	起笔写短横,稍向上斜,至右端稍顿向下略带弧度行笔,至右下端稍顿转向上挑出。
20	㇊	横折提	记	起笔写短横,稍向右上斜,至右端稍顿向下写竖,至下端稍顿向右上挑出。

75

序号	笔画	名　称	例字	写　法
21	㇄	横折弯	朵	起笔写短横，至右端稍顿向下写竖，至下端向右弯行，收笔略顿。
22	㇆	横折钩	月	起笔写短横，至右端稍顿向下写竖，至下端稍顿向左上钩出。
23	㇅	横折折	四	起笔写短横，至右端稍顿向下写竖，至下端稍顿再向右写短横。
24	㇗	竖弯钩	儿	起笔下行先写竖，至下端向右弯行，至右端稍顿向上钩出。
25	㇋	竖折撇	专	起笔下行先写竖，下行时稍向左斜，至下端后转向右写短横，至右端稍顿转向左下撇出。
26	㇉	竖折折	鼎	落笔写短竖，至下端稍顿转向右再写横，至右端再转向下写竖。
27	㇜	横撇弯钩	队	起笔写短横，稍向上斜，至右端稍顿向左下撇出，至撇尖再向右下写弯钩。
28	㇟	横折弯钩	九	起笔写短横，至右端稍顿向下写竖，至下端向右弯行，稍顿向上挑出。
29	㇋	横折折撇	及	起笔写短横，稍向右上斜，至末端稍顿斜向左下写短竖，至下端再转向右写短横，至右端稍顿再转向左下撇出。
30	㇄	竖折折钩	马	起笔下行先写竖，稍向左斜，至下端转向右写横，至右端转向，略向左下斜写竖，至下端稍顿向左上方钩出。
31	㇍	横折折折钩	乃	起笔写短横稍向右上斜，至右端稍顿斜向左下写短竖，至下端再转向右写短横，至右端稍顿再转向左下写竖钩。

小学语文通用基础知识手册

专注小学阶段语文基础字、词、成语积累

语文其实并不难

我的名字叫作竖，

我的名字叫作撇

我在字中起支撑。

粗细分明难度大。
从轻到重屋巴尖，

竖要垂直字才正，
成为字中小英雄。

遇到困难绝不怕。

ISBN 978-7-230-05006-7

9 787230 050067 >

定 价：110.00元

小学语文通用基础知识手册

专注小学阶段语文基础字、词、成语积累

语文其实并不难

学霸
必修课
XUEBA
BIXIUKE

手水马龙

水滴石穿

一字千金

曾琴 陈慧颖 主编

成语
运用要灵活

拔苗助长

比喻违反事物的发展规律，急于求成，反而坏事。

安居乐业

安定地生活，愉快地工作。

延边大学出版社

小学语文通用基础知识手册

专注小学阶段语文基础字、词、成语积累

学霸
必修课
XUEBA
BIXIUKE

语文其实并不难

曾 琴 陈慧颖 主编

成语

运用要灵活

延边大学出版社

图书在版编目（CIP）数据

语文其实并不难 / 曾琴，陈慧颖主编. -- 延吉：
延边大学出版社，2023.5
ISBN 978-7-230-05006-7

Ⅰ．①语… Ⅱ．①曾…②陈… Ⅲ．①小学语文课 –
教学参考资料 Ⅳ．①G624.203

中国国家版本馆 CIP 数据核字（2023）第 091197 号

语文其实并不难

主　　编：曾琴　陈慧颖
责任编辑：王启东
出版发行：延边大学出版社
社　　址：吉林省延吉市公园路 977 号
邮　　编：133002
电　　话：0433-2732435
传　　真：0433-2732434
网　　址：http://www.ydcbs.com
印　　刷：咸宁市国宾印务有限公司
开　　本：880 mm × 1230 mm　1/32
印　　张：21
字　　数：460 千字
版　　次：2023 年 5 月第 1 版
印　　次：2023 年 7 月第 1 次印刷
书　　号：ISBN 978-7-230-05006-7
定　　价：110.00 元

目 录

成语

运用要灵活

YUWEN QISHI BINGBUNAN

运用要灵活

成语

YUWEN QISHI BINGBUNAN

爱屋及乌

成语溯源

商朝末年，纣王残暴无道，人民生活困苦不安。西伯侯姬昌决定起兵伐纣，可惜他没有实现愿望就逝世了。姬昌死后，他儿子姬发继位称王，世称周武王。周武王在军师姜太公的辅佐下，联合诸侯，经过多次战争，攻入殷都，商朝的残暴统治终于被推翻。商纣王自焚而死，商朝从此灭亡。

然而，伐纣成功的周武王心中却总是隐隐不安，认为天下还没有安定，也不知道如何处置商朝遗留下来的权臣贵族、官宦将士。于是，他召见姜太公等诸大臣问："旧王朝遗留下的士众，我们该怎样处置呢？"姜太公意味深长地说："我听说，如果喜爱一个人，会连同他屋上的乌鸦也喜爱；如果不喜欢一个人，就连带讨厌他房屋的一砖一瓦。大王既然讨厌商朝就将商朝留下的仆从家吏全部杀掉，怎么样？"周武王认为这种做法不妥。又问召公，召公说："有罪者杀，无罪者赦。大王您看如何？"周武王认为这种做法也不妥。

这时周公说道："依我看，应该让他们各自回到各自的家中，耕种自己的田地。"周武王听到此话，心中豁然开朗。于是，周武王采纳周公的方法处置了商朝的遗民。很快，周武王就凝聚了民心，西周一天天变得强大起来。

成语小档案

成语释义 乌：乌鸦。意思是喜爱一个人时就连停留在其房屋上的乌鸦也爱护。比喻喜爱一个人，就连与他有关系的人或物也喜欢。

感情色彩 中性成语。

成语辨形 不要写成"爱乌及屋"。

近义成语 屋乌之爱：比喻喜爱一个人而连带关心、喜爱与他有关系的人或物。

反义成语 城门失火，殃及池鱼：比喻因牵连而受祸害或损失。

活学活用 人都有以第一印象定好坏的习惯，认为一个人好时，就会**爱屋及乌**；认为一个人不好时，就会全盘否定。

成语接龙 爱屋及乌→乌合之众→众望所归→归心似箭→箭无虚发→发愤图强→强词夺理→理直气壮→壮志凌云→云淡风轻→轻而易举→举世闻名

安居乐业

成语溯源

　　老子姓李名耳，字聃，一字伯阳，又称老聃，是中国古代伟大的哲学家和思想家，道家学派的创始人，"老子"是人们对他的尊称。老子对许多事情有自己独到见解。他认为，万物运行有其自然的规律，人们应顺应自然；他在政治上主张"无为而治"，认为人们只要与世无争，天下就太平了。

　　老子曾在周朝做管理藏书的小官，对现实抱有不满的态度，他思想比较保守，非常怀念原始社会的自然状态，认为是物质文明的进步毁坏了人民的淳朴之风。他渴望生活在"小国寡民"的理想社会：国家被分割为一个个小国，人口稀少，即使有很多的器具，也不去使用而让它们闲置着。人民不向远处迁移，即使有车辆和船只也不去乘坐。因为没有战争，武器装备也没地方用得上。人民重新使用结绳记事，吃美味的食物，穿漂亮的衣服，住舒适的房子；沿袭原有的风俗习惯，邻近各国居民互相都能望见，虽然能听到各家各户的鸡鸣狗叫之声，但直到老死也不相往来。老百姓在这样的社会里安居乐业，各得其所。

成语小档案

成语释义　安：安定。居：居住。乐：愉快。业：职业、工作。安定地生活，愉快地工作。

感情色彩　中性成语。

成语正音　乐，读作"lè"，不要读作"yuè"。

近义成语　**安家乐业**：指安置家庭，创立基业或事业。也指长期在一个地方生活。

反义成语　**流离失所**：流离，由于灾荒战乱而流转离散。到处流浪，没有安身的地方。

活学活用　改革开放后，人民**安居乐业**，国民经济迅速发展。

成语接龙　安居乐业→业精于勤→勤学好问→问心无愧→愧不敢当→当务之急→急于求成→成人之美→美不胜收→收放自如→如履平地→地大物博

按图索骥

成语溯源

相传春秋时期，秦国人孙阳是著名的相马专家，他一眼就能看出马的优劣。因传说中管理天庭马匹的神叫"伯乐"，人们便称孙阳为"伯乐"。伯乐一生相过无数匹好马。到了晚年，伯乐将自己相马的经验编撰成书，取名《相马经》，并配上各种插图，让看的人一目了然。

伯乐的儿子非常羡慕父亲相马的本领，也想成为相马专家，但他的才智平庸。他将父亲的《相马经》背得滚瓜烂熟后，自认为掌握了相马的本领，便根据《相马经》上的记载去寻找千里马。

一天，伯乐的儿子在路边看见一只癞蛤蟆。他发现癞蛤蟆和《相马经》上所记载的"千里马额角隆起而丰满，眼睛明亮，四个蹄子大而端正"的特征相符，便认为自己找到了一匹真正的千里马。于是他连忙将癞蛤蟆抓住，带回了家，兴奋地对父亲嚷道："我找到了一匹千里马，就是个头小了点，蹄子不太像。"

伯乐听了儿子的话，又看了看他手中的癞蛤蟆，哭笑不得，只好回答说："这马太爱跳了，不好驾驭。"

后来，人们就用"按图索骥"比喻做事死守教条，而不知变通。

成语小档案

成语释义 按图：按照画像。索：寻找。骥：好马。按照画像寻找好马。比喻按照死规矩机械、呆板地做事，也泛指按照线索寻找目标。

感情色彩 中性成语。

成语正音 索，读作"suǒ"，不要读作"sù"；骥，读作"jì"不要读作"yì"。

近义成语 照本宣科：死板地照现成文章或稿子宣读，指不能灵活运用。

反义成语 不落窠臼：窠，读作"kē"。比喻文章或艺术等有独创风格，不落俗套。

活学活用 工具书中索引的作用，就在于能让人按图索骥，很快找到想要的资料。

成语接龙 按图索骥→骥子龙文→文武之道→道不拾遗→遗臭万年→年富力强→强颜欢笑→笑逐颜开→开门见山→山穷水尽→尽善尽美→美轮美奂

拔苗助长

成语溯源

南朝宋国有个急性子的农夫,他成天围着自己的农田转悠,隔几天就蹲下身去,用手量量秧苗长高了多少。但无论他怎么着急,秧苗总是只有那么高。

有一天,他又来到田边,看到别人家的庄稼根壮叶茂,绿油油一片,便坐在地上闷闷不乐。突然,他一拍大腿,说了一声:"有了!"原来,他想出了一个自认为很好的办法:把禾苗往上拔高。说干就干,他跳下田,弓着腰,把禾苗一棵一棵地往上拔。他从早上一直忙到傍晚,累得筋疲力尽,终于把所有的禾苗都拔高了一大截。他心满意足地想:"力气总算没白费,禾苗全都长高了!"

回家后,他得意地跟家人讲述自己的"功劳"。他的儿子知道后,急忙跑到田里去查看,只见被农夫拔高的禾苗都枯死了。

成语小档案

成语释义 这则成语的意思是把禾苗往上拔起一点儿,帮助它生长。后用来比喻违反事物发展的客观规律,急于求成,反而坏事。也说揠苗助长。

感情色彩 贬义成语。

成语正音 长,读"zhǎng",不要读作"cháng"。

近义成语 欲速不达:欲,想要。想求快速,反而不能达到目的。

反义成语 因势利导:顺着事情的发展趋势加以引导。

活学活用 孩子现在才念小学三年级,你却硬教他初中数学,他怎么能领会? 这不是拔苗助长吗?

成语接龙 拔苗助长→长幼尊卑→卑辞厚礼→礼尚往来→来去自如→如影随形→形影不离

百折不挠

成语溯源

东汉灵帝时期，有一位官员叫桥玄。桥玄性格刚直，疾恶如仇，为官时敢于同恶势力作斗争，所以在朝野上下名气很大，那些贪官污吏都非常恨他。桥玄在京任职的时候，有一天正身染风寒，卧床不起，一伙手执钢刀的蒙面强盗，挟持着他十岁的儿子闯进来，对他吼道："马上把你家的财物全拿出来，否则，我就杀掉你的儿子。"桥玄没有被强盗的恐吓吓倒，更没有向强盗屈服。消息传出后，司隶校尉阳球带领人马赶来救助。因担心强盗伤害孩子，阳球下令只将强盗团团围住，没敢轻举妄动。

桥玄见此情形，大声喊道："如果因为怕伤害我儿子的性命就放走坏人，那他们以后还会残害百姓，为恶社会！赶快捉拿强盗吧！"阳球等人这才下令奋力进攻，捉拿强盗。强盗被缉捕，但桥玄的儿子却被强盗杀害了。

东汉著名文学家蔡邕（yōng）赞颂桥玄有百折不挠的精神，在原则问题上绝不改变自己的意志。

成语小档案

成语释义	折：挫折。挠：弯曲。无论受多少次挫折都不退缩，形容意志坚强。也说百折不回。
感情色彩	褒义成语。
成语辨形	折，不要写成"拆"。
近义成语	**坚韧不拔**：形容信念坚定，意志顽强，不可动摇。
反义成语	**一蹶不振**：比喻一遭到挫折就不能再振作起来。
活学活用	我们从许多科学家的传记中看到，攀登科学技术的高峰，主要靠的是**百折不挠**的精力；获得骄人的科学成就，主要靠的是一点一滴的积累。
成语接龙	百折不挠→挠曲枉直→直截了当→当务之急→急功近利→利令智昏→昏天黑地→地广人稀→稀世珍宝→宝刀未老→老态龙钟→钟鸣鼎食

班门弄斧

成语溯源

　　鲁班是春秋时期著名的工匠。据说曾经有人在他门前舞弄斧头,吹嘘自己手艺高超,结果被人耻笑为不知天高地厚。

　　相传唐代大诗人李白晚年在采石江上游玩时,见清澈的江水中月影浮动,就情不自禁地俯身去捞,以致坠江而亡,后被埋在采石矶。因此很多文人墨客都来此地凭吊李白,在他的墓上题满了诗句。

　　几百年后,明朝诗人梅之焕游访采石矶时,见李白墓附近繁多的凭吊诗文,觉得这些题词的人太自不量力了,竟然在诗仙李白的墓前舞文弄墨。于是,他就在这些诗句旁题诗讽刺道:“采石江边一堆土,李白之名高千古。来来往往一首诗,鲁班门前弄大斧。”意思是说:在大诗人李白的墓前题诗,就好比在著名巧匠鲁班的门前舞弄斧头。

　　后来,“鲁班门前弄大斧”这句话被后人缩为成语“班门弄斧”并流传下来了。

成语小档案

成语释义　班:鲁班。即春秋时期鲁国的公输班,是著名的木匠。弄:舞弄。在鲁班门前挥舞斧头。比喻在行家面前卖弄本领。

感情色彩　贬义成语。

成语辨形　班,不要写成“搬”。

近义成语　**布鼓雷门**:布鼓,布蒙的鼓。雷门,古代浙江会稽的城门,有大鼓,鼓声洪亮。在雷门前击布蒙的鼓。比喻在高手面前卖弄本领,贻笑大方。

反义成语　**自知之明**:能正确认识自己、了解自己的长处和短处。

活学活用　今天在各位名家面前谈创作,我真是**班门弄斧**了。

成语接龙　班门弄斧→斧破斨缺→缺斤短两→两豆塞耳→耳鬓厮磨→磨砺自强→强兵猛将→将无作有→有心无力→力屈势穷→穷年累月→月黑风高

半途而废

成语溯源

东汉时期，有一个叫乐羊子的人，他的妻子很贤惠。一次，乐羊子离家到远方求学，才一年时间，乐羊子就回了家。见乐羊子回来，妻子高兴地问："你的学业完成了吗？"乐羊子说："没有。"妻子又问："那你为什么回来了呢？"乐羊子说："因为我离家时间长了，有些想家，所以回来看看你，并没有其他缘故。"

妻子听了乐羊子的话后，就拿起一把剪刀，走到织布机前，指着机子上的绢帛说："这绢帛产自蚕茧，成于织机。一根丝一根丝地累积，才有一寸；一寸一寸地累积，才有一丈。只有不停地织下去，才能织成布匹。现在我如果把它剪断，就会前功尽弃，以前所花费的工夫也都会白白浪费。"乐羊子听了，默不作声。妻子接着又说："读书求学也是同样的道理。你每天学习，积累学问，才能使自己的品学日益完美。如果半途而废，和剪断这织布机上的绢帛又有什么区别呢？"

乐羊子听了，明白了妻子所说的道理，既感动又惭愧。他下决心继续外出求学，完成学业。七年后，他终于学有所成。

成语小档案

成语释义 半途：半路。废：停止，不再继续。路走到一半就停了下来，不再继续前进。比喻做事情没有完成而终止。

感情色彩 贬义成语。

成语辨形 途，不要写成"图"。

近义成语 **功亏一篑**：意思是堆九仞高的土山，只差一筐土而不能完成。比喻一件大事只差最后一点儿人力而不能成功。

反义成语 **持之以恒**：意思是长久地坚持下去。

活学活用 做事情不能**半途而废**，而应善始善终。

成语接龙 半途而废→废寝忘食→食不果腹→腹背受敌→敌众我寡→寡言少语→语出惊人→人定胜天→天高地厚→厚德载物→物以类聚→聚精会神

杯弓蛇影

成语溯源

　　晋朝有个叫乐广的人,非常喜欢结交朋友,并经常请朋友到家里喝酒聊天。有一位朋友很长时间没来了。乐广十分惦记他,就去看望这位朋友。原来,朋友自从上次去乐广家里喝酒后,回来就病倒了。问其原因,朋友告诉他:"前段时间,我在您家喝酒,发现杯子中有一条小蛇在游动,当时虽然十分讨厌它,但还是勉强喝了那杯酒,结果回来就生病了。"

　　乐广回到家后,一直在想:酒杯里怎么会有蛇呢?乐广抬头时,突然看见厅堂的墙壁上挂着一张角弓,心想:杯中所谓的"小蛇"一定就是角弓的影子。于是,他在上次请朋友喝酒的地方再次宴请那位朋友,并问道:"杯中还能看到'小蛇'吗?"这位朋友说:"看到的跟上次一样。"乐广指着墙壁上的角弓,并向他说明了原因,朋友恍然大悟,病很快就好了。

成语小档案

成语释义　把映在酒杯里的弓影误当作蛇,十分恐惧。比喻疑神疑鬼,妄自惊慌。
感情色彩　贬义成语。
成语正音　影,不要读作"yǐn"。
近义成语　**草木皆兵**:前秦符坚领兵进攻东晋,进抵淝水流域,登寿春城瞭望,见晋军阵容严整,又远望八公山,把山上的草木都当成晋军,感到惊惧。后来用"草木皆兵"形容惊慌时疑神疑鬼。
反义成语　**安之若素**:(遇到不顺利情况或反常现象)像平常一样对待,毫不在意。
活学活用　事情的真相已经调查清楚了,你就不要再**杯弓蛇影**,心神不宁了。
成语接龙　杯弓蛇影→影影绰绰→绰绰有余→余音绕梁→梁上君子→子虚乌有→有求必应→应付自如→如履平地→地久天长→长歌当哭→哭笑不得

背水一战

🌿 成语溯源

　　楚汉相争的时候，汉王刘邦派手下大将韩信率军攻打赵国。韩信的部队要通过一道叫井陉口的极狭山口，赵王歇的谋士李左军主张堵住井陉口，同时派兵抄小路切断汉军的辎重粮草，韩信的远征部队没有后援，就一定会败走。可大将陈馀仗着兵力优势，坚持要与汉军正面作战。

　　韩信了解情况后，非常高兴，命令部队在离井陉三十里的地方安营扎寨。到了半夜，韩信让将士们随意吃点东西，说打完胜仗再吃饱饭。随后，他派出两千轻骑从小路隐蔽前进，让他们在赵军离开营地后迅速占领营地，换上汉军旗帜，又派一万军队故意背靠河水排列阵势引诱赵军。

　　黎明时分，韩信率军发动进攻，双方展开激战。不一会儿，汉军假装败回水边阵地，诱使赵军全部离开营地，前来追击。此时，韩信率领主力部队出击，背水集结的士兵因为没有退路，也回身猛击敌军。赵军眼看无法取胜，打算回营，忽然发现营中已插满了汉军旗帜，于是四散而逃。汉军趁机前后夹击，大破赵军。

🐦 成语小档案

成语释义　背水：背后临近河水。表示没有退路。在不利情况下和敌人做最后决战，比喻面临绝境，为求出路而作最后一次努力。

感情色彩　褒义成语。

成语辨形　战，不要写成"站"。

近义成语　**破釜沉舟**：项羽跟秦兵打仗，过河后把锅都打破，船都弄沉，表示不再回来。比喻下决心，不顾一切干到底。

反义成语　**重整旗鼓**：指失败之后，重新集合力量再干（摇旗和击鼓是古代进军的号令）。也说重振旗鼓。

活学活用　对手实力很强，要想进入下一轮比赛，我们只能**背水一战**。

成语接龙　背水一战→战无不胜→胜券在握→握手言和→和而不同→同心协力→力不从心→心口不一→一心一意→意气风发→发愤图强→强弩之末

标新立异

成语溯源

东晋时期，名士们对道家学派庄周的代表作《庄子》有着浓厚的兴趣。西晋初期的名家向秀和其后的郭象两人先后为《庄子》做注释，许多读书人苦心研读，但得出的结论都无法超越郭象、向秀的见解。

有个叫支道林的佛教学者饱读诗书，通晓诸子百家的学说，对《庄子》的研究颇有心得。他与王羲之、谢安等名士都有交往。他们经常在一起谈论玄理，研究《庄子》。

一次，他在洛阳白马寺和护国将军冯太常聊天时，谈论到庄子的《逍遥游》，他以自己独到的见解解读了《逍遥游》，其见解与向秀、郭象的注解迥然不同，开辟了解读《逍遥游》的一个新的路径。而且他的这些见解多是众多名士苦苦思索而不能够想明白的。

后来，人们就借用支道林的见解来解读《逍遥游》。

这就是成语"标新立异"的由来。

成语小档案

成语释义　提出新的主张，表示与一般不同。

感情色彩　褒义成语。

成语辨形　立，不要写成"利"。

近义成语　**别出心裁**：别，另外。心裁，心中的设计、筹划。独创一格，与众不同。

反义成语　**墨守成规**：战国时墨子善于守城，后称善于防守者为墨守。成规，现成的规则、方法。后来用"墨守成规"形容因循守旧，不肯改进。

活学活用　这件时装在设计上**标新立异**，但观众的评价却毁誉参半。

成语接龙　标新立异→异曲同工→工力悉敌→敌众我寡→寡不敌众→众口铄金→金榜题名→名列前茅→茅塞顿开→开天辟地→地大物博→博采众长

别开生面

🌿 **成语溯源**

  唐太宗时，为表彰二十四位开国功臣，他命大画家阎立本在凌烟阁画上了他们的画像。这些画像惟妙惟肖，神采逼真，引起了极大的轰动。

  到唐玄宗时，历经几十年岁月的侵蚀，原本栩栩如生的画像，色泽已经模糊暗淡了。功臣们失去了当年的风采，有的甚至已难以辨认。曹霸是唐代著名画家，擅长画人物和马。唐玄宗便命曹霸进宫，将这些画像复原如初。曹霸阅读了大量史料，对照已经黯淡模糊的功臣肖像仔细研究，在精心构思后开始挥笔绘画。不久，二十四位功臣的肖像画以崭新的面貌呈现在人们面前。

  后来因为一件小事，曹霸被削职为民。"安史之乱"爆发后，曹霸流落到成都，靠在街头卖画维持生计。诗人杜甫得知曹霸的不幸遭遇，感慨万分，作了一首题为《丹青引赠曹将军霸》的诗赠给他。诗中有这样两句："凌烟功臣少颜色，将军下笔开生面。"这两句诗的意思是，凌烟阁中的功臣肖像失去了往日鲜艳夺目的色泽，亏得你的神来之笔让它们重放光彩。后来，"下笔开生面"就演化为成语"别开生面"。

🕊️ **成语小档案**

成语释义	开：开辟，开创。生面：新的格局，新的面目。原指重新画像，画出生动的新面貌；另外创出新的风格、面貌。比喻另外开创新的局面或创造新的形式。
感情色彩	褒义成语。
成语辨形	生，不要写成"声"。
近义成语	**独辟蹊径**：蹊径，山路，小路。自己开辟一条路，比喻独创一种新风格或新方法。
反义成语	**千篇一律**：指诗文公式化，泛指事物只有一种形式，毫无变化。
活学活用	这真是一次**别开生面**的展览，令人印象十分深刻。
成语接龙	别开生面→面红耳赤→赤胆忠心→心旷神怡→怡然自得→得天独厚→厚今薄古→古色古香→香车宝马→马到成功→功败垂成→成千上万

别无长物

🌿 **成语溯源**

东晋时期有个读书人,名叫王恭。他生活简朴,不贪图享受,人们都说他将来定能成为有用之才。

有一年,王恭随父亲从会稽(今浙江绍兴)来到都城建康(今江苏南京),他的同族王忱来看望他,两人久别重逢,坐在一张竹席上促膝谈心。谈着谈着,王忱觉得身下的席子做工精细,坐着很舒服。他心想:王恭从盛产竹子的会稽回来,一定带了不少这样的竹席。于是,他对这竹席大加称赞,希望王恭能送他一张竹席。

王恭听后愣了一下,随即爽快地将竹席赠给了王忱,王忱千恩万谢地带着竹席走了。其实,王恭并没有多余的竹席,他送给王忱的是他唯一的席子。竹席送人后,他就只好铺草垫子,读书、吃饭都坐在草垫子上。

后来,王忱知道了这一情况,十分惊讶,觉得过意不去,就去找王恭表示歉意。王恭笑了笑,说:"丈人不悉恭,恭作人无长物。"意思是说:"叔叔你还不了解我,我做人从来没有多余的东西。"这就是成语"别无长物"的由来。

🦚 **成语小档案**

成语释义 指没有多余的东西。形容穷困或俭朴。

感情色彩 中性成语。

成语正音 长,读"cháng",不要读作"zhǎng"。

近义成语 **一无长物**:一无,全无。长物,多余的东西。除一身之外再没有多余的东西。原指生活俭朴,现形容贫穷。

反义成语 **一应俱全**:一应,一切。俱,都。一切齐全,应有尽有。

活学活用 他孑然一身,**别无长物**,唯有拼尽全力才能养活自己。

成语接龙 别无长物→物是人非→非亲非故→故弄玄虚→虚有其表→表里相应→应有尽有→有口无心→心口如一→一步登天→天伦之乐→乐不思蜀

兵贵神速

成语溯源

东汉末年，天下大乱，群雄四起。出身名门的袁绍成为北方势力最强的军阀。公元200年，曹操在官渡之战中打败了袁绍。袁绍不久病死，他的儿子袁熙、袁尚带领残部投奔北方的乌桓族首领蹋顿单于。蹋顿单于乘机侵犯边境。曹操有心要去征讨，但有些官员担心远征之后，荆州的刘表会乘机派刘备来袭击曹操的后方。

曹操的谋臣郭嘉足智多谋，他分析了当时的形势后，对曹操说："您现在威震天下，刘表暂时是不敢袭击我们的，所以不必有后顾之忧。而乌桓仗着地处边远地区，必然不会防备我们。我们此时突袭，一定能将其消灭。"

公元207年，曹操率军队出征。行军到河北后，郭嘉又对曹操说："用兵贵在神速。奔远作战，军用物资多，行军速度就慢，如果乌桓人知道我军的情况，就会有所准备。不如留下笨重的军械物资，部队轻装，昼夜兼程，深入敌境，乘敌人没有防备发起进攻，这样才能大获全胜。"

曹操采纳了郭嘉的建议，亲率数千精兵轻装快速北进，他们翻山越岭，直奔蹋顿单于所在驻地。曹军将士以一当十，奋勇杀敌，终于取得了胜利。

成语小档案

成语释义	这则成语的意思是用兵以行动特别迅速最为重要。古代多用于军事方面，现在也可用来比喻办事、行动迅速，效率高。
感情色彩	中性成语。
成语正音	速，不要读作"shù"。
近义成语	**速战速决**：迅速投入战斗，迅速结束战斗。比喻做事时迅速地完成任务或解决问题。
反义成语	**犹豫不决**：犹豫，迟疑。拿不定主意。
活学活用	**兵贵神速**，我们要马上行动，贻误战机就必然失败。
成语接龙	兵贵神速→速战速决→决一死战→战无不胜→胜券在握→握手言欢→欢声雷动→动荡不安→安之若素→素未谋面→面面俱到→到此为止

不耻下问

成语溯源

卫国大夫孔圉聪明好学，更难得的是，他非常谦虚。孔圉死后，卫国国君为了让世人都学习和发扬他好学的精神，特别赐给他一个"文"的谥号。所以，后人就尊称孔圉为"孔文子"。

孔子的学生子贡也是卫国人，他认为孔圉并不像人们所说的那样好学，不应获得那么高的评价。子贡问孔子："老师，孔圉的学问和才华虽然很高，但是比他更有学问的人多的是，国君为什么赐给孔圉'文'的谥号呢？"孔子听了笑着说："孔圉非常勤奋好学，脑子聪明灵活。更重要的是，遇到不懂的问题，即使对方地位和学问都不如他，他也会虚心向对方求教，并且一点儿也不因此而感到羞耻，这是一般人做不到的。因此赐给他'文'的谥号。"

经过孔子的解释，子贡心悦诚服。"原来如此！"子贡说，"看来我以后要向他学习啊！"

成语小档案

成语释义	下问：向地位比自己低或知识比自己少的人请教。不以向地位比自己低、知识比自己少的人请教为耻。形容虚心求教。
感情色彩	褒义成语。
成语正音	耻，不要读作"zhǐ"。
近义成语	**不矜不伐**：指不自以为了不起，不为自己吹嘘。形容谦逊。
反义成语	**好为人师**：喜欢以教育者自居，不谦虚。
活学活用	李老师虽是全校公认的最有学问的老师之一，但仍然虚心好学，**不耻下问**，令人钦佩。
成语接龙	不耻下问→问一得三→三心二意→意气扬扬→扬长而去→去伪存真→真知灼见→见鞍思马→马首是瞻→瞻前顾后→后发制人→人山人海

不拘一格

成语溯源

龚自珍是清代著名的思想家和文学家。他从小勤奋好学，尤其擅长写诗，十四岁时就能写诗，二十岁时成为当时著名的诗人。他的诗富于想象力，语言浪漫瑰丽，充满爱国热情。他在二十七岁和二十八岁时分别中了举人和进士，在清政府为官二十余年。他疾恶如仇，不满官场的腐败和黑暗，四十八岁时毅然辞官回家。

在回家途中，路过镇江时，龚自珍看到大街上人山人海，人们抬着玉皇、风神、雷神等天神的塑像，虔诚地祭拜。这时，有人认出了龚自珍，一位道士便挤上前来，恳请这位大文豪为天神写篇祭文。龚自珍看着当时的情景，回想自己半生的宏愿，不由得感慨万千。他提笔一挥而就，写下了著名的《己亥杂诗》："九州生气恃风雷，万马齐喑究可哀。我劝天公重抖擞，不拘一格降人才。"

诗中"九州"指代整个中国。诗的大意是：中国要焕发生机，就要凭借疾风迅雷般的社会变革。现在人们都不敢说话，沉闷得令人悲哀。我劝天公重新振作精神，不要拘泥于常规，把能拯救危难的人才降到人间来吧。后来这首诗中的"不拘一格降人才"就精简成"不拘一格"这则成语，流传至今。

成语小档案

成语释义 拘：限制。格：规格，标准。不局限于一种规格或方式。

感情色彩 中性成语。

成语辨形 格，不要写成"各"。

近义成语 **别具一格**：另有一种风格。形容别致，新颖，与众不同的样子。

反义成语 **墨守成规**：墨守，战国时墨子善于守城，后称善于防守者为墨守。成规，现成的规则、方法。后来用"墨守成规"形容因循守旧，不肯改进。

活学活用 公司向来**不拘一格**地提拔人才，务求有真才实学者能脱颖而出。

成语接龙 不拘一格→格格不入→入情入理→理直气壮→壮志凌云→云游四海→海外奇谈→谈虎色变→变本加厉→厉兵秣马→马到成功→功成名就

不求甚解

成语溯源

东晋时期，有一位著名的诗人叫陶渊明，他创造了田园诗体，开创了中国古典诗歌的新境界。陶渊明出身于一个没落的官宦家庭，自幼丧父，家境贫寒。为维持生活，幼年的陶渊明经常在外祖父家生活。外祖父家中藏书很多，为陶渊明提供了阅读古籍和了解历史的条件，让他接受了儒家和道家思想的熏陶。

陶渊明嗜酒成瘾，亲友们每次请他喝酒，他都大醉而归。陶渊明曾几次外出为官，目睹官场的腐败和黑暗，认识到清静闲适生活的可贵。因此，他毅然辞官，回家过上了隐居田园的生活。回家后，陶渊明扎进书海，废寝忘食地刻苦读书。他家门前有五棵大柳树，因此他自称为"五柳先生"，并写了一篇著名的散文——《五柳先生传》。他说，自己读书时不在字句的意思上钻牛角尖，不追求刻板的考据，而主要领会文章的精要，把握文章的精神，"好读书，不求甚解，每有会意，便欣然忘食。"这句话的意思是：我很喜欢读书，只求领会要旨，不过于在字句上花工夫，每每读到会心处，高兴得连饭也忘记吃了。

后来，人们用"不求甚解"这个成语来指学习不认真，不求深入理解，或工作时不深入了解情况。

成语小档案

成语释义	意思是说读书只领会精神实质，不咬文嚼字。现多指只求懂得个大概，不求深刻了解。
感情色彩	贬义成语。
成语正音	甚，不要读作"sèn"。
近义成语	浅尝辄止：略微尝试一下就停下来，指对知识、问题等不作深入研究。
反义成语	举一反三：从一件事情类推而知道许多事情。也说一隅三反。
活学活用	对于专业知识的学习，不求甚解并不是好的学习态度。
成语接龙	不求甚解→解兵释甲→甲冠天下→下落不明→明知故问→问心无愧→愧不敢当→当机立断→断章取义→义无反顾→顾影自怜→怜香惜玉

才高八斗

成语溯源

谢灵运是南朝宋国著名的山水诗人。他从小就聪颖过人,勤奋好学,读过很多书。因为他家世袭康乐公的爵位,别人称他为"谢康乐"。

公元424年,他受权臣排挤,离开京城去永嘉当太守。他自叹怀才不遇,就经常把政务放在一边,在外游山玩水,陶冶性情。后来,他索性借口有病,辞官不做了。从此,谢灵运更是整天流连于山水之间,观山赏水,写下了许多山水诗。他的诗,大都描写会稽、永嘉、庐山等地的山水名胜,讲求形式美,刻画景物尤为逼真,很受文人雅士的喜爱。诗篇一传出来,人们就竞相抄录,流传很广。

宋文帝很赏识谢灵运的文学才华,他即位后,特地将谢灵运召回京都担任秘书监。宋文帝把他的诗作和书法称为"二宝"。宋文帝常常要谢灵运一边侍宴,一边写诗作文。本来就有些心高气傲的谢灵运受到如此恩宠后,更加自命不凡,不可一世。有一次,他一边喝酒一边自夸道:"魏晋以来,天下的文学之才总共只有一石(一种容量单位,一石等于十斗),曹植独占八斗,我得一斗,天下今人共分一斗。"

后来,人们就用"才高八斗"这个成语来比喻某人富有才华。

成语小档案

成语释义 形容文才非常高。

感情色彩 褒义成语。

成语辨形 才,不要写成"材"。

近义成语 **才华横溢**:意思是很有才华,多指文学艺术方面。与"锋芒毕露"意思不同。

反义成语 **才疏学浅**:意思是才能低,学识浅。(多用于自谦)。

活学活用 他虽自诩**才高八斗**,但我读他的文章并无此感觉。

成语接龙 才高八斗→斗折蛇行→行色匆匆→匆匆忙忙→忙忙碌碌→碌碌无为→为人师表→表里不一→一心一意→意气风发→发愤图强→强兵猛将

车水马龙

成语溯源

汉明帝的皇后马氏是伏波将军马援的女儿。她贤惠持家,当了皇后依然过着俭朴的生活,赢得了后宫嫔妃对她的尊敬。马皇后知书达理,很喜欢阅读《春秋》《楚辞》等历史著作,因此对东汉的时局比较清楚。汉明帝死后,汉章帝即位,打算封马太后的弟兄为侯。马太后是个深明大义、为国家前途着想的人。她遵照光武帝有关后妃家族不得封侯的规定,极力反对这样做。

第二年夏天,发生了大旱灾。一些大臣借口说大旱是因为去年没有给外戚封侯的缘故,再次要求分封。马太后听说了此事后,很气愤,于是专门颁了诏书。诏书上说:"那些提出要封外戚为侯的人,都是想献媚于我,想从中获得好处。天大旱跟封爵有什么关系? 要记住前朝教训,娇宠外戚只会招来大祸。我身为太后,都衣食俭朴,我这样做就是希望外戚可以好好反省自己。可是前几天我路过娘家住地濯龙园时,见去我娘家拜访、请安的车子像流水那样不停驶去,马匹往来不绝,好像一条游龙,招摇得很。随行的用人,也个个穿着光鲜。他们只知道贪图享乐,根本不为国家考虑,我怎么能同意给他们加官晋爵呢?"从此以后,再没人敢提"封外戚为爵"的事了。

后来,人们便以"车水马龙"作为成语来形容繁华热闹的景象。

成语小档案

成语释义 车像流水,马像游龙,形容车马或车辆很多,来往不绝。
感情色彩 褒义成语。
成语正音 龙,不要读作"nóng"。
近义成语 熙熙攘攘:熙熙,和乐的样子。攘攘,纷乱的样子。形容人来人往,非常热闹。
反义成语 门可罗雀:大门前面可以张网捕雀,形容宾客稀少,十分冷落。
活学活用 中山大道上车水马龙,人来人往,非常热闹。
成语接龙 车水马龙→龙飞凤舞→舞文弄墨→墨守成规→规天矩地→地大物博→博古通今→今非昔比→比比皆是→是非曲直→直言不讳→讳莫如深

车载斗量

成语溯源

　　三国时期，吴国的赵咨才华出众，谈吐不凡，深得孙权的赏识。由于刘备出兵伐吴，东吴抵挡西蜀有些吃力，吴王孙权便派赵咨出使魏国求援。

　　赵咨来到魏国都城后，入朝参见魏文章曹丕。曹丕想看看赵咨到底有什么能耐，就问了几个问题故意刁难他说："吴王是一个什么样的国君？你们吴国怕不怕我们魏国？"身为吴国的使者，赵咨知道自己不能有失国家尊严，便从容不迫很有分寸地答道："我们吴王雄才大略，他重用鲁肃，选拔吕蒙，停庞于禁而不杀，取荆州而兵不血刃。他占据三州虎视四方，向陛下称臣，则证明他很懂得策略。至于怕不怕魏国，我认为尽管大国有征伐的武力，但小国也自有抵御的良策，更何况我们吴国有雄兵百万，据汉江天险，又何必怕别人呢？"看到赵咨对答如流，曹丕不禁暗暗佩服。于是，曹丕十分客气地继续问道："那吴国像您这样的人才有多少呢？"赵咨轻松地答道："在吴国，聪明而有突出才能的，不下八九十人，至于像我这样的人，那简直是用车装，用斗量，数也数不清啊！"听到如此得体、巧妙的外交辞令，魏国朝廷上下都对赵咨肃然起敬，同时意识到江东的确是人杰地灵，不可轻视。

成语小档案

成语释义	用车装，用斗量。形容数量很多，多用来表示不足为奇。
感情色彩	褒义成语。
成语正音	载，读"zài"，不要读作"zǎi"；量，读"liáng"，不要读作"liàng"。
近义成语	**恒河沙数**：形容数量很多，像恒河里的沙子一样(原是佛经里的话，恒河是印度的大河)。
反义成语	**凤毛麟角**：凤凰的羽毛，麒麟的角。比喻稀少而可贵的人或事物。
活学活用	水仙花在北方很难见到，在南方则**车载斗量**，比比皆是。
成语接龙	车载斗量→量长较短→短小精悍→悍然不顾→顾名思义→义无反顾→顾盼神飞→飞短流长→长风破浪→浪子回头→头头是道→道听途说

乘风破浪

成语溯源

南北朝时期，宋国有位著名的将军，名叫宗悫(què)。他从小便有雄心壮志，喜欢读兵书战策，舞枪弄剑，练就了一身好武艺。

有一年，宗悫的哥哥成亲。婚礼这天，家里宾客盈门。一伙盗贼冒充客人混了进来。趁大家热热闹闹地喝酒之际，盗贼们便潜入库房开始偷东西。有个仆人去库房取东西时，发现了盗贼。于是他高声惊叫着奔向前厅。众人听到惊呼，都呆立原地，慌乱无措。只有宗悫镇定自若，他拔出佩剑，直奔库房。盗贼见他孤身一人，就挥舞着刀枪威吓宗悫。宗悫面无惧色，挺剑上前，直刺盗贼。随后赶来的众人也在一旁齐声呐喊助威。盗贼见势不妙，赶紧丢下财物，跳墙逃走了。

宾客纷纷称赞宗悫的勇敢胆识。宗悫的叔叔宗炳问宗悫："你长大后想干什么？"宗悫意气风发地说："愿乘长风破万里浪，干一番伟大的事业。"意思是要突破一切障碍，勇往直前，干一番大事业。听了宗悫的话，在座的宾客都称赞他人小志大。宗炳也赞许地说："好孩子，有志向的人理当如此。"

成语小档案

成语释义　这则成语的意思是驾着风，劈开波浪，勇敢前进。现比喻不畏艰险勇往直前。也形容事业迅猛地向前发展。

感情色彩　褒义成语。

成语正音　浪，不要读作"nàng"。

近义成语　披荆斩棘：拨开荆，砍掉棘。比喻扫除前进中的困难和障碍。

反义成语　畏缩不前：畏惧退缩，不敢前进。

活学活用　我们乘坐的轮船乘风破浪，很快就到达了目的地。

成语接龙　乘风破浪→浪得虚名→名列前茅→茅塞顿开→开宗明义→义正词严→严阵以待→待价而沽→沽名钓誉→誉满寰中→中饱私囊→囊萤映雪

程门立雪

成语溯源

程颢、程颐是北宋时期著名的理学家，有许多学子都希望能拜"二程"为师，学习理学。当时福建省将乐县有个叫杨时的进士，他特别爱好钻研，曾拜程颢为师，深得程颢的赞赏。程颢去世前，将杨时推荐给正在伊川书院任教的弟弟程颐。于是，杨时就到洛阳伊川继续学习理学。

杨时那时已四十多岁，他的学问很高，却仍谦虚谨慎，不骄不躁，尊师敬友，深得程颐喜欢。

有一天，杨时与他的学友游酢(zuò)对学问有不同看法，为了求得一个正确答案，他俩一起去程颐家请教。时值隆冬，大雪纷飞，天寒地冻。他们到程颐家门口时，看见程颐正在屋中小睡。杨时二人不想打扰老师休息，就恭恭敬敬地站在门外，等候老师醒来。

程颐一觉醒来，发现了侍立在风雪中的杨时和游酢，只见他们全身披雪，脚下的积雪已有一尺多厚了，程颐深受感动，赶忙起身迎他俩进屋。

从此，程颐更加尽心尽力教杨时，而杨时也不负众望，学到了老师的全部学问。后来，杨时学成回到南方，传播程氏理学，并形成了独立学派，世人称他为"龟山先生"。

"程门立雪"的故事也成为尊师重道的千古美谈。

成语小档案

成语释义	形容尊师重道，恭敬受教。
感情色彩	褒义成语。
成语辨形	立，不要写成"力"。
近义成语	**尊师重道**：意思是尊敬授业的人，重视应遵循的道德规范。
反义成语	**欺师灭祖**：欺负师傅，背叛祖先。形容背弃原来的师承祖制。
活学活用	你想拜他为师，没有**程门立雪**的诚意是不行的。
成语接龙	程门立雪→雪上加霜→霜气横秋→秋收冬藏→藏龙卧虎→虎口拔牙→牙牙学语→语重心长→长年累月→月黑风高→高风亮节→节外生枝

出类拔萃

🌸 成语溯源

相传战国时期的思想家、教育家孟子是孔子的孙子子思的学生。在他的心目中,孔子是无法逾越的先哲圣人。

一天,孟子的学生公孙丑问孟子:"老师,您已经是一位圣人了吗?"

孟子回答说:"连孔子都不敢称自己是圣人,我又算得了什么呢?"

公孙丑列举了古代伯夷、伊尹等以贤德著称的人问孟子,他们是否和孔子一样?

孟子回答说:"自古以来,没有人能比得上孔子。"

公孙丑接着又问:"那么,我刚才提到的这些人和孔子相比,区别在哪里呢?"

孟子借用了孔子的学生有若的话说:"在这个世界上,凡是同类都可以互相作比较,但高下却大不相同。比如麒麟和走兽,凤凰和飞鸟,泰山和小土堆,河海和小水洼,它们都是同类。但两相比较,前者都远远超过了后者。圣人和老百姓也是同类,但圣人是远远超出普通百姓的。所以说自古以来,没有人比孔子更伟大。孔子是'出于其类,拔乎其萃'。"

这就是成语"出类拔萃"的由来。

🐦 成语小档案

成语释义	出:超出。类:同类。拔:高出。萃:草丛生的样子。后来用"出类拔萃"形容超出同类。也说出类拔群、出群拔萃。
感情色彩	褒义成语。
成语正音	拔,不要读作"bō"。
成语辨形	拔,不要写作"拨";萃,不要写作"粹"。
近义成语	鹤立鸡群:指像鹤站在鸡群中一样。比喻一个人的才能或仪表在一群人里头显得很突出。
反义成语	平庸之辈:指思想品质或成就完全不出色或使人毫无印象的人,无足轻重的人,才疏者或平庸者。
活学活用	像他那样**出类拔萃**的人才,一定会大有作为。

出人头地

成语溯源

苏轼是北宋著名的文学家,他从小天资聪颖,读书极多,到青年时代,已经博古通今。

苏轼二十岁那年进京赶考,主考官是翰林学士欧阳修。阅卷时,欧阳修读到一篇题为《刑赏忠厚之至论》的文章,文采极好。文章中谈到朝廷的刑律不能只是惩治腐恶,更要奖赏忠厚。欧阳修非常惊喜,认为应列第一。他把文章传给同僚观看,大家都赞赏不已。不过,欧阳修以为这份考卷是自己的门生曾巩写的,为了避嫌,就把它定为第二。

放榜后,按礼节,考中的学生要去拜谢主考官。不想,以第二名身份来拜谢欧阳修的不是曾巩,而是年轻的学子苏轼,欧阳修这才知道是自己误会了。

对于苏轼的才学,欧阳修特别欣赏,他在给朋友梅尧臣的书信中写道:"读苏轼的文章,不禁让我汗颜。真痛快啊!好久没看到这么优秀的人才了。我应当给苏轼让路,让他高出我一头。"

成语小档案

成语释义	原指让这个人高出一头之地。后形容超出一般人,高人一等。
感情色彩	褒义成语。
成语辨形	地,不要写成"第"。
近义成语	**头角峥嵘**:原比喻突出地显露才能和本领。后形容气概不凡、才华出众,尤指青少年。
反义成语	**碌碌无能**:碌碌,平庸、无能的。平平庸庸,没有能力。
活学活用	他们指望儿女将来能**出人头地**,成龙成凤。
成语接龙	出人头地→地久天长→长治久安→安邦定国→国计民生→生不逢时→时不我待→待人接物→物是人非→非驴非马→马马虎虎→虎头蛇尾

对牛弹琴

成语溯源

公明仪是战国时期著名的音乐家,既能作曲又能演奏。他的七弦琴弹得非常好,很多人都喜欢听他弹琴,人们很敬重他。

公明义不但在室内弹琴,遇上好天气,还喜欢带琴到郊外弹奏。一天,天气晴朗,公明仪带着琴来到郊外,春风徐徐地吹着,垂柳轻轻地随风摆动着,一头黄牛正在草地上低头吃草。他想:"牛会不会也喜欢听音乐呢?"他来了兴致,摆好琴,拨动琴弦,给这头牛弹奏了一曲高雅的"清角之操"。琴声非常悦耳动听,可是那头牛根本不懂这高雅的曲调,仍然一个劲儿低头吃草。公明仪不甘心,弹了一首又一首,直弹得手软筋麻。看着那头只对鲜嫩的草感兴趣的牛,他叹了口气,终于明白了:对蠢牛弹琴,不过是白费劲罢了!

他懊丧地站了起来,打算回去。谁知收拾琴的时候,无意间碰到了一根琴弦,发出了一声响,有点像小牛的叫声。那牛听到响声,停止了吃草,抬起头四面看看,见并没有什么,摇了摇尾巴,兴趣又回到青草上去了。公明仪见了,自嘲道:"不是牛蠢,是我自己蠢,弹琴不看对象。对牛来说,同类的叫声就是最动听的音乐,高雅的乐曲它又怎么能听懂呢?"

成语小档案

成语释义　这则成语的意思是对着牛弹奏琴曲。比喻对不懂道理的人讲道理,对外行人说内行话。现在也用来讥笑说话的人不看对象。

感情色彩　贬义成语。

成语正音　弹,读"tán",不要读作"dàn"。

近义成语　**白费口舌**:谈话一无所获。

反义成语　**有的放矢**:对准靶子射箭,比喻言论、行动目标明确。

活学活用　跟那个蛮横的家伙讲道理,岂不是**对牛弹琴**?

成语接龙　对牛弹琴→琴瑟之好→好语如珠→珠光宝气→气象万千→千锤百炼→炼石补天→天伦之乐→乐此不疲→疲于奔命→命中注定→定国安邦

废寝忘食

成语溯源

孔子年老时,开始周游列国。在六十四岁那年,他来到了楚国的叶邑(今河南省叶县),叶邑大夫沈诸梁热情地接待了他。沈诸梁人称叶公,他只听说过孔子很有学识,教出了很多优秀的学生,但从来没接触过孔子,对孔子本人并不太了解。于是,沈诸梁就向孔子的学生子路打听孔子的为人。子路虽然跟随孔子多年,但一时不知怎么向沈诸梁介绍自己的老师,就沉默着没有回答。

后来,孔子知道了这件事,就对子路说:"你为什么不这样告诉他:'孔子的为人呀,努力学习而不知道厌倦,以至于顾不上睡觉,忘记了吃饭。对于讲授学问、传播道德礼仪,他孜孜不倦;他从来不担忧受贫受苦;他自强不息,甚至忘记了自己的年龄。'"

成语小档案

成语释义 废:停止。寝:睡觉。顾不得睡觉和吃饭,形容非常专心努力。也说废寝忘餐。

感情色彩 褒义成语。

成语辨形 寝,不要写成"请"。

近义成语 宵衣旰食:旰(gàn),晚,天色晚。天不亮就穿衣起来,天黑了才吃饭,形容勤于政务。

反义成语 饱食终日:一天到晚吃得饱饱的,形容无所事事。

活学活用 为了攻克技术难关,科技人员废寝忘食,日夜奋战。

成语接龙 废寝忘食→食不果腹→腹背受敌→敌众我寡→寡不敌众→众所周知→知足常乐→乐此不疲→疲于奔命→命在旦夕→夕阳西下→下落不明

负荆请罪

🌿 **成语溯源**

　　廉颇是战国时期赵国的大将,他战功赫赫,官至上卿。赵国的另一位大臣蔺相如因为完璧归赵和在渑池会盟上有功,也被赵王封为上卿,且地位在廉颇之上。因此,廉颇很不服气,扬言要当面羞辱蔺相如。

　　蔺相如听说以后,就处处躲开廉颇,避免和他碰面。一天,蔺相如坐车出门,听说廉颇在前面,连忙叫车夫掉头回去。蔺相如手下的人很不痛快,就问他:"您的官位比廉颇的大,为什么还要怕他呢?"蔺相如反问道:"天下的诸侯都害怕秦王,而我连秦王都不怕,又怎么会害怕廉将军呢? 现在秦国不敢攻打赵国,就是因为有我和廉将军齐心协力守卫。但如果我们相互争斗,秦国便有可乘之机,赵国就危险了。个人之间的恩怨是小事,不该计较;国家的利益是大事,必须摆在首位!"

　　蔺相如的话传到了廉颇耳里,廉颇明白了蔺相如避让自己是以国家大局为重,因此十分惭愧,于是便脱了上衣,背着荆条,亲自到蔺相如的府上请罪。

　　从此以后,蔺相如和廉颇成了生死之交。两人同心协力,共同辅佐赵王。

🐦 **成语小档案**

成语释义　负:背着。荆:荆条。请罪:请求责罚。背着荆条请求对方责罚。表示主动向对方承认错误,请求责罚。

感情色彩　褒义成语。

成语正音　荆,不要读作"jīn"。

近义成语　**肉袒面缚**:肉袒,去衣露体,表示愿受责罚。面缚,两手反绑面对胜利者,表示放弃抵抗。脱去上衣,反缚着手。形容顺从投降。

反义成语　**兴师问罪**:发动军队声讨对方罪过。也指大闹意见,集结一伙人去上门责问。

活学活用　由于我的误会让你受了很大的委屈,现在事情水落石出了,我特地**负荆请罪**来了。

成语接龙　负荆请罪→罪该万死→死灰复燃→燃眉之急→急不暇择→择善而从→从心所欲→欲擒故纵→纵虎归山→山清水秀→秀外慧中→中流砥柱

管鲍之交

成语溯源

据史书记载，管仲和鲍叔牙在做官之前，两人一起经商，每宗买卖做完后，管仲总是要求给自己多分一些钱，鲍叔牙从不介意，还向人们解释说这是由于管仲家实在贫困。后来，管仲和鲍叔牙一起去打仗，每次冲锋时，管仲都躲在后面。有人讥笑管仲贪生怕死，鲍叔牙听后又向人们解释："管仲并不是怕死，而是家中还有老母亲需要他照顾！"管仲听到之后感动地说："生我者父母，知我者鲍叔牙也。"

齐襄公在位时，两人都做了官，鲍叔牙辅佐公子小白，管仲辅佐公子纠。后来，公子小白做了国君，人称齐桓公。桓公即位后，想让鲍叔牙当宰相，鲍叔牙却极力向他推举管仲。齐桓公认为管仲差点就杀了自己，怎么能让他当宰相呢？鲍叔牙解释说："我听说英明的君主不记仇，更何况当时管仲是为公子纠效命。一个人能忠心为主人办事，也一定能忠心地为君王效力。陛下如果想称霸天下，没有管仲就不能成功。"齐桓公听后，就把管仲接回齐国当宰相。在管仲和鲍叔牙的合力治理下，齐国成为诸侯国中最强大的国家之一，齐桓公真的成就了霸业，成为一代霸主。

后来，大家在称赞朋友之间有很深厚的友谊时，就会说他们是"管鲍之交"。

成语小档案

成语释义	指春秋时期，齐国人管仲和鲍叔牙相知很深，后常比喻交情深厚的朋友。
感情色彩	褒义成语。
成语辨形	之，不要写成"至"。
近义成语	**刎颈之交**：指同生死共患难的朋友。也说刎颈交。
反义成语	**一面之交**：只见过一面的交情，比喻交情很浅。也说一面之雅、一面之识。
活学活用	三年同窗，我和小戏成了**管鲍之交**，现在她有困难，我义不容辞。
成语接龙	管鲍之交→交头接耳→耳目一新→新仇旧恨→恨之入骨→骨瘦如柴→柴立不阿→阿谀奉承→承前启后→后来居上→上天入地→地动山摇

汗马功劳

成语溯源

秦朝末年,刘邦的同乡萧何跟随刘邦起兵反秦。萧何始终帮刘邦出谋划策,忠心耿耿,是刘邦的可靠助手。

秦朝灭亡之后,刘邦打败了项羽,建立了汉朝,开始分封有功之臣,许多将领争着邀功请赏。刘邦认为丞相萧何功劳最大,于是封他做了酂侯。但是不少功臣都不服。有人说:"我们拼死奋战,久经沙场,而萧何未有汗马之劳,只会耍笔杆、发议论,根本没上过战场,他的封赏反在我们之上,这是什么道理?"

刘邦望着众臣,不慌不忙地问道:"你们知道怎样打猎吗?"大家齐声回答:"知道。"刘邦接着说:"打猎的时候,追杀野兽的是狗,而指明野兽的住处、去向,并让狗去追杀的是人。你们虽然如猎狗般有功劳,而萧何才是真正的有功之人。而且,你们多是单身跟随我,有同族两三人一起入伍就算难得了,但是萧何叫全族的几十个男子都参加了我的军队,跟着我一同出力。他的功劳我是怎么也不会忘记的!"

大家听了,谁也不吭声了。

成语小档案

成语释义 汗马:将士骑马作战,马累得出汗。比喻战功,后也泛指大的功劳。

感情色彩 褒义成语。

成语辨形 功,不要写成"攻"。

近义成语 **丰功伟绩**:伟大的功绩。也说丰功伟业。

反义成语 **尺寸之功**:形容微小的功劳。

活学活用 在解放战争中,这位老将军立下了**汗马功劳**。

成语接龙 汗马功劳→劳苦功高→高风亮节→节衣缩食→食不果腹→腹有诗书→书香世家→家喻户晓→晓风残月→月明星稀→稀奇古怪→怪声怪气

鹤立鸡群

成语溯源

嵇(jī)康，三国时期魏国著名的文学家、音乐家。他才学出众，性格耿直，且长得高大魁梧，非常引人注目。嵇康的儿子嵇绍和他父亲一样有才学，仪表堂堂，不论走到哪里，都显得卓然超群。

司马炎代魏称帝后，嵇绍被征召到京都洛阳做官。有人见过他后，对"竹林七贤"之一的王戎说："昨天我见到了嵇绍，他在众人中气宇轩昂，就如同一只仙鹤站立在鸡群里那样突出。"

晋惠帝司马衷继位后，嵇绍担任侍中，侍从皇帝，经常出入宫廷。嵇绍对皇帝非常忠诚。当时皇族争权夺利，互相攻杀，史称"八王之乱"。一次都城发生叛乱，形势严峻，嵇绍在跟随惠帝出兵作战时，不幸战败。将士死伤逃亡无数，只有嵇绍始终保护着晋惠帝，不离左右。敌方乱箭齐发，嵇绍身中数箭，鲜血溅到了晋惠帝的御袍上，最后伤重而亡。战后，晋惠帝的侍从要洗去御袍上的血迹，晋惠帝制止说："不能洗，不能洗，这是嵇侍中的血呀！我要保留这位忠臣的鲜血来警示自己。"

成语小档案

成语释义 像高高的鹤立在群鸡之中一样。比喻一个人的才能或仪表在一群人里头显得很突出。

感情色彩 褒义成语。

成语辨形 立，不要写成"力"。

近义成语 出类拔萃：《孟子·公孙丑上》："出于其类，拔乎其萃。"后来用"出类拔萃"形容超出同类。也说出类拔群、出群拔萃。

反义成语 相形见绌：绌(chù)，不足。跟另一人或事物比较起来显得远远不如。

活学活用 他不仅长得俊俏，而且成绩总是名列前茅，可以说是鹤立鸡群了。

成语接龙 鹤立鸡群→群龙无首→首尾相继→继往开来→来日方长→长驱直入→入木三分→分秒必争→争权夺利→利欲熏心→心口如一→一步登天

画蛇添足

成语溯源

战国时期，楚国大将昭阳率领精锐之师攻打魏国，连战连胜，一鼓作气攻下了魏国的八座城池。昭阳非常得意，想乘胜东征齐国。正好秦国使者陈轸出访齐国，齐王请他去说服昭阳放弃攻打齐国的念头。陈轸见到昭阳以后，向他指出，打败魏国可以使他做上柱国的官，而上柱国已经是楚国最大的官了，所以没必要再攻打齐国了。况且，如果攻打齐国失败，那他就要担负责任，到那时，恐怕连上柱国都做不成了。

陈轸向昭阳讲了这样一个故事：楚国有个大户人家，祭祀完祖先后，把一壶祭酒赏赐给前来帮忙的人喝。但是，这壶酒不多，只够一个人喝个痛快。于是，有人提议在地上画蛇，谁先画完谁就喝这壶酒。大家都同意了。有个人画得最快，他画完后拿过酒壶准备喝，可看见别人还没完成，他就自作聪明地在画好的蛇身上添画了几只脚。当他正要痛快喝酒的时候，酒壶却被另一个画好的人抢去了，并说："蛇本来没有脚，你怎么能为它添上脚呢？这酒归我了。"说着，就把酒喝完了。那个给蛇添足的人，最终没喝到酒。

陈轸的一番话打消了昭阳攻打齐国的念头，齐国也就转危为安了。

成语小档案

成语释义 这则成语的意思是蛇本来没有脚，画蛇却添上了脚。比喻做了多余的事，反而不恰当。

感情色彩 贬义成语。

成语正音 蛇，不要读作"sé"。

近义成语 多此一举：指做不必要的、多余的事情。

反义成语 画龙点睛：把龙整个画好后，再点上眼睛。后多比喻写文章或讲话时，在关键处用几句话点明实质，使内容更加生动有力。

活学活用 这幅画已经很完美了，你就不要再画蛇添足了。

成语接龙 画蛇添足→足智多谋→谋财害人→人命关天→天长地久→久仰大名→名副其实→实事求是→是非曲直→直言不讳→讳莫如深→深恶痛绝

近水楼台

成语溯源

范仲淹是北宋著名的政治家和文学家。小时候虽然家境贫寒，但他勤学苦读，博览群书，宋真宗大中祥符年间考中进士，曾担任知州、参知政事等要职。范仲淹虽身居高官，但为人正直，待人谦和，乐于提携他人。他手下的许多官员都因得到他的推荐，调任理想的职务。

当时，有一个名叫苏麟的人，在杭州城外的一个县里担任巡察官。他平时与范仲淹接触的机会很少，因而一直没有得到举荐和提拔，有些耿耿于怀。一次，苏麟因公事拜见范仲淹，便趁机写了一首诗给范仲淹。诗中有两句："近水楼台先得月，向阳花木易为春。"意思是：靠近水边的楼台可以最先照到月光，向着阳光的花草树木，最早生长开花，呈现春天的景象。苏麟借用这两句诗暗示那些平时接近范仲淹的人都得到了好处，而离范仲淹远的人却不易得到关照。范仲淹看了诗后心领神会，不禁哈哈大笑。于是，他召见苏麟，并根据苏麟的情况，向朝廷举荐了他。

成语小档案

成语释义　这则成语的意思是靠近水边的楼台可以最先照到月光。比喻因接近某人或某事物而处于首先获得好处的优越地位。

感情色彩　中性成语。

成语辨形　台，不要写成"抬"。

近义成语　向阳花木：向阳的花木光照条件比较好，最早生长开花，呈现春天的景象。比喻因占有有利条件而获得利益或照顾。

反义成语　鞭长莫及：《左传·宣公十五年》："虽鞭之长，不及马腹。"原来是说虽然鞭子长，但是不应该打到马肚子上，后来借指力量达不到。

活学活用　作为图书馆主任，每次图书馆有什么新书，他总是近水楼台，最先借到。

成语接龙　近水楼台→台前幕后→后顾之忧→忧心如焚→焚琴煮鹤→鹤立鸡群→群龙无首→首屈一指→指鹿为马→马到成功→功成名就→就事论事

开诚布公

成语溯源

三国时期，蜀汉的丞相诸葛亮是一个既有能力又忠心的贤臣，得到刘备的重用。刘备临终前，将自己的儿子刘禅托付给他，让他帮助刘禅治理天下。刘备死后，诸葛亮竭尽全力帮助刘禅治理国家。有人劝他自封为王，但他严厉地拒绝了。他对身边的人说："我已经受先帝委托，担任了这么高的官职。如今讨伐曹魏又没什么成效，你们却要我加官晋爵，这是不忠不义的事情呀！"

诸葛亮为人处世公正合理，不徇私情。马谡(sù)是他非常器重的一位将军，在攻打曹魏时，参军马谡立下了军令状，要求带兵去守街亭，当攻魏的先锋，诸葛亮答应了马谡的请求。然而马谡刚愎自用，不听副将王平的劝告，结果丢失了街亭。诸葛亮因为马谡已经立下军令状，所以忍痛杀了马谡。马谡临刑前上书诸葛亮，说自己虽然死去，但在九泉之下没有怨恨。诸葛亮自己也为失守街亭主动承担责任，请求后主批准他由丞相降为右将军。他还特地下令，要下属坦率地批评他的缺点和错误，这在当时是罕见的。所以，后人在写史书时，就用"开诚心，布公道"来形容这位贤臣。

成语"开诚布公"由"开诚心，布公道"缩略而来。人们常用它来比喻对人态度诚恳，坦白无私。

成语小档案

成语释义 这则成语的意思是诚意待人，坦白无私。

感情色彩 褒义成语。

成语辨形 诚，不要写成"城"。

近义成语 推诚相见：用诚恳的态度相待。

近义成语 惺惺作态：装模作样，故作姿态。

活学活用 我希望你们开诚布公地谈一谈，以化解彼此的误会。

成语接龙 开诚布公→公私分明→明目张胆→胆识过人→人杰地灵→灵丹妙药→药到病除→除暴安良→良辰吉日→日理万机→机不可失→失之交臂

开卷有益

成语溯源

宋太宗赵光义非常喜欢读书,可是当时的书籍虽然很多,但版本十分杂乱,难以收集,皇宫里的书籍也不成系统,难以查检。于是赵光义下令整理各种古籍。在太平兴国年间(公元976—公元984),宰相李昉召集了全国许多名家,编出了三部巨著。因为是在宋太宗的太平兴国年间完成的,所以丛书名叫《太平广记》《太平编类》和《文苑英华》。其中《太平编类》工程特别浩大,前后编了六年,全书共1000卷,搜集和摘录了1600多种古籍的重要内容,分类划归为55门,总字数达478万,是古代最富有学术价值的巨著之一。

这些书编好后,献给赵光义过目,赵光义看得非常认真,他决定每天阅读三卷《太平编类》。有大臣说:"陛下以读书为乐,借古鉴今,自然是好事,但每日读三卷,是不是太多了?可不要累坏了身体。"赵光义回答:"只要打开书本,总会有好处的。我不认为这是劳累的事。"众大臣听了,非常佩服。此后,宋太宗果然每天坚持读三卷,从不间断。有时因为国事忙耽搁了,他也要抽空补上。这样一部巨著,宋太宗一年内全部看完了。因为这部书皇帝看过,所以后将其更名为《太平御览》。

朝廷的大臣们见皇帝都如此勤奋读书,也纷纷效仿。

成语小档案

成语释义 卷:指书本。开卷:打开书本读书。只要打开书读,就有益处。后用来鼓励人们要多读书。

感情色彩 褒义成语。

成语正音 卷,读"juàn",不要读作"juǎn"。

近义成语 开卷有得:开卷,打开书本,指读书。得,收获。打开书来看就会有收获。

活学活用 读了这本书,才知道世界上竟有这样的奇事,真是开卷有益。

成语接龙 开卷有益→益国利民→民贵君轻→轻而易举→举一反三→三三两两→两袖清风→风卷残云→云愁雨怨→怨声载道→道听途说→说三道四

克己奉公

成语溯源

东汉初年，颍阳有个人叫祭(zhài)遵，他以"孝"闻名天下。祭遵自幼喜欢读书，虽然出身豪门，但是生活非常俭朴。光武帝刘秀起兵时路过颍阳，听闻祭遵贤孝博学的名声后，将祭遵收录帐下。后来祭遵随军进攻河北，在军中担任执法官，负责军营的法令。他执法严明，不徇私情，为大家所称道。

一次，光武帝的贴身随从犯了军法。祭遵查明犯罪事实后，按军法将随从处斩。光武帝心中不快，认为这有损自己的面子，准备将祭遵撤职。这时主簿陈副劝谏说："有这样不徇私情、不畏权势的人为您严明军纪，我相信，您的军队以后肯定能令行禁止，不会再有人敢以身试法。"光武帝问道："依主簿之见，这件事该如何了结？"陈副说："军中将领也许正在观望您的态度，以您的圣明，您当然知道该怎么办。"光武帝沉思后爽朗大笑，说道："处治了一个该死的人，而我却发现了两个贤人。"光武帝立即下令，提拔祭遵为刺奸将军。

事后，光武帝对部下发出警告："诸位要多加小心，不要触犯军法。祭将军可是个不徇私情的人，他连我的侍从都敢杀，更何况是你们。"

成语小档案

成语释义	克己：约束自己。奉公：以公事为重。指约束自己的私欲，以公事为重。比喻严格要求自己，奉行公事。
感情色彩	褒义成语。
成语辨形	公，不要写成"工"。
近义成语	**公而忘私**：指为了公事而不考虑私事，为了集体利益而不考虑个人得失。
反义成语	**假公济私**：指假借公家的名义，取得私人的利益。
活学活用	王老师一贯**克己奉公**，任劳任怨，不愧于"模范教师"的称号。
成语接龙	克己奉公→公正无私→私淑弟子→子虚乌有→有口无心→心口如一→一步登天→天伦之乐→乐不可支→支支吾吾→吾膝如铁→铁证如山

励精图治

成语溯源

西汉时期,大将霍光大权在握,立年幼的刘询为皇帝,即汉宣帝。霍光趁此机会把自己的亲朋好友都调到朝廷,一一委任重要官职,对那些反对他的大臣,一律加以排挤。霍光的亲朋好友都担任了要职。霍光死后,汉宣帝采纳了御史大夫魏相的建议,收回了朝政大权。后来霍氏团伙企图假借皇太后旨意,杀掉魏相,废掉汉宣帝。汉宣帝知道后勃然大怒,下令将霍氏满门抄斩,彻底清除隐患。

此后,汉宣帝开始亲自处理国家大小事务,大展宏图,励精图治。

汉宣帝设置了治书侍御史,审核廷尉在法律量刑中是否轻重失当;让官员呈报监狱中囚犯名数,由丞相御史统计上奏皇帝;还废除了一些残酷的刑法。汉宣帝在经济上所采取的重要措施是招抚流民,恢复和发展农业生产。他屡次削减田租、算赋,提倡勤俭节约,降低盐价。这些措施都取得了比较显著的效果。元康年间,由于连年丰收,谷价降至每石五钱,边远的金城、湟中地区每石也不过八钱,这是自西汉以来最低的谷价记录。

汉宣帝采取的一系列促进发展生产的举措,使国家很快强盛起来,呈现出一派繁荣的景象。

成语小档案

成语释义	励精:振奋精神,致力于某项事业。图:谋求。治:治理。振奋精神,想办法把国家治理好或把工作做好。比喻振作起来设法做好某些事情。
感情色彩	褒义成语。
成语辨形	精,不要写成"经"。
近义成语	发愤图强:发愤,下决心努力。图,谋求。指下定决心,努力进取,谋求强盛。
反义成语	无所作为:指不去努力做出成绩或没有做出什么成绩。
活学活用	我们应振奋精神,励精图治,以谋求国家早日实现伟大复兴。
成语接龙	励精图治→治国安民→民不聊生→生生不息→息息相关→关怀备至→至高无上→上勤下顺→顺水推舟→舟车劳顿→顿足不前→前仆后继

两袖清风

成语溯源

于谦是明朝著名的英雄人物、诗人,他二十四岁便中了进士,不久就担任监察御史。明宣宗很赏识他的才能,破格提拔他为河南、山西巡抚。尽管身居高位,于谦的生活却非常俭朴,吃住都十分简单。

明宣宗去世以后,九岁的太子朱祁镇继位,史称明英宗。因皇帝年少,宦官王振专权。王振勾结内外官僚作威作福。

当时,外省官员进京朝见皇帝或办事,都要搜刮民脂民膏贿赂朝中权贵,否则寸步难行。于谦在外地担任巡抚返回京城时,他的幕僚建议他带些蘑菇、绢帕、线香之类的土特产孝敬权贵。但于谦不这样做,他扬起手臂笑了笑说:"我没有礼品可带,就带两袖清风!"

回到家里,于谦写了一首题为《入京》的七绝诗来表达对那些阿谀奉承的官员的嘲讽。他在诗中写道:"绢帕蘑菇与线香,本资民用反为殃,清风两袖朝天去,免得闾阎话短长。"

成语小档案

成语释义 这则成语指两袖中除清风之外,别无所有。指为官清廉。

感情色彩 褒义成语。

成语辨形 清,不要写成"轻"。

近义成语 廉洁奉公:不贪污腐化,一心为公。

反义成语 贪赃枉法:官吏收受贿赂,利用职权歪曲和破坏法律。

活学活用 他一生为官廉洁,两袖清风,深受当地老百姓的爱戴。

成语接龙 两袖清风→风靡一时→时移世异→异口同声→声名鹊起→起死回生→生机勃勃→勃然大怒→怒气冲冲→冲锋陷阵→阵脚大乱→乱七八糟

买椟还珠

成语溯源

春秋时期，楚国有一个专门买卖珠宝的商人，常常来往于楚国和郑国之间做生意。为了让珍珠卖个好价钱，他决定将珍珠好好包装一下。他找来名贵的香木，又请来手艺高超的匠人为珍珠做了一个个精美的匣子。他又用桂椒香料把匣子熏得香气扑鼻，并在匣子外面雕刻上精美的花纹，还镶上漂亮的金边。单看这匣子，就已经是一件精美绝伦的工艺品了。这个楚国商人将珍珠小心翼翼地放进匣子，来到了郑国。

只见郑国客人们将匣子拿在手里看了又看，爱不释手，都愿意出高价买。郑国客人交过钱后，取出里面的珍珠还给楚国商人，只拿走了匣子。

楚国人拿着被退回的珍珠，哭笑不得。他原本是为了卖珍珠才制作匣子的，没想到客人们只拿走了精美的匣子，而退还了价值更高的珍珠。

成语小档案

成语释义 椟：木匣子。买下木匣子，退还了装在其中的珍珠。比喻没有眼光，取舍不当。

感情色彩 贬义成语。

成语正音 椟，读"dú"，不要读作"mài"；还，读"huán"，不要读作"hái"。

近义成语 **舍本逐末**：抛弃事物的根本的、主要的部分，而去追求枝节、次要的部分。比喻做事不抓住主要的问题，而专顾细枝末节。指轻重主次颠倒，不会明辨轻重缓急。

反义成语 **去粗取精**：去掉粗糙的、无用的，留下精华的、有用的。

活学活用 他喜欢收藏古玩以附庸风雅，但又不善鉴赏，因此经常做些**买椟还珠**的蠢事。

成语接龙 买椟还珠→珠联璧合→合浦珠还→还淳返朴→朴实无华→华而不实→实事求是→是非曲直→直捣黄龙→龙飞凤舞→舞文弄墨→墨守成规

毛遂自荐

成语溯源

战国时期，赵王的弟弟平原君赵胜门下有个门客叫毛遂，他在平原君门下已有三年，一直默默无闻。公元前260年，长平一战，赵军大败，秦军主将白起包围了赵国都城邯郸。情况危急，赵王派平原君到楚国去请求援助。平原君想在手下门客中挑选二十个精明强干的人一同前往。他挑了又挑，选了又选，最后还缺一人。毛遂自告奋勇地表示愿意同去。

平原君看毛遂其貌不扬，就说："一个具有贤德的人，好比一把锥子藏在口袋里，锥子的尖儿立刻就能看到。可是先生在我门下已经三年了，还从未听到过您有什么壮举。"

毛遂听到平原君的话，坦然地答道："我不过今天才请求进到囊中罢了。如果我早就处在囊中的话，就会像禾穗的尖那样，整个锋芒都会露出来，不单单是尖梢露出而已。"平原君便决定带他同行。

到了楚国，平原君与楚王谈判结盟抗秦，楚王却顾左右而言他。毛遂怒气冲冲地手握宝剑，来到平原君与楚王面前，手按宝剑，怒目圆睁："如今十步之内，大王性命在我手中！"并趁机讲述了出兵援赵对楚国的好处。楚王听了毛遂的话，认为出兵援赵确实对楚国利大于弊，于是答应订立盟约，并立即出兵同赵国联合抵抗秦国。

成语小档案

成语释义 指自己推荐自己。

感情色彩 褒义成语。

成语辨形 遂，不要写成"隧"。

近义成语 **挺身而出**：形容面对艰难或危险的事情，勇敢地站出来。

反义成语 **自惭形秽**：原指因自己容貌举止不如别人而感到惭愧，后来泛指自愧不如别人。

活学活用 王丹**毛遂自荐**，担起了帮助残疾同学的重任。

成语接龙 毛遂自荐→荐贤举能→能者为师→师心自是→是是非非→非同小可→可歌可泣→泣不成声→声东击西→西装革履→履险如夷→夷然自若

门庭若市

成语溯源

齐威王周围有一帮奉承拍马的亲信，一会儿称赞他英明果断，一会儿又说他治国有方，所以他不免沾沾自喜。

大臣邹忌忧虑重重地上朝拜见齐威王，说："陛下，我近来注意到一个奇怪的现象，我明明不如徐公英俊，可是，不管是我的妻子、小妾还是客人，都说我比徐公英俊，这是什么原因呢？我分析起来，大概是妻子偏袒我、小妾害怕我，客人有事求我，陛下，由此，我想到了您。齐国方圆千里，人口众多，宫人和侍者没有一个不偏袒您，朝臣没有一个不害怕您，全国人没有一个不有求于您。既然这样，您怎么不会像我一样受到蒙蔽呢？"

齐王恍然大悟，随即下令说："不管是谁，能当面指出我过失的，给上赏；上奏章规劝我的，给中赏；在街市中议论我并传入我耳中的，给下赏！"命令刚发出，人们争相进谏，门庭若市。几个月后，进谏的人渐渐少了。一年之后，人们想提出一点意见，也得搜索枯肠。

成语小档案

成语释义 门：原指官门。庭：原指朝廷，现指院子。若：好像。市：集市，市场。原来形容官门里，朝廷上，进谏的人多，热闹得像在集市一样。现在形容交际来往的人很多。

感情色彩 褒义成语。

成语辨形 市，不要写成"是"。

近义成语 车水马龙：车像流水，马像游龙，形容车马或车辆很多，来往不绝。

反义成语 门可罗雀：大门前面可以张网捕雀，形容宾客稀少，十分冷落。

活学活用 因为今天是他结婚的好日子，所以他家一大早就门庭若市，许多亲朋好友都来祝贺。

成语接龙 门庭若市→市无二价→价值连城→城门鱼殃→殃及池鱼→鱼与熊掌→掌上明珠→珠圆玉洁→洁身自好→好为人师→师出无名→名副其实

明察秋毫

成语溯源

战国时期，齐宣王想学齐桓公成就霸业，便向孟子请教。齐宣王问："像我这样的人能不能统一天下？"孟子没有正面回答齐宣王的提问，而是跟他谈起如何用仁义道德的力量来统一天下的问题。

孟子说："我听说一次祭礼，您看见一头牛无罪而被杀，感到不忍，是不是？"齐宣王说："是有这回事。"

孟子说："有人向大王报告说：'我力大无比，可举起三千斤重的东西，却拿不起一根羽毛；我能把秋天鸟兽新长的绒毛的末梢看得清清楚楚，却看不见眼前的一车柴草。'您相信这话是真的吗？""当然不相信。"齐宣王马上回答说。

孟子说："您的好心虽然能使小动物得到恩惠，却不能使百姓得到恩惠。这也让人难以相信啊。其实，拿不起一根羽毛，是不肯用力的缘故；看不见一车柴草，是没有用眼睛去看的缘故。百姓得不到安定的生活，是您不愿施恩惠的缘故。显然，这都是干与不干的问题，而不是能与不能的问题。所以，您问能不能行王道、统天下，问题也是如此，是不为也，非不能也！"

成语小档案

成语释义　秋毫：秋天鸟兽身上新长的细毛，比喻微小的事物。形容为人非常精明，任何小问题都看得很清楚。

感情色彩　褒义成语。

成语辨形　毫，不要写成"豪"，也不要写成"亳"。

近义成语　洞察秋毫：形容人目光敏锐，任何细小的事物都能看得很清楚。

反义成语　视而不见：尽管睁着眼睛看，却什么也没有看见，指不重视或不注意。

活学活用　法官断案，要做到明察秋毫。

成语接龙　明察秋毫→毫不讳言→言传身教→教一识百→百花齐放→放任自流→流星赶月→月下老人→人杰地灵→灵机一动→动魄惊心→心慈面软

名正言顺

成语溯源

公元前496年，孔子为了实现他以礼教民、以德感人、路不拾遗和夜不闭户的政治抱负，来到了卫国。

卫灵公给他年俸米六万斗以教化子民。随同孔子前往的学生见有了安身之处，都很高兴。子路尤其高兴，问孔子道："卫国的君主请您去治理国政，您会先做些什么？"

略为思索了一下，孔子说："我认为首先要'正名'。"子路不以为然地说："参与政务有必要'正名'吗？"

孔子听了子路的话，生气地说："君子对他所不知道的只存疑在心中。名分不正，道理也就讲不通；道理不通，事情也就办不成；事情办不成，国家的礼乐教化也就兴办不起来；礼乐教化兴办不起来，刑罚就不会得当；刑罚不得当，老百姓就会不知如何是好，连手脚都不晓得往何处放了。这样一来，岂不危险！所以君子的名分，一定要有道理可以讲出来，讲出来的道理也一定要行得通。"

可惜，孔子的劝告并未得到卫灵公的接纳，反而遭到猜忌、怀疑。孔子只在卫国居住了十个月，便离开了。

成语小档案

成语释义	这则成语的意思是名义正当，道理也讲得通。表示做事理由正当充分，含有理直气壮的意思。
感情色彩	中性成语。
成语辨形	名，不能写成"各"，也不能写成"明"。
近义成语	**理直气壮**：理直，理由正确、充分。气壮，气势旺盛。理由充分，因而说话做事有气势或心里无愧，无所畏惧。
反义成语	**执迷不悟**：执，固执，坚持。迷，迷惑。悟，觉悟。坚持错误而不觉悟。
活学活用	你们应该先向校方申请场地，然后才可以**名正言顺**地举办活动。
成语接龙	名正言顺→顺水人情→情有可原→原来如此→此起彼落→落花流水→水到渠成→成竹在胸→胸怀大志→志在四方→方寸之地→地大物博

呕心沥血

成语溯源

唐朝著名诗人李贺小时候就负有才名,七岁开始写诗作文,才华横溢,深受长辈的赞赏。长大后,李贺本想在政治上有所建树,然而在即将考试时,他的父亲突然死亡。由于他的父亲名字中含有"晋",与"进士"的"进"同音,按照唐代的避讳,李贺一生都不得参加进士考试,因此郁郁不得志。在政治上的苦闷心情,全被李贺倾注到诗歌的创作上了。

相传,李贺作诗不先立题,而是注重到生活中去发掘素材。他每次外出,都让书童背一个袋子,只要一有灵感,想出几句好诗,就立马用笔记下来,放到袋子里,回家后拿出来重新整理、提炼。有时他满载而归,袋子鼓鼓的;有时终日穷思苦吟,竟然没有佳句可得。他母亲总是心疼地说:"我的儿啊,你已把全部的精力和心血放在写诗上了,真是要把心呕出来才罢休啊!"李贺由于写诗过于劳累,加之怀才不遇,心境不好,27岁就去世了。在短暂的二十几年生涯中,他留下了240余首诗歌。

唐代文学家韩愈曾写过这样两句诗:"刳肝以为纸,沥血以书辞。"即是说挖出心肝来当纸,滴出血来写文章。后来,人们常用"呕心沥血"比喻极度劳心苦思。

成语小档案

成语释义 呕:吐。沥:液体一滴一滴地落下。这则成语的意思是过于耗费心血。后多用来表示文艺创作的艰辛不易。

感情色彩 褒义成语。

成语辨形 沥,不要写成"历"。

近义成语 **煞费苦心**:煞,委。形容费尽心思。

反义成语 **心不在焉**:焉,文言虚词,相当于"于此"。意思是心思不在这里。指不专心,精神不集中。

活学活用 这四十大本著作,还有这数百万字的书稿,都是他大半生**呕心沥血**的结晶。

成语接龙 呕心沥血→血气方刚→刚愎自用→用武之地→地利人和→和风细雨→雨过天晴→晴空万里→里应外合→合二为一→一心一意→意气风发

抛砖引玉

成语溯源

唐朝有一个叫赵嘏(gǔ)的人，写诗出手不凡。他曾写过一首七言律诗《长安秋望》，其中有两句最为人所称道："残星几点雁横塞，长笛一声人倚楼。"博得大诗人杜牧的赞赏，因此，人们称赵嘏为"赵倚楼"。当时还有一位名叫常建的人，他的诗也写得很好，但是他总认为自己没有赵嘏写得好，总想找机会向赵嘏学习。

很多人喜欢赵嘏的诗，但赵嘏平时不轻易动笔，因此大家觉得有些遗憾。有一次，常建听说赵嘏要到杭州游玩，十分高兴，心想："这是一个向他学习的好机会，千万不能错过。可是用什么办法才能让他留下诗句呢？"

反复思考之后，常建认为赵嘏既然来杭州，肯定会去灵隐寺游览，如果自己先在寺庙里留下半首诗，他看到以后一定会补全的。想到这里，常建就先赶到灵隐寺，在寺前山墙上题诗两句，希望赵嘏看到后能添补两句，续成一首。

果然，赵嘏游览灵隐寺时看到墙上两句诗，不由得诗兴勃发，顺手在后面续了两句，补成了一首完整的诗。

常建的诗没有赵嘏的写得好，他以平常的诗句引出赵嘏的佳句，后人把这种做法叫作"抛砖引玉"。

成语小档案

成语释义	谦辞，意思是比喻用粗浅的、不成熟的意见引出别人高明的、成熟的意见。
感情色彩	中性成语。
成语辨形	玉，不要写成"王"。
近义成语	**引玉之砖**：谦辞，比喻为了引出别人高明的意见而发表的粗浅的、不成熟的意见。
活学活用	我先**抛砖引玉**，谈谈自己的看法。
成语接龙	抛砖引玉→玉洁冰清→清心寡欲→欲扬先抑→抑扬顿挫→挫骨扬灰→灰飞烟灭→灭顶之灾→灾难深重→重于泰山→山穷水尽→尽善尽美

扑朔迷离

成语溯源

传说在南北朝时期有个名叫花木兰的姑娘,她从小跟随父亲习武,十八般武艺,样样精通。有一年,朝廷征召兵士参军保卫边疆,花木兰的父亲也在被征召之列。花木兰看到父亲年纪大了,身体又不好,而弟弟年龄还小,于是自己女扮男装,代父从军。

战争中,花木兰表现勇敢,立了许多大功。经过多年的苦战,战争终于结束,木兰胜利归来。论功行赏,花木兰军功卓著,皇帝赏给她很多钱物,并封她为尚书郎。花木兰本无意于功名,又担心女扮男装的事情泄露,就以孝敬父母为名推辞。皇帝见她如此孝顺,就成全了她。

木兰回乡的喜讯传来,家乡的亲人们都到城外迎接。木兰踏进阔别已久的闺房,脱下战袍,换上了女装,对镜梳妆,把自己的头发重新盘成女孩的样式。往日的战友见了,惊讶不已,没想到多年来,和他们在战场上一起英勇杀敌的大英雄竟然是个女儿身。后来有人因此事而写了一首《木兰诗》,诗中有这样几句话:"雄兔脚扑朔,雌兔眼迷离;双兔傍地走,安能辨我是雄雌?"意思是说,提着兔子的耳朵悬在半空时,雄兔两只前脚时时动弹,雌兔两只眼睛时常眯着,所以容易辨认。如果两只兔子贴着地面并排跑,谁能分辨出哪只是雄兔、哪只是雌兔呢?

成语小档案

成语释义 这则成语原意是难辨真伪,后演变为对复杂的情况无从判断,难以了解底细。也可用于表示对某人的难以了解。

感情色彩 中性成语。

成语正音 朔,不要读作"suò"。

近义成语 光怪陆离:陆离,色彩繁杂。形容现象奇异、色彩繁杂。

反义成语 一清二楚:指十分清楚、明白。

活学活用 这件案子案情扑朔迷离,非常复杂。

成语接龙 扑朔迷离→离经叛道→道不拾遗→遗臭万年→年富力强→强兵猛将→将遇良才→才高八斗→斗转星移→移风易俗→俗不可医→医时救弊

旗鼓相当

成语溯源

公元25年，刘秀在洛阳建立了东汉王朝，史称汉光武帝。

刘秀虽然建立了东汉政权，但天下还没有完全统一。曾经在王莽篡权时担任蜀郡太守的公孙述，占据了四川一带，在成都当起了皇帝。隗（wěi）嚣（xiāo）在甘肃一带自称西川大将军。而隗嚣和公孙述也有矛盾，双方不断发生斗争。

刘秀为了孤立公孙述，就拉拢隗嚣。而隗嚣为了寻找政治出路，也上书刘秀，表示愿向东汉称臣。于是，刘秀正式封他为西川大将军，为消灭公孙述做好准备。后来，隗嚣协助刘秀，击退了公孙述的部队。刘秀因此对隗嚣就更加信任了。

为了阻止公孙述的势力向外扩张，刘秀给隗嚣写了一封信，他在信中说道："我现在忙着与东方敌军交战，西方的兵力很薄弱，如果公孙述侵犯汉中，甚至骚扰长安的话，希望能和将军的兵马联合在一起，便能和他旗鼓相较量一番了。如果真能如此，那就是上天厚待我了。"

后来，隗嚣觉得自己得到了刘秀的充分信任，心里充满了感激，于是就下定决心为刘秀效力。

成语小档案

成语释义 这则成语比喻双方力量不相上下。

感情色彩 中性成语。

成语辨形 当，不要写成"挡"。

近义成语 **棋逢对手**：下棋碰上了水平相当的对手。比喻双方本领不相上下。也说逢敌手。

反义成语 **寡不敌众**：人少的一方抵挡不住人多的一方。形容在战争中敌对双方的（人员）实力悬殊（孤军奋战不可以力敌）。

活学活用 这两个篮球队**旗鼓相当**，比赛一定会十分精彩。

成语接龙 旗鼓相当→当机立断→断雁孤鸿→鸿鹄之志→志同道合→合二为一→一日千里→里里外外→外圆内方→方寸之地→地大物博→博学多才

骑虎难下

成语溯源

晋朝时期，镇守历阳的将领苏峻和寿春守将祖约以诛杀朝廷奸臣为名，率领军队进入都城建康，把持了朝中大权。

江州刺史温峤听说叛军在都城作乱，立刻挺身而出，拥戴征西大将军陶侃为盟主，起兵讨伐叛军。由于叛军人多势众，陶侃接连吃了败仗，有些沉不住气了，开始埋怨温峤高估了自己的实力。

温峤说："战胜叛军的关键在于队伍的团结，而不是一盘散沙。当年刘秀救昆阳，曹操战官渡，不都是团结一致，以少胜多的典范吗？叛军只凭一时气盛攻占了都城，他们利欲熏心，是一群乌合之众，只要我们团结努力，就一定能够战胜他们。现在国难当头，我们仗义讨伐叛军，顺人心，合民意，决不能后退。这就好比骑在老虎身上，如果不把它打死，怎么能半途从它身上跳下来呢？"

陶侃听了温峤的话，觉得很有道理，就重新树立了作战信心。他和温峤仔细商议对策，从水陆两路进攻，最终打败了叛军。

成语小档案

成语释义 这则成语的意思是骑上虎身，很难下来。比喻事情中途遇到困难，为形势所迫，又难以中止。

感情色彩 中性成语。

成语正音 难，不要读作"lán"。

近义成语 进退失据：前进和后退都失去了依据。形容无处容身。也指进退两难。

反义成语 势如破竹：势，气势，威力。形势就像劈竹子一样，劈开上端之后，底下的都随着刀刃分开了，比喻节节胜利，毫无阻碍。

活学活用 因为开始找不到人，他勉强承担了这个任务，现在是骑虎难下了。

成语接龙 骑虎难下→下里巴人→人杰地灵→灵机一动→动辄得咎→咎由自取→取长补短→短兵相接→接踵而至→至高无上→上勤下顺→顺水推舟

忍辱负重

成语溯源

公元220年,孙权夺取荆州杀害了关羽,刘备十分气愤,亲率大军攻打东吴。孙权任命年轻有为的陆逊为大都督,带领五万精兵前去迎战。第二年初,刘备的军队驻扎在长江南岸,声势十分浩大,陆逊见蜀军占据有利地形便坚守不出。当时他身边的将领多是跟随孙权征战多年的老将,这些人骄傲自负,平时就觉得陆逊资历不够,不听从调遣,此番又见他按兵不动,更是嘲笑陆逊胆小怕事。

一天,陆逊召集众将,手按宝剑说道:"刘备天下闻名,连曹操都怕他三分。现在他率兵来攻,实在是强敌压境啊!希望众将军以大局为重,同心协力,共同消灭来犯之敌。我虽资历浅,但主上任命我为大都督,你们只好服从。主上之所以委屈诸位听从我的调遣,就是因为我还有一些微薄的可取之处,我能够忍受委屈,负担重任。军令如山,今后大家各司其职,违者要按军法处置,大家切勿违反!"陆逊这一席话,把众将领都镇住了,没人敢不听从他的命令。

陆逊在取得了完整的指挥权之后,坚守不出荆州长达七八个月之久。后来,他利用蜀军懈怠轻敌,乘风进行火攻,大获全胜,这就是历史上有名的以少胜多战役之一——"夷陵之战",陆逊也因此次战役而声名大振。

成语小档案

成语释义 为了完成艰巨的任务,忍受屈辱,承担重任。

感情色彩 褒义成语。

成语正音 重,不要读作"chóng"。

近义成语 **卧薪尝胆**:卧薪,睡在柴草上。尝胆,品味苦胆。形容人刻苦自励,立志雪耻图强。

反义成语 **忍无可忍**:要忍受也没法儿忍受,形容忍耐达到极限。

活学活用 为了完成公司交代的任务,他只好**忍辱负重**,继续与对方周旋。

成语接龙 忍辱负重→重于泰山→山雨欲来→来者不善→善始善终→终养天年→年近古稀→稀奇古怪→怪诞不经→经天纬地→地塌天荒→荒山野岭

生花妙笔

成语溯源

相传唐代大诗人李白少年时期做过一个奇特的梦。有一天,李白在油灯下读书写字,连续三个时辰没有起身,由于太累,他慢慢地趴在桌子上睡着了。睡熟后,他做了一个梦,梦见自己一边吟诗,一边随风轻扬,来到海上的一座仙山。山在虚无缥缈之间,四周云海苍茫,奇峰耸峙,松石争奇,花木葱茏。李白被眼前美景所陶醉,他登上一座山峰,欣赏起来。

忽然之间,一支巨大的毛笔耸出云海,足有十多丈高,像一根玉柱。李白心想:"如果能得此巨笔,用大地作砚,蘸海水为墨,拿蓝天当纸,写尽人间美景,那该有多好!"就在浮想联翩之时,他忽然听见一阵悠扬悦耳的仙乐,并有五色光芒从笔端射出,接着笔尖开出了一朵鲜艳的红花。

李白目睹这番奇迹之后,一首诗不禁脱口而出:"山涌玉毫架更奇,天公巧设是何时? 若能借此生花笔,写尽人间万首诗。"

李白吟罢这首诗,没想到那支生花笔竟渐渐移动,朝他飘然而来。李白眼看那支光芒四射的生花妙笔越来越近,便伸手去取,当快要摸到粗壮的笔杆时,不觉一惊而醒。原来,这是一场梦。

据说,李白经此梦后,名诗佳句源源不断,文才富丽俊逸,很快便名扬天下,为世人所景仰。

成语小档案

成语释义 这则成语的意思是笔头开出花来了。指杰出的写作才能。也说生花之笔。
感情色彩 褒义成语。
成语辨形 生花,不要写成"花生"。
近义成语 **字字珠玑**:珠玑,珠子。每个字都像珍珠一样。比喻说话、文章的词句十分优美。
反义成语 **平淡无奇**:指事物或诗文平平常常,没有吸引人的地方。
活学活用 他的这篇文章写得精彩极了,真可以说是**生花妙笔**之作。
成语接龙 生花妙笔→笔走龙蛇→蛇口蜂针→针锋相对→对牛弹琴→琴棋书画→画饼充饥→饥寒交迫→迫不及待→待人接物→物是人非→非同寻常

水滴石穿

成语溯源

　　北宋时期，有个叫张乘崖的人，在崇阳当县令。当时，常有军卒侮辱将帅、小吏侵犯长官的事情发生。张乘崖认为这很反常，必须遏制此种风气，于是决心要抓住一个机会，好好杀一杀这股歪风。

　　有一天，他终于找到了一个机会。这天，他在衙门周围巡行，来到县府的银库前时，看见一个看管银库的小吏从里面慌慌张张地走了出来。张乘崖喝住小吏，发现他的头巾下面藏着一文钱。经过追问盘查，小吏承认是从银库中偷来的。张乘崖命令差吏把这个小吏押上堂去。张乘崖问："你可知罪？"小吏不服气地回答说："一文钱算得了什么？"张乘崖怒道："一文钱算得了什么？这是朝廷的钱！"他猛地拍了一下惊堂木，喊道："拖下去重打四十大板！"打完板子，小吏依然嘲讽地叫嚣说："偷一文钱你就这样拷打我？你也只能打我而已，你敢杀我吗？"张乘崖怒不可遏，毫不犹豫地写下判词："一日一钱，千日千钱。绳锯木断，水滴石穿。"意思是一个人一天偷一枚钱，一千天就会偷一千枚钱。日子长了，绳子能锯断木头，水滴也会穿透石头。判决完毕，张乘崖把笔一扔，手里拿着宝剑走下堂来，亲自斩了那名嚣张的小吏。

成语小档案

成语释义　这则成语的意思是水滴不止，必能将石板滴穿。比喻力量虽小，只要坚持不懈，事情就能成功。也说滴水穿石。

感情色彩　褒义成语。

成语辨形　穿，不要写成"串"。

近义成语　**绳锯木断**：指用绳当锯子，也能把木头锯断。比喻力量虽小，只要坚持不懈，事情就能成功。

反义成语　**虎头蛇尾**：指头大如虎，尾细如蛇。比喻做事有始无终，起初声势很大，后来劲头很小。

活学活用　天下无难事，只要你有恒心，自然**水滴石穿**，获得最后成功。

成语接龙　水滴石穿→穿凿附会→会逢其适→适得其反→反败为胜→胜券在握→握手言欢→欢聚一堂→堂堂正正→正气凛然

天罗地网

成语溯源

　　春秋时期，楚平王身边有个很会溜须拍马的人，名叫费无极。他怂恿楚平王干了很多坏事。太子芈(mǐ)建的老师伍奢，是个刚正不阿的大臣，对楚平王听信费无极的谗言，将太子妻据为己有的行为十分不满。费无极怕伍奢今后会对付自己，便怂恿楚平王诱杀了伍奢和伍奢的长子。他还怂恿楚平王把太子芈建送去镇守边疆，后来仍不放心，又派人去刺杀太子。太子芈建得到风声，连夜逃亡。他知道伍奢的次子伍子胥在樊城镇守，便赶到那里，把费无极陷害伍奢的事情告诉伍子胥。这时，费无极不知道伍子胥已经收到了消息，派自己的儿子费得雄去樊城骗伍子胥进京，以便杀了他斩草除根。

　　当费得雄赶到樊城时，伍子胥故意问他："不知道我父亲最近身体怎样？"费得雄答道："你的父亲身体很好，楚王见你立了大功，打算把你召回京城重重地封赏你！"伍子胥勃然大怒，说："如果不是太子来说明内情，道破你这个坏蛋的谎言，我险些被你骗进天罗地网！"费得雄这才无话可说。伍子胥痛打了费得雄之后，便弃官逃走。

　　后来，伍子胥逃亡到吴国，得到了吴王阖闾的赏识，被封为大夫。伍子胥借助吴国的势力，最终打败了楚国，为家人报了仇。

成语小档案

成语释义	这则成语的意思是上下四方都布下的罗网，比喻对敌人、逃犯等设下的严密包围。
感情色彩	中性成语。
成语正音	罗，不要读作"nuó"。
近义成语	**天网恢恢**：天道像一个广阔的大网，作恶者逃不出这个网，也就是逃不出天道的惩罚。
反义成语	**逍遥法外**：指犯了法的人没有受到法律制裁，仍然自由自在。
活学活用	公安干警布下**天罗地网**，准备将犯罪分子一网打尽。
成语接龙	天罗地网→网开一面→面目一新→新亭对泣→泣不成声→声泪俱下→下笔不休→休戚与共→共商国是→是非曲直→直言取祸→祸福相依

同心同德

成语溯源

　　商朝末年,商纣王骄奢淫逸,昏庸无道,宠信妲己,残害忠良,过着酒池肉林的生活,谁敢进忠言,要么被挖心,要么受炮烙之刑而死,使得大臣离心离德。良臣比干、箕子由于忠言进谏,一个被剥心而死,一个被关进监狱。

　　西部的周部落在周文王和周武王的相继领导下,渐渐强大起来。周武王得知商纣王已到了众叛亲离的地步,认为时机已经成熟,就发兵五万,请姜太公做元帅,去讨伐商纣。其他各个诸侯国得知消息,也纷纷起兵参加到伐纣的行列中来。

　　到了盟津,各路军队会合在一起,周武王举行了一次伐纣誓师大会。在誓师大会上,周武王发表了演说,历数了纣王的各种罪行,武王说:"纣王上不敬天,下降灾祸,残害百姓,枉杀忠良。商朝罪恶滔天,老天爷也要诛灭他!纣王虽然手下文臣、武将及士卒成千上万,但是他们离心离德,如同一盘散沙,千千万万颗心,分崩离析;而我有臣民三千,虽然人马很少,但大家团结一心,替天行道,为消灭残暴的纣王而战,这是任何力量也无法阻挡的。三军将士,要同心同德,杀敌立功!"

　　誓师之后,周武王便向纣王发起攻击。纣王已经众叛亲离,很快溃败,商朝随之灭亡。

成语小档案

成语释义 这则成语的意思是思想、信念一致。形容齐心协力。

感情色彩 褒义成语。

成语辨形 德,不要写成"得"。

近义成语 **齐心协力**:思想认识一致,共同努力。

反义成语 **各行其是**:其是,他自己以为对的。各自按照自己以为对的去做。

活学活用 我国各族人民在党的领导下**同心同德**,为实现中华民族伟大复兴的中国梦而奋斗。

成语接龙 同心同德→德才兼备→备尝艰苦→苦心积虑→虑事多暗→暗箭难防→防微虑远→远走高飞→飞檐走壁→壁间蛇影→影单形只→只言片语

推心置腹

成语溯源

西汉末年,政权被王莽篡夺。可是王莽不善于处理政事,政令的下达全凭他当时的兴致,常常朝令夕改。因不满王莽的统治,各地农民纷纷起义。当时声势最大的一支起义军叫绿林军,他们拥立汉宗室刘玄为皇帝,而同为汉宗室的刘秀也乘机起兵,投奔刘玄。王莽多次派兵攻打刘玄。在这些战斗中,刘秀屡立战功,被刘玄封为"萧王"。公元24年秋,刘秀打败了农民起义军——铜马军,并迫使他们全军投降。刘秀把这些投降的军队一一整编,编入自己所属的队伍中。而铜马军原来的将领,仍授予他们官职,让他们统领原来的兵马。

但铜马军的将领依然心存疑虑,不相信刘秀会信任他们。刘秀得知他们的疑虑后,自己轻装简从,到新近归降的各个军营去巡察,无丝毫戒备之意。

这些投降的官兵们看到刘秀这样信任他们,丝毫没有戒心,便经常三三两两地在私底下说:"萧王这个人很诚恳,他跟我们坦诚相待,推心置腹,我们还担心什么?难道不应该为他打天下效力吗?"

从此,铜马军对刘秀忠心耿耿,刘秀实力大增。后来刘秀称帝,统一了中原,建立了东汉王朝。

成语小档案

成语释义	这则成语的意思是把自己的心放在对方的肚子里,形容待人真诚。
感情色彩	褒义成语。
成语辨形	置,不要写成"至"。
近义成语	**推诚相见**:用诚恳的态度相待。
反义成语	**居心叵测**:居心,存心。叵,不可。测,推测。指存心险恶,不可推测。
活学活用	他们的友情非常深,无论什么时候都**推心置腹**,毫无猜忌。
成语接龙	推心置腹→腹背受敌→敌众我寡→寡廉鲜耻→耻言人过→过目不忘→忘恩负义→义无反顾→顾影自怜→怜香惜玉→玉石俱焚→焚膏继晷(guǐ)

唾手可得

🌿 成语溯源

秦昭王即位以后,很想再度称霸,号令诸侯。但楚国和齐国已先后强大了起来,如果轻举妄动,势必招来麻烦。秦昭王便耐心地等待形势变化。终于有一天,传来了齐楚失和的消息。于是,秦昭王先派任固出使齐国,表示愿意出兵帮助齐国攻打楚国;然后又吩咐大夫苏涓出使楚国,表示愿意帮助楚国攻打齐国。

楚简王派人请足智多谋的上大夫秦明来商议此事。秦明说:"大王,秦国的为人我们向来很清楚,他们一贯阳奉阴违,不讲信义,根本不可靠。无论如何,我们都不能与秦国结盟。据我所知,秦国的任固已先于苏涓去了齐国。如果我们不与秦国结盟,齐国还会犹豫,下不了决心。一旦我们与秦国结盟,就等于帮助任固催促齐王下决心与秦国结盟,楚国岂不危险?"楚简王说:"如果我们拒绝了秦国,而齐国真的与秦国结为联盟,我们该怎么办?"秦明说:"我们现在立即派人到齐国去,将苏涓的话转告齐王,齐王明白了秦国的阴谋必然与秦国结怨。只要秦与齐开战,我们收取秦国的汉中地区不过像往手上吐唾沫那样容易。即使此事不成,于楚国也没什么损失。"楚简王听了秦明的话,回绝了苏涓,秦国的如意算盘落空了。

🕊 成语小档案

成语释义 这则成语的意思是伸手就可以取得。比喻非常容易得到。

感情色彩 中性成语。

成语正音 唾,不要读作"tuí"。

近义成语 **探囊取物**:囊,口袋。手伸到袋子里取东西,比喻能够轻而易举地办成某件事情。

反义成语 **大海捞针**:也说海底捞针。从大海里捞一根针。比喻极难找到。

活学活用 任何成绩都不是**唾手可得**的,必须付出艰苦的劳动。

成语接龙 唾手可得→得不偿失→失之交臂→臂有四肘→肘腋之患→患难与共→共为唇齿→齿牙为祸→祸不单行→行比伯夷→夷齐让国→国难当头

亡羊补牢

成语溯源

战国时，楚襄王不问政事，整日沉迷在声色犬马之中。一天，有位名叫庄辛的大臣对楚襄王说："大王在宫殿中时，左有州侯右有夏侯；出去时，车后又有鄢陵君和寿陵君随从。您总是过着毫无节制的生活，不理国家政事，这样下去楚国就危险了！"楚襄王生气地说："先生老糊涂了吗？诅咒楚国将遇到不测吗？"

庄辛回答说："我不敢诅咒楚国，只是预知到事情发展的必然结果而已。如果大王您继续宠信此四人，楚国必然会灭亡。请您允许我暂时到赵国躲避，留下我这条命看看结果会如何。"5个月后，楚国的很多地方失守，楚王也流亡到城阳。

这时，楚襄王才后悔没听庄辛的劝告。他派人去赵国接回庄辛，愁眉苦脸地对他说："当初我没听先生的建议，导致今天的局面，现在该怎么办呢？"

庄辛说："谚语说：'看见兔子才想起猎犬，跑了羊才想起修补破烂的羊圈，也不算迟。'从前商汤、周武王仅凭一百里的土地建起强大的国家，如今楚国面积虽小，但截长补短，方圆仍有数千里，难道会兴旺不起来吗？"楚襄王听后，便封他为阳陵君，没过多久，他就帮楚襄王收复了淮北的土地。

成语小档案

成语释义	牢：牲口圈。羊丢失了，才修理羊圈。比喻在受到损失之后想办法补救，防止以后继续受类似的损失。
感情色彩	褒义成语。
成语正音	牢，不要读作"náo"。
近义成语	**知错就改**：比喻人知道了错误就改正。
反义成语	**屡教不改**：多次教育，仍不改正。也说累教不改。
活学活用	虽然你已经犯下了错误，但是**亡羊补牢**也为时不晚。
成语接龙	亡羊补牢→牢不可破→破涕为笑→笑逐颜开→开门见山→山穷水尽→尽善尽美→美中不足→足智多谋→谋事在人→人定胜天→天外有天

望洋兴叹

成语溯源

相传黄河中有一位河伯,日夜为自己滚滚的浪涛而骄傲不已,认为自己是世界上最宽广的河流。秋天,山洪按时汹涌而至,无数河流的水都涌进黄河。黄河的河面变得宽阔,水面水雾蒸腾,不论是在河的两岸,还是在河心的沙洲,隔岸望去,都分不清对岸的动物是牛还是马。这时,河伯看着这样的景色,便欣欣然自我陶醉起来,认为天下的美景都集中在自己这里了。

河伯这样想着,顺着水势向东流去,几天后,到了渤海边,他看见大海宽广无边,众多河流汇入其中而不溢出,而天气干旱没有水注入时也不见它干涸。他不禁收起自己那洋洋自得的神态,仰起头来对着渤海神无限感叹地说:"俗话说'有的人懂得了一点道理,便以为没有谁能比得上自己'。批评的正是我这种人呀。我曾经听人说过,孔子的见闻学识不算多,伯夷的德行也没有什么了不起。以前我不信这话,现在我见到了你的广阔无边,才知道这话是真的。要不是亲自来到这里,可就真危险了,我一定会被道德高尚、学问渊博的人所耻笑。"

成语小档案

成语释义 本义指在伟大的事物面前感叹自己的渺小,今多比喻要做一件事而力量不够,感到无可奈何。

感情色彩 贬义成语。

成语正音 兴,不要读作"xìng"。

近义成语 仰天长叹:抬头对天长长地叹息,形容人不得志或对某事感到无奈、惋惜或悲愤。

反义成语 目空一切:一切都不放在眼里,形容骄傲自大,什么都看不起。

活学活用 看着对手过硬的专业水平,他只能望洋兴叹。

成语接龙 望洋兴叹→叹为观止→止暴禁非→非同寻常→常胜将军→军令如山→山穷水尽→尽如人意→意味深长→长驱直入→入乡随俗→俗不堪耐

卧薪尝胆

成语溯源

春秋时期，吴越争霸，吴王阖闾被越国击败，身受重伤后身亡。阖闾的儿子夫差即位，两年后率兵击越，大胜。为报父仇，夫差要求越王勾践在吴国做奴隶，并百般凌辱勾践，派他做看墓与喂马这些奴仆才做的事。勾践虽然心中不服，但仍然极力装出忠心顺从的样子。夫差出门时，他走在前面牵着马；夫差生病时，他在床前尽力照顾。夫差看勾践这样尽心侍奉自己，觉得他对自己非常忠心，最后就放他返回了越国。

勾践回国后，决心洗刷自己在吴国当囚徒时所受的耻辱。表面上，他对吴王夫差依然无条件服从，暗中却训练精兵，打造兵器，整顿吏治，以等待时机反击吴国。为了告诫自己不要忘记报仇雪耻，他每天睡在坚硬的柴草上，还在屋梁上吊一颗苦胆，每日吃饭、临睡前都要舔一舔苦胆。除此之外，他还经常到民间视察民情，替百姓解决问题，让人民安居乐业。

经过十年的艰苦奋斗，越国变得国富兵强。于是，越王勾践亲自率领军队进攻吴国，并大获全胜。后来，越国又乘胜进军中原，成为春秋末期的一大强国。

成语小档案

成语释义　这则成语的意思是睡在柴草上，品尝苦胆。形容人刻苦自励，立志雪耻图强。

感情色彩　褒义成语。

成语辨形　薪，不要写成"新"。

近义成语　枕戈饮胆：头枕兵器，口尝苦胆。形容刻苦自励，发愤图强，或报仇雪耻心切。

反义成语　自甘堕落：自己甘心思想行为向坏的方向发展。

活学活用　我们要学习古人卧薪尝胆的精神，发愤图强，振兴中华。

成语接龙　卧薪尝胆→胆战心惊→惊天动地→地久天长→长驱直入→入不敷出→出其不意→意犹未尽→尽善尽美→美不胜收→收效甚微→微不足道

物以类聚

成语溯源

　　战国初期，齐宣王积极招贤纳士，让大臣们推荐自己所知道的名士。著名学者淳于髡(kūn)一天之内就向齐宣王推荐了七位贤士。齐宣王很惊讶，就问淳于髡："寡人听说，人才是很难得到的。如果在千里内能发现一个，就可以算得上遍地皆是了。如果在一百年里产生一个，就可以算得上源源不断了。如今你真不简单，一天之内就向我推荐了七位贤士，是不是太多了？"

　　淳于髡回答说："您不能这样说。要知道，世上有生命的东西总是按照类别或聚或分的。鸟喜欢和鸟宿在一起，兽喜欢和兽结伴。人们若要想到沼泽中去寻找柴胡、桔梗这类药材，只怕这辈子、下辈子也找不出一根。但如果到睪黍山、梁父山的背面去找，那就多得用车子才能载得回来了。这是什么道理呢？就是物以类聚啊！您如果承认我是贤士，那么和我关系密切的人不是贤士，我会和他们交往吗？您让我举荐贤士，就如同在黄河里取水，从燧石中取火一样容易。我还要再给您推荐一些贤士，又何止这七个呢！"这一席话，说得齐宣王哑口无言了。

成语小档案

成语释义	这则成语的意思是同类的东西常聚在一起，现多指坏人跟坏人常凑在一起。常和"人以群分"连用。
感情色彩	贬义成语。
成语辨形	物，不要写成"勿"。
近义成语	**人以群分**：人按照其品行、爱好而形成团体，因而能互相区别。指好人总跟好人结成朋友，坏人总跟坏人聚在一起。
反义成语	**水火不容**：容，容纳。水和火是两种性质相反的东西，根本不相容。比喻二者对立，绝不相容。
活学活用	**物以类聚**，人以群分，这是社会中一种常见现象。
成语接龙	物以类聚→聚众滋事→事不关己→己溺己饥→饥不择食→食不下咽→咽苦吐甘→甘之如饴→饴含抱孙→孙庞斗智→智勇双全→全军覆没

先发制人

成语溯源

秦始皇统一天下后，推行残暴的统治，搞得天下大乱，百姓纷纷揭竿而起。公元 209 年，项梁、项羽叔侄二人为躲避仇人的报复，逃到吴中避难。殷通是会稽郡的郡守，他一向仰慕项梁的为人，得知项梁来到会稽，就派人找到他，请他分析一下当前的局势。

项梁见到殷通后说："现在各地义军纷纷起义，正是推翻秦朝统治的最好时机，先发动起义就能占据优势，其他人就会服从自己；后发动起义就会处于劣势，而被他人所制服。我们应该早点起义才是。"殷通觉得项梁的话很有道理，于是说道："您是楚国大将项燕的后代，一定能够做成大事。我打算带兵起义，请您和桓楚率领军队，只是不知道桓楚现在在什么地方。"

项梁心中早就有起义的打算，但和殷通这种无能之人合作，他是万万不干的。他告诉殷通，自己的侄子项羽知道桓楚的下落，于是就把项羽叫进来。在目光接触的一刹那，项梁对项羽使眼色，暗示项羽杀掉殷通。殷通的部下见项梁、项羽勇猛，都不敢反抗，表示愿意听从指挥。

项梁收服了殷通的部下，同时打出灭秦的旗号，他们不断征集人马，壮大军队，逐渐成为秦末起义队伍中力量最强的一支。

成语小档案

成语释义 这则成语的意思是先动手以制伏对方；先于对手采取行动以获得主动。

感情色彩 褒义成语。

成语辨形 制，不要写成"治"。

近义成语 **先声夺人**：声，声势。夺，胜过。先张大声势以压倒对方，多用于比喻。

反义成语 **后发制人**：制，制服，控制。先退让一步，使自己处于有利的地位后，再制服对方。

活学活用 这一仗取得胜利的原因之一是我们**先发制人**，一下占据了制高点。

成语接龙 先发制人→人各有志→志气凌云→云泥之别→别开生面→面红耳赤→赤胆忠心→心烦意乱→乱象丛生→生花妙笔→笔走龙蛇→蛇鼠一窝

胸有成竹

成语溯源

　　文同，字与可，是北宋时期著名的画家，他既通晓书法，又擅长画画，尤其擅长画竹子。为了画好竹子，文与可就在他的房屋周围种上了许多青竹。他每天观察竹子的形态。春夏秋冬，晨昏阴晴，风霜雪雾，不同时节不同天气条件下，竹子的各种细微变化他都悉心揣摩。刮风的时候，他就观察竹子在风中舞着长袖、婆娑起舞的样子；下雨的时候，他就体会竹子在雨中鲜亮翠绿、亭亭玉立的神韵……

　　天长日久，他对竹子的千变万化都了然于心，几乎闭着眼睛都能准确地画出竹子的形态。他所画的竹子神形兼备，栩栩如生，为世人称道。

　　一天，好友晁补之来探访文同，二人一起饮酒赏竹。文同兴之所至，提笔作画，顷刻间一幅逼真灵动的竹图便呈现在眼前，晁补之被他作画的情景打动，便赋诗一首，其中两句即："与可画竹时，胸中有成竹"。

成语小档案

成语释义	这则成语的意思是在画竹之时心里有一幅竹子的形象。比喻做事之前已经有通盘的考虑。也说成竹在胸。
感情色彩	褒义成语。
成语辨形	竹，不要写成"足"。
近义成语	胜券在握：胜券，指胜利的把握。指一定能取得胜利。
反义成语	束手无策：形容一点儿办法也没有。
活学活用	他胸有成竹地对妈妈说："这次考试我一定会取得好成绩。"
成语接龙	胸有成竹→竹报平安→安居乐业→业精于勤→勤能补拙→拙嘴笨舌→舌战群儒→儒雅风流→流离失所→所在皆是→是是非非→非分之想

信口雌黄

成语溯源

魏晋时期，上层社会盛行清谈之风，西晋大臣王衍就是个很有名的清谈家。他从小就口齿伶俐，喜欢谈书论道。某次他去当时文学名家山涛家中做客，离去后，大家都对他清秀的外表和文雅的举止称赞不已，山涛却感叹道："不想世上竟有如此聪明之人，只怕将来误天下百姓的也是此人啊。"

尚书卢钦因听过王衍的"合纵"之论，就举荐他为辽东太守，没想到王衍迟迟不去赴任，卢钦这才知道他不过是纸上谈兵罢了。王衍后来为官时，很少办公事，却经常约人在一起没完没了地闲聊。他最喜欢手里拿着麈(zhǔ)尾拂尘，大肆谈论老子和庄子的玄理，但在谈论中又经常将老庄的道理讲错，漏洞百出。如遇有人质疑，王衍就随口更改，当时人们说他这是"口中雌黄"。

王衍做事也是这样。他看太子有前途，就把女儿嫁给太子为妃。后来太子被人陷害，他马上与太子脱离关系。在之后的"八王之乱"中，王衍只顾扩大自己的势力，从不管天下百姓。西晋灭亡时，他还说："我一向不干预朝政，罪不在我。"后来，羯族人石勒起义，王衍被俘，为了活命他竟劝石勒称帝。石勒非常憎恨这种不忠行为，让手下用推倒的墙将王衍活埋了。

成语小档案

成语释义 这则成语的意思是言论不当，随口更改。指不顾事实，随口乱说。

感情色彩 贬义成语。

成语辨形 雌，不要写成"词"。

近义成语 **信口开河**：比喻随口乱说一气，指说话没有根据，不可靠。

反义成语 **言之凿凿**：凿凿，确实。形容话说得有根有据，非常肯定。

活学活用 这件事的真相还没查明，你别**信口雌黄**。

成语接龙 信口雌黄→黄粱美梦→梦寐以求→求同存异→异途同归→归心似箭→箭无虚发→发奋图强→强词夺理→理所当然

信誓旦旦

成语溯源

"信誓旦旦"这个成语来源于《诗经·卫风·氓》。

春秋时期，卫国的淇水河边，有一位美丽、温和而多情的姑娘，有个男子爱上了这位美丽的姑娘，他借换丝的名义来向姑娘求婚，并发誓真心爱她，永不反悔。纯朴善良的姑娘信以为真，答应了她的求婚。秋后，她带着嫁妆，满怀对未来幸福生活的憧憬嫁到了男子家。她不计较男子家境贫寒，毫无怨言地爱着自己的丈夫，辛勤地操持家务。可是过了些年，她美丽的容颜逐渐衰老。于是，她的丈夫就开始虐待她，最后竟抛弃了她。

她在痛苦中回忆起以往的种种情景，内心无比愤恨，怨恨地控诉说："当初你说白头到老，现在一回忆这话就使我怨恨。滔滔的洪水再宽也有个岸，湿湿的水洼再阔也有个边。当初我和你一起嬉戏，说说笑笑多么欢乐。当初你信誓旦旦，没想到如今你反复无常把心变。我恨你心不念旧，只好一刀两断把事情了结！"

有人将这位女子不幸的遭遇，写成了一首诗。这首诗后来被收进了《诗经》，其中有几句写道："及尔偕老，老使我怨。淇则有岸，隰则有泮。总角之宴，言笑晏晏。信誓旦旦，不思其反。反是不思，亦已焉哉！"

成语小档案

成语释义 这则成语的意思是真诚的誓言让人信服。比喻誓言诚恳可信。

感情色彩 中性成语。

成语辨形 旦，不要写成"亘"。

近义成语 **指天誓日**：誓，发誓。指着天对着太阳发誓。表示意志坚决或对人表示忠诚。

反义成语 **言而无信**：说话不算数，没有信用。

活学活用 她**信誓旦旦**地说一定会把此事办好。

成语接龙 信誓旦旦→旦旦而伐→伐功矜能→能掐会算→算无遗策→策名委质→质非文是→是古非今→今非昔比→比肩并起→起承转合→合二为一

雪中送炭

成语溯源

宋太宗是宋太祖的弟弟，年轻时曾和宋太祖一起打天下，深知江山来之不易。因此，他生活俭朴，能体恤百姓疾苦。

有一年冬天，天寒地冻，狂风呼啸不止，鹅毛般的大雪下得没完没了。宋太宗在屋里穿着毛皮外套，仍然感觉十分寒冷，于是就让人端来火盆和烫好的美酒。他一边烤着火，一边品尝着美酒，感觉特别舒服。他抬头向窗外望去，树上的枯枝随着寒风被卷落到地上。宋太宗心中暗想："这样寒冷的天气，汴梁城(今河南开封)中，不知有多少缺柴少米的人家，风雪中他们怎么过活呢？"

想到这里，他立马传旨，召开封府尹进宫。宋太宗对开封府尹说："近几日天寒地冻，我们有吃有穿有柴用的人都感到寒冷难当。那些缺衣少食、没有木炭的百姓如何受得了？你立即带着衣食和木炭去汴梁城中各处巡视一番，找一找那些缺衣短食、没柴烧的人，为他们解决燃眉之急。"

开封府尹领旨，立即带领三班衙役，备好衣服、粮食和木炭，挨家挨户去问候。他们为有困难的人家和孤寡老人留下足够的粮食、衣服和木炭。受到救助的人无不感激万分。于是，历史上就留下了"雪中送炭"的佳话。

成语小档案

成语释义　这则成语的意思是在寒冷的大雪天给人送去了取暖用的木炭。比喻在别人急需的时候给以帮助。

感情色彩　褒义成语。

成语辨形　炭，不要写成"碳"。

近义成语　**扶危济困**：扶，帮助。济，接济。帮助救济生活困苦、处境危急的人。

反义成语　**趁火打劫**：趁人家失火的时候去抢人家的东西，比喻趁紧张危急的时候侵犯别人的权益。

活学活用　他的举动好比**雪中送炭**，给了我莫大的帮助。

一鼓作气

成语溯源

鲁庄公十年(公元前684年),强大的齐国派军队进攻弱小的鲁国。双方军队在鲁国的长勺摆开了阵势。鲁国国君庄公亲临前线指挥军队作战。他还请了谋士曹刿同乘一辆战车,随时听取他的意见。阵势刚摆好,鲁庄公就想命令鼓手擂起战鼓发动攻击了。曹刿连忙制止他说:"现在发动攻击还不行,得等待一下时机。"齐军三次擂起战鼓向鲁军挑战,曹刿都示意坚守不战。

见鲁军不应战,齐军士气锐减。这时,曹刿对鲁庄公说:"现在请大王发令击鼓!"一通鼓响,鲁军奋勇杀敌,齐被杀得溃退。鲁庄公见状,下令追击;曹刿忙说:"等一等!"他仔细察看齐军战车的车辙印,又登上车子前的横木瞭望敌军的情况,才说:"现在可以追击了!"于是,鲁庄公指挥鲁军一路追杀过去,齐军被杀得片甲不留。

战后,鲁庄公向曹刿询问取胜的原因。曹刿说:"作战最要紧的是士气。齐军第一次击鼓时,士气旺盛;再次击鼓时,士气开始下降;第三次击鼓时,士气已完全衰竭。而此时我军擂鼓,用士气旺盛的军队去进攻士气衰弱的军队,必然使敌军受创。且齐国是实力雄厚的大国,他们退败时,我担心有诈,经过观察,发现他们战车的轮迹混乱,于是就请您下令追击了。"

成语小档案

成语释义 这则成语的意思是战斗刚开始时军队的士气最旺盛。指趁劲头大的时候抓紧做,一下子把事情完成。

感情色彩 褒义成语。

成语辨形 作,不要写成"做"。

近义成语 **趁热打铁**:就着铁烧红的时候锻打。比喻做事抓紧时机,加速进行。

反义成语 **偃旗息鼓**:放倒军旗,停击战鼓。指秘密行军,不暴露目标。现多指停止战斗或停止批评、攻击等。

活学活用 我们做任何事都要**一鼓作气**,不要打退堂鼓。

成语接龙 一鼓作气→气味相投→投鼠忌器→器宇轩昂→昂首阔步→步履维艰→艰苦卓绝→绝少分甘→甘雨随车→车水马龙→龙飞凤舞→舞衫歌扇

一鸣惊人

成语溯源

公元前614年,晋楚称霸。正当楚穆王雄心勃发,准备完成称霸大业时,却不幸暴病而亡,由其子楚庄王继承帝位。晋国趁楚国办丧事期间,重新会盟诸侯,订下盟约,将楚国的盟国陈、郑等国也拉到自己的势力范围之内。楚国大臣焦急万分,纷纷主张与晋国决战,楚庄王却无动于衷。他继位三年以来,整天只是饮酒作乐,肆意妄为,从不理政事。为了制止别人前来劝谏,他还颁布了一道诏令:"谁来劝谏,一律处死!"

大夫伍举是个忠心耿耿的大臣,为此十分忧心。于是,他决心求见楚庄王,用隐语进谏。伍举进到宫中,见楚庄王又在饮酒作乐。伍举故意说:"有人让我猜一个谜语,我怎么也猜不出,特地来向大王请教。"得到楚庄王许可后,伍举话中有话地说:"谜语是'楚京有大鸟,栖止在朝堂,历时三年整,不鸣亦不翔。令人好难解,到底为哪桩?'请您猜猜看,这究竟是只什么鸟?"

楚庄王一听,马上接话说:"三年不飞,一飞冲天;三年不鸣,一鸣惊人。你下去吧,我知道你的意思了。"从此,楚庄王开始处理朝政,励精图治。后来,楚庄王陆续让鲁、宋、郑、陈等国归顺楚国,继齐桓公、晋文公、秦穆公之后,成为一代霸主。

成语小档案

成语释义 这则成语的原意为大鸟平时不叫,一旦鸣叫必定惊人。比喻平时没有特殊的表现,一干就有惊人的成绩。

感情色彩 褒义成语。

成语辨形 鸣,不要写成"名"。

近义成语 一飞冲天:鸟儿展翅一飞,直冲云霄。比喻平时没有特殊表现,一下做出了惊人的成绩。

反义成语 语不惊人:语,言语,也指文句。语句平淡,没有令人震惊的地方。

活学活用 他平时不露声色,关键时刻却往往一鸣惊人。

成语接龙 一鸣惊人→人山人海→海阔天空→空前绝后→后来居上→上下一心→心胸开阔→阔论高谈→谈笑风生→生龙活虎→虎踞龙盘→盘根错节

一诺千金

成语溯源

秦朝末年,楚地有个叫季布的人,为人侠义,重信守诺,只要他答应的事情,无论有多困难,他都会想方设法做到。因此美名远扬。刘邦当了皇帝后,他想起当年楚汉相争时,项羽部下的季布曾几次出谋划策,打败了自己的军队,因此十分气恨,下令缉拿季布。

季布经过乔装改扮,来到山东一家姓朱的人家当帮工。朱家是当时著名的侠士,他找刘邦的老部下夏侯婴为季布说情。刘邦在夏侯婴的劝说下撤销了对季布的通缉令,还封季布做了官。

曹丘生是季布的同乡,他一向敬重季布的为人,只是无缘结交。后来听说季布做了中郎将,便托窦长君推荐他与季布认识。但季布对曹丘生有些误会,不愿与他结交。曹丘生决定亲自登门拜访。季布不好拒绝,只好接见了他,但态度很冷淡。曹丘生预料到会出现这种局面,便说道:"您是楚地人,我也是,你我既是同乡就该珍视乡情才是。您大约也听过楚地有句民谣:'得黄金百斤,不如得季布一诺。'您有如此好的名声,都是我到处宣传的结果呀。难道我对您的作用还不大吗?我们为什么不能成为朋友呢?"季布听了其中的缘由,与曹丘生结成了至交。因此还产生了另一个成语,"曹丘之德",指宣扬别人长处并乐于荐贤的美德。

成语小档案

成语释义　这则成语的意思是一句许诺就价值千金。形容说话算数,所许诺言的信实可靠。

感情色彩　褒义成语。

成语正音　诺,不要读作"ruò"。

近义成语　**一言九鼎**:九鼎,古代国家的宝器,相传为夏禹所铸。一句话的分量像九鼎那样重。形容所说的话分量很重,作用很大。

反义成语　**轻诺寡信**:随便答应人,很少能守信用。

活学活用　他**一诺千金**,答应下的事情从来不会反悔。

成语接龙　一诺千金→金枝玉叶→叶落知秋→秋色平分→分斤掰两→两瞽(gǔ)相扶→扶危济困→困兽犹斗→斗志昂扬→扬汤止沸→沸沸扬扬→扬长而去

一意孤行

成语溯源

西汉人赵禹本是太尉周亚夫的手下，由于文章写得好，得到汉景帝的器重，被封为太中大夫，参与立法工作。

按照汉景帝的指示，赵禹等人对朝廷原有的法律条文进行补充和修订，后来制定"知罪不举发"和"官吏犯罪上下连坐"等律法，用来约束朝廷文武官员。消息一传出，很多朝廷大臣害怕赵禹制定的律法会给他们带来危害，都纷纷带了重礼来到赵禹家。谁知赵禹见了他们，只是天南海北地闲聊，丝毫不理会公卿们请他修改律法的暗示。过了一会儿，公卿们见实在劝说不下去了，便起身告辞。谁知临走前，赵禹硬要把他们带来的重礼一一退还。公卿们这下明白了，赵禹是个极为廉洁正直的人，是不能被轻易说动的。

赵禹的做法得罪了一些人，但他毫不在乎。有人问他，是否会顾忌别人的看法，他回答说："我这样断绝好友或宾客的请托，就是为了使自己能独立地决定、处理事情，不受别人的干扰。"

成语小档案

成语释义	这则成语的原意是拒绝别人的建议，按照自己的意见去处理事情。后指不听劝告，固执地照自己的意思行事。
感情色彩	贬义成语。
成语辨形	意，不要写成"竟"。
近义成语	**刚愎自用**：愎(bì)，固执，任性。倔强固执，自以为是。
反义成语	**集思广益**：集中大家的意见和智慧，可以收到更大更好的效果。
活学活用	他从不肯听别人的劝告，做事情总是**一意孤行**！
成语接龙	一意孤行→行云流水→水落石出→出神入化→化为乌有→有口无心→心直口快→快人快语→语重心长→长驱直入→入木三分→分甘共苦

一叶障目

成语溯源

楚国有个家境贫困的书生,虽然读了些书,却迂腐无知,整天想发财。有一天,他看到《淮南子》中有这样的记载:"螳螂自障叶,可以隐形。"意思是螳螂在捕蝉时,用树叶遮住自己的身体,其他昆虫就看不见它了。谁得到螳螂隐蔽自己的树叶,谁就可以用它把自己隐藏起来。"他读了之后十分高兴,于是整天在树下抬头望着。一天,当他终于发现树上一只螳螂正隐身在树叶之下,就慌忙把这片树叶摘下来,可一不小心,树叶掉到了地上,与地上其他树叶混在了一起。于是,他索性把落叶全部扫起,足足收了几斗,搬回家里。书生把树叶一片一片地取出来遮住自己的眼睛,向他妻子问道:"你看得见我吗?"起初他的妻子总是答道:"看得见。"他不停地问,结果他妻子被纠缠得不耐烦了,最后便随口哄骗了他一句:"看不见了。"

书生听了大喜,立刻带着这片叶子跑到市场上去,旁若无人地当面抢别人的东西。结果可想而知,他被当场抓住了。县官问他原因,书生把事情的经过原原本本地讲了一遍。县官听了大笑不止,说道:"你这个书呆子,真是一叶障目,不见泰山。"

成语小档案

成语释义 这则成语的意思是被一片树叶遮住了眼睛。比喻被眼前细小的事物所蒙蔽,而看不到事物的真实情况和本质。

感情色彩 贬义成语。

成语正音 障,不要读作"zhāng"。

近义成语 **管中窥豹**:通过竹管的小孔来看豹,只看到豹身上的一块斑纹。比喻只见到事物的一小部分。有时跟"可见一斑"连用,比喻从观察到的部分,可以推测全豹。

反义成语 **洞若观火**:形容看得清楚明白。

活学活用 我们有时难免会犯"**一叶障目**,不见泰山"的错误。

成语接龙 一叶障目→目不暇接→接二连三→三心二意→意味深长→长年累月→月落星沉→沉鱼落雁→雁过留声→声泪俱下→下落不明→明知故犯

一字千金

成语溯源

战国时期,养士之风非常盛行,富贵之门甚至养数千门客。吕不韦是秦国的重臣,封文信侯,官居相国,因此,他家也有三千门客。这些门客大多为仕途不得意的文人、志士,对一些问题的看法颇有见地。

吕不韦身为相国,政治上已经取得了高位,他又想立言以传万世。于是,他组织三千门客能撰文者,把自己所闻所见所感都写出来。这些门客,三教九流的人都有。因此所写之文也是无所不有,古往今来、上下四方、天地万物、兴废治乱、士农工商、三教九流,全都有所论及。后来吕不韦又命人将内容进行甄选、归类、删定,编纂成册,取名为《吕氏春秋》。

为了慎重起见,成书后,吕不韦又让有识之士提出修改意见,他还在秦国都城咸阳城墙上贴布告说:"无论何人,有能为此书增损一字的,就赏赐千金。"这段故事,被司马迁记载在《史记·吕不韦列传》中。后来的人,根据这个故事,引申出"一字千金"的成语。

成语小档案

成语释义 这则成语的意思是一个字就具有千两黄金的价值。用来称赞文辞精妙,价值极高。

感情色彩 褒义成语。

成语辨形 金,不要写成"斤"。

近义成语 字字珠玑:比喻优美的文章和词句。

反义成语 一文不值:指一点价值都没有,后指人无用。

活学活用 这篇文章写得极好,情采并茂,真可说是一字千金。

成语接龙 一字千金→金枝玉叶→叶公好龙→龙马精神→神魂颠倒→倒持太阿→阿其所好→好为人师→师出无名→名存实亡→亡魂丧胆→胆大包天

因势利导

成语溯源

公元前341年，魏国派庞涓联合赵国进攻韩国，韩国向齐国求救。齐王派田忌为将军，孙膑为军师，带领军队前去救援韩国。孙膑和田忌一进军，就直指魏国的都城大梁，魏国将军庞涓得知都城告急，即刻从韩国撤军，赶往大梁。

孙膑见庞涓被引诱回来，对田忌说："魏国军队强悍，看不起齐国，总以为咱们胆小怯懦。善于指挥作战的将领应该顺应这一趋势，往有利的方面来引导，来消灭敌人。现在我们可以假装败退，采用逐日减灶的计策，第一天砌十万人做饭用的炉灶，第二天减少一半，第三天就只留下三万人做饭的炉灶。好让敌人产生误解，认为我们的军队正在一天天减少，他们就会产生轻敌的情绪。到时候我们再设法攻击他们。"

庞涓看到齐军的柴灶一天天减少，以为齐军士兵已逃跑了大半，便只带一部分轻骑兵去追击，结果走到半途中了埋伏，只好自杀而死。

这就是历史上"孙庞斗智"的故事。成语"因势利导"就是由孙膑所说的"善战者因其势而利导之"简化来的。

成语小档案

成语释义 这则成语的意思是顺着事物发展的趋势向好的方面引导。比喻做事情要顺着事情的发展趋势加以引导。

感情色彩 褒义成语。

成语辨形 利，不要写成"力"。

近义成语 因地制宜：根据不同地区的具体情况制定适宜的措施。

反义成语 倒行逆施：原指做事违背常理，现多指所作所为违背社会正义和时代进步方向。

活学活用 姐姐从小就喜爱文学创作，母亲因势利导，使姐姐最终走上了作家之路。

成语接龙 因势利导→导德齐礼→礼顺人情→情长纸短→短褐穿结→结草衔环→环环相扣→扣人心弦→弦外之音→音容笑貌→貌美如花→花容月貌

鱼目混珠

🐢 **成语溯源**

古时候，有一个名叫满愿的人。一次，满愿到很远的地方办事，他倾其所有，买回一颗珍珠。这颗珍珠又大又圆，光彩耀眼惹人喜爱。满愿把它精心地收藏起来。满愿的邻居名叫寿量，一次拾到一个鱼眼珠，自以为是珍珠，将它小心翼翼地收藏起来。事有凑巧，不久，满愿和寿量都得了一种奇怪的病，求医问药却不见起色。

一天，街上来了一个游方郎中，郎中为病人诊断后，说需用珍珠粉入药，才能药到病除。可满愿说什么也不肯损坏得来不易的稀世宝贝，只服一些平常的药治病。寿量则忍痛取出家传珍珠，将一部分磨粉服下。可是，自己吃了药却没什么作用。

几天以后，游方郎中来到满愿家询问病况，满愿如实以告。郎中说："我能否看看你的珍宝？"满愿拿出珍珠。"果然是稀世珍宝！"郎中赞叹说。接着，他又去看寿量。寿量说出自己的质疑。"那么你把所用的珍珠给我看。"郎中说。寿量拿出了珍藏的珍珠，郎中看了大笑着说："这哪是什么珍珠，不过是一种大鱼的眼珠，真是鱼目混珠，用它怎么可能治好你的病呢？"

🐦 **成语小档案**

成语释义 这则成语是拿鱼眼睛冒充珍珠，比喻拿假的东西冒充真的东西。
感情色彩 贬义成语。
成语辨形 混，不要写成"浑"。
近义成语 **滥竽充数**：齐宣王用三百人吹竽，南郭先生不会吹，混在中间充数。后借指没有真正的才干，而混在行家里面充数，或拿不好的东西混在好的里面充数。
反义成语 **泾渭分明**：泾河水清，渭河水浑，泾河的水流入渭河时，清浊不混。比喻界限清楚。
活学活用 他在鉴别古代的图书版本方面有丰富的经验，要想**鱼目混珠**，那比登天还难。
成语接龙 鱼目混珠→珠沉玉碎→碎身粉骨→骨瘦如柴→柴天改物→物极必反→反败为胜→胜友如云→云消雾散→散马休牛→牛毛细雨→雨过天晴

欲盖弥彰

成语溯源

崔杼(zhù)是春秋时期齐国的大夫，手中掌握着齐国的军政大权，连齐国国君都怕他三分。因为与齐国的国君庄公争夺一位叫棠姜的美女，崔杼设计杀死了庄公。庄公死后，崔杼完全掌握了国家大权，改立景公为国君。

齐国负责撰写国史的官员是个正直的人，他不顾崔杼多次暗示，坚持自己作为一个史官的立场，据实记述道："崔杼杀了他的君主。"在古代，弑君犯上可是十恶不赦之罪，会被天下人耻笑。崔杼一看，恼怒万分，心想："你不笔下留情，我也不给你活路。"于是，他杀掉了那个史官。谁知继任的史官同样如此，将崔杼弑君的罪行如实记录下来。崔杼又想："既然杀一个不能堵住你们的嘴，何妨再杀一个，就不信你们不怕。"他把这个史官也杀了。可是第三任史官仍坚持原则，崔杼知道杀人解决不了问题，只好就此作罢。

清代学者顾炎武谈论这件事时说道："崔杼想掩盖事情的真相，反而将其暴露得更加明显。"

成语小档案

成语释义 这则成语的意思是想要掩盖真相(指坏事)，结果反而更加显露出来。

感情色彩 贬义成语。

成语辨形 弥，不要写成"迷"。

近义成语 掩耳盗铃：把耳朵捂住去偷铃铛，比喻自己欺骗自己，明明掩盖不了的事偏要设法掩盖。

活学活用 如果做错事，却想掩饰，结果只会欲盖弥彰，使得小事酿成大祸。

成语接龙 欲盖弥彰→彰明较著→著作等身→身无分文→文过饰非→非驴非马→马到成功→功德无量→量体裁衣→衣冠楚楚→楚楚动人→人山人海

众志成城

成语溯源

　　春秋末年，周景王打算铸一口巨大的钟，好享受从未有过的乐声。单穆公劝阻说："这么大的钟，声音一定非常响，敲起来震耳欲聋，哪里还有音乐的美感呢？再说，造大钟要耗费许多钱财，要征集许多工匠，大大加重了老百姓的负担。"周景公想得到司乐官州鸠的支持，谁知州鸠说："音乐的声音有大小、轻重之分，各有各的界限，超过了界限，金石丝竹的声音就不和谐。以音乐的标准来衡量，您铸大钟是不合适的；以国家和百姓的利益来衡量，您的做法就更不合适。"

　　周景王却一意孤行。过了一年，两组编钟铸成了，周景王打算把这两组编钟悬挂起来演奏。乐人纷纷夸大钟的声音很和谐、好听。周景王叫来司乐官州鸠说："你不是说大钟的声音不会好听吗？可是，现在它的声音却很和谐啊！"

　　州鸠严肃地回答说："不，陛下，您错了，造大钟，要百姓都拥护都欢迎，才叫和谐。现在国家花了巨资，老百姓怨声载道，这算和谐吗？做任何一件事，凡是老百姓支持的，就一定能成功；凡是老百姓反对的，就一定会失败。这叫作'众志成城，众口铄金'！"结果是，周景王一去世，周王朝随即就爆发了长达五年之久的内乱。

成语小档案

成语释义　这则成语的意思是如果大家齐心协力，就像城墙一样坚不可摧。比喻大家团结一致，就能克服困难，取得成功。

感情色彩　褒义成语。

成语辨形　城，不要写作"诚"。

近义成语　**众擎易举**：许多人一齐用力，就容易把东西举起来。比喻大家同心合力，就容易把事情做成功。

反义成语　**一木难支**：比喻艰巨的事业不是一个人的力量所能胜任的。

活学活用　只要大家同心协力，**众志成城**，一定能克服当前的困难。

成语接龙　众志成城→城北徐公→公之于众→众擎易举→举手之劳→劳苦功高→高山仰止→止戈为武→武艺超群→群蚁溃堤→堤溃蚁穴→穴居野处

直言不讳

成语溯源

公元 379 年，前秦皇帝苻坚派苻丕率领十七万大军进攻东晋重镇襄阳，襄阳守将朱序凭险固守，形势非常危急。急报传到朝廷，东晋孝武帝派赫赫有名的冠军将军刘波率八千人马驰援襄阳。

刘波率军赶到离襄阳五十里处安营扎寨，军探报告前秦的兵力有十七万。由于兵力悬殊，刘波权衡对比再三，认为无法救援，于是不再前进。朝廷认为刘波救援不力，免去了他"冠军将军"的荣誉。

公元 383 年，在淝水之战中，东晋军以少胜多，将拥有绝对优势的前秦军打得溃不成军。孝武帝命令熟悉北方情况的刘波坐镇北方，统督淮北各军。但这时刘波已经病入膏肓，接到诏书后觉得自己无能为力。他认为自己将不久于人世，于是决定拟一道奏疏。

他在奏疏中开诚布公地写道："我想到本朝开国历史，又联想到如今的国事，所以肆无忌惮，毫不忌讳地把想说的话都说出来。"刘波畅所欲言，写了许多关于治理国家和使用人才的建议，奏疏写好后不久，他就去世了。

成语小档案

成语释义	这则成语的意思是表示说话直爽，一点儿也不忌讳。形容直截了当地说出来，没有丝毫顾忌。现在多为一种自谦的说法。
感情色彩	褒义成语。
成语正音	讳，不要读作"wěi"。
近义成语	直抒己见：直率地抒发自己的意见。
反义成语	隐约其词：隐约，不明显，不清楚。形容故意含糊其词，不说清楚。
活学活用	爸爸直言不讳地向领导指出了当前工作中存在的问题。
成语接龙	直言不讳→讳莫如深→深恶痛疾→疾言厉色→色色俱全→全力以赴→赴汤蹈火→火树银花→花容月貌→貌合神离→离经叛道→道听途说

志在四方

成语溯源

春秋时,晋献公在宠妾骊姬的挑拨下,杀了太子申生,公子重耳和夷吾分别逃亡到狄国和梁国。晋献公死后,夷吾在秦穆公和齐桓公的帮助下做了国君,他害怕重耳回来争夺王位,就派人去追杀他。

重耳听到消息后,从狄国逃到齐国,齐桓公对重耳以及追随他的子犯、赵衰、狐偃(yǎn)等人都十分优待,还把一个本家姑娘齐姜嫁给了重耳。重耳在齐国七年,日子过得舒服极了,他不再想回晋国去的事了。齐桓公死后,齐孝公即位,齐国开始衰弱,子犯、赵衰、狐偃想让重耳离开齐国,齐姜也希望丈夫能干一番大事业,就对重耳说:"公子,你要树立远大的志向,你走吧!男子汉大丈夫总得做一番事业才行,留恋妻子、贪图安逸是没有出息的!"重耳听后很惊讶,说:"我没打算离开你,离开齐国,我不走!"齐姜听了,知道重耳不想走,就和子犯等人商量了一个计策,用酒把重耳灌醉,把他送出了齐国。

后来,重耳在六十二岁的时候当上了晋国的国君,也就是历史上著名的春秋五霸之一的晋文公。

成语小档案

成语释义 这则成语的意思是志向远大,不愿固守家园、在小天地里蜗居。形容立志广阔远大,愿意到遥远的地方去干一番伟大的事业。

感情色彩 褒义成语。

成语正音 志,不要读作"zì"。

近义成语 雄心壮志:远大的理想,宏伟的志向。

反义成语 鼠目寸光:比喻眼光短,见识浅。

活学活用 好男儿志在四方,毕业后,我们应该到祖国最需要的地方去干一番事业。

成语接龙 志在四方→方寸之地→地嫌势逼→逼人太甚→甚嚣尘上→上雨旁风→风平浪静→静极思动→动心骇目→目眩神迷→迷离惝恍→恍恍荡荡

捉襟见肘

成语溯源

孔子的弟子曾参很注重道德修养。居住在卫国时，他日子过得非常艰辛，家里穷得揭不开锅，经常一连三天都不能生火做饭。由于吃得很差，他脸上经常浮肿，带着病容，手掌脚底都长满了老茧。十年之内也没见他做过一件新衣服，身上穿的那套衣服已经破旧不堪，只要稍微提起衣襟，胳膊肘就会露出来；帽子轻轻一拉，帽带就断了；一穿鞋，鞋后跟就裂开了。虽然如此穷困，但他并不因此而忧愁，时常拖着破鞋高歌《商颂》，那洪亮的声音好像是从金石乐器中发出的一样。

鲁国国君派人去给他赠送采邑，但曾参没有接受。使者再次去，曾参还是不肯接受。使者说："这不是您向国君要的，而是国君送给您的，为什么不接受呢？"曾参说："接受别人东西的人往往惧怕赠送别人东西的人，赠送别人东西的人往往在接受别人东西的人面前骄傲得意，就算国君赠给我采邑而不高傲，我也还是有畏惧之心啊！"

就这样，曾参过着自由自在的生活，谁也不能强迫他的意志。

成语小档案

成语释义 这则成语的意思是拉一下衣襟就露出胳膊肘儿，形容衣服破烂，也比喻困难重重，应付不过来。

感情色彩 贬义成语。

成语正音 襟读"jīn"，不要读作"jīng"；肘读"zhǒu"，不要读作"zǒu"。

近义成语 **衣不蔽体**：蔽，遮盖。衣服破烂，遮盖不住身体。形容生活极其贫困。

反义成语 **绰绰有余**：绰绰，宽裕的样子。形容很宽裕，用不完。

活学活用 妈妈说暑假旅游开销太大，已经有些 **捉襟见肘** 了，接下来要节省开支。

成语接龙 捉襟见肘→肘腋之患→患难与共→共挽鹿车→车在马前→前倨后卑→卑论侪俗→俗易风移→移山填海→海晏河清→清源正本→本性难移

自相矛盾

成语溯源

从前，楚国有一个卖兵器的人在市场上卖自制的矛和盾。他把一些矛和盾摆放在地上，让人观看、选购。过了一阵子，只有看的人，没有买的人。

于是，他拿起一面盾，大声夸耀着："我卖的盾牌最坚固。不管对方使的长矛如何锋利，也别想刺穿我的盾！"围观的人大多半信半疑，有的还去摸摸盾牌，但仍然没有人买。

停了一会儿，他又举起一支长矛，向周围的人吆喝道："各位瞧瞧这矛，多坚硬、多锐利啊，不管敌人用什么东西抵挡，我的长矛一刺就透！"

人群中有人问道："那如果用你的矛来刺你的盾，结果会怎样呢？"卖兵器的人顿时窘得无话可说。

围观的人爆发出一阵哄笑，卖兵器的人只好灰溜溜地扛着他的矛和盾走了。

这个卖兵器的人说话前后矛盾，不能自圆其说，难免陷入尴尬的境地。要知道，任何矛都刺不破的盾与无盾不破的矛是不可能并存于世的。因此，我们无论说话，还是做事，都不能前后矛盾。

成语小档案

成语释义 这则成语的意思是用自己的矛刺自己的盾。比喻自己的言语、行为发生冲突，不能自圆其说。

感情色彩 贬义成语。

成语正音 相读"xiāng"，不要读作"xiàng"。

成语辨形 矛，不要写成"茅"或"予"。

近义成语 漏洞百出：百，极言其多。有很多漏洞。形容写文章、说话或办事，破绽很多。

反义成语 无懈可击：没有漏洞可以被攻击或挑剔，形容十分严密。

活学活用 我们在说话或写文章时，有时会出现自相矛盾的情况，这是逻辑混乱的表现。

小学语文通用基础知识手册

专注小学阶段语文基础字、词、成语积累

学霸
必修课
XUEBA
BIXIUKE

语文其实并不难

曾 琴　陈慧颖　主编

量词 象声词
运用有乐趣

延边大学出版社

图书在版编目（CIP）数据

语文其实并不难 / 曾琴，陈慧颖主编. -- 延吉：
延边大学出版社，2023.5
ISBN 978-7-230-05006-7

Ⅰ．①语… Ⅱ．①曾…②陈… Ⅲ．①小学语文课 –
教学参考资料 Ⅳ．①G624.203

中国国家版本馆 CIP 数据核字（2023）第 091197 号

语文其实并不难

主　　编：曾琴　陈慧颖
责任编辑：王启东
出版发行：延边大学出版社
社　　址：吉林省延吉市公园路 977 号
邮　　编：133002
电　　话：0433-2732435
传　　真：0433-2732434
网　　址：http://www.ydcbs.com
印　　刷：咸宁市国宾印务有限公司
开　　本：880 mm × 1230 mm　1/32
印　　张：21
字　　数：460 千字
版　　次：2023 年 5 月第 1 版
印　　次：2023 年 7 月第 1 次印刷
书　　号：ISBN 978-7-230-05006-7
定　　价：110.00 元

目 录

量 词

量词 象声词

YUWEN QISHI BINGBUNAN

运用有乐趣

量词

把

我是量词"把"，
我的读音是"bǎ"，
我可以用来计量有把手的器具，
也可以用来计量能一手抓起来的东西，
还可以用来计量年纪和力气等抽象事物呢！

一把刀

跟我学量词

◎ 我来到厨房里，看到桌子上放着一**把**茶壶、一**把**菜刀和一**把**剪刀。

◎ 我和弟弟在院子里玩耍，弟弟左手抓起一**把**沙子，右手抓着一**把**小草。

◎ 这位老爷爷一**把**年纪了，仍然辛苦地拉车，他看起来很有力气，但我还是伸手加了一**把**劲。

课外积累

文言文：乃敕各持一**把**茅，以火攻拔之。

——《三国志·吴书·陆逊传》

释义：于是(他)命令战士每人拿一把茅草，用火攻击。

轻松闯关

一（　　）梳子　　　一（　　）椅子　　　一（　　）锄头

一（　　）斧子　　　一（　　）手枪　　　一（　　）二胡

瓣

两瓣橘子

我是量词"瓣"，
我的读音是"bàn"，
我可以用来计量花瓣、叶片等片状物，
也可以用来计量蒜瓣、橘子瓣等块状物。

跟我学量词

◎ 妈妈给了我一瓣橘子，一瓣山竹。

◎ 兔子有三瓣嘴，吃起东西来真方便。

◎ 这小小的毫不起眼的两瓣花，乍看，就像刚抽出来的叶芽，竟然散发出满屋的清香。

课外积累

诗词：白山南，赤山北，其间有花人不识，绿茎碧叶好颜色。叶六瓣，花九房。夜掩朝开多异香，何不生彼中国兮生西方。

——[唐] 岑参《优钵罗花歌》

释义：在天山的南面，火山的北面，那里有一种花，人们都不曾见识，它长着绿色的茎，碧绿的枝叶十分美丽。它有六片叶子，花开时成九瓣。花瓣在夜里合拢，早晨开放，多有奇异的香味，只是为什么它不生在中原大地，而要生在寒荒的西域呢？

轻松闯关

一（　　）橘子　　三（　　）花瓣　　四（　　）蒜瓣

一（　　）橙子　　两（　　）叶子　　五（　　）果肉

3

帮

我是量词"帮",
我的读音是"bāng",
我可以用来计量成群结队的人,
相当于"群"和"伙",
表示数量多而不确定。

一帮农民

跟我学量词

◎ 村口的槐树下有一帮人在聊天,过了一会儿,又来了一帮人。他们这一大帮人热火朝天的在聊什么呢?

◎ 我在商场门前的广场上遇到一大帮人马。他们正在搭建舞台,准备表演节目。

◎ 我来到田野里,遇到一帮农民,他们戴着草帽,汗流浃背地忙着采摘四季豆呢!

课外积累

量词辨析:俗话说"近朱者赤,近墨者黑"。"帮"如果与"狐朋狗友""败家子""乌合之众""魔鬼""强盗""土匪"等词连用,它也就变成贬义词了,含有蔑视、讽刺和斥责的意味。

轻松闯关

一（　　）土匪　　一（　　）朋友　　一（　　）坏人

一（　　）人马　　一（　　）强盗　　一（　　）小孩

杯

我是量词"杯",
我的读音是"bēi",
我可以用来计量装在杯子里的液体。

一杯水

跟我学量词

◎ 今天和爸爸妈妈一起去餐厅吃饭,服务员问我们要喝点什么,爸爸点了一**杯**酒,妈妈要了一**杯**水,我点了一**杯**牛奶。

◎ "烹(pēng)羊宰牛且为乐,会须一饮三百**杯**"这句诗出自唐代诗人李白的《将(qiāng)进酒》。诗句的意思是:我们烹羊宰牛姑且享受欢乐,如果需要的话也应痛痛快快地喝三百杯。这里的"三百杯"是夸张的说法,谁能喝得下这么多酒呢?

◎ "酒逢知己千**杯**少,话不投机半句多"这句谚语的意思是:喝酒遇到知己,喝一千杯酒还嫌少,若是和说不到一处的人交谈,半句话都嫌多。这里的"千杯"也是夸张说法。

课外积累

成语:杯水车薪

释义:用一杯水去救一车着了火的柴,比喻无济于事。

出处:今之为仁者,犹以一杯水,救一车薪之火也。(《孟子·告子上》)

轻松闯关

一（ ）羹　　　一（ ）茶　　　一（ ）豆浆

一（ ）红酒　　一（ ）果汁　　一（ ）温水

本

我是量词"本"，
我的读音是"běn"，
我可以用来计量书籍簿册。

几本书

跟我学量词

◎今天，我和妈妈一起去书店，我买了两**本**故事书和一**本**连环画，妈妈买了一**本**《水浒传》。

◎今天，我在操场上捡了三**本**作业本，我把它们交给了老师。

◎爸爸的书房里有许多**本**书，还有好几**本**账本。

课外积累

量词辨析：在量词的前面可以加入"大、小、满、整、长"等修饰语。如：在"两本书"中"本"字的前面和后面分别加上"大"字，同学们来比较一下"两大本书"与"两本大书"有什么区别吧！

"两大本书"只表示书本体积大而厚，但"两本大书"既表示书本大，也可以表示它们是了不起的著作。

轻松闯关

一（　　）语文书　　一（　　）影集　　一（　　）童话书

两（　　）连环画　　一（　　）小说　　三（　　）画册

遍

我是量词"遍",
我的读音是"biàn",
我通常跟在动词和数词的后面,
用来计量一个动作或事件的全过程的次数和回数。

读一遍书

跟我学量词

◎ 妈妈让我预习明天要学的课文,于是我读了三遍课文,又写了一遍生字,最后把课后习题看了一遍又一遍。

◎ 奶奶在院子后面的菜地里干活儿,她给前些日子种的菜苗浇了一遍水,又给菜苗锄了一遍草。瞧,菜苗长得绿油油的了!

◎ 俗话说:"话说三遍淡如水,驴叫三遍也噘嘴",好话不说两遍。爸爸平常惜字如金,一件事情很少对我说几遍。

课外积累

诗词:四叠阳关,唱到千千遍。

——[宋]李清照《蝶恋花·晚止昌乐馆寄姊妹》

释义:送别的《阳关曲》唱了一遍又一遍。

轻松闯关

开一（　　）花　　　数一（　　）钱　　　看一（　　）信

读三（　　）课文　　擦一（　　）地板　　洗一（　　）袜子

部

一部电话

我是量词"部",
我的读音是"bù",
我可以用来计量书籍和影视片,
也可以用来计量通信工具、机器和车辆,
还可以是具体的事物,也可以是抽象的事物。

跟我学量词

◎ 我在图书馆遇见了一位女士,她借了一**部**法典、两**部**诗集和一**部**小说。

◎ 今年暑假,我计划看完一**部**纪录片、五**部**电影和两**部**电视剧。

◎ 弟弟从小酷爱画画。瞧,他画了一**部**手机、一**部**电话,还画了一**部**汽车。

课外积累

量词辨析: 同学们还记得我们前面学过的量词"本"吗?"本"和"部"都可以计量书籍,它们有什么区别呢?"本"仅仅表示书籍的数量,"部"往往有篇幅长的意思。一部书既可能为一本,也可能分成若干"本"。

轻松闯关

一(　　)电影　　一(　　)小说　　一(　　)诗集

一(　　)词典　　一(　　)汽车　　一(　　)手机

层

三层楼

我是量词"层",
我的读音是"céng",
我可以用来计量重叠、积累的东西,
也可以用来计量分项、分步的东西,
还可以用来计量能从物体表面揭开或抹去的东西。

跟我学量词

◎ 小明家是三**层**的独栋别墅。

◎ 老人看着店家犹豫的表情,心中添了一**层**顾虑。

◎ 家里几天没有做清洁,地板上都蒙上了一**层**灰。

课外积累

文言文:数至八**层**,裁如星点。

—— [清]蒲松龄《山市》

释义:数到第八层,亮点仅仅如星星一般大小。

诗词:看万山红遍,**层**林尽染;漫江碧透,百舸争流。

——毛泽东《沁园春·长沙》

释义:万千山峰全都变成了红色,层层树林好像染过颜色一样;江水清澈澄碧,一艘艘大船乘风破浪,争先恐后。

轻松闯关

河面上结了一(　　)冰　　　这里有一栋五(　　)楼的房子

一石激起千(　　)浪　　　这句话有三(　　)含义

场

我是量词"场"，
当我读作"cháng"时，可以用来计量事情的经过；
当我读作"chǎng"时，可以用来计量有场次或场地的文娱体育活动。

一场球赛

跟我学量词

◎ 周末，我和爸爸在家看完一**场**（chǎng）球赛后，我们又出去看了一**场**（chǎng）电影。

◎ 叔叔告诉我们，在很久以前这里曾发生过一**场**（cháng）战争，很多人因为这**场**（cháng）战争失去了生命。

◎ 经历了一个月的干旱，这里终于迎来了一**场**（cháng）大雨。大雨过后，万物又焕发出新的生机。

课外积累

诗词1：一**场**愁梦酒醒时，斜阳却照深深院。

———［宋］晏殊《踏莎行·小径红稀》

释义：醉酒后从一场愁梦中醒来时，夕阳正斜照着幽深的庭院。

诗词2：世事一**场**大梦，人生几度秋凉？

———［宋］苏轼《西江月·世事一场大梦》

释义：世上万事恍如一场大梦，人生经历了几度新凉的秋天？

轻松闯关

一（　　）大雨　　　一（　　）风波　　　一（　　）演出

一（　　）大火　　　一（　　）虚惊　　　一（　　）美梦

池

一池荷花

我是量词"池"，
我的读音是"chí"，
我可以用来计量池塘、湖泊中的水和
生长在水池里的动植物。

跟我学量词

◎ 盛夏的夜晚，一**池**蛙声犹如一场盛大的田园交响音乐会，搅乱了
宁静的小村庄，让这个村庄热闹了起来。

◎ 这满满一**池**湖水，碧蓝而清澈，水鸟贴着水面飞翔，池边金黄色
的芦苇随风轻轻摇摆。

◎ 不远处，一**池**荷叶郁郁葱葱，池里的荷花也竞相开放了，蜻蜓、蝴
蝶三五成群地在荷叶上空飞舞，像捉迷藏一样，热闹极了。

课外积累

诗词：风乍起，吹皱一**池**春水。

—— [南唐] 冯延巳《谒金门·风乍起》

释义：春风忽地吹起，吹得那池塘春水泛起涟漪。

轻松闯关

一（　　）莲花　　　一（　　）月光　　　一（　　）春水

一（　　）金鱼　　　一（　　）青莲　　　一（　　）芦苇

处

我是量词"处"，
我的读音是"chù"，
我可以用来计量建筑物和园林风景，
也可以用来计量伤口的数量和部位。

一处伤口

跟我学量词

◎ 这里山清水秀，鸟语花香，空气格外清新。在半山腰有一**处**村落，村落旁有一**处**园林，园林中有几**处**风景，美得简直像世外桃源一般，让人流连忘返。

◎ 士兵们在森林里进行军事演习，森林里环境很恶劣，许多士兵身上都有好几**处**伤口，腿上也有好几**处**虫咬的窟窿。

◎ 穿过树林再往前行，越过一**处**荒坡，前面是一**处**古城遗址，经过岁月和风沙的洗礼，隐约可见残破的地基。

课外积累

诗词：几**处**早莺争暖树，谁家新燕啄春泥。

——［唐］白居易《钱塘湖春行》

释义：好几只早出的黄莺争着飞往向阳的树木上栖息，谁家新飞来的燕子衔着带有春天气息的泥土在筑巢。

轻松闯关

一（　　）风景　　　一（　　）住所　　　一（　　）庄园

一（　　）荒坡　　　一（　　）伤疤　　　一（　　）古城

串

一串脚印

我是量词"串"，
我的读音是"chuàn"，
我可以用来计量成串的事物，
这些事物大多由线、棍子等串起来。
也可以用来计量一些连续性的抽象事物。

跟我学量词

◎在市集上，爷爷给孙子买了一**串**糖葫芦，给孙女买了一**串**贝壳手链。

◎立交桥下南来北往的小汽车、大客车交汇在一起，堵成了一**串**长车龙。

◎一群孩子在沙滩上玩耍，在沙滩上留下了一**串**长长的脚印，一**串串**银铃般的笑声此起彼伏，瞧他们玩得多快活呀！

课外积累

量词趣谈：同学们，你们知道一串铜钱是多少钱吗？古时候以一千文钱为一串也就是一贯，现在你知道为什么形容人很富有时用"腰缠万贯"了吗？

轻松闯关

一（　　）气球　　　一（　　）手链　　　一（　　）葡萄

一（　　）辣椒　　　一（　　）钥匙　　　一（　　）铜钱

次

第一次骑自行车

我是量词"次"，
我的读音是"cì"，
我可以用来计量反复出现或可能反复出现的事情。

跟我学量词

◎ 第一**次**上学、第一**次**骑自行车、第一**次**做饭……正是经历了这些一**次次**的第一**次**，我才能慢慢长大。

◎ 我每**次**剪纸都剪不好，妈妈告诉我，熟能生巧，只要我反复练习，就会一**次**比一**次**剪得好，慢慢地我就会越来越熟练了。

◎ 昨天，老师给了我一**次**机会，让我上台做一**次**实验，我有些紧张，担心做得不够好。但通过这一堂课，这一**次**经历，我克服了自己的缺点。

课外积累

歇后语：牛郎织女相会——一年一**次**

同学们，你们听过牛郎织女的故事吗？知道他们为什么一年只有一次相会吗？赶紧动手查阅资料吧！

轻松闯关

一（　　）谈话　　　一（　　）画展　　　一（　　）战斗

一（　　）会议　　　一（　　）挫折　　　一（　　）机会

丛

一丛灌木

我是量词"丛"，
我的读音是"cóng"，
我可以用来计量聚集、生长在一起的植物。

跟我学量词

◎ 一**丛丛**珊瑚，装饰着海底丛林；一**丛丛**杂草，喂饱牛羊猪马；一**丛丛**灌木，为许多动物遮风挡雨。

◎ 植物园里有无数**丛**花，每一**丛**花都特别美丽，这里有一**丛**一**丛**的菊花，那里有一**丛**一**丛**的月季花，远处还有一**丛**一**丛**的竹子，真是数不胜数呢！

◎ 湿地公园里有一**丛**一**丛**的灌木林，那是鸟儿和野兔的家。湖底有一**丛**一**丛**的珊瑚，那是鱼儿和小虾们的游乐园。

课外积累

诗词：待到山花烂漫时，她在**丛**中笑。

——毛泽东《卜算子·咏梅》

释义：等到满山遍野开满鲜花之时，梅花却在花丛中欢笑。

轻松闯关

一（　　）灌木　　一（　　）野草　　一（　　）玫瑰

一（　　）珊瑚　　一（　　）菊花　　一（　　）韭菜

簇

一簇花

我是量词"簇",
我的读音是"cù",
我可以用来计量集聚成团或成堆的事物。

跟我学量词

◎ 花瓶里插着一**簇**鲜花,白的像雪,红的像霞,美丽极了!

◎ 一**簇簇**丁香花,相互簇拥着,像花的摇篮。

◎ 看! 秋天来到田野里了,那火红火红的高粱就像一**簇簇**火苗在燃烧。

课外积累

诗词：桃花一**簇**开无主,可爱深红爱浅红？

——［唐］杜甫《江畔独步寻花·其五》

释义：一簇簇盛开的桃花好像没人管,你喜欢深红色,还是浅红色的桃花？

量词辨析：你知道吗? "**簇**"和"**丛**"很像, 但是我们可以从它们的结构看出它们的区别, "**簇**"是竹字头, 来源于聚集的竹子, 而"**丛**"则来源于聚集的草。

轻松闯关

一（　　）鲜花　　　一（　　）烟火　　　一（　　）毛发

一（　　）红缨　　　一（　　）人马　　　一（　　）云烟

袋

一袋面粉

我是量词"袋",
我的读音是"dài",
我可以用来计量用袋子装的东西,
也可以用来计量水烟或旱烟。

跟我学量词

◎ 今天早上,妈妈去超市买了一大**袋**东西,里面有一**袋**盐、一**袋**糖和一**袋**米等。

◎ 自从来到城里,爷爷每天都要抽一**袋**旱烟。妈妈看见了总要唠叨爷爷两句,让爷爷少抽点烟,抽烟有害健康。

趣味答题

量词趣谈:一个车夫,赶着一辆马车,车上坐了七个乘客。每人拿七个袋子,每**袋**装一只大猫,每只大猫带七只小猫,每只小猫带七只小老鼠作为干粮。问:车上一共有多少条腿?

轻松闯关

一（　　）牛奶　　　两（　　）大米　　　一（　　）水泥

三（　　）面粉　　　一（　　）瓜子　　　一（　　）垃圾

道

我是量词"道"，
我的读音是"dào"，
我可以用来计量江、河和某些长条形的东西，
也可以用来计量命令、题目，
还可以用来计量墙、门、关口等遮挡性的事物。

几道菜

跟我学量词

◎一场暴雨过后，一**道**彩虹出现在天空中，橙一**道**蓝一**道**的虹光十分好看。

◎今天妈妈做了三**道**菜，我和爸爸都很喜欢吃。

◎数学老师布置了三**道**题目，每一**道**题目都不简单。

课外积累

诗词：一**道**残阳铺水中，半江瑟瑟半江红。

——［唐］白居易《暮江吟》

释义：残阳倒映在江面上，霞光洒下，波光粼粼；江水一半呈现出深深的碧色，一半呈现出红色。

轻松闯关

一（　　）闪电　　　一（　　）屏风　　　一（　　）关口

三（　　）题目　　　一（　　）门　　　五（　　）防线

滴

我是量词"滴"，
我的读音是"dī"，
我可以用来计量滴下的液体。

千万滴水

跟我学量词

◎ 我的本子上留下了几**滴**墨水，怎么也擦不掉。

◎ 一**滴滴**晶莹饱满的水珠，顺着屋檐滑下来，像一个个顽皮的孩子。

◎ 大海是由一**滴滴**水组成的，高山是由一块块泥土砌成的，而人的智慧是由一点点的努力积累成的。

◎ 凶残的大鳄鱼真是猫哭老鼠——假慈悲，吃掉猎物前还假惺惺地挤出几**滴**眼泪。

课外积累

诗词：锄禾日当午，汗**滴**禾下土。

——〔唐〕李绅《悯农二首·其二》

释义：农民顶着烈日在田里锄草，汗水顺着禾苗滴到了土里。

辨析：这里的"滴"不是量词，而是作动词，指液体一点一点地向下落。

轻松闯关

一（　　）水　　　　三（　　）墨水　　　　两（　　）水珠

一（　　）泪珠　　　　一（　　）露水　　　　一（　　）鲜血

点

我是量词"点"，
我的读音是"diǎn"，
我可以表示少量的东西，
也可以用来计量事项，
还可以是时间单位。

提出两点建议

跟我学量词

◎ 妈妈，你吃一**点**儿东西再上班吧！

◎ 妈妈看着我的作文，给我提出了三**点**建议。

◎ 晚上七**点**，我和爸爸一起看新闻联播。

课外积累

诗词：七八个星天外，两三**点**雨山前。

——［宋］辛弃疾《西江月·夜行黄沙道中》

释义：天空中轻云飘浮，闪烁的星星时隐时现，山前下起了淅淅沥沥的小雨。

轻松闯关

一（　　）看法　　　两（　　）建议　　　一（　　）要求

顶

我是量词"顶",
我的读音是"dǐng",
我可以用来计量某些带顶的东西。

一顶帽子

跟我学量词

◎ 妈妈给我买了一**顶**帽子,帽子上绣着一个可爱的雪人,我非常喜欢这**顶**帽子。

◎ 外面下着大雨,爷爷从墙上拿起一**顶**斗笠戴上就走了出去。

◎ 博物馆收藏了一**顶**古时候的轿子。

课外积累

诗词:会当凌绝**顶**,一览众山小。

—— [唐] 杜甫《望岳》

释义:定要登上泰山顶峰,俯瞰在泰山面前显得渺小的群山。

辨析:"顶"在这里不是一个量词,而是一个名词,指人体或物体上最高的部分。

歇后语:三**顶**帽子四人带——难周全

轻松闯关

一(　　)帐子　　三(　　)毛线帽　　一(　　)旧毡帽

三(　　)帐篷　　一(　　)蒙古包　　一(　　)花轿

栋

我是量词"栋",
我的读音是"dòng",
我可以用来计量房屋的座数。

几栋高楼

跟我学量词

◎ 荒废的码头旁,有几**栋**破烂的仓库和一艘布满风霜的小船。

◎ 地震让这条繁荣的街道毁于一旦,没有留下几**栋**房子。

◎ 每到夜晚,万盏灯火大放光明,一**栋**接着一**栋**的高楼大厦顿时穿
上了嵌满珍珠宝石的衣衫,一条条街道也变成了波光粼粼的银河。

课外积累

成语:汗牛充栋

释义:用车运书时,拉车的牛马累得出汗,存放时书多得堆满了屋
子,后形容藏书或著作极多。汗牛,用牛运输,牛累得出汗。充栋,堆
满了屋子。

出处:其为书,处则充栋宇,出则汗牛马。([唐]柳宗元《陆文通
先生墓表》)

轻松闯关

一(　　)大楼　　几(　　)房屋　　两(　　)楼宇

段

一段铁路

我是量词"段",
我的读音是"duàn",
我可以用来计量长条东西分成的若干部分,
也可以表示一定的距离,
还可以表示事物的一部分。

跟我学量词

◎ 针对这**段**话,我们展开了一**段**时间的讨论。

◎ 一**段**长长的铁路旁,放着两**段**长长的木头。

◎ 人生的每一**段**经历都像一**段**旅行,在乎的不是目的地而是沿途的风景和欣赏风景时的心情。

课外积累

诗词:梅须逊雪三分白,雪却输梅一**段**香。

—— [宋] 卢梅坡《雪梅》

释义:梅花须逊让雪花三分晶莹洁白,雪花却输给梅花一段清香。

轻松闯关

一（　　）时间　　一（　　）文章　　一（　　）木头

一（　　）铁路　　一（　　）水管　　一（　　）相声

堆

一堆落叶

我是量词"堆"，
我的读音是"duī"，
我可以用来计量成堆的物品，
也可以用来计量成群的人。

跟我学量词

◎秋风冷酷地清扫着树下的落叶，不一会儿，路边就堆了一**堆**落叶。

◎因为不知道事情发生的原因，所以一**堆**人就在路口讨论。

◎丰收时节，田埂上出现了一**堆堆**玉米棒子摞成的小山。

课外积累

诗词：乱石穿空，惊涛拍岸，卷起千**堆**雪。

——［宋］苏轼《念奴娇·赤壁怀古》

释义：岸边乱石林立，像要刺破天空，惊人的巨浪拍击着江岸，激起的浪花好似一堆堆白雪。

辨析："堆"可以引申用于抽象的事物，形容数量很多。用于抽象事物时，数词限用"一"，前面常常加"大"。比如：一大堆作业、一大堆问题。

轻松闯关

一（　　）沙　　　一（　　）垃圾　　　一（　　）柴

一（　　）问题　　　一（　　）木头　　　一（　　）土

对

我是量词"对"，
我的读音是"duì"，
我可以用来计量成双的人或物。

一对好朋友

跟我学量词

◎ 妈妈给我买了一**对**鹦鹉，它们在笼子里活蹦乱跳。

◎ 我和欢欢有共同的爱好，我们是一**对**亲密无间的好朋友。

◎ 雯雯的辫子上扎着两根红色的绸带，走起路来随风飘动，像一**对**蝴蝶在空中飞舞。

课外积累

诗词：地偏草茂无人迹，一**对**䴔鸡下绿阴。

—— ［宋］陆游《夏初湖村杂题》

释义：偏僻的地方，因为人迹罕至，青草分外茂盛，绿树荫下，一对䴔鸡静静地站在下面。

辨析：由相同的两个部分连在一起的单件东西量词不能用"对"，如：剪刀、裤子、眼镜等。

轻松闯关

一（　　）翅膀　　一（　　）喜鹊　　一（　　）夫妻

一（　　）枕头　　一（　　）金鱼　　一（　　）耳环

顿

我是量词"顿",
我的读音是"dùn",
我可以用来计量吃饭的次数,
也可以用来计量劝说、斥责和打骂等行为的次数。

一顿饭

跟我学量词

◎ 小明因为不讲礼貌,被他爸爸狠狠说了一**顿**。

◎ 我吃完了这**顿**饭,就要去上学了。

◎ 小刚太顽皮了,晚上回家后就挨了爸爸一**顿**训斥。

课外积累

诗词:家家养乌鬼,**顿顿**食黄鱼。

——［唐］杜甫《戏作俳(pái)谐体遣闷二首·其一》

释义:家家户户都养鸬鹚(lú cí),他们几乎每一顿都能吃上鸬鹚为他们抓到的黄鱼。

轻松闯关

一（　　）美食　　一（　　）饭　　一（　　）打骂

一（　　）斥责　　一（　　）嚷嚷　　一（　　）抽打

朵

三朵玫瑰

我是量词"朵"，
我的读音是"duǒ"，
我可以用来计量花朵和云彩或形似花朵或云彩的事物。

跟我学量词

◎ 今天是母亲节，我在花店买了两**朵**玫瑰花、三**朵**康乃馨(xīn)，还有三**朵**向日葵，回到家后我把这束花送给了妈妈。

◎ 早晨，我发现小花坛里的月季花开了。有几**朵**是黄色的，有几**朵**是红色的，还有几**朵**是紫色的。可真漂亮呀！

◎ 蓝蓝的天空中飘着一**朵朵**洁白的云，它们变幻着各种各样的形状。有一**朵**像小鱼在游泳，有一**朵**像小狗在欢快地跳跃，还有一**朵**像马儿在奔跑呢！

课外积累

现代文：这么多的白荷花，一**朵**有一**朵**的姿势。看看这一**朵**，很美；看看那一**朵**，也很美。如果把眼前的这一池荷花看作一大幅活的画，那画家的本领可真了不起。

我忽然觉得自己仿佛就是一**朵**荷花，穿着雪白的衣裳，站在阳光里。

——叶圣陶《荷花》

轻松闯关

一（　）鲜花　　一（　）云彩　　两（　）玫瑰

一（　）白云　　一（　）浪花　　一（　）蘑菇

27

份

一份礼物

我是量词"份",
我的读音是"fèn",
我可以用于搭配成组的东西,
也可以用来计量报刊、文件等。

跟我学量词

◎ 爸爸妈妈给我买了一**份**礼物,我可喜欢了。

◎ 我和同学们准备去春游,妈妈给我准备了一**份**便当和几袋小零食。

◎ 本合同一式两**份**,我们各执一**份**。

课外积累

量词趣谈:你们知道"份"字是怎么产生的吗?其实,"份"是从"分"字分化出来的,指整体里的一部分。

轻松闯关

一( )报刊   一( )报告   一( )保险

一( )工钱   一( )点心   一( )小吃

一( )工作   一( )职业   一( )荣誉

一( )荣耀   一( )孝心   一( )心意

副

一副手套

我是量词"副"，
我的读音是"fù"，
我可以用来计量成套的东西，
也可以用于面部表情、人的样子等。

跟我学量词

◎ 过新年了，妈妈给我买了一**副**手套和一条围巾。

◎ 这个人戴着一**副**大墨镜，一**副**慌慌张张的样子，让人觉得很可疑。

◎ 这里有一**副**扑克牌，上面有卡通图案。

课外积累

量词趣谈："副"字在《说文解字》里的解释为"副，判也，从刀，畐声"。"判"在古汉语里是把一件东西分开的意思。因此，"副"也就是把一样东西分成两个或若干个组成部分，从而能够成双成对或成为一个完整的事物。"副"作为量词时，一般用于成双成对或是成套的东西，也用于面部表情、样子、态度等。

轻松闯关

一（　　）眼镜　　　一（　　）笑脸　　　一（　　）对联

一（　　）嘴脸　　　一（　　）手套　　　一（　　）担架

竿

几竿竹子

我是量词"竿"，
我的读音是"gān"，
我可以用来计量竹子的主干，
也可以用来计量钓竿。

跟我学量词

◎ 平静的湖面上有一叶扁舟,有个老翁静静地坐着,手里拿着一竿鱼竿。

◎ 这片竹林里,有数万竿竹子,郁郁葱葱。

◎ 数竿笔直的竹子站在那里,仿佛一列列守卫祖国的军人。

课外积累

诗词1：过江千尺浪，入竹万竿斜。

—— [唐] 李峤《风》

释义:刮过江面能掀起千尺巨浪,吹进竹林能使万竿竹子倾斜。

诗词2：不种闲花，池亭畔、几竿修竹。

—— [明] 陆容《满江红·咏竹》

释义:没有种那些花草,只在池边的亭子旁种了几竿笔直的竹子。

轻松闯关

一（　　）修竹　　　一（　　）鱼竿　　　一（　　）绿竹

个

一个西瓜

我是量词"个"，
我的读音是"gè"，
我可以用来计量物品的个数，
或用于没有专用量词的名词。

跟我学量词

◎我去水果店，买了一**个**西瓜、一**个**哈密瓜，还买了一**个**苹果。

◎一年有 12 **个**月，这个月是第 5 **个**月。

◎小明走在路上，背着一**个**大书包，拿着一**个**包子。

课外积累

诗词：这次第，怎一**个**愁字了得！

—— ［宋］李清照《声声慢·寻寻觅觅》

释义：此情此景，怎能用一个"愁"字了结！

轻松闯关

一（　　）包子　　　一（　　）梨子　　　一（　　）西瓜

一（　　）馒头　　　一（　　）足球　　　一（　　）气球

根

我是量词"根",
我的读音是"gēn",
我可以用来计量细长的东西。

一根羽毛

跟我学量词

◎ 这只小鸟全身洁白无瑕,身上一**根**杂毛都没有,真漂亮啊。

◎ 考场静悄悄的,仿佛连一**根**针掉在地上的声音都能听得见。

◎ 一**根根**铆钉分散在马路上,清洁工们快速地清扫着它们。

课外积累

俗语: 一**根**筷子轻轻被折断,十**根**筷子牢牢抱成团。

释义:这句话的意思是一根筷子力量太小,只有聚集到一起才可以发挥出巨大的力量,反过来,集体发挥的强大力量离不开每根筷子的贡献。

轻松闯关

一（　　）针　　　　一（　　）头发　　　　一（　　）火柴

一（　　）骨头　　　　几（　　）木桩　　　　一（　　）芦苇

股

我是量词"股",
我的读音是"gǔ",
我可以用来计量成条的东西,
也可以计量成批的人,
还可以用于计量水流、气体、气味、力气等。

几股线

跟我学量词

◎ 冬天到了,妈妈用了很多**股**毛线给我织了一件很暖和的毛衣。

◎ 老师一番语重心长的话,就像一**股**清泉流入我的心田。

◎ 一**股**扑面而来的饭菜香,让我想起了家乡的味道。

课外积累

诗词:钗留一股合一扇,钗擘黄金合分钿。

—— [唐] 白居易《长恨歌》

释义:留下一股金钗,留下一半钿盒,金钗劈开黄金,钿盒分了宝钿。

轻松闯关

一（　　）正气　　　一（　　）电线　　　一（　　）泉水

一（　　）暖流　　　一（　　）臭味　　　一（　　）清香

一（　　）劲儿　　　一（　　）敌军　　　一（　　）土匪

行

我是量词"行"，
我的读音是"háng"，
我可以用来计量成排、成行的东西。

几行白杨

跟我学量词

◎一行字写在这本书的扉页上。

◎河岸上的一行白杨树又高又大，树叶迎着河风沙沙作响。

◎绿油油的麦垄一行一行，非常整齐。

课外积累

诗词：两个黄鹂鸣翠柳，一行白鹭上青天。

—— ［唐］杜甫《绝句》

释义：两只黄鹂在翠绿的柳树间鸣叫，一行白鹭直冲向蔚蓝的天空。

轻松闯关

一（　　）字　　　两（　　）树　　　两（　　）眼泪

一（　　）飞鸟　　三（　　）麦苗

量词趣谈："盒"是"合"的通假字。在《三国演义》中。塞北送给曹操一盒酥。曹操在盒子竖着写了"一合酥"三个字。杨修以为上面写的是一人一口酥，将它分给大家吃掉了。

盒

我是量词"盒"，
我的读音是"hé"，
我可以用来计量装配成盒的东西。

一盒粉笔

跟我学量词

◎ 一**盒**粉笔，放在讲台上。一**盒**铅笔，放在课桌上。一**盒**饭菜，放在餐桌上。它们都是同一种物体搭配成一**盒**。

◎ 考试就像一**盒**巧克力，考前你永远不知道你会得到什么。

◎ 在画家的世界，一**盒**画笔可以将整个世界变得美丽绚烂。

课外积累

寓言故事：买椟还珠

古时候，有一个楚国人把珍珠装在木盒子里，拿到郑国去卖。有个郑国人觉得盒子很漂亮，就买下盒子，把珍珠退还给了卖主。人们常用这个成语比喻取舍不当。

辨析："盒"在这里不是一个量词，而是指装东西的器物。

轻松闯关

一（　　）火柴　　　一（　　）磁带　　　一（　　）牛奶

一（　　）彩笔　　　一（　　）糖果　　　一（　　）墨水

回

我是量词"回"，
我的读音是"huí"，
我可以用来计量行为、动作，表示其出现的次数。
也可以用来计量事情，表示件或者种类。
还可以用来表示说书的段落或者章回小说的章节。

下回分解

跟我学量词

◎ 外婆家后院有一个菜园，虽然我已经去过好多回了，可是每回去感觉都不一样。

◎ 欲知后事如何，请听下回分解。

◎ 这一回，我一定要好好学习，争取获得第一名。

课外积累

诗词：此曲只应天上有，人间能得几回闻。

——［唐］杜甫《赠花卿》

释义：这样的乐曲只应该天上有，人世间芸芸众生哪里能听见几回。

轻松闯关

一（　　）事　　　一（　　）评书　　　去过一（　　）

这一（　　）　　　下（　　）分解　　　第几（　　）

架

我是量词"架"，
我的读音是"jià"，
我可以用来计量有支柱的或有机械的东西。

一架飞机

跟我学量词

◎ 一只只蜻蜓飞舞，薄纱般的翅膀不停地颤动着，就像一**架架**轻盈的小飞机在低空盘旋。

◎ 这么多年来，妈妈一直用这**架**缝纫机为我们制作、缝补衣物，十分辛苦。

◎ 卧室的角落里摆放着一**架**钢琴。

课外积累

诗词： 水晶帘动微风起，满**架**蔷薇一院香。

—— ［唐］高骈《山亭夏日》

释义： 微风拂起，水晶帘随风飘动，满架蔷薇惹得一院芳香扑鼻。

辨析： "架"在这里不是一个量词，而是作名词，指装载物品的工具。

轻松闯关

一（　　）梯子　　　一（　　）飞机　　　一（　　）葡萄

一（　　）天平　　　一（　　）彩虹　　　一（　　）钢琴

间

一间教室

我是量词"间"，
我的读音是"jiān"，
我可以用来计量房间，
是房屋的最小单位。

跟我学量词

◎ 数学家陈景润就在一**间**小小的锅炉房里论证了伟大的哥德巴赫猜想。

◎ 清晨，学校里的一**间间**教室十分热闹，朗朗的读书声从那一**间间**教室飘出，汇成一首动人的晨曲。

◎ 这**间**木屋孤零零地藏在小树林里，四面墙上爬满了翠绿的爬山虎。

课外积累

诗词：朝辞白帝彩云**间**，千里江陵一日还。

——［唐］李白《早发白帝城》

释义：清晨，朝霞满天，我就要踏上归程。从江上往高处看，白帝城彩云缭绕，如在云间。千里之遥的江陵，船行一天就可以到达。

辨析："间"在这里就不是一个量词，有隔断之意。

轻松闯关

一（　　）木屋　　　一（　　）卧室　　　一（　　）铺面

一（　　）哨所　　　一（　　）草屋　　　一（　　）银行

件

一件连衣裙

我是量词"件"，
我的读音是"jiàn"，
我可以用来计量个体事物，
可以是衣物、器具等具体事物，
也可以是事情、工作等抽象事物。

跟我学量词

◎ 秋天来了，天气渐凉，为你送上一**件**温暖的外套，愿它可以为你驱走寒意。

◎ 做每一**件**事情都不能敷衍，要认真对待。

◎ 柜顶上摆着一**件**乐器。

课外积累

俗语：开门七**件**事——柴米油盐酱醋茶

七件事都是老百姓家庭中的必需品，是老百姓日常生活所必需的七样东西，更是平民百姓每天为生活而奔波的七件事，俗称"开门七件事"。

"开门七件事"的排列和内容都大有讲究，与中国历史悠久的饮食文化有关。现在，开门七件事的意义除了泛指老百姓家庭中的必需品外，还引申为与人民切身利益有关的事情。

轻松闯关

一（　　）旗袍　　一（　　）武器　　一（　　）衣服

一（　　）事情　　一（　　）货物　　一（　　）首饰

节

两节竹筒

我是量词"节"，
我的读音是"jié"，
我可以用来计量分段的事物或文章，
也可以用于课时，还可以用作航海速度单位。

跟我学量词

◎爷爷砍了一**节**粗的竹子，打开一头竹**节**，加水并放好调味料和米，不一会，香喷喷的竹筒饭就做好了。

◎今天的六**节**课，其中有一**节**美术课，一**节**体育课，一**节**课外活动。这太让我开心了！

◎国际通用的航海速度单位，1小时航行1海里的速度为1**节**。

课外积累

诗词：一节复一**节**，千枝攒万叶。

——〔清〕郑燮《竹》

释义：竹子看上去一节接着一节，上千的枝条积攒着无数的绿叶。

轻松闯关

一（　　）甘蔗　　　一（　　）藕　　　一（　　）车厢

一（　　）课　　　　一（　　）骨头　　一（　　）电池

截

一截木头

我是量词"截"，
我的读音是"jié"，
我可以用来计量长形或者条状的东西，
也可以用于具有连续性特点的事物的一部分。

跟我学量词

◎ 武松举棍向老虎猛击，不料哨棍打在了枯树上折成了两**截**。

◎ "为什么这么晚才回家？说呀！怎么话说半**截**就吞回去了？"妈妈生气地问我。

◎ 这一**截**木头可以用来做很多东西，我想用它做一个书架。

课外积累

成语：断章**截**句

释义：不顾上下文义，截取文章的一段或一句，而弯曲原意。

出处：断章截句，破坏义理。（《宋史·选举志二》）

轻松闯关

一（　　）马路　　一（　　）衣料　　一（　　）木棍

半（　　）话　　一（　　）路　　一（　　）铁丝

斤

几斤水果

我是量词"斤"，
我的读音是"jīn"，
我可以用来计量重量。

跟我学量词

◎ 小小的千斤顶在汽车维修中扮演着重要的角色，因为千斤顶的重量不过十来斤，却可以顶起一辆重达一吨左右大货车。

◎ "你们一个是半斤，一个是八两，差不了多少。"王老师看着两个调皮蛋笑着说。

◎ 妈妈虽然看起来很瘦弱，但是可以提起20多斤的米。

课外积累

量词趣谈： 古制以二十四铢为一两，十六两为一斤。

市制1斤等于10两，合500克。所以，现在我们说一斤其实就是500克，同学们，你知道了吗？

轻松闯关

一（　　）糖　　　一（　　）米酒　　　一（　　）肉

一（　　）鱼　　　十（　　）桃子　　　五（　　）面粉

颗

一颗棒棒糖

我是量词"颗"，
我的读音是"kē"，
我可以用来计量颗粒状的东西，
也可以用来计量人和动物的器官、部位等。

跟我学量词

◎ 今天早上，我拔掉了两**颗**牙齿。

◎ 荷叶上的水珠，好似一**颗颗**晶莹圆润的珍珠。

◎ 如果我是一**颗**纽扣，我愿做你心口紧贴的那一颗，如果我是一**颗**星星，我愿做你一抬头就望见的那一**颗**。

课外积累

诗词：日啖（dàn）荔枝三百**颗**，不辞长作岭南人。

——［宋］苏轼《惠州一绝》

释义：如果每天能吃三百颗荔枝，我愿意永远都做岭南的人。

轻松闯关

| 一（　）宝石 | 一（　）子弹 | 一（　）纽扣 |
| 一（　）草莓 | 一（　）黄豆 | 一（　）地雷 |

口

我是量词"口"，
我的读音是"kǒu"，
我可以用来计量某些家畜或器物等，
也可以用来计量家庭、村社中的人口，
还可以用来计量某些有口和跟口有关的事物。

三口之家

跟我学量词

◎ 她微笑的时候，露出了一口洁白的牙齿。

◎ 他在北京住了十几年，能说一口地道的北京话。

◎ 我一口气游到了游泳池的对岸，虽然累得疲惫不堪，但我终于成功了。

课外积累

量词趣谈：汤姆学汉语

汤姆说："我们一家三口，一口爸爸，一口妈妈，一口我。"

老师回答："汤姆，'口'后面一般跟'人'表示人口，比如'三口人'，有时'人'也可以省略。所以，应该说：'我们一家三口，爸爸妈妈和我。'"

轻松闯关

一（　　）锅　　　　一（　　）饭　　　　一（　　）气

一（　　）水　　　　一（　　）牙　　　　两（　　）井

五（　　）缸　　　　七（　　）箱子　　　三（　　）之家

块

一块蛋糕

我是量词"块"，
我的读音是"kuài"，
我可以用来计量块状的东西，
也可以计量某些片状的东西，
还可以用于银币或纸币，等于"元"。

跟我学量词

◎ 我在马路边捡到一**块**钱，我把它交到警察叔叔手中。回家后，妈妈奖励了我一**块**蛋糕。

◎ 外婆家附近有一大**块**长满花草的草地，小时候，外婆常常会拿着几**块**饼干，带着我到那**块**草地上晒太阳。

◎ 宽容像一**块块**木板，可以架起人与人之间的桥梁。

课外积累

诗词：酒浇胸次之垒**块**，菊制短世之颓龄。

—— [宋] 黄庭坚《送王郎》

释义：美酒使你胸中郁积的不平之气都一一化解，秋菊使你停止衰老寿数无涯。垒块，比喻心中郁积的不平之气。

轻松闯关

一（　　）肥皂　　　一（　　）肉　　　一（　　）石碑

一（　　）石砖　　　一（　　）蛋糕　　　一（　　）胎记

捆

我是量词"捆"，
我的读音是"kǔn"，
我可以用来计量捆起来的东西。

一捆柴

跟我学量词

◎ 收购废品的老爷爷，正忙着把每捆足有二十多公斤的旧报纸一捆一捆地往车上装。

◎ 爷爷虽然已经六十多岁，但他一直认为干体力活儿是一种乐趣，即使抱两三捆柴到灶房里，他也觉得很轻松。

◎ 小猪家起火了，大灰狼抱着一大捆干草去救火，小猪觉得它别有用心。

课外积累

成语： 捆载而归

释义：（车、船）装得满满地回来。比喻收获很大。

出处：垂橐（dào）而入，转眼捆载而归。（[明]冯梦龙《精忠旗·北朝复地》）

轻松闯关

一（　　）稻草　　一（　　）柴火　　一（　　）竹子

一（　　）票子　　一（　　）麦子　　一（　　）高粱

粒

几粒榛子

我是量词"粒"，
我的读音是"lì"，
我可以用来计量粒状的东西。

跟我学量词

◎ 松鼠为了过冬,它们在秋天就会储存好食物,把一**粒粒**的榛子和
一**粒粒**的板栗慢慢地运回自己的家。

◎ 春风将蒲公英的一**粒**种子带到河边的草地上,没多久,那**粒**种子
就开始生根发芽,它将会长成美丽的蒲公英。

◎ 农民伯伯种粮食很辛苦,粮食来之不易,我们要珍惜粮食,就算
是一**粒**米,也不能浪费。

课外积累

诗词:谁知盘中餐,**粒粒**皆辛苦。

——[唐]李绅《悯农》

释义:有谁想到,我们碗中的米饭,每一粒都饱含着农民辛苦劳动的血
汗啊。

轻松闯关

一（　）沙子　　一（　）珍珠　　一（　）药丸

一（　）米　　　一（　）种子　　一（　）花生米

一（　）米饭　　一（　）小麦　　一（　）子弹

列

我是量词"列"，
我的读音是"liè"，
我可以用来计量成行列的事物。

一列火车

跟我学量词

◎ 一**列**火车宛如绿色的游龙，伴着"轰隆轰隆"的响声，从远处雷鸣电闪般地飞驰而来。

◎ 一**列列**战士迈着整齐的步伐从天安门广场前走过，我的心开始狂跳，我的血开始沸腾。

◎ 这**列**整齐划一的军队，彰显了我国强大的军事实力。

课外积累

成语：名列前茅

释义：指名次排在前面。名，名次。前茅，古时行军，用茅作为旌旗，持茅先行，如遇变故，举茅报警，故称前茅。

出处：汝初冒北籍，名列前茅，恐招人忌耳。（［清］吴炽昌《客窗闲话续集·唐词林》）

辨析：这里的"列"不是量词，而是作动词，表示排列的意思。

轻松闯关

一（　　）火车　　　一（　　）战队　　　一（　　）队伍

一（　　）高铁　　　一（　　）过山车　　　排成两（　　）

轮

一轮红日

我是量词"轮",
我的读音是"lún",
我可以用来计量太阳、月亮等圆形的东西,
也可以用来计量循环的事物或者动作。

跟我学量词

◎ 远处的天空从浅蓝渐渐到鱼肚白,突然海平线上变红了,一**轮**红日冉冉升起。

◎ 两个小朋友通过几**轮**的交谈,终于和好如初了。

◎ "别看我年纪比你大几**轮**,但要说这学广场舞的能力呀,你可还真没我强。"李阿姨说完就兴冲冲地跳起广场舞来。

课外积累

量词趣谈:我国古代以子、丑、寅、卯、辰、巳、午、未、申、酉、戌、亥这十二地支循环纪年,分别配以鼠、牛、虎、兔、龙、蛇、马、羊、猴、鸡、狗、猪十二生肖,因此人的年龄以十二岁为一轮。

轻松闯关

一( )明月　　一( )比赛　　一( )会谈

一( )谈判　　一( )漩涡　　一( )秋月

缕

几缕毛线

我是量词"缕"，
我的读音是"lǚ"，
我可以用来计量细长而软的东西。

跟我学量词

◎ 织女用一根细针,几**缕**丝线,就能织出美丽的衣物。

◎ 奶奶从一**缕**炊烟中走出来,用树皮般粗糙的手拍打衣服上的灰尘。

◎ 水仙花散发出一**缕缕**幽香,给在寒冬中的我们带来了一丝春天的气息。

课外积累

诗词：劝君莫惜金**缕**衣,劝君惜取少年时。

——[唐]杜秋娘《金缕衣》

释义:我劝你不要太注重追求功名利禄,要珍惜少年求学的最好时期。金缕衣,一缕缕金线做出的华贵的衣服,比喻荣华富贵。

轻松闯关

一（　　）头发　　　一（　　）柔情　　　一（　　）幽思

几（　　）金丝　　　一（　　）炊烟　　　一（　　）棉麻

枚

一枚松果

我是量词"枚",
我的读音是"méi",
我可以用来计量形体较小的东西,
也可以用来计量某些武器等。

跟我学量词

◎ 两只小松鼠在树枝上欢快地跳来跳去,玩了一会儿,它们又爬回树洞掏出几**枚**松子,美美地吃了起来。

◎ 随着一声声"乒乒乓乓"的脆响,一**枚枚**"小火箭"冲天而起,绽放出绚丽多姿的花朵。

◎ 一**枚枚**小石子,可以堆出很多有意思的形状。

课外积累

诗词:举世争称邺瓦坚,一**枚**不换百金颁。

——〔宋〕苏轼《次韵和子由欲得骊山澄泥砚》

释义:世人都夸奖邺城的砚台好,一百两黄金都买不了一枚邺瓦砚。

轻松闯关

一（　　）硬币　　　一（　　）子弹　　　一（　　）印章

一（　　）邮票　　　一（　　）红枣　　　一（　　）鸡蛋

名

我是量词"名"，
我的读音是"míng"，
我可以用来计量具有某种身份的人。

一名警察

跟我学量词

◎ 作为一**名**医生，救死扶伤是职责。

◎ 我以后也要成为一**名**人民警察，为人民服务。

◎ 这次考试，我取得了第三**名**的好成绩。

课外积累

辨析："名"所代表的具有某种职业的人也可以用"个"来计量。但是，"个"所计量的事物不一定能用"名"计量，因为，"个"不仅仅能用来计量人，还能计量其他东西，比如，可以说"一名老师"，也可以说"一个老师"，但只能说"一个苹果"，不能说"一名苹果"。此外，"个"可以叠字，"名"不能，比如，可以说"一个个苹果"，不能说"一名名老师"。

轻松闯关

一（　　）学生　　一（　　）警察　　一（　　）教师

一（　　）战士　　一（　　）医生　　一（　　）护士

抹

一抹夕阳

我是量词"抹"，
我的读音是"mǒ"，
我是表示形状的物量词，与量词"片"词义相近，
我可以用于某些轻淡宛如毛笔抹过痕迹的自然景观。

跟我学量词

◎ 太阳快要下山了，在天际留下一**抹**夕阳红，花儿在庭院里留下一**抹**芳香。爷爷看着这美丽的景象，脸上露出了一**抹**微笑。

◎ 远处天空中的一**抹**云彩，被早起的鸟儿叫醒，害羞似的微微泛红了脸颊。

课外积累

诗词：回首天涯，一**抹**斜阳，数点寒鸦。

——［元］张可久《蟾宫曲·九日》

释义：回头看茫茫天涯，只见一抹斜阳，几只远飞的寒鸦。

轻松闯关

一（　　）阳光　　一（　　）白云　　一（　　）晚霞

一（　　）嫩绿　　一（　　）微笑　　一（　　）痕迹

匹

一匹马

我是量词"匹",
我的读音是"pǐ",
我可以用来计量马、骡、狼等动物，
也可以用来计量绸和布。

跟我学量词

◎ 黑暗的森林里充满危险，一匹狼正睁着冒着绿光的眼睛寻找食物。

◎ 店家告诉我，一匹等于四丈。于是，我决定买一匹布回家，自己做衣服。

◎ 天上的云彩变化多端，一会儿像一只兔子在吃萝卜，一会儿像一只大狗在奔跑，一会儿像一匹骏马在奔驰。

课外积累

量词趣谈：你们知道为什么用"匹"来计量马吗？

据说，春秋时期，诸侯之间馈赠的礼物通常都是"乘马"和"束帛"，"乘马"是四匹马，"束帛"是捆为一束的五匹帛，帛的计量单位是一匹四丈，正好与马的数量相等，因此就用"匹"来计量马了。

轻松闯关

一（　　）马　　　　一（　　）狼　　　　一（　　）布

一（　　）绸缎　　　一（　　）骡子

篇

我是量词"篇",
我的读音是"piān",
我可以用来计量文章、纸章、书页（一篇是两页）等。

读一篇故事

跟我学量词

◎这本书里有三十篇文章，我已经读过三篇了。

◎妈妈让我每天看一篇故事，写一篇读书日记。

◎这一篇篇感人的故事，不禁让我泪流满面。

课外积累

诗词：李白斗酒诗百篇，长安市上酒家眠。

——［唐］杜甫《饮中八仙歌》

释义：李白饮酒一斗，立可赋诗百篇，他去长安街酒肆饮酒，常常醉眠于酒家。

轻松闯关

一（　　）文章　　一（　　）日记　　一（　　）故事

一（　　）散文　　一（　　）小说　　一（　　）作文

片

两片树叶

我是量词"片"，
我的读音是"piàn"，
我可以用来计量成片的东西，
也可以用于地面、水面等，
还可以用于景色、气象、声音、语言、心意等。

跟我学量词

◎ 山坡上是一**片**树林，枝叶茂密，绿树成荫。

◎ 爷爷在院子里专门辟出一**片**空地来种菜。

◎ 这礼物虽小，却表达了他的一**片**心意。

课外积累

量词趣谈：唐代的庞居士庞蕴在面对漫天大雪时说："好雪**片片**，不落别处。"雪不是落在其他地方，而是落在我们心里，生活中有很多美，我们要细心观察，用心感受生活。

轻松闯关

一（ ）星光 　　一（ ）草地 　　一（ ）掌声

一（ ）汪洋 　　一（ ）痴心 　　一（ ）心意

群

一群鸭子

我是量词"群"，
我的读音是"qún"，
我可以用来计量成群的人或动物。

跟我学量词

◎一**群**鸭子浩浩荡荡地在水里游来游去。

◎山脚下，小溪旁，绿草芳香，山花灿烂，一**群**小朋友正在唱歌跳舞，此情此景，真让人赏心悦目。

◎北风呼呼地吹着，无数黄色的叶子就像一**群**飞舞的蝴蝶，在空中翩翩起舞。

课外积累

诗词：百尺游丝争绕树，一**群**娇鸟共啼花。

——［唐］卢照邻《长安古意》

释义：飘摇着的虫丝有百尺长，都绕在树上，一群娇小的鸟儿朝着花啼叫。

轻松闯关

一（　　）蜜蜂　　一（　　）孩子　　一（　　）绵羊

一（　　）鸭子　　一（　　）水牛　　一（　　）小鸡

扇

我是量词"扇",
我的读音是"shàn",
我可以用来计量板状或片状的东西,
比如门、窗等。

两扇窗户

跟我学量词

◎ 一**扇**门出现在我们眼前,门上的一**扇**窗户被风吹得呼呼作响。

◎ 姥姥家里有一**扇**屏风,隔断了餐厅和客厅。

◎ 蜻蜓将两**扇**薄纱一样的翅膀一扇,一下子就飞走了。

课外积累

诗词：小院朱扉（fēi）开一**扇**,内样新妆,镜里分明见。

——［宋］贺铸《蝶恋花》

释义：小院的红色大门打开了一扇,从镜子里清楚地看到,屋内摆设的器皿是宫中流行的式样,女子别致的服饰和打扮也是宫中流行的式样。

轻松闯关

一（　　）门板　　一（　　）纱窗　　一（　　）石磨

一（　　）屏风　　一（　　）门　　　两（　　）翅膀

身

我是量词"身"，
我的读音是"shēn"，
我可以用于衣服，
也可以用于和身体有关的事物。

一身正气

跟我学量词

◎过新年的时候，大人们都会给小孩买一**身**新衣服。

◎好不容易考完试，真是一**身**轻松啊！

◎哥哥一**身**戎装的样子特别帅气，让我眼前一亮。

课外积累

诗词：身无彩凤双飞翼，心有灵犀一点通。

——［唐］李商隐《无题·昨夜星辰昨夜风》

释义：身上虽没有彩凤的双翼，不能比翼齐飞；但你我内心却像灵犀一样，感情息息相通。

辨析："身无彩凤双飞翼"中的"身"不是量词哟！"身"在用于计量衣服时，数词多用"一"，也可以用其他数词；但当"身"用于衣服以外的事物时，数词限用"一"。

轻松闯关

一（　　）制服　　　一（　　）戎装　　　一（　　）轻松

一（　　）正气　　　一（　　）新衣

首

我是量词"首"，
我的读音是"shǒu"，
我可以用来计量诗、词和歌曲等。

一首歌

跟我学量词

◎ "六一"儿童节表演节目时，有个小朋友唱了一**首**歌，有个小朋友背诵了一**首**唐诗。

◎ 讲一个动人心弦的故事，作一**首**清丽逸秀的诗，比任何辩驳之词更能震撼读者。

◎ 元旦晚会上，班长用笛子为大家吹奏了一**首**动听的民谣，优美的旋律像一股清澈的甘泉，在大家的心中流淌。

课外积累

诗词：熟读唐诗三百**首**，不会作诗也会吟。

——［清］孙洙《唐诗三百首序》

释义：经常读《唐诗三百首》，即使不会自己作诗也会吟诵诗歌。

轻松闯关

一（　　）童谣　　　一（　　）山歌　　　一（　　）民歌

一（　　）儿歌　　　一（　　）诗　　　　一（　　）词

束

一束鲜花

我是量词"束",
我的读音是"shù",
我可以用来计量捆在一起的东西,
也可以计量光线。

跟我学量词

◎ 姐姐今天穿了一件白色长裙,手捧一**束**玫瑰,宛如仙女一样端庄美丽。

◎ 爷爷手里拿着一**束**稻穗,高兴地看着稻田里成熟的水稻,心里乐开了花,又是一个丰收年。

◎ 手电筒射出一**束**光,射到墙上又反射出一**束**射线。

课外积累

辨析：在古汉语中,"束"还可以用来计量五匹布帛。

一束布就是五匹布。一匹是四丈,那么一束布就是二十丈布。

轻松闯关

一（　　）鲜花　　　　一（　　）光线　　　　几（　　）强光

一（　　）发丝　　　　一（　　）稻草　　　　一（　　）秀发

双

一双手

我是量词"双"，
我的读音是"shuāng"，
我可以用来计量成对的东西。

跟我学量词

◎假如我有一**双**翅膀，我要飞向蓝天，看看那美丽的世界。

◎林林用自己勤工俭学的收入为妈妈买了一**双**手套。

◎石匠用一**双**巧手将这块顽石雕刻成精美的艺术品。

课外积累

辨析：量词"双""对""副"词义相近。"双""对"仅指两个，"双"更强调成双，"对"更强调配对，而"副"可以指两个，也可以指两个以上，还可以用于表情，强调的是配套。

轻松闯关

将"双""副""对"分别填入下列括号中。

一（　）茶杯　　　一（　）扑克　　　一（　）运动鞋

一（　）对联　　　一（　）巧手　　　一（　）夫妻

艘

一艘轮船

我是量词"艘"，
我的读音是"sōu"，
我可以用来计量船只。

跟我学量词

◎ 每**艘**远航的邮轮，都配备了许多救生用具。

◎ 一**艘**巨轮在碧波万顷的大海上航行。

◎ 这**艘**军舰圆满地完成了护航任务。

课外积累

辨析：量词"艘""条"都能用来计量船，不过"艘"可以用来计量体积大的船，"条"只能用来计量小船，另外"条"还可以计量其他事物，如：一条鱼。

轻松闯关

将"艘""条"分别填入下列括号。

一（　　）小船　　　一（　　）邮轮　　　一（　　）潜艇

一（　　）小舟　　　一（　　）巨轮

所

一所学校

我是量词"所",
我的读音是"suǒ",
我可以用来计量建筑物,
比如:房屋、学校、医院等。

跟我学量词

◎ 在这个山坡上有一**所**老房子,爸爸曾经在这里住过。

◎ 老师让我们画自己熟悉的建筑物,我画了一**所**学校、一**所**医院、一**所**超市,还有一**所**图书馆。

◎ 哥哥的理想是做一名优秀的人民教师,所以他准备报考一**所**师范学校。

课外积累

辨析:量词"所""间""栋"都可以用来计量房屋。"间"常用来计量房间,是计量房屋的最小单位;"栋"计量的房屋往往比较高大;"所"计量的房屋往往比较低平。

轻松闯关

将"所""间""栋"分别填入下列括号。

一（　　　）房屋　　　一（　　　）大厦　　　一（　　　）学校

台

一台戏

我是量词"台"，
我的读音是"tái"，
我可以用来计量完整的舞台演出和手术，
还可以计量机器、仪器等。

跟我学量词

◎ 今天，我和姐姐一起去看了一**台**演出，演出讲的是关于青春的故事。

◎ 车间里有几**台**机器正在运转。

◎ 阳台的一侧有一**台**洗衣机。

课外积累

辨析：我们可不可以说一台飞机呢？

不可以，因为飞机没有固定的台基，它们需要随时起飞。

轻松闯关

一（　　）电视　　　一（　　）歌剧　　　一（　　）手术

一（　　）戏　　　　一（　　）机器

套

我是量词"套"，
我的读音是"tào"，
我可以用来计量成组、成套的事物。

三套校服

跟我学量词

◎ 学校给每个学生安排了一**套**桌椅,学生要去领一**套**书。

◎ 老师教了我们一**套**解题方法,能快速地算出答案。

◎ 爸爸许诺春节后送给我一**套**四大名著,妈妈则送我一**套**我心仪已久的运动服。

课外积累

成语：生搬硬**套**

释义：指不顾实际情况,机械地运用别人的经验,照抄别人的办法。

辨析："套"在这里不是一个量词,而作动词,指模仿。同学们,我们在学习中可不能生搬硬套哟!

轻松闯关

一（　　）制度　　　一（　　）邮票　　　一（　　）方案

一（　　）茶具　　　一（　　）拳法　　　一（　　）衣服

条

一条鱼

我是量词"条",
我的读音是"tiáo",
我可以用来计量细长的东西,
也可以用来计量以固定数量合成的某些长条形的东西。

跟我学量词

◎ 清澈的池塘里有三**条**鱼,一**条**黑色的鱼正在吐泡泡,另外两**条**红色的鲤鱼在嬉戏玩耍。

◎ 政府又颁布了一**条**利国利民的政策,市民们欢呼雀跃。

◎ 柜子里挂着一**条**裤子和两**条**裙子。

课外积累

诗词: 碧玉妆成一树高,万**条**垂下绿丝绦。

—— [唐] 贺知章《咏柳》

释义:高高的柳树长满了嫩绿的新叶,轻垂的柳条像千万条轻轻飘动的绿色丝带。

轻松闯关

一（　　）丝带　　　五（　　）鲤鱼　　　一（　　）毛巾

一（　　）项链　　　一（　　）规定　　　一（　　）辫子

头

一头牛

我是量词"头"，
我的读音是"tóu"，
我可以用来计量动物（多指家畜），
也可以用来计量蒜。

跟我学量词

◎田野里有一**头**牛在吃草。

◎房檐下挂着几**头**蒜。

课外积累

辨析：在现代，"头"通常被用来计量一些大型动物。但是在古时候"头"也可以用来计量人、鱼等。如：唐朝柳宗元的《小石潭记》写道："潭中鱼可百许**头**，皆若空游无所依。"它的意思是水潭中的鱼大约有一百来条，都好像在空中游动而没什么可依靠似的。

轻松闯关

三（　　）牛　　　一（　　）驴　　　一（　　）熊

四（　　）猪　　　三（　　）蒜

团

一团棉花

我是量词"团",
我的读音是"tuán",
我可以用来计量成团的东西,
或抽象的事物。

跟我学量词

◎ 天上的云像一团棉花似的。

◎ 虽然他把工作安排得井井有条,但却把生活弄得一团糟。

◎ 随着一声隆隆巨响,半空中升腾起一团蘑菇状的乌云。

课外积累

成语:漆黑一团

释义:形容非常黑暗,没有一点光明,也形容对事情一无所知。

出处:青年又少有精通外国文者,有话难开口,弄得漆黑一团。(鲁迅《书信集·致姚克》)

轻松闯关

一( ) 乱麻 　　一( ) 火气 　　一( ) 黑云

一( ) 棉花 　　一( ) 和气 　　一( ) 丝线

尾

一尾金鱼

我是量词"尾"，
我的读音是"wěi"，
我可以用来计量鱼。

跟我学量词

◎ 他将手中的饲料撒入湖中，一**尾尾**锦鲤都凑了过来。

◎ 童年时看父亲，父亲是一座山，而我是一只林中鸟，鸟永远离不开山的守护；童年时看母亲，母亲是一片蓝色的湖，而我则是一**尾**鱼，鱼永远离不开湖的怀抱。

课外积累

量词趣谈：你知道为什么用尾来计算鱼的数量吗？

一种说法是用鱼身体上的某一部位作鱼的量词，非常形象。

另一种说法是鱼苗太小了，在鱼苗孵化场，一瓢就有数以万计的鱼苗。鱼苗扎堆在一起拼命地游，只见鱼尾不见鱼头，故叫一尾鱼。

所以，"尾"通常用来计量小鱼，大鱼就用"条"来计量。如：一条鲨鱼。

轻松闯关

几千（　　　）鱼苗　　　一（　　　）小金鱼

位

一位老爷爷

我是量词"位"，
我的读音是"wèi"，
我可以用来计量人，含敬意。

跟我学量词

◎ 公园的长椅上坐着一**位**老爷爷，一个小女孩安静地坐在他旁边。

◎ 这是一**位**和蔼、坚毅、善良的白衣天使。

◎ 张爷爷是一**位**在枪林弹雨中度过半生的老红军。

课外积累

辨析："位"本身含有一定程度的敬意，能够表达出尊敬的感情色彩。小偷、流氓（máng）和乞丐，都不值得我们尊敬，可以称呼他们是"一个小偷""一个流氓"和"一个乞丐"，却不能称呼他们是"一位小偷""一位流氓"和"一位乞丐"。

轻松闯关

一（　　）英雄　　　一（　　）军人　　　一（　　）领袖

一（　　）士兵　　　一（　　）老师　　　一（　　）科学家

眼

一眼泉水

我是量词"眼"，
我的读音是"yǎn"，
我可以用来计量井、泉水、窑洞等有孔洞的东西，
也可以用于眼睛注视的某些动作，表示其次数。

跟我学量词

◎ 一**眼**清泉欢快的歌唱，给沉浸在烟云雨雾里的山林增添了一丝空灵的气息。

◎ 清晨，白茫茫的雾气笼罩着江面，一**眼**望不到边。

◎ 说话间，摊主连连向老人瞟了几**眼**，目光落到了老人脚上那双沾满黑泥的草鞋上。

课外积累

诗词：泉**眼**无声惜细流，树阴照水爱晴柔。

——［宋］杨万里《小池》

释义：泉眼悄然无声是因舍不得细细的水流，树荫倒映水面是喜爱晴天轻柔的微风。

轻松闯关

一（　　　）土窑洞　　　一（　　　）泉水　　　一（　　　）井

三（　　　）清泉　　　瞪了一（　　　）　　　看了两（　　　）

则

一则寓言

我是量词"则"，
我的读音是"zé"，
我可以用来计量分项或者自成段落的文字，
表示其条数。

跟我学量词

◎在这次辩论会中，丹丹借一**则**精彩的寓言阐明了自己的观点。

◎这本书中每一**则**寓言都很精彩。

◎灵巧的鹦鹉说出了一**则**绕口令，引得观众惊叹不已。

课外积累

辨析：量词"则""条"都能用于可以分项的事物，不过"条"还能用于某个具体事物，比如"一条鱼"。量词"则""篇"都可以用于完整的文字、文章。但用"则"计量的对象一般比较短小，而用"篇"计量的对象一般比较长，"篇"还可以用于纸张、书页。

轻松闯关

一（　　）寓言　　　一（　　）笑话　　　一（　　）新闻

一（　　）消息　　　一（　　）广告　　　一（　　）故事

一（　　）笔记　　　一（　　）试题　　　一（　　）日记

盏

一盏灯笼

我是量词"盏",
我的读音是"zhǎn",
我可以用来计量盛在容器里的茶和酒,
也可以用来计量灯。

跟我学量词

◎ 一**盏**茶的工夫,爸爸又出现在我和妈妈面前,他穿着笔挺的西服和锃亮的皮鞋。

◎ 屋檐下挂着两**盏**灯笼。

◎ 桌上有一**盏**煤油灯,火苗随风一忽一忽地闪着。

课外积累

诗词:闲中一**盏**建溪茶。香嫩雨前芽。

——［宋］张抡《诉衷情·闲中一盏建溪茶》

释义:闲暇的时候喝上一杯建溪茶。茶叶好似雨前的嫩芽般清香。

轻松闯关

一（　　）茶杯　　　一（　　）电灯　　　一（　　）灯笼

一（　　）灯火　　　一（　　）茶　　　一（　　）酒

阵

我是量词"阵"，
我的读音是"zhèn"，
我可以用来表示事情或动作经过的段落，
也可以用来表示状况持续的一段时间。

一阵风

跟我学量词

◎昨天晚上下了一**阵**雨后，紧接着又刮起了一**阵**狂风。

◎一**阵**春雨过后，树上的桃花都开了。

◎表演结束后，观众席响起一**阵**热烈的掌声。

课外积累

诗词：一**阵**清香，不知来处，元来梅已舒英。

—— ［宋］葛立方《满庭芳·评梅》

释义：闻到一阵清香，不知道从何而来，原来梅花已经开放。

轻松闯关

一（　　）暴雨　　一（　　）狂风　　一（　　）枪声

一（　　）香气　　一（　　）喝彩　　一（　　）掌声

支

一支笔

我是量词"支"，
我的读音是"zhī"，
我可以用来计量杆状的东西，
也可以用来计量队伍，
还可以用来计量歌曲或乐曲。

跟我学量词

◎ 我用一**支**笔，在一张空白的纸上，写下了一**支**歌曲。

◎ 一**支**部队中，每一名军人手中都有一**支**枪，他们用青春和热血守护祖国的山河和人民的安宁。

◎ 我们都认为这一**支**球队会赢，但是他们输了。

课外积累

成语：一支半节

释义：指很小一部分。

出处：人民之望仁政以得一支半节之权利者，实含有亡国民之根性，明也。（［清］梁启超《新民说》）

轻松闯关

一（　　）蜡烛　　　一（　　）球队　　　一（　　）舞蹈

一（　　）笔　　　　一（　　）乐曲　　　一（　　）箭

只

一只狗
两只蝴蝶

我是量词"只",
我的读音是"zhī",
我可以用于某些成对的东西中的一个,
也可以用于动物(多指飞禽走兽),
还可以用于某些器具或船只等。

跟我学量词

◎路边有一只黑色的小狗,小狗立着它的两只耳朵正在和一只色彩斑斓的蝴蝶打闹。

◎那只小船上的渔夫,用他的一只手,脱下了他的一只袜子。

◎魔术师太神奇了,刹那间变出一只鸽子,忽然又变出一朵玫瑰。

课外积累

成语:匹马只轮

释义:一匹战马,一只车轮。形容微不足道的一点兵马装备。

出处:然而晋人与姜戎要之殽而击之,匹马只轮无反者。(《公羊传·僖公三十三年》)

轻松闯关

一(　　)鸡　　　一(　　)箱子　　　一(　　)螃蟹

一(　　)船　　　一(　　)袜子　　　一(　　)蝴蝶

座

一座山峰

我是量词"座"，
我的读音是"zuò"，
我可以用来计量某些较大或固定的物体。

跟我学量词

◎ 我们学校的教学楼前竖起了一**座**雕像。

◎ 两岸峭壁高耸，一边黑黄，一边灰白，绵延数百里，在黑漆漆的夜里，就像两**座**森然对垒的石城。

◎ 火烧云变化得真快，一刹那变成一**座**山岭，一刹那又变成一只老虎。

课外积累

诗词：亭台六七座，八九十枝花。

——［宋］邵雍《山村咏怀》

释义：路边亭台楼阁有六七座，还有八九十枝鲜花在绽放。

轻松闯关

一（　　）城池　　　一（　　）别墅　　　一（　　）寺庙

一（　　）空城　　　一（　　）塔　　　一（　　）高楼

象声词

miāo
喵

miē
咩

喵——！喵——！
听，这是什么声音？
这是形容猫叫的声音。

咩——！咩——！
听，这是什么声音？
这是形容羊叫的声音。

跟我一起学

有一只小猫总在我身边喵喵地叫，可能是饿了。它那喵喵的叫声有时听起来也像"咪咪"(mī mī)或"咪呜"(mī wū)的声音。

跟我一起学

小羊在草地上欢快地吃草，草儿青青。瞧，它吃得多带劲啊！它很快就吃饱了，高兴得咩咩直叫。

童谣巧记

小猫爱撒娇，
总是喵喵喵。
擅长捉老鼠，
特别爱睡觉。

童谣巧记

小羊小羊怎么叫？
小羊小羊咩咩叫！
特别爱吃青青草，
吃饱之后到处跑。

mōu
哞

哞——！哞——！
听，这是什么声音？
这是形容牛叫的声音。

跟我一起学

树下有一只老牛，它仰着头望着远处，一直哞哞地叫着，好像在呼唤它的孩子。

童谣巧记

河边一棵柳，
柳下一头牛。
母牛哞哞叫，
小牛就来到。

wāng
汪

汪——！汪——！
听，这是什么声音？
这是形容狗叫的声音。

跟我一起学

我和爸爸去叔叔家做客，路边有一只小花狗突然朝我汪汪地叫，我吓得站在原地一动也不敢动。

童谣巧记

小狗汪汪叫，
是谁要来到？
出门瞧一瞧，
亲朋门前笑。

guā
呱

wō
喔

呱——！呱——！
听，这是什么声音？
这是形容青蛙响亮的叫声。

跟我一起学

夏天的午后，池塘里有几只小青蛙在荷叶上呱呱地叫着，奏响了一支荷塘交响曲。

童谣巧记

小青蛙，呱呱呱，
白白肚皮大嘴巴。
平时最爱捉害虫，
小朋友们都爱它。

喔——！喔——！
听，这是什么声音？
这是形容公鸡叫的声音。

跟我一起学

清晨，大公鸡伸长脖子喔喔叫，唤醒熟睡的人们。

童谣巧记

大公鸡，真美丽，
大红冠子花外衣。
每天早起喔喔叫，
勤劳美丽它第一。

gē gē dā
咯 咯 嗒

jiū jī
啾 唧

咯咯嗒！咯咯嗒！
听，这是什么声音？
这是形容母鸡下蛋的叫声。

啾唧！啾唧！
听，这是什么声音？
这是形容虫、鸟等细碎的叫声。

跟我一起学

鸡妈妈挥动着翅膀跑进了鸡笼，**咯咯嗒**、**咯咯嗒**地叫个不停，等它出窝时，我看到鸡窝里有一枚蛋，原来母鸡下蛋时就会**咯咯嗒**地叫，好像在宣告自己的成果。

跟我一起学

我在树枝上看见了一只色彩鲜艳的鸟，刚要走近，它就飞到了一棵枝繁叶茂的大树上，**啾唧啾唧**地叫着，我找了好半天都没发现它藏在哪里。

童谣巧记

大母鸡，会下蛋，
下蛋时**咯咯嗒**。
我撒玉米母鸡吃，
母鸡下蛋给我吃。

童谣巧记

茂密的树林里，
谁在**啾唧啾唧**。
东看看，西瞅瞅，
原来是只老斑鸠。

jiū jiū
啾 啾

jī jī
唧 唧

啾啾！啾啾！
听，这是什么声音？
这是形容许多小鸟一齐叫的声音。
也形容凄厉的叫声。

跟我一起学

许多只小鸟聚集在电线上，有的啾啾地叫着，像是大合唱，有的跳来跳去，像在伴舞，热闹极了！

童谣巧记

东边太阳微微笑，
树上小鸟啾啾叫。
小朋友们去学校，
蹦蹦跳跳真热闹。

唧唧！唧唧！
听，这是什么声音？
这是形容虫叫声等。

跟我一起学

深秋的夜晚，在田野上，在草丛里，总是会传出一阵阵唧唧的虫叫声，像是一场演奏会。

童谣巧记

夜幕降临，
秋虫唧唧。
唧唧复唧唧，
一直到天明。

gū　gū
呱 呱

gū
咕

呱呱！呱呱！
听，这是什么声音？
这是形容小儿的哭声。

咕——！咕——！
听，这是什么声音？
这是形容母鸡、鸽子等的叫声。

跟我一起学

医院的走廊上，年轻的爸爸妈妈们一听见育婴室传出婴儿呱呱的哭声，脸上就露出幸福的微笑。

跟我一起学

成群的鸽子在广场上啄食，频频点着头，咕咕咕呼唤着，文静地挪动着脚步，一点都不怕行人。

童谣巧记

娃娃坠地呱呱啼，
声音嘹亮有力气。
爸妈听了笑嘻嘻，
张开怀抱欢迎你。

童谣巧记

楼顶鸽子咕咕咕，
伸缩头颈啄米谷。
吃饱就要去送信，
希望带去好消息。

gā　gā
嘎 嘎

áo　wū
嗷 呜

嘎嘎！嘎嘎！
听，这是什么声音？
这是形容鸭子、大雁等的叫声。

嗷呜！嗷呜！
听，这是什么声音？
这是形容老虎的叫声。

跟我一起学

一群鸭子悠闲地浮在水面上，它们伸着脖子，嘎嘎地叫着。

一群大雁咕咕嘎嘎地叫着往南飞，一会儿排成个"人"字，一会儿排成个"一"字。

跟我一起学

爸爸带我去动物园玩，在老虎园里有两只大老虎。其中一只老虎从虎穴里缓缓地走出来，嗷呜嗷呜地叫着，吓得我们只敢远远地看，不敢靠得太近。

童谣巧记

鸭子和大雁，
都是嘎嘎叫。
一个在天上，
一个在地上。

童谣巧记

吊睛白额虎，
大声叫嗷呜。
百兽听见了，
大气不敢出。

áo　　áo
嗷 嗷

zhī　　liǎo
知 了

嗷嗷！嗷嗷！
听，这是什么声音？
这是形容哀号或喊叫声。

知了！知了！
听，这是什么声音？
这是蝉的叫声。

跟我一起学

猪圈里的小猪肚子饿了就嗷嗷直叫，那声音极悲惨，极凄凉，让人听了心里十分同情。

跟我一起学

夏天到了，小狗热得直喘气，趴在门口的阴凉处一动不动；知了热得直叫："知了！知了！"却从来不见它的踪迹。

童谣巧记

猪圈猪儿嗷嗷叫，
好像唱歌真热闹。
催着主人把食喂，
吃饱它好睡懒觉。

童谣巧记

小知了，真骄傲，
问它什么都知道。
你来听它怎么说，
知了，知了，我知了。

zhī
吱

zī　zī
吱　吱

吱——！吱——！
听，这是什么声音？
这是形容某些尖细的声音。

吱吱！吱吱！
听，这是什么声音？
这是形容小动物的叫声。

跟我一起学

一位警察叔叔从警车里走了出来，他身材魁梧，走起路来踩得地板都吱吱响。

跟我一起学

一只小猫在墙角晒太阳，突然蹿出一只老鼠，小猫一下子就抓住了它，被小猫捉住的老鼠不停地吱吱叫着，好像在求饶。

童谣巧记

小偷小偷你别跑，
警车马上追来了。
吱的一声停下来，
给你戴上银手铐。

童谣巧记

小老鼠，偷粮吃，
花猫一把就抓住。
老鼠吓得吱吱叫，
磕头认罪直求饶。

wēng wēng
嗡 嗡

zhōu jiū
啁 啾

嗡嗡！
听，这是什么声音？
这是形容昆虫飞动等声音。

啁啾！啁啾！
听，这是什么声音？
这是形容鸟叫的声音。

跟我一起学

我刚准备关灯睡觉，就听见有蚊子嗡嗡的声音。一会儿在左，一会儿在右，吵得我睡不着觉。

跟我一起学

阳春三月，风和日丽，盛开的野花和鸟儿们细声的啁啾，透露着春的消息。

童谣巧记

小蜜蜂，嗡嗡嗡，
飞到西来飞到东。
采来百花酿成蜜，
从早到晚忙做工。

童谣巧记

黄雀啁啾来鸣唱，
歌颂春天好风光。
抑扬顿挫像仙乐，
我要为它鼓鼓掌。

yōu yōu
呦 呦

jiē jiē
嗜 嗜

呦呦！呦呦！
听，这是什么声音？
这是形容鹿鸣声。

嗜嗜！嗜嗜！
听，这是什么声音？
这是形容敲击钟、铃的声音
或鸟禽鸣叫声。

跟我一起学

我们到动物园里玩，看见几只梅花鹿呦呦地叫着。它们身上布满像白梅一样的斑点。

跟我一起学

小区旁边的广场上，一群大妈在跳广场舞，听着那钟鼓嗜嗜的声音，我实在难以入睡。

童谣巧记

呦呦鹿鸣真动听，
三五成群食野苹。
身穿美丽梅花衣，
吃完跳跃练腿劲。

童谣巧记

听我咚咚来下楼，
听我嗜嗜来打鼓。
一人组个小乐队，
又演奏来又跳舞。

bù gǔ
布 谷

布谷！布谷！
听，这是什么声音？
这是形容布谷鸟的叫声。

跟我一起学

一天，我和爷爷去田里摘菜。一阵**布谷布谷**的叫声由远及近，随后我看见几只鸟儿扇动着翅膀飞过来。爷爷告诉我，这是布谷鸟的叫声。

童谣巧记

乡间四月天，
农忙不得闲。
小小布谷鸟，
布谷在田间。

dē dē
嘚 嘚

嘚嘚！嘚嘚！
听，这是什么声音？
这是形容马蹄踏地的声音。

跟我一起学

赛场上，马儿快速地飞奔，马蹄**嘚嘚嘚**的声音也加重了紧张的气氛。随着骑手们奋力扬鞭，一匹黑色的骏马首先冲向了终点。

童谣巧记

马儿白似雪，
四蹄坚如铁。
扬鞭**嘚嘚**响，
奔驰在原野。

zhā　zhā
喳 喳

pū　lēng
扑 棱

喳喳！喳喳！
听，这是什么声音？
这是形容鸟叫的声音。

扑棱！扑棱！
听，这是什么声音？
这是形容翅膀抖动的声音。

跟我一起学

　　春天来了，各种鸟儿展着翅膀自由自在地在天空飞翔，叽叽喳喳的叫声像优美的乐曲在空中回荡。

跟我一起学

　　院子中央，两只大公鸡为了争吃食，扑棱起翅膀扭打在一起，相互用嘴啄对方的冠子。

童谣巧记

上学路上笑哈哈，
树上小鸟叫喳喳，
做完作业乐开花，
爸爸妈妈把我夸。

童谣巧记

公鸡想要飞过墙，
扑棱它的大翅膀。
可惜身体长得胖，
就是飞不过高墙。

lì lì

呖 呖

guō guō

蝈 蝈

呖呖！呖呖！

听，这是什么声音？

这是形容鸟类清脆的叫声。

蝈蝈！蝈蝈！

听，这是什么声音？

这是蝈蝈的叫声。

跟我一起学

郊外的白桦林里，小草茂盛，雀声喳喳，莺声**呖呖**。

跟我一起学

蝈蝈儿发声的时候，两只翅膀一开一合，翅膀一振动就发出了**蝈蝈**的声音，像一个歌唱家。

童谣巧记

小黄莺，**呖呖**叫，

停在柳枝啄羽毛。

春天它的歌声响，

夏天它的歌声消。

童谣巧记

小蝈蝈，叫**蝈蝈**，

自言自语不停说。

给我编个青草笼，

我进笼里去唱歌。

hū

呼

呼——！呼——！
听，这是什么声音？
这是大风的声音。

跟我一起学

冬季的寒风**呼呼**地吹来，大街上人们都穿着厚厚的棉衣，却还是冻得瑟瑟发抖。

童谣巧记

北风**呼呼**吹口哨，
轻盈雪花来报到。
北风奏乐它舞蹈，
冰天雪地风光好。

hū lā

呼 啦

呼啦！呼啦！
听，这是什么声音？
这是形容旗帜飘动、物体忽然倒塌
或人群迅速聚散等的声音。

跟我一起学

节日期间，大街小巷都插满了鲜艳的旗帜，风一吹，旗帜就**呼啦呼啦**地飘动着。

童谣巧记

国旗**呼啦**响，
五星闪闪亮。
好好来学习，
天天要向上。

huā
哗

huā　lā
哗　啦

哗——！哗——！
听，这是什么声音？
这是形容撞击、水流等的声音。

哗啦！哗啦！
听，这是什么声音？
这是形容撞击、水流等的声音。

跟我一起学

微风吹来，江面上便泛起圈圈涟漪（lián yī），发出有节奏的哗哗声，好像一支乐曲，悦耳动听。

跟我一起学

秋风一吹，枫叶发出哗啦哗啦的响声，好似在欢庆这丰收的时节。

童谣巧记

河水哗哗向前淌，
溅起水花起波浪。
鱼儿乐得向上蹦，
赶了前浪赶后浪。

童谣巧记

树叶哗啦哗啦响，
像是一起在鼓掌。
又像在办大合唱，
歌唱秋天丰收忙。

chán　chán

潺 潺

sà　sà

飒 飒

潺潺！潺潺！
听，这是什么声音？
这是形容溪水缓缓流动的声音。

飒飒！飒飒！
听，这是什么声音？
这是形容风、雨声。

跟我一起学

春暖花开，门前的小溪清澈见底，潺潺地向山下流去。

跟我一起学

秋雨打在树叶上，发出飒飒的响声，像是秋姑娘在悲伤地哭泣。

童谣巧记

小河，小河，潺潺流，
河底虾蟹跟着走。
水底也有好景色，
玩得开心乐悠悠。

童谣巧记

秋雨飒飒打秋叶，
秋叶难过又伤心。
转眼叶儿都飘零，
纷纷扬扬归土里。

sè sè
瑟瑟

sù sù
簌簌

瑟瑟！瑟瑟！
听，这是什么声音？
这是形容轻微的声音。

簌簌！簌簌！
听，这是什么声音？
这是形容风吹叶子声等。

跟我一起学

鹅毛般的雪花瑟瑟地往下落，一会儿，地面、房屋、树枝上到处都是积雪。

跟我一起学

枯黄的银杏叶，在北风中簌簌飘落，给地面铺上了一层金毯。

童谣巧记

秋风瑟瑟吹，
吹皱小河水。
河水你别愁，
皱有皱的美。

童谣巧记

雪花簌簌落，
地上转眼白。
冰雪多么美，
乐坏小妹妹。

shā shā
沙沙

lù lù
辘辘

沙沙！沙沙！
听，这是什么声音？
这是形容踩碰上沙子、飞沙击物
或风吹草木等的声音。

辘辘！辘辘！
听，这是什么声音？
这是形容车轮等的声音。

跟我一起学

大风吹来的时候，树叶沙沙作响，转头一看，地面上已经落满了金黄的树叶。

跟我一起学

战士们趴在地上，耳朵紧贴着地面，仔细地聆听远处传来车行的辘辘声。

童谣巧记

春雨沙沙沙，
种子在说话。
喝下这甘露，
明天就发芽。

童谣巧记

牛车轮子辘辘响，
就像土地在歌唱。
从前车马日子慢，
古人吟诗幸福满。

xī xī lì lì
淅 淅 沥 沥

xiāo xiāo
萧 萧

淅淅沥沥！淅淅沥沥！
听，这是什么声音？
这是轻微的风声、雨声和落叶声。

萧萧！萧萧！
听，这是什么声音？
这是形容马叫声、风声或雨声等。

跟我一起学

雨淅淅沥沥不停地下着，像是在窗外挂了一层帘子。

跟我一起学

萧萧的秋风清扫着校园里的每一棵树，将一片片黄叶无情地吹落。

童谣巧记

秋雨淅淅沥沥下，
小鸟喳喳在说话。
明天雨水还不停，
就去做个暖窝吧。

童谣巧记

雨声萧萧多诗意，
漫步其中抓雨滴。
写首小诗赞美雨，
风雨晴天都美丽。

bāng lāng
唪唥

huò huò
霍霍

唪唥！唪唥！
听，这是什么声音？
这是形容撞击物体的声音，
是拨浪鼓的声音。

霍霍！霍霍！
听，这是什么声音？
这是形容磨刀等的声音。

跟我一起学

弟弟拿着拨浪鼓转来转去，拨浪鼓发出唪唥唪唥的声音，让弟弟不亦乐乎。

跟我一起学

家里的菜刀不锋利了，爸爸把菜刀在磨刀石上霍霍地磨了几下，立刻变得跟以前一样锋利。

童谣巧记

拨浪鼓，两根辫，
左摇右晃真有趣。
唪唥唪唥出声音，
弟弟乐得喜盈盈。

童谣巧记

磨刀霍霍去砍柴，
手起刀落真利落。
磨刀不误砍柴工，
这个道理不会错。

chī liū
哧 溜

哧溜！哧溜！
听，这是什么声音？
这是形容迅速滑动的声音。

跟我一起学

弟弟坐在滑梯上，突然哧溜一声，他飞一般地从滑梯上滑了下去。

童谣巧记

小朋友，坐滑梯，
哧溜一声滑下地。
再滑请你排好队，
一个一个别推挤。

dā dā
嗒 嗒

嗒嗒！嗒嗒！
听，这是什么声音？
这是形容马蹄、机枪等的声音。

跟我一起学

战士们的喊杀声，炮弹的轰炸声，机关枪发出的嗒嗒声，所有的声音混成一片，吓得敌人抱头鼠窜。

童谣巧记

小闹钟，嗒嗒嗒，
一分一秒不停下。
一寸光阴一寸金，
寸金难买寸光阴。

dā dā
哒 哒

哒哒！哒哒！
听，这是什么声音？
这是形容皮鞋踏地的声音。

跟我一起学

营业员拿出一双高跟鞋给妈妈试穿，妈妈穿上高跟鞋，反复地走来走去，在地板发出清脆的**哒哒**声。

童谣巧记

踢踏舞，响**哒哒**，
观众看得乐哈哈。
声音清脆又整齐，
舞技惹得人人夸。

dāng dāng
当 当

当当！当当！
听，这是什么声音？
这是形容撞击金属器物的声音。

跟我一起学

集市上，我看到了一个表演耍猴的人。他一边敲打着锣，一边吆喝着小猴，**当当**的锣声吸引了不少的路人来围观。

童谣巧记

敲起锣，**当当当**，
好戏马上要上场。
前戏气氛要到位，
再敲三声**当当当**。

dāng lāng
当 啷

dēng dēng
噔 噔

当啷！当啷！
听，这是什么声音？
这是形容金属器物磕碰的声音。

噔噔！噔噔！
听，这是什么声音？
这是形容沉重的东西落地
或撞击物体的声音。

跟我一起学

　　妈妈正在做饭，一不小心，将铁勺碰落在了地上，发出当啷的响声。

跟我一起学

　　妹妹走路挺直着腰板儿，两只小脚噔噔噔地走得飞快，像一阵风似的。

童谣巧记

小勺敲碗响当啷，
小猴来到猴食堂。
猴厨师，拿大勺，
也敲大盆当啷响。

童谣巧记

噔噔噔，脚蹬地，
走路该有多用力。
轻轻走，学猫咪，
走姿优雅又有礼。

dīng　líng
丁 零

dīng　dāng
叮 当

丁零！丁零！
听，这是什么声音？
这是形容铃声
或小的金属物体的撞击声。

叮当！叮当！
听，这是什么声音？
这是形容金属、瓷器、
玉饰等撞击的声音。

跟我一起学

　　姐姐的卧室门上挂着一串粉色的风铃，只要有风吹过，它就会发出**丁零**的悦耳声。

跟我一起学

　　明明家的宠物狗的脖子上系了一个小铃铛，它只要一动，铃铛就发出清脆的**叮当叮当**声。

童谣巧记

风儿吹，风铃响，
丁零丁零飘前窗。
像首音乐真悦耳，
每天都想听它唱。

童谣巧记

小小铃铛，
叮当叮当。
挂狗脖颈，
天天欢唱。

dōng dōng
咚 咚

咚咚！咚咚！
听，这是什么声音？
这是形容敲鼓或敲门的声音。

跟我一起学

　我正在写作业，突然听见咚咚的敲门声，我打开门一看，原来是妈妈下班回来了。

童谣巧记

咚咚咚，门儿响，
我从猫眼向外望。
家人敲门快快开，
生人敲门不出声。

dōng dōng qiāng
咚 咚 锵

咚咚锵！咚咚锵！
听，这是什么声音？
这是锣鼓镲同时敲打的声音。

跟我一起学

　广场上有锣鼓队表演，他们击鼓的击鼓，敲锣的敲锣，打镲的打镲，咚咚锵，咚咚锵地响个不停，非常热闹。

童谣巧记

腰鼓队，咚咚锵，
扭着秧歌行进忙。
精彩节目要开演，
锣鼓喧天真欢畅。

gē dēng
咯 噔

咯噔！咯噔！
听，这是什么声音？
这是形容皮鞋踏地
或物体撞击的声音。

跟我一起学

只要妈妈不在家，妹妹就穿上妈妈的高跟鞋，咯噔咯噔地走来走去，她那故作神气的模样常逗得我哈哈大笑。

童谣巧记

高跟鞋，咯噔响，
穿上神气又漂亮。
它是妈妈专利品，
我是小孩不学样。

gē gē
咯 咯

咯咯！咯咯！
听，这是什么声音？
这是形容笑声、咬牙声
或某些鸟的叫声。

跟我一起学

小丑演员在舞台上表演节目，我们坐在观众席上看得咯咯笑。

童谣巧记

小妹妹，笑咯咯，
陪她游戏乐呵呵。
又是笑来又是叫，
一声一声叫哥哥。

gē zhī
咯 吱

咯吱！咯吱！
听，这是什么声音？
这是形容竹、木等器物
受挤压发出的声音。

跟我一起学

　　雪花给大地披上了一件洁白的礼服。人踩上去，像踩在沙子上一样，还发出咯吱咯吱的声音。

童谣巧记

　　踩雪地，咯吱响，
　　白雪地上在歌唱。
　　你听它在唱什么？
　　请你别把我踩脏。

xī sū
窸 窣

窸窣！窸窣！
听，这是什么声音？
这是形容细小摩擦的声音。

跟我一起学

　　暗夜里，一只动物在灌木丛中窸窸窣窣地穿行。

童谣巧记

　　窸窸窣窣有声响，
　　是小老鼠偷食忙。
　　好吃懒做都不喜，
　　不劳而获不像样。

xiāo xiāo
哓 哓

gū dōng
咕 咚

哓哓！哓哓！
听，这是什么声音？
这是形容争辩
或鸟类因恐惧而发出的声音。

咕咚！咕咚！
听，这是什么声音？
这是形容重东西落下
或大口喝水吞咽的声音。

跟我一起学

森林里，黑熊发出一声怒吼，树上的鸟儿惊飞起来哓哓直叫。

跟我一起学

他拿起矿泉水，对着嘴咕咚咕咚地喝了起来。

童谣巧记

哓哓说，呱呱吵，
动物吵架不得了。
不知谁懂百兽语，
翻译出来才知道。

童谣巧记

木瓜落水咕咚响，
树上小猴观察忙。
每落一个都尖叫，
爱看热闹数它强。

gū lū
咕 噜

咕噜！咕噜！
听，这是什么声音？
这是形容水流动
或东西滚动的声音。

跟我一起学

一声炮响，被炸开的石头咕噜咕噜滚下山去了。

童谣巧记

石头下山，
咕噜咕噜。
跌跌撞撞，
滚落山谷。

gū dū
咕 嘟

咕嘟！咕嘟！
听，这是什么声音？
这是形容液体沸腾、水流涌出
或大口喝水吞咽的声音。

跟我一起学

小河边垂柳依依，河水清清，河面上还不时咕嘟咕嘟地冒出像珍珠一样的水泡泡。

童谣巧记

开水壶，咕嘟叫，
它在说，水开了。

gū jī
咕叽

gū lōng
咕隆

咕叽！咕叽！
听，这是什么声音？
这是形容水受压力而
向外排出的声音。

咕隆！咕隆！
听，这是什么声音？
这是形容雷声、大车声等。

跟我一起学

雨一直下，弟弟穿上妈妈给他新买的雨鞋，打着伞在马路上踩水玩，脚下的雨鞋随着脚步咕叽咕叽地响个不停。

跟我一起学

夏天的傍晚，天空阴沉沉的，不一会儿，雷声咕隆咕隆，由远而近地响起，紧接着，黄豆大的雨点就落了下来。

童谣巧记

雨鞋灌满水滴，
走路咕叽咕叽。
那不是我的错，
主人不要生气。

童谣巧记

咕隆咕隆，雷声响，
赶紧回屋关门窗。
雷雨天气危险多，
减少外出有保障。

guā dā
呱嗒

呱嗒！呱嗒！
听，这是什么声音？
这是形容清脆、短促的撞击声。

跟我一起学

昨夜气温骤降，地面都冻硬了，走在路上，脚底下呱嗒呱嗒地响。

童谣巧记

冰溜子，掉下地，
呱嗒呱嗒碎一地。
刚才还是晶莹条，
转眼冰碴铺满地。

guā ji
呱唧

呱唧！呱唧！
听，这是什么声音？
这是形容鼓掌的声音。

跟我一起学

儿童节联欢会上，同学们的表演都很精彩，台下呱唧呱唧掌声不断。

童谣巧记

皮皮是个小顽皮，
老师上课他呱唧。
前后左右说个遍，
呱唧呱唧不懂礼。

111

kā dā

咔嗒

kuāng

哐

咔嗒！咔嗒！
听，这是什么声音？
这是形容物体轻微的碰撞声。

哐——！哐——！
听，这是什么声音？
这是形容撞击震动的声音。

跟我一起学

晚上，我的窗子没有关好，睡觉时窗子被风吹得一开一合，咔嗒咔嗒地响。

跟我一起学

大风一吹，靠在墙边的几根木头哐的一声，倒在了地上。

童谣巧记

妈妈出门看外婆，
咔嗒一声上门锁。
有锁就能保安全，
这下放心看外婆。

童谣巧记

风吹窗户哐一响，
窗棂窗台来相撞。
为保安全关窗户，
这下再也没声响。

kuāng dāng
哐 当

pā
啪

哐当！哐当！
听，这是什么声音？
这是形容器物撞击的声音。

跟我一起学

我正在路上走着，哐当一声，两辆小汽车相撞了，这时我吓得脸色发白。

童谣巧记

小熊踢球闯了祸，
哐当一声窗户破。
红着脸儿到窗前，
向着主人来认错。

啪——！啪——！
听，这是什么声音？
这是形容枪声、拍掌
或东西撞击的声音。

跟我一起学

课外活动上，小军在玩陀螺，只见他啪啪地甩着鞭子，陀螺飞速地旋转着。

童谣巧记

啪啪啪，掌声响，
"六一"节目真是棒。
如果你是小观众，
精彩时候要鼓掌。

pā lā
啪 啦

pā chā
啪 嚓

啪啦！啪啦！
听，这是什么声音？
这是形容某些器物碰撞
或碰碎的声音。

啪嚓！啪嚓！
听，这是什么声音？
这是形容某些东西落地、
撞击或碰碎的声音。

跟我一起学

妈妈正在厨房洗碗，一个不小心，一个盘子掉在了地上啪啦一声摔碎了。

跟我一起学

哥哥正在摆弄新手机，一不注意，啪嚓，新手机掉在了地上，屏幕摔碎了。

童谣巧记

小列宁，玩游戏，
花瓶被他撞下地。
啪啦一声花瓶破，
地上全是碎玻璃。

童谣巧记

小小文具盒，
啪嚓落下地。
赶紧捡起来，
收好放包里。

pīng pāng
乓 乓

乒乓！乒乓！
听，这是什么声音？
这是形容东西撞击的声音。

跟我一起学

很多人在体育馆里练乒乓球，而且一练就是几个小时，大厅里乒乓乒乓的声音会一直持续到天黑。

童谣巧记

乒乓球馆打乒乓，
球拍打球乒乓响。
从小我就练国球，
长大为国来增光。

pū tōng
扑 通

扑通！扑通！
听，这是什么声音？
这是形容重物落地或落水的声音。

跟我一起学

一群孩子扑通扑通跳进水里。他们像一群鱼儿似的，在冰凉的泳池里快乐地游着。

童谣巧记

小小娃娃学游泳，
扑通扑通又扑通。
蛙泳蝶泳自由泳，
学了一种又一种。

115

tāng tāng
噬 噬

ā tì
阿 嚏

噬噬！噬噬！
听，这是什么声音？
这是形容打钟、敲锣、放枪的声音。

跟我一起学

每天清晨，卖菜的小贩们听到山上噬噬的钟声就起床了。

童谣巧记

钟声噬噬响，
行人赶路忙。
天色还没亮，
忙碌一早上。

阿嚏！阿嚏！
听，这是什么声音？
这是形容打喷嚏的声音。

跟我一起学

昨天夜里，我没有盖好被子。今天早上一起床，阿嚏——我连着打了三个喷嚏。

童谣巧记

受凉了，打喷嚏，
阿嚏阿嚏连阿嚏。
赶紧服药再添衣，
千万保重好身体。

bā jī
吧 唧

bā dā
吧 嗒

吧唧！吧唧！
听，这是什么声音？
这是形容脚掌拍打
泥泞地面等的声音。

吧嗒！吧嗒！
听，这是什么声音？
这是形容物体轻微撞击
或液体滴落等的声音。

跟我一起学

　　雨后，路面有了积水，小朋友们都穿上了雨靴，吧唧吧唧地踩到水面上，水花四溅，真有趣！

跟我一起学

　　吧嗒，吧嗒。豆大的雨点稀稀疏疏，不缓不慢地敲打着阳台上的雨篷。

童谣巧记

天空突然下起雨，
爸爸赶忙回家里，
吧唧吧唧回到家，
脚上沾满一脚泥。

童谣巧记

吧嗒吧嗒，
汗如雨下。
环卫工人，
您辛苦啦！

hā hā
哈 哈

哈哈！哈哈！
听，这是什么声音？
这是形容笑的声音。

跟我一起学

赛场上，小明第一个冲到了终点线，哈哈的笑声响彻着操场，他实在是太开心了。

童谣巧记

小朋友，笑哈哈，
露出满口小白牙。
情绪愉悦身康健，
做个快乐小娃娃。

hēi hēi
嘿 嘿

嘿嘿！嘿嘿！
听，这是什么声音？
这是形容笑的声音。

跟我一起学

他伸手挠了下自己的后脑勺，嘿嘿地笑着对老师说："不好意思啊，我不是故意迟到的。"说完，便害羞地低下头，回到了座位上。

童谣巧记

羞涩男孩嘿嘿笑，
轻扬他的小嘴角。
观人请你先观面，
你可懂得看外貌？

hū chī

呼哧

呼哧！呼哧！
听，这是什么声音？
这是形容喘息的声音。

跟我一起学

躲在树荫下的小狗，吐出舌头，**呼哧呼哧**地喘着粗气。

童谣巧记

夏天天气热，
小狗忙吐舌。
呼哧又呼哧，
这样来散热。

hēng chī

哼哧

哼哧！哼哧！
听，这是什么声音？
这是形容粗重喘息的声音。

跟我一起学

一个农民放牛归来，背着从山上拾的一筐野果，累得满头汗水，**哼哧哼哧**地喘粗气。

童谣巧记

大皮包，真是重，
牛牛**哼哧**背不动。
请出爸爸来帮忙，
长大我才背得动。

119

yá yá
牙牙

牙牙！牙牙！
听，这是什么声音？
这是形容婴儿学说话的声音。

跟我一起学

我的弟弟快一岁了，我和妈妈说话时，他也在一旁牙牙学语，可他说的话谁也听不懂。

童谣巧记

一个小娃娃，
牙牙学说话。
牙牙又牙牙，
不知在说啥。

nán nán
喃 喃

喃喃！喃喃！
听，这是什么声音？
这是形容连续不断地
小声说话的声音。

跟我一起学

我听见一阵细碎的谈话声，仔细一听，原来是爸爸和妈妈在客厅里喃喃地讨论着奶奶的病情。

童谣巧记

小燕衔泥巴，
喃喃在说话。
在这屋檐下，
垒窝孵娃娃。

láng láng
琅 琅

琅琅！琅琅！
听，这是什么声音？
这是形容金石相击声、
响亮的读书声等。

跟我一起学

上课铃响了以后，教室里响起了同学们琅琅的读书声，伴随着窗外悦耳的鸟鸣，多么美好的一天！

童谣巧记

书声琅琅真动听，
娃娃爱学满是劲。
从小立下读书志，
长大做个有为人。

zé zé
啧 啧

啧啧！啧啧！
听，这是什么声音？
这是形容咂嘴或说话声。

跟我一起学

看完了杂技表演，爸爸啧啧地称赞道："这些杂技演员可真厉害，表演得真好！"

童谣巧记

杂技表演不一般，
爸爸啧啧来称赞。
台上精彩台下功，
每天苦练别偷懒。

hū lū
呼 噜

jī li guā lā
叽 里 呱 啦

呼噜！呼噜！
听，这是什么声音？
这是形容打鼾
或吸食流质食物发出的声音。

叽里呱啦！叽里呱啦！
听，这没完没了的
是什么声音？
这是形容大声说话的声音。

跟我一起学

劳作了一天的爸爸实在是太累了，一躺到床上就睡着了，呼噜声一阵接一阵。

跟我一起学

车站的角落里，有几个人一边比画，一边用方言叽里呱啦地说个不停。

童谣巧记

小猪睡觉打呼噜，
嘴角口水流不住。
懒小猪，憨小猪，
让人笑声忍不住。

童谣巧记

一场误会引争端，
叽里呱啦辩不停。
老师来了一调解，
握手言欢重归好。

pēng pēng
怦怦

怦怦！怦怦！
听，这是什么声音？
这是形容心跳的声音。

跟我一起学

天黑了，楼道里黑洞洞的，我的心怦怦直跳，总觉得不知道从哪儿会钻出个人来。

童谣巧记

心脏是个发动机，
每天给人送动力。
怦怦怦，怦怦怦，
藏在你的胸腔里。

pēng
砰

砰——！砰——！
听，这是什么声音？
这是形容撞击、爆裂或
重物落地的声音。

跟我一起学

老人捧了一把玉米放在铁罐里，然后架在火上来回转动。过了一会儿，他把铁罐装进麻袋，再用脚猛地一踹——砰！爆米花都飞了出来。

童谣巧记

老爷爷，爆米花，
圆圆转炉火上架。
砰一声，开炉啦，
爆出香香白米花。

pū　chī
扑哧

tōng　tōng
嗵嗵

扑哧！扑哧！
听，这是什么声音？
这是形容笑声
或水、气挤出的声音。

嗵嗵！嗵嗵！
听，这是什么声音？
这是形容心跳声、脚步声等。

跟我一起学

　　下午吃过饭，我和妹妹一起去楼下散步，刚走到楼下公园，我看到她的鞋子穿反了，乐得我扑哧一声笑出了声。扑哧也可以写成"噗嗤"。

跟我一起学

　　天黑了，我从同学家走回家。草丛中突然蹿出来一只野兔，把我吓得心嗵嗵直跳。

童谣巧记

小丑真滑稽，
表演特有趣。
观众盯着看，
扑哧笑坏你。

童谣巧记

脚下迈大步，
嗵嗵向前走。
学当解放军，
英勇又抖擞。

小学语文通用基础知识手册

专注小学阶段语文基础字、词、成语积累

学霸
必修课
XUEBA
BIXIUKE

语文其实并不难

曾琴 陈慧颖 主编

偏旁部首
学习有规律

延边大学出版社

图书在版编目（CIP）数据

语文其实并不难 / 曾琴，陈慧颖主编. -- 延吉：
延边大学出版社，2023.5
ISBN 978-7-230-05006-7

Ⅰ．①语… Ⅱ．①曾…②陈… Ⅲ．①小学语文课 –
教学参考资料 Ⅳ．①G624.203

中国国家版本馆 CIP 数据核字（2023）第 091197 号

语文其实并不难

主　　编：曾琴　陈慧颖
责任编辑：王启东
出版发行：延边大学出版社
社　　址：吉林省延吉市公园路 977 号
邮　　编：133002
电　　话：0433-2732435
传　　真：0433-2732434
网　　址：http：//www.ydcbs.com
印　　刷：咸宁市国宾印务有限公司
开　　本：880 mm × 1230 mm　1/32
印　　张：21
字　　数：460 千字
版　　次：2023 年 5 月第 1 版
印　　次：2023 年 7 月第 1 次印刷
书　　号：ISBN 978-7-230-05006-7
定　　价：110.00 元

目 录

偏旁部首

学习有规律

YUWEN QISHI BINGBUNAN

学习有规律

偏旁部首

YUWEN QISHI BINGBUNAN

两点水（冫）

我是两点水，
只有两笔画，
我很容易写，
一点一提就是我。

1	2
点	提

哈哈，我现身了！

　　我是两点水（冫），我最初是用来表示"冰"的，因为我不能独立成字，所以只能作为偏旁和其他朋友在一起组成合体字。

看我七十二变

　　→以"冷"字为例，它是形声字。"冫"是形旁，有寒冷之义；"令"是声旁，表示读音。"冷"的本义是寒冷，沿用至今，但现在人们也常常用"冷"来形容一个人不热情、不温和，如"冷淡""冷冰冰""冷漠""冷酷无情"。此外，"冷"也有寂静、不热闹的意思，如"冷清"。"冷"的字形主要有以下几种：

㳠	冷	冷
小篆	隶书	楷书

一、下面我来为大家介绍一下我的朋友们。

1 我和"京"字，组成"凉"字。立秋以后，天气渐渐凉快了。

2 我和"马"字，组成"冯"字。冯姓在《百家姓》中列第九。

1

3 我和"台"字，组成"冶"字。铁不冶炼不成钢，人不运动不健康。

4 我和"争"字，组成"净"字。她白净的脸上戴着一副花框眼镜。

5 我和"禀"字，组成"凛"字。雪花穿着白色的舞裙，在凛冽的北风中翩翩起舞。

二、下面我来和你们做游戏。小朋友们，快来帮我找朋友！

令（　　　）　　东（　　　）　　兄（　　　）　　列（　　　）

诗词链接

洛阳亲友如相问，一片冰心在玉壶。　　——［唐］王昌龄

荡胸生曾云，决眦入归鸟。　　——［唐］杜　甫

会当凌绝顶，一览众山小。　　——［唐］杜　甫

银烛秋光冷画屏，轻罗小扇扑流萤。　　——［唐］杜　牧

天阶夜色凉如水，卧看牵牛织女星。　　——［唐］杜　牧

言字旁（讠）

我是言字旁，
一点再横折提。
很有意思吧！
快来认识我吧！

1 丶	2 讠
点	横折提

哈哈，我现身了！

　　我是言字旁（讠），"言"的甲骨文字形像张口伸舌讲话的样子。用"言"作偏旁的字多与说话有关，如"请""谅"。

看我七十二变

　　→以"话"字为例，它是形声字。"言"是它的形旁，表示言语。"话"用作名词，指说出来的能够表达思想的声音，或者把这种声音记录下来的文字；"话"用作动词，指说、谈。"话"的字形主要有以下几种：

話	話	話	话
小篆	隶书	楷书（繁）	楷书（简）

一、下面我来为大家介绍一下我的朋友们。

1. 我和"吾"字，组成"语"字。作文要语言精练，避免重复啰唆。

2. 我和"午"字，组成"许"字。他许诺过的事情一定会办到。

3 我和"方"字，组成"访"字。我们怀着崇敬的心情，访问了这座英雄的城市。

4 我和"舌"字，组成"话"字。他似乎有难言之隐，说话吞吞吐吐的。

5 我和"人"字，组成"认"字。我们认定只有科学发展才能持续发展。

二、下面我来和你们做游戏。小朋友们，快来帮我找朋友！

果（ ）   平（ ）   上（ ）   青（ ）

词语链接

例：京（凉）（凉解）（原凉）

讠	射（ ）（ ）（ ）
	寸（ ）（ ）（ ）
	只（ ）（ ）（ ）
	井（ ）（ ）（ ）
	羊（ ）（ ）（ ）

秃宝盖(冖)

我是秃宝盖，
我有一个好朋友，
它叫宝盖，
请认真区别我们！
快来认识我吧！

1	2
点	横钩

哈哈，我现身了！

我读作 mì，本义为覆盖，是"幂"的古字。我在现代汉语中一般不常用，只用作偏旁，作偏旁时常被称为"秃宝盖"。用我作偏旁的字多与覆盖有关，如"冥""冠""冤"。

看我七十二变

→以"冠"字为例，"冠"由三部分构成："冖"指包裹头发的布巾；"元"指人的头部；"寸"同"又"，就是手。合起来表示用手给人的头上戴布巾(像帽子一样的东西)。"冠"的本义是帽子。读"guān"时，引申指形状像帽子或在顶上的东西。读"guàn"时，意思是把帽子戴在头上。还有超出众人，超过，位居第一的意思，如冠军。"冠"的字形主要有以下几种：

金文	小篆	隶书	楷书

一、下面我来为大家介绍一下我的朋友们。

1. 我和"车"字，组成"军"字。军队平时加强训练，战斗时才能打胜仗。

2. 我和"与"字，组成"写"字。写作文前要先构思一下，然后再开始写。

二、下面我来和你们做游戏。小朋友们，快来帮我找朋友！

兔（　　）　　豕（　　）　　几（　　）

诗词链接

一去紫台连朔漠，独留青冢向黄昏。　　——［唐］杜　甫

将军角弓不得控，都护铁衣冷难着。　　——［唐］岑　参

头上红冠不用裁，满身雪白走将来。　　——［明］唐　寅

成语链接

全军覆没　军令如山　千军万马　孤军奋战　异军突起

溃不成军　张冠李戴　冠冕堂皇　弹冠相庆　凤冠霞帔

衣冠楚楚　怒发冲冠　轻描淡写　沉冤莫白　沉冤得雪

厂字头(厂)

我是厂字头，
工厂的厂，
不是广场的"场"，
小朋友们一定要记牢哟！

1	2
一	厂
横	撇

哈哈，我现身了！

我是厂字头(厂)，"厂"本义为没有墙壁的简易房屋。在古文中，"厂"和"广"经常通用，如"厕"字也常写作"厩"。另外，带有厂字头的字一般也都和房屋有关，如"厢""厅"。

看我七十二变

→以"厨"字为例，它既是形声字又是会意字。小篆、隶书中的"广"是形旁，像房子形，表示"厨"是做饭菜的房子；"尌"是声旁，古代童仆又叫尌子，尌子干活的地方主要是厨房。"厨"的楷书由"厂""豆""寸"会意，"厂"是没有墙或只有一面墙的房屋，表示被称为厨房的建筑较简陋；"豆"是古代一种盛食物的器皿；"寸"表示烹食物需要掌握分寸。"厨"的本义为厨房，可引申为厨师；此外，"厨"还有菜肴，烹饪、烹调的意思。"厨"的字形主要有以下几种：

廚	廚	厨
小篆	隶书	楷书

一、下面我来为大家介绍一下我的朋友们。

1. 我和"力"字，组成"历"字。在历史长河中，有一颗星星永远闪亮，那就是亲情。

2. 我和"则"字，组成"厕"字。开展"厕所革命"，是建设"美丽乡村"的重要任务之一，事关广大农民的根本福祉。

3. 我和"万"字，组成"厉"字。冬天是严厉的老师，用严寒与风雪做教鞭，教会我们拥有顽强的意志。

4. 我和"里"字，组成"厘"字。差之毫厘，失之千里。

5. 我和"丁"字，组成"厅"字。那是一座庞大的建筑物，楼内厅堂沙龙，布置典雅。

二、下面我来和你们做游戏。小朋友们，快来帮我找朋友！

犬（　　　）　　相（　　　）　　夏（　　　）　　斯（　　　）

诗词链接

离离**原**上草，一岁一枯荣。　　　　——［唐］白居易

相看两不**厌**，只有敬亭山。　　　　——［唐］李　白

安得广**厦**千万间，大庇天下寒士俱欢颜。　——［唐］杜　甫

晴川**历历**汉阳树，芳草萋萋鹦鹉洲。　　——［唐］崔　颢

成语链接

历历在目　再接再**厉**　**厉**兵秣马　一**厢**情愿　**厚**积薄发

厚古薄今　**原**汁**原**味　**原**形毕露　差之毫**厘**，失之千里

立刀（刂）

我是立刀，
短竖加竖钩，
简单容易学，
小朋友们快动手！

1	2
丨	刂
竖	竖钩

哈哈，我现身了！

我是立刀（刂），"刂"是"刀"字分化出来的写法。"刀"的甲骨文字形像一把刀的样子，上面是刀柄，下面是刀身。用我作偏旁的字多与刀或使用刀有关，如"划""刻"。

看我七十二变

→以"利"字为例，它是会意字。本义是"锐利""锋利"。甲骨文字形整体像用"刀"割"禾"，谷粒随刀纷纷落下，说明刀是锋利的。"利"的字形主要有以下几种：

甲骨文	金文	小篆	隶书	楷书

一、下面我来为大家介绍一下我的朋友们。

1 我和"仓"字，组成"创"字。创新激发潜能，潜能带动创新。

2 我和"另"字，组成"别"字。语文老师经常给我们纠正错别字。

3 我和"亥"字，组成"刻"字。冬天像一个巧匠，雕刻出最美丽的冰花。

4 我和"戈"字，组成"划"字。北郊公园内开设了垂钓、游艇、划船等项目。

5 我和"冈"字，组成"刚"字。天上的云彩变化得可真快，刚才还像兔子，一眨眼又成了天鹅，不一会儿却变成了小狗。

二、下面我来和你们做游戏。小朋友们，快来帮我找朋友！

开（　　　）　　文（　　　）　　至（　　　）　　贝（　　　）

词语链接

例：歹（列）（排列）（罗列）

|| 肖 （　　　）（　　　）（　　　）
| 包 （　　　）（　　　）（　　　）
| 乘 （　　　）（　　　）（　　　）
| 居 （　　　）（　　　）（　　　）
| 干 （　　　）（　　　）（　　　）
| 齐 （　　　）（　　　）（　　　）

猜一猜

小六两腿相交叉，
右边小刀身上挂。（打一汉字）

谜底：（刘）

单人旁（亻）

我是单人旁，
一撇加一竖，
笔画很简单，
一起来认识我吧！

1	2
ノ	亻
撇	竖

哈哈，我现身了！

我是单人旁（亻），"亻"是"人"字分化出来的写法。甲骨文"人"字看起来像是一个侧立的人形，用我作偏旁的字多与人有关，如"伙""伴"。

看我七十二变

→以"作"字为例，它的本字是"乍"。后加"人"成"作"，即刚开始做衣服。甲骨文字形表示衣服领口有针铁的形状，使针铁义更明确。金文与甲骨文一脉相承，但在左边加上了"又"（手）来会意。小篆在规范笔画时在"乍"旁加一"人"，表示"作"是人的行为。隶书虽以平直的笔画跳出古文字行列，但仍可看到古文字的遗痕。"作"的字形主要有以下几种：

甲骨文	金文	小篆	隶书	楷书
乚	𠂤	作	作	作

一、下面我来为大家介绍一下我的朋友们。

1. 我和"故"字，组成"做"字。自己的事情要自己做，我们从小就要养成独立的好习惯。

2. 我和"也"字，组成"他"字。他抬头看了看黑板，又埋下头抄笔记。

3. 我和"主"字，组成"住"字。我们要牢牢记住老师的教导。

4. 我和"门"字，组成"们"字。我们一起加油，共同进步。

5. 我和"火"字，组成"伙"字。这个小伙子可真聪明啊！

6. 我和"昔"字，组成"借"字。找别人借的东西，一定要及时还。

二、下面我来和你们做游戏。小朋友们，快来帮我找朋友！

白（　　）　　更（　　）　　方（　　）　　曾（　　）

词语链接

例：亭（停）（停车）（停止）

亻{
两（　　）（　　　）（　　　）
半（　　）（　　　）（　　　）
立（　　）（　　　）（　　　）
山（　　）（　　　）（　　　）
以（　　）（　　　）（　　　）
呆（　　）（　　　）（　　　）
}

人字头（人）

我是人字头，
左一撇右一捺，
顶天立地就是我，
大家一定能学会！

1	2
ノ	人
撇	捺

哈哈，我现身了！

　　我是人字头（人），我和八字头（八）都是一撇一捺，八字头是撇捺分离，我是撇捺相连。

看我七十二变

　　→以"命"字为例，在甲骨文中，"命"和"令"是同一个字，"人"在"命"中的意思已经不表示人了，而表示屋子。"命"的整体字形像在一个大屋顶下，一个人跪坐着，正在向人们发布命令的样子。金文开始在"令"字上加"口"构成"命"字。"命"的本义是命令、差使，又引申出生命、命运等义。"命"的字形主要有以下几种：

甲骨文	金文	小篆	隶书	楷书

一、下面我来为大家介绍一下我的朋友们。

1 我和"云"字，组成"会"字。她读着文字，时而愤愤不平，时而会心一笑，时而陷入沉思。

2 我和"王"字，组成"全"字。我全身充满了力量。

3 我和"匕"字，组成"仑"字。我自横刀向天笑，去留肝胆两昆仑。

二、下面我来和你们做游戏。小朋友们，快来帮我找朋友！

止（　　　）　　巳（　　　）　　舌（　　　）

诗词链接

去年今日此门中，人面桃花相映红。　　　——［唐］崔　护

会当凌绝顶，一览众山小。　　　——［唐］杜　甫

长风破浪会有时，直挂云帆济沧海。　　　——［唐］李　白

天生我材必有用，千金散尽还复来。　　　——［唐］李　白

渭城朝雨浥轻尘，客舍青青柳色新。　　　——［唐］王　维

成语链接

博古通今　古往今来　聚精会神　心领神会　令行禁止

舍己为人　舍生取义　退避三舍　固若金汤　金瓯无缺

包字头（勹）

我是包字头，
我拥抱着我的朋友，
一起来认识我吧！

1 撇	2 横折钩

哈哈，我现身了！

　　我是包字头（勹），我看起来像是弯曲着右臂，伸手包裹东西的样子。我那一撇代表右手，横折钩代表右臂。用我作偏旁的字多与包、裹的意思有关。

看我七十二变

　　→以"包"字为例，"包"是"胞"的本字。甲骨文字形像人妊娠的样子，金文和小篆字形在此基础上演变而来。后来"包"字多用于包裹、包含等义，于是另造"胞"字表示本义。"包"的字形主要有以下几种：

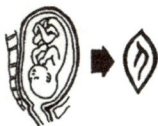

甲骨文	金文	小篆	隶书	楷书

　　→以"旬"字为例，甲骨文字形为交叉记号，表示由此开始，后来引长内曲，表示回环周遍，此时的"勹"不再表示包裹的意思了，有了引申义"循环"。"旬"的金文字形增加了"日"字，"旬"的本义是十日。古代使用干支纪日法，每十日周而复始，称一旬。"旬"的字形主要有以下几种：

| 甲骨文 | 金文 | 小篆 | 隶书 | 楷书 |

一、下面我来为大家介绍一下我的朋友们。

1 我和"口"字，组成"句"字。这句话简短但非常准确。

2 我和"日"字，组成"旬"字。十日为一旬，一个月分上、中、下三旬。

3 我和"田"字，组成"甸"字。田野上，沉甸甸的谷穗饱含着农民们辛勤的汗水。

二、下面我来和你们做游戏。小朋友们，快来帮我找朋友！

甫（　　　）　　凶（　　　）　　厶（　　　）

成语链接

包罗万象　　　胆大包天　　　逐字逐句　　　寻章摘句

一笔勾销　　　里勾外连　　　匍匐前进　　　三旬九食

猜一猜

撇和横折钩，右手连右臂。

包住好朋友，从此不分离。（打一偏旁部首）

谜底：（勹）

又字旁（又）

我是又字旁，
横撇再一捺，
简单又好学，
快来跟我写。

1 フ	2 又
横撇	捺

哈哈，我现身了！

　　我是又字旁（又），"又"的甲骨文字形像人的右手。"又"本义指右手，也借指方位之右。现在方位之右就用"右"表示。用我作偏旁的字多与手有关，如"取""支"。

看我七十二变

　　→以"双"字为例，它是会意字。小篆的"双"字形的上部为两个并排的"隹"字（雔），"隹"的古字形像小鸟。两只小鸟并排，表示一对小鸟。下部的"又"字表示手。这两个字形组合在一起，指一只手捉住一对小鸟。"双"的本义是两只鸟，引申为两个或一对。"双"的字形主要有以下几种：

雙	雙	雙	双
小篆	隶书	楷书（繁）	楷书（简）

一、下面我来为大家介绍一下我的朋友们。

1 我和"力"字，组成"劝"字。玲玲千方百计地劝说小薇来参加活动。

2 我和"鸟"字，组成"鸡"字。一群小鸡正在啄食。

3 我和"佳"字，组成"难"字。世上无难事，只要肯攀登。

4 我和"见"字，组成"观"字。我们一同观赏壮丽的北国风光。

5 我和"艮"字，组成"艰"字。我们要继承和发扬艰苦奋斗的优良传统。

二、下面我来和你们做游戏。小朋友们，快来帮我找朋友！

阝（　　　）　　寸（　　　）　　欠（　　　）　　又（　　　）

诗词链接

野火烧不尽，春风吹又生。　　　　　　　　——［唐］白居易

春风又绿江南岸，明月何时照我还。　　　　——［宋］王安石

山重水复疑无路，柳暗花明又一村。　　　　——［宋］陆　游

人生得意须尽欢，莫使金樽空对月。　　　　——［唐］李　白

相见时难别亦难，东风无力百花残。　　　　——［唐］李商隐

人有悲欢离合，月有阴晴圆缺，此事古难全。——［宋］苏　轼

双耳旁(阝)

我是双耳旁，也叫双耳刀，
在左叫左耳刀，
在右叫右耳刀，
我像小耳朵，
快来认识我吧！

1	2
乛	阝
横撇弯钩	竖

哈哈，我现身了！

　　我是一个汉字偏旁，俗称"双耳旁""双耳刀"，在左是"左耳旁"，在右是"右耳旁"。左耳旁由"阜(fù)"字变形而来。"阜"字本义为土山，所以含左耳旁的字多与山地、地形相关，如"陡""险"。右耳旁由"邑(yì)"字变形而来。"邑"字与城市有关，所以含右耳旁的字多与城镇、地名相关，如"都""郊"。

看我七十二变

　　→以"降"字为例，它是会意字。我在这个字中被称为左耳旁(阝)，"降"字的左边是一座土山(阜)，右边的字形像两只方向朝下的脚，表示从高处向低处走，也就是下降的意思，读"jiàng"。后来引申为投降、降服等意思，读"xiáng"。"降"的字形主要有以下几种：

甲骨文	金文	小篆	隶书	楷书

→以"郊"字为例，它是一个形声字，我在这个字中被称为右耳旁（阝），由"邑"字演变而来，篆书形体像区域和人，表示邑是人聚居的地方，"交"原是相互交叉，泛指都城和城外交合之处。"郊"的本义是国都城外百里以内的地区，后泛指城外、野外。"郊"的字形主要有以下几种：

小篆　　隶书　　楷书

一、下面我来为大家介绍一下我的朋友们。

1 我和"完"字，组成"院"字。院子里种了两棵枣树。

2 我和"日"字，组成"阳"字。绿油油的禾苗沐浴在温暖的阳光里。

3 我和"令"字，组成"邻"字。邻居姐姐是个善良的人。

二、下面我来和你们做游戏。小朋友们，快来帮我找朋友！

者（　　　）　　由（　　　）　　人（　　　）　　示（　　　）

词语链接

例：余（除）（除非）（除夕）

阝 {
且（　　）（　　　）（　　　）
东（　　）（　　　）（　　　）
夹（　　）（　　　）（　　　）
介（　　）（　　　）（　　　）
付（　　）（　　　）（　　　）

三点水（氵）

我是三点水，
两点和一提，
站在字左侧，
汇成江与河。

1	2	3
丶	丶	氵
点	点	提

哈哈，我现身了！

我是三点水（氵），也称水部，我是"水"字分化出来的写法。我看起来像是三个小水滴的样子。"水"的意思是河流，泛指流水一样的液体。我同样和河流有关，和流水之类的液体有关。用我作偏旁的字多与水有关，如"江""湖""海"。

看我七十二变

→以"波"字为例，它是形声字。我是它的形旁，在小篆字形里，我的形体像水流，表示水面振荡起伏；"皮"是声旁，有表面的意思，表示波是水的表层。"波"的本义是波浪。"波"的字形主要有以下几种：

波（小篆）	波（隶书）	波（楷书）
小篆	隶书	楷书

一、下面我来为大家介绍一下我的朋友们。

1. 我和"良"字，组成"浪"字。成长是一条河流，我们在滔滔浪花中长大。

2. 我和"台"字，组成"治"字。治理水污染已经是迫在眉睫的事情。

3. 我和"工"字，组成"江"字。长江日夜奔流，滔滔不绝。

4. 我和"炎"字，组成"淡"字。秋天，天高云淡，北雁南飞。

二、下面我来和你们做游戏。小朋友们，快来帮我找朋友！

又（　　　）　　也（　　　）　　少（　　　）　　尼（　　　）

词语链接

例：干（汗）（出汗）（大汗淋漓）

氵

十	（　　）（　　　）（　　　）
王	（　　）（　　　）（　　　）
可	（　　）（　　　）（　　　）
闰	（　　）（　　　）（　　　）
贵	（　　）（　　　）（　　　）
肖	（　　）（　　　）（　　　）

竖心旁（忄）

我是竖心旁，
写我需仔细。
左为"左点"稍左斜，
右为"侧点"向右伸，
最后一笔写垂竖，
一起来写吧！

哈哈，我现身了！

我是竖心旁（忄）。"忄"由"心"字演变而来，中间那一竖，可以看作是将"心"中分，左边为左心房和左心室，右边是右心房和右心室。整体看起来像是"心"在舒展身体。古代人认为心脏主管人的思想，所以用我作偏旁的字多与心理活动有关，如"忧""怕"。

看我七十二变

→以"忆"字为例，它是形声字，我是它的形旁，古人认为心脏能记忆；"意"是声旁，表示读音。"忆"的简体字将声旁"意"改为"乙"。"忆"的本义为思念，回想。"忆"的字形主要有以下几种：

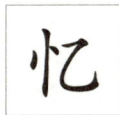

小篆　　隶书　　楷书（繁）　楷书（简）

一、下面我来为大家介绍一下我的朋友们。

1 我和"白"字，组成"怕"字。我们是天不怕地不怕的男子汉。

2 我和"亡"字，组成"忙"字。忙碌的一天终于结束了。

3 我和"昔"字，组成"惜"字。光阴似箭，日月如梭，我们要珍惜时间。

4 我和"肖"字，组成"悄"字。夜深了，小山村里静悄悄的。

5 我和"平"字，组成"怦"字。她紧张得心怦怦直跳。

二、下面我来和你们做游戏。小朋友们，快来帮我找朋友！

光（　　　）　　圣（　　　）　　青（　　　）　　曼（　　　）

词语链接

例：生（性）（性格）（性质）

忄

奥	（　　　）	（　　　）	（　　　）
京	（　　　）	（　　　）	（　　　）
千	（　　　）	（　　　）	（　　　）
台	（　　　）	（　　　）	（　　　）
尤	（　　　）	（　　　）	（　　　）
兑	（　　　）	（　　　）	（　　　）

口字旁（口）

我是口字旁，
病从口入，
祸从口出，
要管好自己的嘴巴哟，
一起来认识我吧！

1	2	3
丨	冂	口
竖	横折	横

哈哈，我现身了！

　　我是口字旁（口），"口"是一个象形字，"口"的本义是人嘴，引申为容器出入通过的地方或关卡。用我作偏旁的字多与嘴巴和嘴巴发出的动作有关，如"唱""吃"。

看我七十二变

　　→以"吹"字为例，它是一个会意字，由"口""欠"两部分组成。本义是合拢嘴唇用力呼气。"欠"是"打哈欠"，甲骨文字形像一个人跪坐着，张着嘴巴正在打呵欠。为了表示"哈出气"，就再加上了"口"旁。金文和小篆字形将顺序调换，但意思未变，有说大话、刮风的意思，也可以用来表示两人关系破裂。"吹"的字形主要有以下几种：

甲骨文	金文	小篆	隶书	楷书

　　→以"吕"字为例，它是一个象形字，是"铝"字的古字，在古时通常被人们用来表示"铝块"。"口"在"吕"的字表中表示铝块。因为铝块的形状有些

25

像嘴,所以慢慢演变成了"口"的样子。"吕"由两个"口"(铝块)上下叠加而来,是"铝"字最初的写法。"吕"的字形主要有以下几种:

甲骨文	金文	小篆	隶书	楷书

一、下面我来为大家介绍一下我的朋友们。

1 我和"肖"字,组成"哨"字。街道旁的大树像挺拔的哨兵在站岗放哨一样。

2 我和"斤"字,组成"听"字。同学们,快复习啊,马上就要听写单词了。

3 我和"巴"字,组成"吧"字。我们一起回家吧!

4 我和"十"字,组成"叶"字。这片枫叶真好看!

5 我和"马"字,组成"吗"字。你可以告诉我事情的真相吗?

二、下面我来和你们做游戏。小朋友们,快来帮我找朋友!

牙(　　　) 咸(　　　) 舍(　　　) 欠(　　　)

诗词链接

不知细**叶**谁裁出,二月春风似剪刀。　　　——[唐]贺知章

莫**听**穿林打**叶**声,何妨**吟啸**且徐行。　　——[宋]苏　轼

咬定青山不放松,立根原在破岩中。　　　——[清]郑　燮

国字框(囗)

我是国字框，
我只有三画，
我与口相似，但我不是口。
小朋友们，快来跟我一起学！

1	2	3
丨	冂	囗
竖	横折	横

哈哈，我现身了！

我是国字框，我比"口"字大，我像人嘴的形状，我看起来像是从四周围绕起来的样子。用我作偏旁的字多与包围、围绕有关，如"困""固"。

看我七十二变

→以"国"字为例，它是会意字。原字是"或"，字形是以"戈"（武器）守卫"口"（城邑），后来在"或"的周围加上了"囗"，构成"國"字，有了"疆域"的意思，根据这个意思后来写作"域"。后来又引申指地区和区域。又引申指分封的诸侯国。后泛指国家，也指国都。"国"的字形主要有以下几种：

甲骨文	金文	小篆	隶书	楷书（繁）	楷书（简）
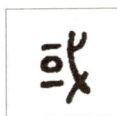					

一、下面我来为大家介绍一下我的朋友们。

1 我和"才"字，组成"团"字。母亲对儿女朝思暮想，希望他们能尽快回家团圆。

2 我和"卷"字，组成"圈"字。他脸上的胡子卷成许多极小的圆圈。

3 我和"冬"字，组成"图"字。我爱秋天，秋天给人们画了一幅美丽的图画，它给人们带来了丰收的快乐。

4 我和"元"字，组成"园"字。春天悄然而至，走到花园里，各种花卉都已开放，真是群芳吐艳，美不胜收。

5 我和"员"字，组成"圆"字。中秋佳节是家家户户团圆的节日。

二、下面我来和你们做游戏。小朋友们，快来帮我找朋友！

大（   ）　口（   ）　木（   ）　古（   ）

知识卡片

　　圆明园　圆明园位于中国北京市海淀区，是清代的大型皇家园林，由圆明园及其附园长春园和绮春园（后改称万春园）组成，通称为"圆明三园"。圆明园规模宏伟，融会了各式园林风格，运用了各种造园技巧，再现诗画意境，被大多数中国园林学家认为是中国园林艺术史上的顶峰作品；被当作是中国古典园林平地造园、堆山理水集大成的典范，被誉为"万园之园"。1860 年，圆明园遭英法联军焚毁，历经战乱劫掠，现时仅存遗址，被列入全国重点文物保护单位。

宝盖(宀)

我是宝盖，
像顶小草帽，又像小花伞，
为我的朋友遮风挡雨。
快来认识我吧！

1	2	3
丶	丷	宀
点	点	横钩

哈哈，我现身了！

我是宝盖，比秃宝盖(冖)头上多一点，比穴宝盖(穴)底下少一撇和一捺。我看起来像是盖东西用的盖子。其实，我最初的字形像房屋，看起来像是房屋的侧视图。我头上那一点，代表屋脊，另外一点和横钩，代表屋顶和前后两侧墙壁。因为房屋具有覆盖物的性质，所以我也引申为覆盖的意思。用我作偏旁的字多与房屋有关，如"官""室""宅"。

看我七十二变

→以"宝"字为例，它是一个形声字，"宀"是它的形旁，表示在一间屋子里既有"贝"(表示财富)，又有"玉"(写作"王"，表示珍宝)，又有"缶"(表示器皿)，这些都是宝贵的东西。"宝"的本义是珍宝，引申指珍贵的东西。"宝"的字形主要有以下几种：

甲骨文	金文	小篆	隶书	楷书（繁）	楷书（简）

一、下面我来为大家介绍一下我的朋友们。

1 我和"子"字，组成"字"字。他的毛笔字写得真好看。

2 我和"匕"字，组成"它"字。它们都是我的好朋友。

3 我和"元"字，组成"完"字。我们要认真完成老师布置的作业。

4 我和"丁"字，组成"宁"字。非淡泊无以明志，非宁静无以致远。

5 我和"且"字，组成"宜"字。这些东西都很便宜，我们买一些喜欢的吧。

二、下面我来和你们做游戏。小朋友们，快来帮我找朋友！

奇（　　　）　　女（　　　）　　各（　　　）　　由（　　　）

成语链接

宁静致远　　宽宏大度　　守口如瓶　　守望相助　　守株待兔

受宠若惊　　寿终正寝　　安居乐业　　安之若素　　安土重迁

猜一猜

上下抓安全，
一点不放松。（打一汉字）

谜底：（ 宝 ）

广字旁(广)

我是广字旁,
一点一横一撇,
小朋友们觉得我简单,
就快来学习我吧!

1 `	2 二	3 广
点	横	撇

哈哈,我现身了!

　　我是广字旁(广),"广"是象形字,《说文解字》有"广"的字头,作者许慎认为此字像建筑在山崖上的房子。用我作偏旁的字多与房屋或场所有关,如"庐""店"。

看我七十二变

　　→以"座"字为例,它是形声字。"座"的古字是"坐","座"的形旁是"广",表示房屋;声旁是"坐",表示读音。"坐"指席地而坐,合在一起表示在房屋里供人坐的地方,也指位置,底座,器物的基础部分或托底的部件。"座"还可用作量词,表示较大或固定的物体,如一座桥,一座山。"座"的字形主要有以下几种:

小篆　　　　隶书　　　　楷书

語/文/其/实/并/不/难

一、下面我来为大家介绍一下我的朋友们。

1. 我和"车"字，组成"库"字。他家的仓库真整洁。
2. 我和"木"字，组成"床"字。床前明月光，疑是地上霜。
3. 我和"大"字，组成"庆"字。长江又咆哮起来了，仿佛在庆祝胜利。
4. 我和"占"字，组成"店"字。梦幻乐园里有琳琅满目的玩偶店铺。
5. 我和"隶"字，组成"康"字。健康是成功的命脉，是成功的本钱。

二、下面我来和你们做游戏。小朋友们，快来帮我找朋友！

户（　　　）　　龙（　　　）　　土（　　　）　　木（　　　）

词语链接

例：廷（庭）（庭院）（出庭）

广
- 兼（　）（　　）（　　）
- 发（　）（　　）（　　）
- 予（　）（　　）（　　）
- 由（　）（　　）（　　）

猜一猜

庄里两个人坐在土上（打一汉字）

谜底：（座）

32

门字框（门）

我是门字框，
我的笔顺要清楚，
先写点再写竖，
最后写横折钩。
一起来认识我吧！

1	2	3
`	门	门
点	竖	横折钩

哈哈，我现身了！

　　我是门字框（门），"门"是象形字。"门"的本义是双扇门，引申指建筑物的出入口或安装在出入口能开关的装置。用我作偏旁的字多与门有关，如"闭""阁"。

看我七十二变

　　→以"间"字为例，它是一个会意字。"间"的金文字形由"门"和"月"组成，表示从两扇门的缝隙中看到月亮。小篆以后的字形开始有了变化，"閒"写作"間"。"间"的本义是门缝，引申指缝隙，空隙。"间"还是表示房屋的量词，如一间房，两间屋子。"间"也是方位词，如中间。"间"的字形有以下几种：

金文	小篆	隶书	楷书（繁）	楷书（简）
𨳒	閒	間	間	间

一、下面我来为大家介绍一下我的朋友们。

1 我和"马"字，组成"闯"字。闯红灯是非常危险的，我们不能这样做。

2 我和"口"字，组成"问"字。问题的答案到底是什么呢？

3 我和"心"字，组成"闷"字。天气闷热，让人非常不舒服。

4 我和"木"字，组成"闲"字。在休闲的时候，我们可以多看看书。

5 我和"活"字，组成"阔"字。宽阔的马路上行驶着很多车。

二、下面我来和你们做游戏。小朋友们，快来帮我找朋友！

才（　　　）　　市（　　　　）　　耳（　　　）　　人（　　　）

诗词链接

天门中断楚江开，碧水东流至此回。　　——［唐］李　白

羌笛何须怨杨柳，春风不度玉门关。　　——［唐］王之涣

君问归期未有期，巴山夜雨涨秋池。　　——［唐］李商隐

儿童相见不相识，笑问客从何处来。　　——［唐］贺知章

等闲识得东风面，万紫千红总是春。　　——［宋］朱　熹

猜一猜

有人金光闪,有市闹翻天,
有才闲上眼,有日挤时间。（打一汉字）

谜底:（门）

走之(辶)

我是走之,
先写一点,
再写横折折撇,
最后再写捺,
一起来练习吧!

1 ⟍	2 ⟋	3 辶
点	横折折撇	捺

哈哈,我现身了!

我是一个汉字偏旁部首,我的读音为 chuò,俗称"走之",简称"走之儿",但实际上并非源于"走"或"之",而是源于"辵"。我在传统字书中是辵部。"辵"是走走停停的意思,归入辵部的字多与此有关,如"进""退"。

看我七十二变

→以"逃"字为例,它是一个会意字。小篆字形右边的"兆"有征兆之义,左边字形很像路和脚,意思是逃走,组合在一起表示人看到危险的征兆后才会逃离。"逃"的本义是逃跑,逃走,引申指藏,隐匿,逃避等意思。"逃"的字形主要有以下几种:

| 小篆 | 隶书 | 楷书 |

一、下面我来为大家介绍一下我的朋友们。

1 我和"元"字，组成"远"字。远处的风景格外美丽。

2 我和"斤"字，组成"近"字。现在是我们离真相最近的时候。

3 我和"力"字，组成"边"字。我一边看电视一边唱歌。

4 我和"不"字，组成"还"字。还有谁没有出来呢？

5 我和"先"字，组成"选"字。请告诉我你最终的选择。

二、下面我来和你们做游戏。小朋友们，快来帮我找朋友！

文（　　　　）　　车（　　　　）　　云（　　　　）　　千（　　　　）

词语链接

例：舌（适）（适合）（适当）

辶　
束（　　）（　　　　）（　　　　）
韦（　　）（　　　　）（　　　　）
白（　　）（　　　　）（　　　　）
反（　　）（　　　　）（　　　　）
了（　　）（　　　　）（　　　　）
米（　　）（　　　　）（　　　　）

猜一猜

脚在路上走，像"之"不是"之"。

和它做朋友，都会把路走。（打一偏旁部首）

谜底：（辶　）

提手旁（扌）

我是提手旁，
先一横再竖钩，
最后是一提，
你瞧，这就是我！

1	2	3
一	扌	扌
横	竖钩	提

哈哈，我现身了！

> 我的俗称是"提手旁"。用我作偏旁的字多与手有关，如"抬""打"。

看我七十二变

→以"播"字为例，"播"是一个形声字，我是它的形旁，"播"的本义是撒种。金文的"播"字，左边是"采"，表示野兽行走过留下的足迹，右边是"攴"，表示敲打。《说文解字》中所记载的"播"的古字形，"采"变成了"番"。小篆的"播"字，左边成了"手"字，表示形旁，右边的"番"表示声旁。"播"还引申为散布之义。"播"的字形主要有以下几种：

金文	小篆	隶书	楷书

一、下面我来为大家介绍一下我的朋友们。

1 我和"丁"字，组成"打"字。老师教育我们不能打架。
2 我和"巴"字，组成"把"字。我把这朵花送给你。
3 我和"少"字，组成"抄"字。抄袭是不对的，我们要讲诚信。
4 我和"齐"字，组成"挤"字。荷叶挨挨挤挤的，像一个个碧绿的大圆盘。
5 我和"召"字，组成"招"字。小明在向我招手。

二、下面我来和你们做游戏。小朋友们，快来帮我找朋友！

夫（　　　） 卓（　　　） 罢（　　　） 是（　　　）

成语链接

提心吊胆　提纲挈领　稳扎稳打　打抱不平　误打误撞

谚语链接

头伏萝卜，二伏芥，三伏里头撒辣菜。

一把二月过，就把犁耙摸。

雨打清明节，干到夏至节。

霜降拔葱，不拔就空。

霜降摘柿子，立冬打软枣。

提土旁(土)

我是提土旁,
我和土有关,
要想了解我,
快来写一写!

1	2	3
一	十	土
横	竖	提

哈哈,我现身了!

我是提土旁(土)。我身材瘦小,因为我的朋友总是站在我的右边,所以我的最后一笔要从左下向右上提笔,大家写的时候一定要注意。用我作偏旁的字多与泥土、土壤有关,如"地""壤"。

看我七十二变

→以"域"字为例,"域"的本字是"或"。"或"也是"国"的本字。"域"表示邦国、区域。甲骨文"或"像持"戈"守卫在"口"(围城)的形状。金文"或"在"口"下加"一",表示土地;"或"在"口"四周画直线,表示城围。小篆将以上字形组成"或""域""國"三个字。"域"的字形主要有以下几种:

甲骨文	金文	小篆	隶书	楷书
𢆉	戜	域	域	域

一、下面我来为大家介绍一下我的朋友们。

1. 我和"也"字，组成"地"字。我对这土地爱得深沉！
2. 我和"里"字，组成"埋"字。道路被大雪埋住了。
3. 我和"及"字，组成"圾"字。老师总是教导我们不要随意乱扔垃圾。
4. 我和"平"字，组成"坪"字。请勿践踏草坪。
5. 我和"真"字，组成"填"字。他的填空题错得一塌糊涂。
6. 我和"不"字，组成"坏"字。不要在背后说人坏话！

二、下面我来和你们做游戏。小朋友们，快来帮我找朋友！

夸（   ）   申（   ）   云（   ）   皮（   ）

成语链接

土崩瓦解　　入土为安　　大兴土木　　卷土重来　　寸土不让

离乡别土　　土埋半截　　土生土养　　开疆辟土　　一抔黄土

猜一猜

地上有，天上无；

去者有，来者无，

墙上有，房中无。（打一汉字）

谜底（ 土 ）

草字头（ 艹 ）

我是草字头，
早早不探头，
要想找到我，
带上小草帽。
举起小手跟我一起写！

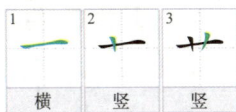

1	2	3
一	一	艹
横	竖	竖

哈哈，我现身了！

　　我是草字头（艹），由两棵小草组成，我看起来像是两棵小草手挽手，紧密连在一起的样子。简化汉字时，两肩并立的"火"也简化成了我的模样。用我作偏旁的字多与花草植物有关，如"菜""花""苗"。

看我七十二变

　　→以"草"字为例，它是形声字。"艹"是形旁，"早"是声旁。"草"的甲骨文字形显然是一棵草（屮），后来逐渐变成了两棵并排的草（艸），之后又加上了"早"旁表示读音。楷书的草字头原来是四画（艹）；现在的规范字是三画（艹）。"草"是草本植物的总称。"草"的字形主要有以下几种：

甲骨文　　　金文　　　小篆　　　隶书　　　楷书

→以“英”字为例，它是形声字。“艹”是形旁，篆书形体像草，表示“英”是草本植物的花；“央”是声旁，表示读音，也表示花在绿叶中央。“英”的本义是花。“英”的字形主要有以下几种：

小篆　　隶书　　楷书

一、下面我来为大家介绍一下我的朋友们。

1. 我和“牙”字，组成“芽”字。春天，小草发芽了。
2. 我和“平”字，组成“苹”字。这个苹果又大又红。
3. 我和“化”字，组成“花”字。老师奖励了我一朵小红花。
4. 我和“田”字，组成“苗”字。田里的禾苗绿油油的。
5. 我和“古”字，组成“苦”字。这药好苦啊！
6. 我和“明”字，组成“萌”字。这条小狗长得好萌啊！

二、下面我来和你们做游戏。小朋友们，快来帮我找朋友！

何（　　）　连（　　）　末（　　）　利（　　）

诗词链接

夜来风雨声，花落知多少。——［唐］孟浩然

离离原上草，一岁一枯荣。——［唐］白居易

小荷才露尖尖角，早有蜻蜓立上头。——［宋］杨万里

草长莺飞二月天，拂堤杨柳醉春烟。——［清］高鼎

山字旁（山）

我是山字旁，
通常站在字的左边或者上边，
小小山丘奔你而来，
小朋友们准备好学习我了吗？

1	2	3
丨	凵	山
竖	竖折	竖

哈哈，我现身了！

　　我是山字旁（山），"山"是象形字，字形像三座并排的山峰，"山"的本义是陆地上隆起高耸的部分，引申出"大"的含义。用我作偏旁的字多与山有关，如"岭""岗"。

看我七十二变

　　→以"峡"字为例，它是会意字。"峡"的左边是"山"（像山），右边是"夹"（像两个孩子夹着一个大人），表示两山夹峙之地是峡。峡指两山夹着的水道，也指两山之间。"峡"的字形主要有以下几种：

峡	峡	峡	峡
金文	隶书	楷书（繁）	楷书（简）

一、下面我来为大家介绍一下我的朋友们。

1 我和"夕"字，组成"岁"字。年年岁岁花相似，岁岁年年人不同。

2 我和"魏"字，组成"巍"字。愿我们的友谊像巍峨的泰山一样万古长存，历经风雨而不动摇。

3 我和"石"字，组成"岩"字。汹涌澎湃的潮水撞击着海边的岩石。

4 我和"肖"字，组成"峭"字。通往美德的道路漫长而又陡峭。

5 我和"斩"字，组成"崭"字。同学们穿上崭新的校服，显得格外神气。

二、下面我来和你们做游戏。小朋友们，快来帮我找朋友！

夹（　　　）　　　支（　　　）　　　令（　　　）

知识卡片

　　五岳　中国五大名山的总称。即东岳泰山、南岳衡山、西岳华山、北岳恒山、中岳嵩山。

双人旁（彳）

我是双人旁，
两撇加一竖，
就变成了我，
笔画非常简单，
一起来认识我吧！

1 丿	2 彳	3 彳
撇	撇	竖

哈哈，我现身了！

我是汉字部首之一，习惯上称为双人旁。也叫彳(chì)部，我是一个象形字，甲骨文字形像纵横相交的十字路(艹)。"彳"的本义是慢步行走。用我作偏旁的字多与行走和道路有关，如"行""徐"。

看我七十二变

→以"徐"字为例，它是一个形声字。"彳"是形旁，它的小篆字形像十字路口的左半部分，表示与道路或行走有关；"余"是声旁，表示读音。"徐"的本义是缓步而行，引申指缓慢，如徐步、清风徐来。"徐"的字形主要有以下几种：

徐	徐	徐
小篆	隶书	楷书

一、下面我来为大家介绍一下我的朋友们。

1. 我和"寺"字，组成"待"字。善待地球就是善待我们自己。
2. 我和"主"字，组成"往"字。假如河水再往上涨，河堤就有危险了。
3. 我和"走"字，组成"徒"字。少壮不努力，老大徒伤悲。
4. 我和"余"字，组成"徐"字。春风徐徐吹来，水面荡起无数波纹。
5. 我和"回"字，组成"徊"字。我看见一位穿着红色衣服的女孩在学校门口徘徊。

二、下面我来和你们做游戏。小朋友们，快来帮我找朋友！

非（　　　）　　正（　　　）　　皮（　　　）　　切（　　　）

诗词链接

清明时节雨纷纷，路上**行**人欲断魂。　　——［唐］杜　牧

行路难，**行**路难，多歧路，今安在？　　——［唐］李　白

半亩方塘一鉴开，天光云影共**徘徊**。　　——［宋］朱　熹

三撇（彡）

我是三撇，
顾名思义，
一撇两撇三撇组成了我，
一起来认识我吧！

1 撇	2 撇	3 撇

哈哈，我现身了！

　　我是三撇（彡），读作"shān"，本义是须毛，是一个象形字。我在现代汉语中作偏旁，称为"三撇"。用我作偏旁的字多与毛发、图画、纹饰等相关，如"须""影""彩"。

看我七十二变

　　→以"彤"字为例，它是一个会意字。《说文解字》："彤，丹饰也。"意思是用红色涂饰器物。引申为"红色"（比"赤"色浅）。"彤"字由"丹"（朱砂，红色）和"彡"（表示光彩的符号）构成。"丹"这种矿物是从矿井中采得的，所以金文和小篆的字形都是在井形中间加一圆点。"彤"的字形主要有以下几种：

 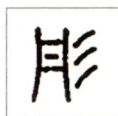  

金文	小篆	隶书	楷书

一、下面我来为大家介绍一下我的朋友们。

1 我和"虎"字，组成"彪"字。我们通常用"彪形大汉"形容身材魁梧的男子。

2 我和"丹"字，组成"彤"字。夕阳照在她的脸庞上，红彤彤的，非常好看。

3 我和"开"字，组成"形"字。黄山的石头真是千奇百怪，什么形状的都有。

4 我和"景"字，组成"影"字。我有一个形影不离的好朋友。

二、下面我来和你们做游戏。小朋友们，快来帮我找朋友！

木（　　）　　页（　　）　　林（　　）　　章（　　）

诗词链接

朝辞白帝彩云间，千里江陵一日还。　　——［唐］李　白

孤帆远影碧空尽，唯见长江天际流。　　——［唐］李　白

举杯邀明月，对影成三人。　　　　　　——［唐］李　白

起舞弄清影，何似在人间。　　　　　　——［宋］苏　轼

人世几回伤往事，山形依旧枕寒流。　　——［唐］刘禹锡

反犬旁（犭）

我是反犬旁，
汪汪汪，我是凶猛的动物，
汪汪汪，我也是可爱的动物，
一起来认识我吧！

1 丿	2 犭	3 犭
撇	弯钩	撇

哈哈，我现身了！

　　我由"犬"字演化而来，作为偏旁，俗称"反犬旁"。用我作偏旁的字多与动物有关，如"狼""猪""狗"。

看我七十二变

　　→以"狗"字为例，它的甲骨文字形线条简洁，造型生动，突出了犬的卷尾特征。金文犹如犬的投影画。小篆字形变化比较大，以"犬"作形旁，以"句"作声旁。"狗"的字形主要有以下几种：

甲骨文	金文	小篆	隶书	楷书

一、下面我来为大家介绍一下我的朋友们。

1 我和"苗"字，组成"猫"字。这只小猫毛茸茸的，很可爱。

2 我和"虫"字，组成"独"字。我独自走在路上，感觉有点儿害怕。

49

3 我和"良"字，组成"狼"字。你们一定听过很多关于狼的故事吧！

4 我和"师"字，组成"狮"字。斑马看见狮子走来了，拔腿就跑。

5 我和"青"字，组成"猜"字。我们一起来猜灯谜吧！

二、下面我来和你们做游戏。小朋友们，快来帮我找朋友！

者（　　　）　　王（　　　）　　瓜（　　　）　　尤（　　　）

词语链接

例：昔（猎）（猎人）（猎杀）

犭 ┌ 孟（　　）（　　　　）（　　　　）
　 │ 夹（　　）（　　　　）（　　　　）
　 │ 里（　　）（　　　　）（　　　　）
　 │ 侯（　　）（　　　　）（　　　　）
　 │ 星（　　）（　　　　）（　　　　）
　 └ 守（　　）（　　　　）（　　　　）

猜一猜

站着没有坐着高，一年四季穿皮袍。

看见生人它就叫，看见主人把尾摇。（打一动物）

谜底：（ 狗 ）

食字旁(饣)

我是食字旁,
我的朋友大多在我右边,
我和食物相关,
一起来认识我吧!

1	2	3
丿	𠂊	饣
撇	横撇	竖提

哈哈,我现身了!

　　我是食字旁,写作"饣"。"饣"由草书"食"演变而来。用我作偏旁的字多与食物有关,如"饭""饼"。

看我七十二变

　　→以"饭"字为例,它是一个形声字,本义是吃饭,在金文中,其字形左边像是盛有食物的器皿,右边的"反"字,表示字音。"反"还有重复之义,这里指吃饭时要不断重复进食、咀嚼、下咽等动作。"饭"还可以用作名词,意思是饭食,即每天吃的食物,如"早饭""中饭""晚饭"。"饭"的字形主要有以下几种:

金文	小篆	隶书	楷书(繁)	楷书(简)
𩙿	飯	飯	飯	饭

一、下面我来为大家介绍一下我的朋友们。

1. 我和"几"字，组成"饥"字。同学们如饥似渴地学习文化知识。
2. 我和"我"字，组成"饿"字。这个小女孩看起来饿极了。
3. 我和"包"字，组成"饱"字。今年的小麦颗粒饱满。
4. 我和"欠"字，组成"饮"字。如人饮水，冷暖自知。
5. 我和"司"字，组成"饲"字。饲养员用新饲料来喂猪。

二、下面我来和你们做游戏。小朋友们，快来帮我找朋友！

交（　　　）　　官（　　　）　　并（　　　）　　耳（　　　）

诗词链接

家田输税尽，拾此充饥肠。　　　　　　——［唐］白居易

葡萄美酒夜光杯，欲饮琵琶马上催。　　——［唐］王　翰

凭谁问，廉颇老矣，尚能饭否？　　　　——［宋］辛弃疾

成语链接

饥肠辘辘　饥寒交迫　如饥似渴　粗茶淡饭　家常便饭

猜一猜

黄袍子、白身子，脱了袍子跳水里，
煮开以后成胖子，美味可口饱肚子！（打一食物）

谜底：（米饭）

尸字头（尸）

我是尸字头，
不是狮子头，
我的笔画很简单，
一起来认识我吧！

1 ㇕	2 ㇆	3 尸
横折	横	撇

哈哈，我现身了！

　　我是尸字头（尸），"尸"是象形字。"尸"的本义是祭祀时死者的身体或代表死者受祭的人的身体，还可以泛指一切没有了生命迹象的动物的身体。用我作偏旁的字多与身体有关，如"尾""屁"。

看我七十二变

　　→以"层"字为例，它既是一个形声字又是会意字。"尸"是形旁，表示人住的多层房屋；"曾"是声旁，有重叠之义。"层"的简体字由"尸"和"云"组成，表示人住的多层房屋如云般层叠。因此"层"的本义是多层的房屋，引申指重复、重叠。"层"的字形主要有以下几种：

層	層	層	层
小篆	隶书	楷书（繁）	楷书（简）

一、下面我来为大家介绍一下我的朋友们。

1 我和"古"字，组成"居"字。那里已经无人居住。

2 我和"并"字，组成"屏"字。燕山山地和西山山地是北京天然的屏障。

3 我和"者"字，组成"屠"字。屠夫最终还是放下了他的刀。

4 我和"至"字，组成"屋"字。这个小木屋外面有很多好看的植物。

二、下面我来和你们做游戏。小朋友们，快来帮我找朋友！

肖（　　　）　　水（　　　）　　比（　　　）　　由（　　　）

成语链接

尸骨未寒　　屏声息气　　爱屋及乌　　金屋藏娇　　不屑一顾

安居乐业　　后来居上　　居高临下　　居安思危　　不屈不挠

猜一猜

层云隐去月当头。（打一汉字）

谜底：（ 屑 ）

绞丝旁(纟)

我是绞丝旁，
我名字不好念。
我笔画也不好写，
请认真学习我！

1	2	3
ㄥ	ㄣ	纟
撇折	撇折	提

哈哈，我现身了！

我是绞丝旁(纟)，"纟"是"糸"分化出来的写法，"糹"是"糸"分化出来的写法。我们都是丝线的意思。用我作偏旁的字多与丝、线有关，如"织""练"。

看我七十二变

→以"红"字为例，它是一个形声字，"纟"是它的形旁，表示红色用于染丝帛；"工"是声旁，表示读音。"红"的本义为粉红色，泛指各种红色。在现代汉语中，"红"指像鲜血的颜色，象征革命或政治觉悟高，象征顺利、成功或受人重视、欢迎。"红"的字形主要有以下几种：

紅	紅	紅	红
小篆	隶书	楷书（繁）	楷书（简）

一、下面我来为大家介绍一下我的朋友们。

1 我和"合"字，组成"给"字。老师给了我一朵小红花。

2 我和"及"字，组成"级"字。妹妹马上就是二年级的小学生了。

3 我和"方"字，组成"纺"字。近年来，我国纺织工业发展迅速。

4 我和"分"字，组成"纷"字。大雪纷飞，非常美丽。

5 我和"召"字，组成"绍"字。请你做一下自我介绍。

二、下面我来和你们做游戏。小朋友们，快来帮我找朋友！

且（　　　）　　色（　　　）　　文（　　　）　　冈（　　　）

词语链接

例：田（细）（细心）（细节）

纟
- 勺（　）（　　）（　　）
- 冬（　）（　　）（　　）
- 千（　）（　　）（　　）
- 仑（　）（　　）（　　）
- 吉（　）（　　）（　　）
- 者（　）（　　）（　　）

猜一猜

功力用尽绣一半。（打一汉字）

谜底：（ 红 ）

弓字旁（弓）

我是弓字旁，
惊弓之鸟的"弓"，
我的笔画不多，
请一定要认真学习哟！

1 ﹁	2 ﹂	3 弓
横折	横	竖折折钩

哈哈，我现身了！

我是弓字旁（弓），"弓"是一个象形字。甲骨文"弓"字是一把弓的形状；金文"弓"字省略了弓弦，后逐渐演变为现在的"弓"字。"弓"的本义是射箭或发弹丸的器械。用我作偏旁的字多与弓箭有关，如"引""弦"。

看我七十二变

→以"弹"字为例，它是一个会意字，本义是"弹弓"，也指"弹丸"，读"dàn"。"弹"是一个多音字，读"tán"时有用手指拨动而演奏的意思，如"弹琴"。"弹"的字形主要有以下几种：

彈	彈	彈	弹
小篆	隶书	楷书（繁）	楷书（简）

一、下面我来为大家介绍一下我的朋友们。

1 我和"长"字，组成"张"字。这一张张照片都是他们的回忆啊！

2 我和"单"字，组成"弹"字。长安大道边，挟弹谁家儿？

3 我和"虽"字，组成"强"字。我们拥有一个强大的祖国。

4 我和"玄"字，组成"弦"字。姐姐轻轻地拨弄着琴弦，弹出动听的乐曲。

二、下面我来和你们做游戏。小朋友们，快来帮我找朋友！

尔（　　　）　也（　　　）　瓜（　　　）

诗词链接

挽弓当挽强，用箭当用长。　　　——[唐]杜　甫

将军角弓不得控，都护铁衣冷难着。　——[唐]岑　参

锦瑟无端五十弦，一弦一柱思华年。　——[唐]李商隐

江山如此多娇，引无数英雄竞折腰。　——毛泽东

成语链接

惊弓之鸟　左右开弓　杯弓蛇影　张灯结彩　东张西望

张冠李戴　自强不息　差强人意　奋发图强　拐弯抹角

女字旁（女）

我是女字旁，
撇点、撇、横就是我。
要想认识我，
快来写一写！

1	2	3
く	乂	女
撇点	撇	横

哈哈，我现身了！

我是女字旁（女），"女"是一个象形字，甲骨文字形如敛手跪着的人形，本义是妇女，"女"字在古文中常借用为"汝"（读 rǔ，意思是你）字。用"女"作偏旁的字多与女人有关，如"妈""姨"。

看我七十二变

→以"姓"字为例，它是会意字，也是形声字，由"女"和"生"组成，"生"是声旁。"女"表示一位女子，"生"表示植物初生，会意在一起，表示女子所生。"姓"的本义是姓氏，表明家族的字。姓的产生和母系社会有关。"姓"的字形主要有以下几种：

甲骨文	金文	小篆	隶书	楷书
甲骨文	金文	小篆	隶书	楷书

一、下面我来为大家介绍一下我的朋友们。

1 我和"少"字，组成"妙"字。你写的这篇文章真的是妙笔生花。

2 我和"口"字，组成"如"字。大地一片银白，一片洁净，而雪花仍如柳絮，如棉花，如鹅毛从天而降。

3 我和"也"字，组成"她"字。她是一位和善的老师。

4 我和"台"字，组成"始"字。考试开始了，学生们都奋笔疾书。

5 我和"乔"字，组成"娇"字。那几株娇嫩的草芽在春雨的催促下，从松软的泥土中探出头来。

二、下面我来和你们做游戏。小朋友们，快来帮我找朋友！

马（　　　）　　古（　　　）　　那（　　　）　　喜（　　　）

诗词链接

天阶夜色凉如水，卧看牵牛织**女**星。	——［唐］杜　牧
夕阳无限**好**，只是近黄昏。	——［唐］李商隐
正是江南**好**风景，落花时节又逢君。	——［唐］杜　甫
一年**好**景君须记，最是橙黄橘绿时。	——［宋］苏　轼
洛阳亲友**如**相问，一片冰心在玉壶。	——［唐］王昌龄
日出江花红胜火，春来江水绿**如**蓝。	——［唐］白居易
春蚕到死丝方尽，蜡炬成灰泪**始**干。	——［唐］李商隐

马字旁(马)

我是马字旁,
小马跑得快,
快来追上我。

1	2	3
ㄱ	马	马
横折	竖折折钩	提

哈哈,我现身了!

我是马字旁(马),"马"是象形字,是汉字中的重要意符。用"马"作为意符的字多与马的名称和马的性状有关,如"骏""驹""骥"。另外,古时的车靠马牵引,因此许多表示驾车、驱车的字也用"马"作偏旁,如"驭""驰""驶"。"马"的简化字依古人书法省笔而成,现在统一规范简化为"马"。

看我七十二变

→以"驼"字为例,它是形声字,它的形旁是"马",声旁是"佗",省写为"它","佗"通"驮",表示骆驼是沙漠里负重的动物。"驼"的本义是指骆驼。"驼"的字形主要有以下几种:

金文	小篆	隶书	楷书(繁)	楷书(简)

一、下面我来为大家介绍一下我的朋友们。

1. 我和"它"字，组成"驼"字。一队骆驼在沙漠上昂首阔步地向前走去。
2. 我和"奇"字，组成"骑"字。一骑红尘妃子笑，无人知是荔枝来。
3. 我和"也"字，组成"驰"字。就在这千钧一发之际，列车飞驰而过。
4. 我和"川"字，组成"驯"字。冬天的风，像一匹难以驯服的野马，在原野里奔跑着。
5. 我和"史"字，组成"驶"字。飞行员叔叔驾驶着飞机在天空翱翔。

二、下面我来和你们做游戏。小朋友们，快来帮我找朋友！

主（　　　）　　户（　　　）　　各（　　　）　　乔（　　　）

词语链接

例：金（验）（实验）（验证）

马　句（　）（　　）（　　）
　　扁（　）（　　）（　　）
　　聚（　）（　　）（　　）
　　区（　）（　　）（　　）

猜一猜

尾巴长，鬃毛飘，会拉车，能奔跑，
四个蹄子嗒嗒响，帮助人们立功劳。（打一动物）

谜底：（**马**）

四点底 (灬)

我是四点底,
一点两点三四点,
站在字下面,
快来跟我写!

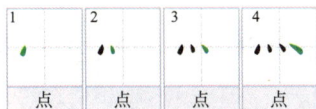

1	2	3	4
丶	丷	丷丶	灬
点	点	点	点

哈哈,我现身了!

　　我是四点底(灬),"灬"是"火"的异体字,甲骨文字形像火焰。"灬"的本义是物体燃烧所发的光、焰和热。"灬"读"huǒ"时,意思是"火";"灬"读"biāo"时,意思是"烈火"。用"灬"作偏旁的字多与火有关,如"照""热";还有一些字中的"灬"表示动物的足或尾巴形状,如"熊""燕"。

看我七十二变

　　→以"热"字为例,它是形声字,形旁是"灬"。"热"的本义是温度高,可引申为喧闹、热闹、情意深厚、很受人关注或欢迎的意思。"热"的字形主要有以下几种:

熱	熱	熱	热
小篆	隶书	楷书(繁)	楷书(简)

一、下面我来为大家介绍一下我的朋友们。

1. 我和"列"字，组成"烈"字。烈日炎炎，要注意防暑啊！
2. 我和"占"字，组成"点"字。多点沟通，少点抱怨。
3. 我和"者"字，组成"煮"字。奶奶煮的饭总是香喷喷的。
4. 我和"前"字，组成"煎"字。本是同根生，相煎何太急。
5. 我和"能"字，组成"熊"字。大熊猫是我国的国宝。

二、下面我来和你们做游戏。小朋友们，快来帮我找朋友！

昭（　　　）　执（　　　）　亨（　　　）　喜（　　　）

诗词链接

身无彩凤双飞翼，心有灵犀一**点**通。　　——［唐］李商隐

日**照**香炉生紫烟，遥看瀑布挂前川。　　——［唐］李　白

人生自古谁无死？留取丹心**照**汗青。　　——［宋］文天祥

几处早莺争暖树，谁家新**燕**啄春泥。　　——［唐］白居易

无可奈何花落去，似曾相识**燕**归来。　　——［宋］晏　殊

千锤万凿出深山，**烈**火焚烧若等闲。　　——［明］于　谦

成语链接

画龙**点**睛　水深火**热**　**热**火朝天　炙手可**热**　兴高采**烈**

烈火烹油　**焦**头烂额　心**照**不宣　肝胆相**照**　**照**本宣科

火字旁(火)

我是火字旁,
人外加两点,
取暖我在行,
快快来学我!

1	2	3	4
`	```	``丿``	火
点	撇	撇	点

哈哈,我现身了!

　　我是火字旁(火),"火"是象形字,甲骨文"火"字像一团火的样子。金文"火"字的火苗的形象加两点构成,两点表示火苗中有东西向两旁散发,整个字像向四周发光发热的东西。由此产生"火"的本义:物体燃烧所发的光、焰和热。"火"是汉字部首之一,火部的字多与火有关,如"烧""烤"。

看我七十二变

　　→以"焚"字为例,它是一个会意字。由"火"和"林"会意,即火烧林木,结合起来的意思就是焚烧。古人可能通过焚烧林木来开垦田地,或者将野兽从树林里驱赶出来,便于猎获。"焚"的字形主要有以下几种:

甲骨文	金文	小篆	隶书	楷书

language/文/其/实/并/不/难

一、下面我来为大家介绍一下我的朋友们。

1. 我和"丁"字，组成"灯"字。夜晚，人民大街灯火辉煌，车水马龙。

2. 我和"包"字，组成"炮"字。过年了，小朋友们应该在家长的陪同下放鞭炮。

3. 我和"乍"字，组成"炸"字。妈妈让我少吃油炸食品。

4. 我和"勺"字，组成"灼"字。一场无情的火灾使他的面部被火灼伤了。

5. 我和"亢"字，组成"炕"字。他坐在炕边认真地看书。

二、下面我来和你们做游戏。小朋友们，快来帮我找朋友！

考（　　　）　　因（　　　）　　欠（　　　）　　虫（　　　）

词语链接

例：兰（烂）（破烂）（打烂）

火
- 然（　）（　　）（　　）
- 同（　）（　　）（　　）
- 容（　）（　　）（　　）
- 某（　）（　　）（　　）
- 乐（　）（　　）（　　）

猜一猜

一个和尚头，头上光油油，
墙上撞一撞，冒火烧掉头。（打一物品）

谜底：（**火柴**）

心字底（心）

我是心字底，
心与心相连！
人类的感情，
多与我相关。
请用心学习我的写法！

1	2	3	4
丶	心	心	心
点	卧钩	点	点

哈哈，我现身了！

　　我是心字底（心），"心"是一个象形字，甲骨文"心"字很像心脏的形状，因此，"心"的本义是心脏。古人认为"心"是思维器官，有思想、有感情，其实心是推动血液循环的器官。用我作偏旁的字多与心有关，如"思""想""念"。

看我七十二变

　　→以"想"字为例，它是一个形声字。"心"是形旁，表示心有所思；"相"是声旁，"想"的本义是思索，引申出想念、怀念、美慕的意思，"想"也可以表示一种特殊的思维方式，如"想象"。"想"的字形主要有以下几种：

小篆　　　　　隶书　　　　　楷书

一、下面我来为大家介绍一下我的朋友们。

1 我和"田"字，组成"思"字。我要做一个爱思考的人。

2 我和"勿"字，组成"忽"字。我正努力向山顶爬时，忽然听到草丛有咝咝的声音，吓得拔腿就跑。

3 我和"亡"字，组成"忘"字。我不会忘记父母对我的殷切期望。

4 我和"你"字，组成"您"字。您好，欢迎光临！

5 我和"秋"字，组成"愁"字。你不要发愁了，乐观一点，事情一定会解决的。

二、下面我来和你们做游戏。小朋友们，快来帮我找朋友！

因（　　　　）　　非（　　　　）　　敢（　　　　）　　奴（　　　　）

诗词链接

感时花溅泪，恨别鸟惊心。　　　　　　　　——［唐］杜　甫

问君能有几多愁，恰似一江春水向东流。

——［南唐］李　煜

莫愁前路无知己，天下谁人不识君。　　　——［唐］高　适

举头望明月，低头思故乡。　　　　　　　——［唐］李　白

成语链接

多愁善感　朝思暮想　痴心妄想　左思右想　匪夷所思

王字旁(王)

我是王字旁，
两横一竖加一提，
好认又好记，
一起来认识我吧！

1	2	3	4
一	二	干	王
横	横	竖	提

哈哈，我现身了！

　　我是王字旁(王)，也称斜玉旁，也叫侧玉旁。在金文和小篆字形中，"王"同"玉"。"玉"作左偏旁时写作"王"，因而称王字旁。带有王字旁的字多与玉有关，如"珍""珠"。

看我七十二变

　　→以"珠"字为例，它是形声字。"玉"(王)是它的形旁，表示珠色泽如玉；"朱"是声旁，表示读音。"珠"的本义为珍珠。"珠"的字形主要有以下几种：

小篆　　　隶书　　　楷书

一、下面我来为大家介绍一下我的朋友们。

　1　我和"求"字，组成"球"字。今天天气不错，我们一起去打球吧！

2 我和"册"字，组成"珊"字。鱼儿穿梭在珊瑚礁里。

3 我和"里"字，组成"理"字。我们应该成为有理想、有道德、有文化、有纪律的新时代青年。

4 我和"见"字，组成"现"字。你现在得安下心来学习了。

5 我和"不"字，组成"环"字。保护环境，人人有责。

二、下面我来和你们做游戏。小朋友们，快来帮我找朋友！

林（　　　）　　鬼（　　　）　　令（　　　）　　皮（　　　）

知识卡片

　　王字旁在汉字结构里面又被叫作"玉补"，很多和玉有关的字都是王字旁的。

　　我们可以把这些字按照含义分为几类。

　　第一类，泛指玉或美玉。如："玛"，美玉。"珏"，合在一起的两块玉。"琪"，美玉。"琦"，美玉。

　　第二类，特指一种玉。如："玘"，一种玉。"玚"，古代的一种玉。

　　第三类，指特定的玉器。如："珪"，同"圭"，古玉器名。"玦"，古时佩带的玉器。

　　第四类，玉石或像玉的石头。如："琅"，一种玉石。"玟"，一种玉石。"珂"，像玉的石头。

示字旁（礻）

我是礻字旁，
衣字旁是我兄长，
只是我要少一撇，
请认真区分我们，
来认识我吧！

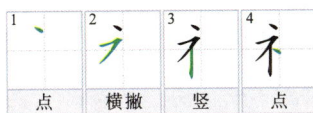

1	2	3	4
点	横撇	竖	点

哈哈，我现身了！

　　我是"示"作偏旁的变形，同"示"，俗称"示字旁"。"示"是祇（读 qí，意思是地神）的本字。含示字旁的字一般与神（包括对大自然的崇拜活动和心理）有关，如"祉""祷"。

看我七十二变

　　→以"祝"字为例，"祝"的甲骨文、金文字形像一个人在祭祀的石桌旁跪着，张大嘴巴正在祷告的样子。它的本义是祭祀时主持祷告的人。"祝"也用作动词，表示祷祝的意思。"祝"的字形主要有以下几种：

甲骨文	金文	小篆	隶书	楷书

一、下面我来为大家介绍一下我的朋友们。

1 我和"司"字，组成"祠"字。丞相祠堂何处寻，锦官城外柏森森。

2 我和"且"字，组成"祖"字。我们是祖国的花朵、民族的未来。

3 我和"见"字，组成"视"字。面对需要帮助的人，我们不能视而不见。

4 我和"土"字，组成"社"字。我们要坚持培育和践行社会主义核心价值观。

二、下面我来和你们做游戏。小朋友们，快来帮我找朋友！

录（　　　）　　喜（　　　）　　乚（　　　）

词语链接

例：兄（祝）（祝福）（祝贺）

礻 寿（　）（　　）（　　）
斤（　）（　　）（　　）
单（　）（　　）（　　）
羊（　）（　　）（　　）

诗词链接

把酒祝东风，且共从容。　　　　——［宋］欧阳修

箫鼓追随春社近，衣冠简朴古风存。　　——［宋］陆　游

旧时茅店社林边，路转溪头忽见。　　——［宋］辛弃疾

车字旁(车)

我是车字旁,
小汽车嘀嘀嘀……
大卡车嗡嗡嗡……
想要驾驶我,
请来跟我学。

1 横	2 撇折	3 竖	4 提

哈哈,我现身了!

我是车字旁(车),"车"是一个象形字,甲骨文和金文有多种写法,车厢、车辕和两个车轮俱全,形象逼真。"车"的本义是马车。用我作偏旁的字多与车有关,如"轮""辆"。

看我七十二变

→以"轨"字为例,它是形声字。"车"是它的形旁,像一辆车,表示车辙;"九"是声旁。"轨"的本义就是车辙,引申指一定的路线或规则。"轨"的字形主要有以下几种:

金文	小篆	隶书	楷书(繁)	楷书(简)

一、下面我来为大家介绍一下我的朋友们。

1 我和"两"字，组成"辆"字。马路上的车辆来来往往。

2 我和"仑"字，组成"轮"字。汽车的轮胎破了。

3 我和"专"字，组成"转"字。人的强烈愿望一旦产生，就会很快转变成信念。

4 我和"欠"字，组成"软"字。柔软的沙滩，粼粼的海面，悦耳的歌声，构成海南岛最美的画面。

5 我和"俞"字，组成"输"字。奥运精神不在于输赢，而在于参与。

二、下面我来和你们做游戏。小朋友们，快来帮我找朋友！

交（　　　）　　干（　　　）　　展（　　　）　　至（　　　）

诗词链接

结庐在人境，而无**车**马喧。　　　　　　　——［晋］陶渊明

停**车**坐爱枫林晚，霜叶红于二月花。　　　——［唐］杜　牧

峨眉山月半**轮**秋，影入平羌江水流。　　　——［唐］李　白

两岸猿声啼不住，**轻**舟已过万重山。　　　——［唐］李　白

梅须逊雪三分白，雪却**输**梅一段香。　　　——［宋］卢　钺

木字旁(木)

我是木字旁，
双木成林，
三木成森，
一起来认识我吧！

| 1 横 | 2 竖 | 3 撇 | 4 点 |

哈哈，我现身了！

我是木字旁(木)，"木"是一个象形字。"木"的甲骨文字形像树木形状，上为枝叶，下为树根。"木"还表示树木或木器的名称。"木"的本义是树木。用我作偏旁的字多与树木或木制品有关，如"杨""柳""板"。

看我七十二变

→以"树"字为例，它是一个形声字。现在能看到的"树"的甲骨文、金文字形都是手持树苗栽种的情景，用"豆"作声旁。"树"的小篆字形加上了"木"作形旁，表示树。"树"的本义是种植，引申为栽培、树立、建立等意思。"树"还是木本植物的通称。"树"的字形主要有以下几种：

| 甲骨文 | 金文 | 小篆 | 隶书 | 楷书（繁） | 楷书（简） |

一、下面我来为大家介绍一下我的朋友们。

1 我和"主"字，组成"柱"字。这根柱子可真粗啊！

2 我和"直"字，组成"植"字。我们每年都参加义务植树活动。

3 我和"几"字，组成"机"字。我们要把握这次机会，好好表现自己。

4 我和"寸"字，组成"村"字。我们的村庄静谧祥和。

5 我和"支"字，组成"枝"字。枝头上的小鸟在欢快地唱歌。

二、下面我来和你们做游戏。小朋友们，快来帮我找朋友！

朋（　　　）　风（　　　）　白（　　　）　反（　　　）

诗词链接

忽如一夜春风来，千树万树梨花开。　　——［唐］岑　参

碧玉妆成一树高，万条垂下绿丝绦。　　——［唐］贺知章

绿树村边合，青山郭外斜。　　——［唐］孟浩然

树树皆秋色，山山唯落晖。　　——［唐］王　绩

停车坐爱枫林晚，霜叶红于二月花。　　——［唐］杜　牧

猜一猜

左边看是权，右边看是对，
正面看一看，权对两相连。（打一汉字）

谜底：（ 树 ）

日字旁(日)

我是日字旁，
太阳当空照，
花儿对你笑，
小朋友们快来学习写对我吧！

哈哈，我现身了！

　　我是日字旁(日)，"日"是一个象形字。"日"的甲骨文字形轮廓像太阳的圆形，一横或一点表示太阳的光。"日"的本义是太阳，引申为白天，就是从天亮到天黑的这一段时间；又引申为时间单位一天，就是一昼夜。含日字旁的字多与太阳或时间有关，如"明""时""晚"。

看我七十二变

　　→以"明"字为例，它是会意字。"明"的甲骨文字形由"日""月"组成，表示明亮。"明"的小篆字形由"月""囧"组成，表示月之光；"囧"表示窗牖，整体意思表示从窗口看月亮。"明"的本义是明亮，引申指清晰明亮。"明"的字形主要有以下几种：

甲骨文　　金文　　小篆　　隶书　　楷书

一、下面我来为大家介绍一下我的朋友们。

1. 我和"寸"字，组成"时"字。机不可失，时不再来。
2. 我和"青"字，组成"晴"字。雨过天晴后一切恢复了平静。
3. 我和"乍"字，组成"昨"字。昨夜星辰昨夜风，画楼西畔桂堂东。
4. 我和"西"字，组成"晒"字。晒晒太阳对身体有益。
5. 我和"未"字，组成"昧"字。知识的死敌不是无知，而是昧于无知。

二、下面我来和你们做游戏。小朋友们，快来帮我找朋友！

王（　　　）　尧（　　　）　京（　　　）　免（　　　）

诗词链接

散入珠帘湿罗幕，狐裘不**暖**锦衾薄。　　——〔唐〕岑　参

爆竹声中一岁除，春风送**暖**入屠苏。　　——〔宋〕王安石

相见**时**难别亦难，东风无力百花残。　　——〔唐〕李商隐

小楼**昨**夜又东风，故国不堪回首月**明**中。——〔南唐〕李　煜

天意怜幽草，人间重**晚晴**。　　——〔唐〕李商隐

成语链接

因**时**制宜　**时**过境迁　雨过天**晴**　愚**昧**无知　冷**暖**自知

嘘寒问**暖**　正大光**明**　自知之**明**　层次分**明**　**春**回大地

贝字旁（贝）

我是贝字旁，
请叫我宝贝。
接下来请看我的笔顺大展示。

1	2	3	4
丨	冂	贝	贝
竖	横折	撇	点

哈哈，我现身了！

我是贝字旁（贝），"贝"是一个象形字，甲骨文中的"贝"字像一种海贝的样子。在古代，古人把贝壳当作货币用来交易。所以，用"贝"作偏旁的字多与钱财有关，如"赚""赔"。

看我七十二变

→以"财"字为例，它是一个形声字。"财"的金文和小篆字形中，"贝"是形旁，表示货币；"才"是声旁，表示读音。"财"的本义是财物，"财"是钱财和物资的总称。"财"的字形主要有以下几种：

财	财	财	财	财
金文	小篆	隶书	楷书（繁）	楷书（简）

→以"货"字为例，它是一个会意字，本义是财物。"货"由"贝"和"化"组成，"贝"表示钱财，"化"表示改变，整体表示货可交易之义。"化"的小篆字形即一个正立和一个倒立的人，像耍杂技那样，表示变化的意思，所以"货"的小篆字形也有两个不一样的人形。"货"的字形主要有以下几种：

小篆　　　隶书　　楷书（繁）　楷书（简）

一、下面我来为大家介绍一下我的朋友们。

1. 我和"勾"字，组成"购"字。妈妈，我们一起去购物吧！
2. 我和"次"字，组成"资"字。这是我最后的资产。
3. 我和"工"字，组成"贡"字。他们为国家作出了新的贡献。
4. 我和"反"字，组成"贩"字。路边有许多小贩。
5. 我和"今"字，组成"贪"字。老师教育我们不能太贪玩，
　　要好好学习。

二、下面我来和你们做游戏。小朋友们，快来帮我找朋友！

乏（　　　　）　　　有（　　　　）　　　占（　　　　）

诗词链接

一封朝奏九重天，夕贬潮州路八千。　　　——［唐］韩　愈

历览前贤家与国，成由勤俭破由奢。　　　——［唐］李商隐

是非成败转头空，青山依旧在，几度夕阳红。——［明］杨　慎

采字头(爫)

我是采字头，
我像一只手，
又像一个爪子，
快来认识我吧！

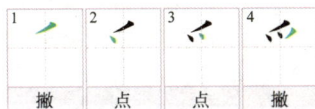

1	2	3	4
撇	点	点	撇

哈哈，我现身了！

我是采字头(爫)。我的字形像一只手。我的本义是用手指或指尖轻轻摘取。用我作偏旁的字多与手有关，如"采""觅"。

看我七十二变

→以"采"字为例，它是会意字。"采"的甲骨文字形像是一只手在采摘树上的果实。"采"的本义为用手指或指尖轻轻摘取。"采"的字形主要有以下几种：

甲骨文	金文	小篆	隶书	楷书

一、下面我来为大家介绍一下我的朋友们。

1 我和"木"字，组成"采"字。我们一起去采蘑菇吧！

2 我和"见"字，组成"觅"字。燕子在寻觅安身之地。

3 我和"女"字，组成"妥"字。这个任务交给我，我一定会办妥。

二、下面我来和你们做游戏。小朋友们，快来帮我找朋友！

臼（　　　）　　彡（　　　）　　子（　　　）

诗词链接

采菊东篱下，悠然见南山。　　　　　　——〔晋〕陶渊明

停车坐爱枫林晚，霜叶红于二月花。　　——〔唐〕杜　牧

寻寻觅觅，冷冷清清，凄凄惨惨戚戚。　——〔宋〕李清照

成语链接

兴高采烈　　无精打采　　神采奕奕　　博采众长

爱不释手　　爱莫能助　　爱憎分明　　忍痛割爱

斤字旁(斤)

我是斤字旁，
一斤两斤三斤，
不要斤斤计较，
快来认识我吧！

1	2	3	4
撇	撇	横	竖

哈哈，我现身了！

我是斤字旁(斤)，"斤"是一个象形字。甲骨文中的"斤"像斧头的形状。"斤"的本义就是砍伐树木的工具，现在多用于重量单位名称。"斤"是汉字部首之一。用"斤"作偏旁的字多与斧子一类的工具有关，如"斧""斩"。

看我七十二变

→以"新"字为例，它是一个形声字，"斤"是它的形旁。它同时也是一个会意字，由"斤"和"亲"会意而来。"新"是"薪"的本字，本义是用斤砍木作柴禾。因为以斤劈柴露出的截面是崭新的，所以也引申为新旧之新。"新"的字形主要有以下几种：

甲骨文	金文	小篆	隶书	楷书

→以"斧"字为例，它是一个形声字，"斤"是它的形旁。"斧"和"斤"是同类事物，通常以"斧斤"并称，因而用"斤"来作"斧"的形旁。"斧"的声旁

是"父"。"斧"的本义就是斧头。"斧"还可以表示砍伐,也引申为改正,如"斧正"。"斧"的字形主要有以下几种:

甲骨文	金文	小篆	隶书	楷书

一、下面我来为大家介绍一下我的朋友们。

1. 我和"亲"字,组成"新"字。小丽轻轻抚摸着崭新的课本,爱不释手。

2. 我和"父"字,组成"斧"字。他们用斧子开辟出一条穿越森林的小道。

3. 我和"车"字,组成"斩"字。看到他一副斩钉截铁的样子,我明白我可能要失去这个朋友了。

二、下面我来和你们做游戏。小朋友们,快来帮我找朋友!

其（　　　　）　欠（　　　　）　页（　　　　）

诗词链接

清明时节雨纷纷,路上行人欲断魂。　　　——［唐］杜　牧

床头屋漏无干处,雨脚如麻未断绝。　　　——［唐］杜　甫

夕阳西下,断肠人在天涯。　　　　　　　——［元］马致远

空山新雨后,天气晚来秋。　　　　　　　——［唐］王　维

千门万户曈曈日,总把新桃换旧符。　　　——［宋］王安石

月字旁(月)

我是月字旁，
月牙弯弯像镰刀。
首笔是撇不是竖，
快来认识我吧！

1	2	3	4
ノ	刀	月	月
撇	横折钩	横	横

哈哈，我现身了！

　　我是月字旁(月)，也叫肉月旁。在金文和小篆的字形中，"月"和"肉"写法相似，所以，"月"和"肉"用作偏旁时，就已经混同了。以"月"作偏旁的字多与月亮有关，如"朗""望""朝"；以"肉"作偏旁的字，多与肌肉有关，其中的形旁"肉"写作"月"，如"肚""胖""肘"。

看我七十二变

　　→以"朦"字为例，它是会意字，"月"是月亮、月光的意思；"蒙"有遮盖的意思，会意在一起表示月亮被云蒙住，不明亮。"朦"的本义是月光不明，引申指景象模糊。"朦"的字形主要有以下几种：

朦	朦	朦
小篆	隶书	楷书

　　→以"胎"字为例，它是形声字。形旁是"肉"，写作"月"，声旁是"台"。"胎"的本义是未出生的胎儿，引申为事物的根源。"胎"的字形主要有以下几种：

小篆　　　隶书　　　楷书

一、下面我来为大家介绍一下我的朋友们。

1 我和"月"字，组成"朋"字。我有一个形影不离的好朋友。

2 我和"半"字，组成"胖"字。肥胖容易引发多种疾病。

3 我和"要"字，组成"腰"字。山腰上的公路像一条银白的绸带飘向远方。

4 我和"会"字，组成"脍"字。在这美不胜收的地方，流传着这样一首脍炙人口的歌谣。

二、下面我来和你们做游戏。小朋友们，快来帮我找朋友！

复（　　　）　　交（　　　）　　因（　　　）　　旨（　　　）

诗词链接

海上生明**月**，天涯共此时。　　　　　——［唐］张九龄

举头望明**月**，低头思故乡。　　　　　——［唐］李　白

梅子金黄杏子**肥**，麦花雪白菜花稀。　——［宋］范成大

牧童归去横牛背，短笛无**腔**信口吹。　——［宋］雷　震

成语链接

日新**月**异　　**月**明星稀　　心悦诚**服**　　宾**朋**满座　　**肥**头大耳

牛字旁（牜）

我是牛字旁，
牛气冲天就是我，
小朋友们学会我，
跟我一起牛起来！

1	2	3	4
ノ	⺊	牛	牛
撇	横	横	提

哈哈，我现身了！

　　我是牛字旁（牜），"牛"是象形字，右图所示"牛"的甲骨文字形，中间一竖表示牛面，上面两竖加弯表示牛角，下面两笔表示牛耳。"牛"是哺乳动物，体形粗壮，角中空，由头骨向两侧呈大弧度伸出。牛的力气很大，人们通常用牛耕田、拉车。用我作偏旁的字多与牛等畜类有关，如"牧""牲"。

看我七十二变

　　→以"特"字为例，它是会意字，由"牛"和"寺"构成。"牛"指公牛，"寺"是古代官署，面积比一般房屋大，在这里表示大。"特"的本义指体形庞大的公牛，引申为奇数，又由此引申为特殊、独特。此外，"特"还可以用作副词，表示"只，但"等。"特"的字形主要有以下几种：

小篆

特
隶书

楷书

一、下面我来为大家介绍一下我的朋友们。

1️⃣ 我和"土"字，组成"牡"字。牡丹花开的时候，整个洛阳城就成了花的海洋。

2️⃣ 我和"卖"字，组成"犊"字。初生牛犊不怕虎。

3️⃣ 我和"西"字，组成"牺"字。勇于牺牲是共产党人的政治本色。

4️⃣ 我和"生"字，组成"牲"字。他们住在仓房的一端，另一端是牲畜房。

5️⃣ 我和"攵"字，组成"牧"字。园丁爱自己种下的花朵，牧人爱自己放牧的羊群。

二、下面我来和你们做游戏。小朋友们，快来帮我找朋友！

奇（　　　）　　寺（　　　）　　毛（　　　　）

诗词链接

唯有**牡**丹真国色，花开时节动京城。　　——［唐］刘禹锡

借问酒家何处有？**牧**童遥指杏花村。　　——［唐］杜　牧

牧童骑黄牛，歌声振林樾。　　——［清］袁　枚

为有**牺牲**多壮志，敢教日月换新天。　　——毛泽东

横眉冷对千夫指，俯首甘为孺子**牛**。　　——鲁　迅

成语链接

特立独行　　大错**特**错　　洗兵**牧**马　　**犊牧**采薪　　不**牧**之地

穴宝盖(穴)

我是穴宝盖,
我和宝盖很像!
不过我比它多两笔。
请你们认真区分我们!

1	2	3	4	5
丶	丷	宀	宁	穴
点	点	横钩	撇	点

哈哈,我现身了!

　　我是穴宝盖(穴),"穴"是一个象形字,上面是"宀",表示覆盖;下面两笔表示洞孔。"穴"的本义是岩洞,泛指地上或某些建筑上的坑或孔。"穴"也指动物的窝、巢穴。含穴宝盖的字多与洞穴、房屋有关,如"窝""窑"。

看我七十二变

　　→以"窝"字为例,它是形声字。"穴"是形旁,指巢穴;"呙"是声旁,表示读音,也指口不正,鸟兽巢穴入口多歪斜,以防风雨侵袭。"窝"的本义是鸟兽、昆虫居住的地方。"窝"的字形主要有以下几种:

小篆	隶书	楷书(繁)	楷书(简)

一、下面我来为大家介绍一下我的朋友们。

1 我和"犬"字，组成"突"字。电灯突然灭了，教室里黑黢黢的。

2 我和"九"字，组成"究"字。究竟去不去，还得你自己拿主意。

3 我和"串"字，组成"窜"字。小偷们见到警察，像老鼠见了猫，抱头鼠窜。

4 我和"牙"字，组成"穿"字。过年了，我们都穿上了新衣服。

5 我和"巧"字，组成"窍"字。我今天又发现了一个生活中的小窍门。

二、下面我来和你们做游戏。小朋友们，快来帮我找朋友！

力（　　　） 　规（　　　） 　工（　　　） 　告（　　　）

猜一猜

旭日东升映窗前。（打一汉字）

谜底：（ 究 ）

穴中一只狗。（打一汉字）

谜底：（ 突 ）

病字旁(疒)

我是病字旁，
病了很难受。
要想赶走它，
快来认识我。

1	2	3	4	5
丶	亠	广	疒	疒
点	横	撇	点	提

哈哈，我现身了！

　　我是病字旁(疒)，"疒"是"病"的本字。"疒"的甲骨文字形像一个人躺在床上出汗的样子。"病"是后来另造的字，加声旁"丙"表示读音。古代称轻病为"疾"，重病为"病"。用我作偏旁的字多与疾病有关，如"疾""病"。

看我七十二变

　　→以"瘦"字为例，它是形声字。"疒"是形旁，和字义有关；"叟"是声旁，表示读音。"瘦"的本义是指肌体的肉少、脂肪少。"瘦"也有细小、不茁壮、削直、突兀、字体细而有力等含义。"瘦"的字形主要有以下几种：

小篆	隶书	楷书
瘦	瘦	瘦

一、下面我来为大家介绍一下我的朋友们。

1. 我和"仓"字，组成"疮"字。疮口即将愈合。
2. 我和"巴"字，组成"疤"字。岛其实是海洋的一块伤疤。
3. 我和"风"字，组成"疯"字。假如良好的判断力不能驾驭科学，那么科学就是一种疯狂。
4. 我和"皮"字，组成"疲"字。海累了，疲惫地整理着自己的睡衣。
5. 我和"冬"字，组成"疼"字。老太太最心疼小孙女。

二、下面我来和你们做游戏。小朋友们，快来帮我找朋友！

丙（　　　）　　了（　　　）　　正（　　　）

词语链接

例：了（疗）（诊疗）（治疗）

广
- 难（　）（　）（　）
- 羊（　）（　）（　）
- 久（　）（　）（　）
- 知（　）（　）（　）
- 豆（　）（　）（　）

衣字旁（衤）

我是衣字旁，
先写一点再写横撇，
接着一竖要写直，
最后写一撇和一点，
一起来认识我吧！

1	2	3	4	5
点	横撇	竖	撇	点

哈哈，我现身了！

我是衣字旁（衤），"衣"是一个象形字，字形像一件上衣，上面像领口，两旁像袖筒，底下像衣服的下摆。"衣"的本义是上衣，"衣"还是服装的通称。用我作偏旁的字多与衣服有关，如"袄""袖"。

看我七十二变

→以"袄"字为例，它是一个形声字。"衤"是形旁，表示衣服；"奥"是声旁，表示读音。简体字将"袄"的声旁简化为"夭"。"袄"的本义是有里子的御寒之衣，引申指皮衣之类的御寒衣服，也泛指上衣。"袄"的字形主要有以下几种：

禮	禙	襖	袄
小篆	隶书	楷书（繁）	楷书（简）

一、下面我来为大家介绍一下我的朋友们。

1 我和"刀"字，组成"初"字。最初的梦想，你还记得吗？
2 我和"君"字，组成"裙"字。我最喜欢粉红色的裙子了。
3 我和"卜"字，组成"补"字。我们一起去补习功课吧！
4 我和"库"字，组成"裤"字。妈妈给我买了一条新裤子。
5 我和"果"字，组成"裸"字。裸子植物的种子裸露在外面，
  没有果皮包裹着。

二、下面我来和你们做游戏。小朋友们，快来帮我找朋友！

谷（　　　）　　皮（　　　）　　监（　　　　）

词语链接

例：包（袍）（袍子）（长袍）

ネ{
末　（　　）（　　　）（　　　）
禁　（　　）（　　　）（　　　）
卦　（　　）（　　　）（　　　）
当　（　　）（　　　）（　　　）
去　（　　）（　　　）（　　　）
}

石字旁（石）

我是石字旁，
有坚硬的外壳。
要想征服我，
动起小手手！

1	2	3	4	5
一	丆	丆	石	石
横	撇	竖	横折	横

哈哈，我现身了！

我是石字旁(石)，"石"是一个象形字。"石"的古字像山崖("厂")旁边有一块石头("口")。"石"的本义是石头。"石"也用作容量单位，一石等于十斗。用我作偏旁的字多与石有关，如"矿""岩"。

看我七十二变

→以"破"字为例，它是一个形声字。"石"是形旁，表示"破"的字义和"石"有关；"皮"是声旁，"皮"本指剥取兽皮，使皮肉分离。"破"也表示分离，"破"的本义是石碎，泛指破碎。"破"的主要字形有以下几种：

小篆	隶书	楷书

一、下面我来为大家介绍一下我的朋友们。

1 我和"匝"字，组成"砸"字。这些话虽然骂得很轻，却像重锤一般砸在我的心上。

2 我和"专"字，组成"砖"字。花瓶哗啦一声掉在瓷砖上。

3 我和"角"字，组成"确"字。这件事的确是你做错了。

4 我和"更"字，组成"硬"字。小男孩留着小平头，硬硬的头发，摸上去就像刺猬的刺。

5 我和"广"字，组成"矿"字。矿产资源属于非可再生资源，其储量是有限的。

二、下面我来和你们做游戏。小朋友们，快来帮我找朋友！

出（　　　）　　　马（　　　）　　　肖（　　　）　　　欠（　　　）

词语链接

例：少（砂）（铁砂）（砂纸）

石
｛
开（　　）（　　　）（　　　）
卒（　　）（　　　）（　　　）
咸（　　）（　　　）（　　　）
炭（　　）（　　　）（　　　）
见（　　）（　　　）（　　　）

目字旁（目）

我是目字旁，
口中有两横。
像是小眼睛，
快来学习我！

1	2	3	4	5
丨	冂	冃	月	目
竖	横折	横	横	横

哈哈，我现身了！

　　我是目字旁（目），"目"是一个象形字。甲骨文和金文的"目"字都像一只眼睛的形状，外边轮廓像眼眶，里面像瞳孔。"目"的本义是眼睛。用"目"作偏旁的字多与眼睛有关，如"眼""睛"。

看我七十二变

　　→以"眼"字为例，它是会意字，由"目"和"艮"组成。"目"表示眼睛，"艮"指人怒目的形状，所以"眼"的本义是眼睛。眼睛是人和动物的视觉器官。"眼"还有小洞、窟窿的意思。"眼"的字形主要有以下几种：

小篆	隶书	楷书

一、下面我来为大家介绍一下我的朋友们。

1 我和"艮"字，组成"眼"字。她有一双楚楚动人的大眼睛。

2 我和"争"字，组成"睁"字。鱼儿睁着大眼睛睡觉，可爱极了。

3 我和"害"字，组成"瞎"字。他总喜欢瞎起哄。

4 我和"分"字，组成"盼"字。那位母亲天天盼着她的儿子早日从战场上归来。

5 我和"玄"字，组成"眩"字。生病的我只觉得头晕目眩。

二、下面我来和你们做游戏。小朋友们，快来帮我找朋友！

民（　　　）　　垂（　　　）　　米（　　　）　　丁（　　　）

诗词链接

乱花渐欲迷人**眼**，浅草才能没马蹄。 ——［唐］白居易

春**眠**不觉晓，处处闻啼鸟。 ——［唐］孟浩然

泥融飞燕子，沙暖**睡**鸳鸯。 ——［唐］杜　甫

欲穷千里**目**，更上一层楼。 ——［唐］王之涣

不识庐山真面**目**，只缘身在此山中。 ——［宋］苏　轼

成语链接

一叶障**目**　热泪盈**眶**　怒目圆**睁**　顾**盼**生辉　翘首以**盼**

皿字底（皿）

我是皿字底，
实验器皿的皿，
小朋友们也快来运用我吧！

1	2	3	4	5
竖	横折	竖	竖	横

哈哈，我现身了！

我皿字底（皿），"皿"是一个象形字。甲骨文和金文的"皿"字像一个盛食物或饮品的容器的剖面图。皿通常可以用来表示碗、碟、杯、盘一类用具的统称。由"皿"字组成的字一般都与器皿有关，如"盆""盘"。

看我七十二变

→以"盆"字为例，它是一个形声字，"皿"是形旁，泛指盘碗一类器具，"分"是声旁，表示读音。"盆"的本义是盛东西或洗涤的器皿。"盆"还可以表示形状略像盆的东西，如盆地。"盆"通常为圆形，口大底小，比盘深。"盆"的字形主要有以下几种：

金文	小篆	隶书	楷书

一、下面我来为大家介绍一下我的朋友们。

1 我和"央"字，组成"盎"字。春意盎然，杨柳如烟，春姑娘迈着轻盈欢快的步伐来到了人间。

2 我和"合"字，组成"盒"字。铅笔在我的文具盒里整整齐齐地躺着。

3 我和"舟"字，组成"盘"字。公路盘山而上。

4 我和"灰"字，组成"盔"字。没有谁生来就自带盔甲，但你可以让自己无坚不摧。

二、下面我来和你们做游戏。小朋友们，快来帮我找朋友！

于（　　　　）　　成（　　　　）　　次（　　　　）

诗词链接

功**盖**三分国，名成八阵图。　　　　　——［唐］杜　甫

冠**盖**满京华，斯人独憔悴。　　　　　——［唐］杜　甫

小时不识月，呼作白玉**盘**。　　　　　——［唐］李　白

谁知**盘**中餐，粒粒皆辛苦。　　　　　——［唐］李　绅

不堪**盈**手赠，还寝梦佳期。　　　　　——［唐］张九龄

欲问行人去那边？眉眼**盈盈**处。　　　——［宋］王　观

直道相思了无**益**，未妨惆怅是清狂。　——［唐］李商隐

人间四月芳菲尽，山寺桃花始**盛**开。　——［唐］白居易

成语链接

精**益**求精　　春意**盎**然　　多多**益**善　　一**盘**散沙　　**盘**根错节

四字头(罒)

我是四字头,
扁口中有两条小短竖,
笔画有些多,
大家快来写一写。

1	2	3	4	5
竖	横折	竖	竖	横

哈哈,我现身了!

　　我是四字头(罒),"罒"同"网",用作偏旁时,俗称四字头。用我作偏旁的字多与网有关,如"罗""罩"。

**看我七十二变**

　　→以"罚"字为例,它是会意字,由三部分组成。在"罚"的金文和小篆字形中,"罒"代指法网(法律);"言"指判决;"刀"指用刑。"罚"的本义是过错,引申为处罚、惩治,后又引申为出钱赎罪。"罚"的字形主要有以下几种:

| 金文 | 小篆 | 隶书 | 楷书(繁) | 楷书(简) |

一、下面我来为大家介绍一下我的朋友们。

1 我和"夕"字,组成"罗"字。仅仅罗列事实是不够的,必须加以分析。

101

2 我和"非"字，组成"罪"字。他做了很多得罪人的事。

3 我和"直"字，组成"置"字。同志们暂且把伤病员安置在老乡的家中。

4 我和"者"字，组成"署"字。根据学校的部署，本周日全校师生在校园内植树。

5 我和"卓"字，组成"罩"字。晨雾笼罩在湖面上。

二、下面我来和你们做游戏。小朋友们，快来帮我找朋友！

冒（　　　）　　去（　　　）　　正（　　　）　　惟（　　　）

诗词链接

羁鸟恋旧林，池鱼思故渊。　　　　　　——［晋］陶渊明

榆柳荫后檐，桃李罗堂前。　　　　　　——［晋］陶渊明

银烛秋光冷画屏，轻罗小扇扑流萤。　　——［唐］杜　牧

荷叶罗裙一色裁，芙蓉向脸两边开。　　——［唐］王昌龄

中军置酒饮归客，胡琴琵琶与羌笛。　　——［唐］岑　参

巴山楚水凄凉地，二十三年弃置身。　　——［唐］刘禹锡

成语链接

天罗地网　　包罗万象　　自投罗网　　不容置疑　　不置可否

推心置腹　　罪有应得　　戴罪立功　　将功抵罪　　兴师问罪

金字旁（钅）

我是金字旁，
与金属有关。
要想记住我，
动手写一写。

1 撇	2 横	3 横	4 横	5 竖提

哈哈，我现身了！

　　我是金字旁（钅），"钅"是"金"字分化出来的写法，由草书"金"字演变而来。用我作偏旁的字多与金属有关，如"铁""铜"。

看我七十二变

　　→以"铁"为例，它是一个形声字。"钅"是形旁，表示金属；"𢧐"是声旁，有"多"之义，表示铁的数量多，用处也多。"铁"的简体字由"钅"和"失"组成，表示铁是失去金属原有贵重价值的一种廉价金属。"铁"的本义是金属。"铁"也可用来比喻牢固、坚强不屈、坚硬等意思。"铁"的字形主要有以下几种：

小篆	隶书	楷书（繁）	楷书（简）

一、下面我来为大家介绍一下我的朋友们。

1 我和"中"字，组成"钟"字。教室里特别的安静，只有墙上的时钟在嘀嗒嘀嗒地响着。

2 我和"同"字，组成"铜"字。那个高个子的男生有着古铜色的肤色。

3 我和"冈"字，组成"钢"字。坚持不懈，百炼成钢。

4 我和"占"字，组成"钻"字。他总是爱钻牛角尖。

5 我和"十"字，组成"针"字。教室安静得仿佛一根针掉下来都能听到。

6 我和"竟"字，组成"镜"字。姐姐每次出门前总要照一下镜子。

二、下面我来和你们做游戏。小朋友们，快来帮我找朋友！

勾（　　　）　　少（　　　）　　昔（　　　）　　令（　　　）

诗词链接

折戟沉沙**铁**未销，自将磨洗认前朝。　　——［唐］杜　牧

夜阑卧听风吹雨，**铁**马冰河入梦来。　　——［宋］陆　游

金樽清酒斗十千，玉盘珍馐直万**钱**。　　——［唐］李　白

人生贵相知，何必**金**与**钱**。　　——［唐］李　白

飞流直下三千尺，疑是**银**河落九天。　　——［唐］李　白

遥望洞庭山水翠，白**银**盘里一青螺。　　——［唐］刘禹锡

大漠沙如雪，燕山月似**钩**。　　——［唐］李　贺

禾木旁（禾）

我是禾木旁，
一撇下一木。
你可知笔顺？
快来跟我学！

1	2	3	4	5
丿	二	千	禾	禾
撇	横	竖	撇	点

哈哈，我现身了！

我是禾木旁（禾），"禾"是一个象形字，字形像一株已经成熟的庄稼，沉甸甸的谷穗把上端压弯了，向下低垂。"禾"的本义是"谷子"，后引申为其他粮食作物。用我作偏旁的字多与谷类庄稼有关，如"稻""秧"。

看我七十二变

→以"稻"字为例，它是一个形声字。甲骨文中的"稻"字上部是"米"，像一些散开的米粒，中间有一横，表示放置稻米的架子的间隔；下部是装稻米的筐形物。金文上部有手舂米状并加了禾木旁。"稻"的字形主要有以下几种：

| 甲骨文 | 金文 | 小篆 | 隶书 | 楷书 |

一、下面我来为大家介绍一下我的朋友们。

1 我和"口"字，组成"和"字。我和小刚约好下午出去玩。

2 我和"中"字，组成"种"字。种瓜得瓜，种豆得豆。

3 我和"尔"字，组成"称"字。您好，请问怎么称呼您？

4 我和"少"字，组成"秒"字。比赛开始，选手们争分夺秒地冲向终点。

5 我和"只"字，组成"积"字。不积跬步，无以至千里；不积小流，无以成江海。

6 我和"火"字，组成"秋"字。田野里金黄色的稻谷像秋姑娘的长发，在微风中翩翩起舞。

二、下面我来和你们做游戏。小朋友们，快来帮我找朋友！

斗（　　　） 肖（　　　） 失（　　　） 多（　　　）

词语链接

例：且（租）（出租）（租赁）

禾

女（　）（　　）（　　）
希（　）（　　）（　　）
家（　）（　　）（　　）
呈（　）（　　）（　　）
必（　）（　　）（　　）
干（　）（　　）（　　）

鸟字边(鸟)

我是鸟字边，
小鸟天上飞，
自由且自在，
天空中翱翔，
一起来认识我吧！

1 撇	2 横折钩	3 点	4 竖折折钩	5 横
ノ	勹	勾	鸟	鸟

哈哈，我现身了！

我是鸟字边(鸟)，"鸟"是一个象形字。甲骨文和金文中的"鸟"字都是一只鸟的样子，突出了鸟尖尖的嘴和细细的脚爪，十分形象。用我作偏旁的字多都与禽类有关，如"鸦""鹊"。

看我七十二变

→以"鸭"字为例，它是一个形声字，"鸟"是形旁，说明鸭子和鸟有关；"甲"是声旁，表示读音，"甲"也表示鸭子叫的声音。鸭子嘴扁腿短，趾间有蹼，善游泳，有家鸭、野鸭两种。"鸭"的字形主要有以下几种：

小篆	隶书	楷书（繁）	楷书（简）

一、下面我来为大家介绍一下我的朋友们。

1. 我和"我"字，组成"鹅"字。丑小鸭最终变成了白天鹅。

2. 我和"牙"字，组成"鸦"字。我们都听过"乌鸦喝水"的故事。

3. 我和"合"字，组成"鸽"字。和平鸽象征着和平。

4. 我和"昔"字，组成"鹊"字。传说七月初七，牛郎和织女会在鹊桥相会。

5. 我和"丽"字，组成"鹂"字。一只黄鹂在树上婉转地歌唱。

二、下面我来和你们做游戏。小朋友们，快来帮我找朋友！

区（　　　）　　武（　　　）　　它（　　　）　　朋（　　　）

诗词链接

两个黄鹂鸣翠柳，一行白鹭上青天。　　——［唐］杜　甫

鹅，鹅，鹅，曲项向天歌。　　——［唐］骆宾王

千山鸟飞绝，万径人踪灭。　　——［唐］柳宗元

成语链接

惊弓之鸟　　一石二鸟　　鸟语花香　　笨鸟先飞

百鸟朝凤　　小鸟依人　　沙鸥翔集　　鸥鸟不下

米字旁(米)

我是米字旁，
我来教你写，
先写一点一撇，
再写一横一竖，
最后写一撇一点。
来练习一下吧！

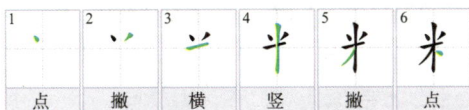

1	2	3	4	5	6
丶	丷	丷	半	半	米
点	撇	横	竖	撇	点

哈哈，我现身了！

　　我是米字旁(米)，"米"一个象形字，甲骨文的"米"字像一些散开的米粒，中间有一横表示放置稻米的架子。"米"的本义指谷类或其他植物的籽实去掉壳或皮后的名称，如小米、大米、稻米。"米"还借指长度单位。用我作偏旁的字多与米、粮有关，如"粮""粉"。

看我七十二变

　　→以"粮"字为例。它是一个形声字，"米"是形旁，表示米粮；"量"是声旁，表示读音。在简体字中，"粮"的声旁简化为"良"。"粮"的本义是旅行用的干粮，行军作战用的军粮。"粮"的字形主要有以下几种：

糧	糧	糧	粮
小篆	隶书	楷书（繁）	楷书（简）

一、下面我来为大家介绍一下我的朋友们。

1 我和"青"字，组成"精"字。哥哥看上去精神抖擞，充满了朝气！

2 我和"且"字，组成"粗"字。这棵树的树干可真粗！

3 我和"分"字，组成"粉"字。老师故意用粉笔敲敲黑板，引起大家的注意。

4 我和"立"字，组成"粒"字。谁知盘中餐，粒粒皆辛苦。

二、下面我来和你们做游戏。小朋友们，快来帮我找朋友！

唐（　　　）　　造（　　　）　　羔（　　　）　　胡（　　　）

诗词链接

悯农二首

［唐］李绅

（一）

春种一粒粟，秋收万颗子。

四海无闲田，农夫犹饿死。

（二）

锄禾日当午，汗滴禾下土。

谁知盘中餐，粒粒皆辛苦。

页字边（页）

我是页字边，
一页两页三页，
一起来翻书吧，
一起来探索我吧！

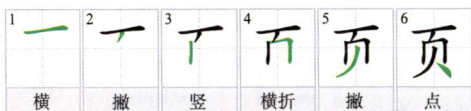

1	2	3	4	5	6
一	一	丆	页	页	页
横	撇	竖	横折	撇	点

哈哈，我现身了！

我是页字边（页），"页"是一个象形字，"页"的本义是人头，后来引申为书页，"页"也是书、画、纸、册的一张或一篇，经常被借用为量词，用于表示书籍、报刊的印刷纸张。用我作偏旁的字多与头有关，如"顶""顾"。

看我七十二变

→以"顾"字为例，它是一个形声字。"页"是形旁，表示与头有关；"雇"是声旁，指一种候鸟，古时农人看见雇鸟回来，即开始农耕，"顾"的本义是回头看。"顾"的字形主要有以下几种：

顧	顧	顧	顾
小篆	隶书	楷书（繁）	楷书（简）

一、下面我来为大家介绍一下我的朋友们。

1 我和"彦"字，组成"颜"字。彩虹的颜色非常好看。

2 我和"丁"字，组成"顶"字。这个小孩子的头上有一顶大帽子。

3 我和"果"字，组成"颗"字。每颗星星都有自己运行的轨迹。

4 我和"令"字，组成"领"字。这位老领导一心为民，两袖清风，当地老百姓都特别尊重他。

5 我和"公"字，组成"颂"字。雷锋的故事和他的奉献精神值得我们广为传颂。

二、下面我来和你们做游戏。小朋友们，快来帮我找朋友！

分（　　　）　　步（　　　）　　夹（　　　）　　客（　　　）

诗词链接

三顾频烦天下计，两朝开济老臣心。　　——［唐］杜　甫

听其相顾言，闻者为悲伤。　　——［唐］白居易

相顾无相言，长歌怀采薇。　　——［唐］王　绩

安得广厦千万间，大庇天下寒士俱欢颜。　　——［唐］杜　甫

不要人夸好颜色，只留清气满乾坤。　　——［元］王　冕

春种一粒粟，秋收万颗子。　　——［唐］李　绅

江山代有才人出，各领风骚数百年。　　——［清］赵　翼

会当凌绝顶，一览众山小。　　——［唐］杜　甫

虫字旁（虫）

我是虫字旁，
虫儿飞，虫儿飞，
你在思念谁？
小朋友们一起来认识我吧！

1	2	3	4	5	6
丶	丿	口	中	虫	虫
竖	横折	横	竖	横	点

哈哈，我现身了！

　　最早的时候，"虫"指的是一种全名为"蝮（fù）虺（huǐ）"的毒蛇。甲骨文中的"虫"字像蛇的样子，"口"代表蛇头。一竖、一横和一点，代表蛇信子、蛇身和蛇尾巴。后来，古人把所有的动物都统称为"虫"。他们甚至认为彩虹弯曲似虫，是有两个头的神异动物，能饮江河之水。当"虫"用来泛指所有的动物之后，人们另外造出一个"虺"字，代替"虫"来表示毒蛇的意思。用"虫"作偏旁的字多与昆虫有关，如"蝴""蝶""蜻""蜓""蛛"。

看我七十二变

　　→以"蛙"字为例，它是一个形声字。"虫"是形旁，表示蛙是两栖动物；"洼"是声旁，表示读音，省写为"圭"。蛙大多生活在有水的洼地。"蛙"的本义是青蛙。"蛙"的字形主要有以下几种：

小篆　　隶书　　楷书

一、下面我来为大家介绍一下我的朋友们。

1 我和"知"字，组成"蜘"字。结网捕食，是蜘蛛独特的本领。

2 我和"悉"字，组成"蟋"字。蟋蟀在田间发出低微而优美的歌唱声。

3 我和"马"字，组成"蚂"字。蚂蚁搬家是要下雨的征兆。

4 我和"它"字，组成"蛇"字。你这样做就是在画蛇添足了。

5 我和"我"字，组成"蛾"字。敌人这样做无疑是飞蛾扑火，自取灭亡。

二、下面我来和你们做游戏。小朋友们，快来帮我找朋友！

义（　　　　） 　科（　　　　） 　丘（　　　　） 　单（　　　　）

诗词链接

庄生晓梦迷蝴蝶，望帝春心托杜鹃。　　　　——［唐］李商隐

小荷才露尖尖角，早有蜻蜓立上头。　　　　——［宋］杨万里

猜一猜

我是蛙泳发明家，说起话来呱呱呱。

小时有尾没有腿，长大有腿没有尾。（打一动物）

谜底：（青蛙）

竹字头（⺮）

我是竹字头，
竹子绿油油，
风吹雨打都不怕，
一起来认识我吧！

1	2	3	4	5	6
ノ	⺊	⺓	⺯	⺮	竹
撇	横	点	撇	横	点

哈哈，我现身了！

　　我是竹字头（⺮），"竹"是一个象形字，我是"竹"字分化出来的写法，我身上那两撇代表两根倒垂的竹枝，其余笔画代表两两对生的四片竹叶。用我作偏旁的字多与竹有关，如"笋""竿"。

看我七十二变

　　→以"竿"字为例，它是形声字。⺮是形旁，指竹；"干"是声旁，表示读音。"竿"的本义是竹子的主干，引申指竿子。"竿"的字形主要有以下几种：

小篆　　　　　隶书　　　　　楷书

一、下面我来为大家介绍一下我的朋友们。

1 我和"官"字，组成"管"字。牧羊犬能帮牧民管理羊群。

2 我和"干"字，组成"竿"字。小梅用竹竿从枣树上打下来

115

很多甜枣，分给她的朋友们。

3 我和"快"字，组成"筷"字。我们应该减少使用一次性筷子。

4 我和"争"字，组成"筝"字。风越来越小了，风筝缓缓地飘落下来。

5 我和"龙"字，组成"笼"字。夜晚的草丛中，萤火虫提着灯笼发出微弱的光。

二、下面我来和你们做游戏。小朋友们，快来帮我找朋友！

监（　　　）　间（　　　）　前（　　　）　合（　　　）

诗词链接

竹　石

［清］郑 燮

咬定青山不放松，立根原在破岩中。

千磨万击还坚劲，任尔东西南北风。

舌字旁(舌)

我是舌字旁，
古字加一撇，
就组成了我，
小朋友们动动手，
一起来认识我吧！

1	2	3	4	5	6
丿	二	千	千	舌	舌
撇	横	竖	竖	横折	横

哈哈，我现身了！

　　我是舌字旁(舌)，"舌"是一个会意字，甲骨文字形下部是嘴(口)，上部是伸出来的舌头形状。"舌"的本义是舌头，舌头具有搅拌食物、协助吞咽、感受味道和辅助发音等功能。用我作偏旁的字多与舌头有关，如"甜""舔"。

看我七十二变

　　→以"甜"字为例，它是一个形声字，"舌"是形旁，"甘"是声旁。它同时也是一个会意字。"甘"字的意思是甜美可口。"舌"和"甘"合在一起，表示用舌头品尝美味，结合出来的味甘甜。"甜"的本义表示像糖或蜜的味道。还引申指乖巧，讨人喜欢，如嘴甜。"甜"的字形主要有以下几种：

甜	甜	甜
小篆	隶书	楷书

一、下面我来为大家介绍一下我的朋友们。

1 我和"甘"字，组成"甜"字。人的饮食习惯各不相同，有的喜欢吃甜的，有的喜欢吃辣的，有的喜欢吃酸的。

2 我和"忝"字，组成"舔"字。小猫总爱舔爪子。

二、下面我来和你们做游戏。小朋友们，快来帮我找朋友！

刂（　　　）　　乚（　　　）　　攵（　　　）

诗词链接

采得百花成蜜后，为谁辛苦为谁**甜**。　　　　——［唐］罗　隐

乱花渐欲迷人眼，浅草才能没马蹄。　　　　——［唐］白居易

我歌月徘徊，我舞影凌**乱**。　　　　——［唐］李　白

泪眼问花花不语，**乱**红飞过秋千去。　　　　——［宋］欧阳修

成语链接

口干**舌**燥　　瞠目结**舌**　　唇枪**舌**剑　　贫嘴薄**舌**　　笨嘴笨**舌**

张口结**舌**　　鹦鹉学**舌**　　**舐**犊情深　　**甜**言蜜语　　忆苦思**甜**

舟字旁（舟）

我是舟字旁，
字形像条船。
一起来认识我吧！

1	2	3	4	5	6
丿	丿	刀	舟	舟	舟
撇	撇	横折钩	点	横	点

哈哈，我现身了！

我是舟字旁（舟），"舟"是一个象形字。"舟"的甲骨文字形像船形，两边像船帮，中间三条线代表船头、船舱和船尾。"舟"的本义是船。用我作偏旁的字多与船有关，如"舰""艇"。

看我七十二变

→以"艇"字为例，它是一个形声字。"舟"是形旁，指船；"廷"是声旁，表示读音。"艇"的本义是轻便的小船。"艇"的字形主要有以下几种：

胋	艇	艇
小篆	隶书	楷书

一、下面我来为大家介绍一下我的朋友们。

1 我和"见"字，组成"舰"字。我们成功轰炸了敌军的船舰。

2 我和"方"字，组成"舫"字。姐姐在画舫里画画。

3 我和"亢"字，组成"航"字。帆船按照航线勇往直前。

4 我和"殳"字，组成"般"字。他俩好得似亲兄弟一般。

5 我和"仓"字，组成"舱"字。渔夫的船舱里装满了鱼。

二、下面我来和你们做游戏。小朋友们，快来帮我找朋友！

可（　　　） 玄（　　　） 白（　　　） 方（　　　）

诗词链接

两岸猿声啼不住，轻舟已过万重山。 ——［唐］李　白

闲来垂钓碧溪上，忽复乘舟梦日边。 ——［唐］李　白

细草微风岸，危樯独夜舟。 ——［唐］杜　甫

春潮带雨晚来急，野渡无人舟自横。 ——［唐］韦应物

猜一猜

丹心一点撇上头。（打一汉字）

谜底：（ 舟 ）

足字旁(𧾷)

我是足字旁，
以行动为主。
要想学会我，
就快行动起来吧！

1	2	3	4	5	6	7
丨	𠃌	口	口	甲	𧾷	𧾷
竖	横折	横	竖	横	竖	提

哈哈，我现身了！

　　我是足字旁(𧾷)，我是"止"字分化出来的写法，表示脚。而我身上的"口"，表示圆圆的膝盖。"足"最初所指的就是小腿和脚的综合体，后来才专门指脚。用我作偏旁的字多与脚有关，如"踢""跳"。

看我七十二变

　　→以"踢"字为例，它是一个会意字。"足"表示用脚踢；"易"有改变的意思。"踢"的本义是抬起腿用脚撞击。"踢"也有剔除、排除之义。"踢"的字形主要有以下几种：

踢	踢	踢
小篆	隶书	楷书

一、下面我来为大家介绍一下我的朋友们。

1 我和"八"字，组成"趴"字。那只小猫慵懒地趴在草坪上。

2 我和"兆"字，组成"跳"字。小兔子一蹦一跳地离开了。

3 我和"夭"字，组成"跃"字。进入大洋航行，时而可见巨鲸在水面上飞跃。

4 我和"包"字，组成"跑"字。小狗有着矫健的四肢，它跑得非常快。

5 我和"尊"字，组成"蹲"字。这件事对叔叔打击太大了，他蹲在路边哭得像个孩子。

二、下面我来和你们做游戏。小朋友们，快来帮我找朋友！

册（　　　）　宗（　　　）　崩（　　　）　沓（　　　）

词语链接

例：止（趾）（脚趾）（脚趾尖）

足 {
曾（　　　）（　　　）（　　　）
各（　　　）（　　　）（　　　）
巨（　　　）（　　　）（　　　）
帝（　　　）（　　　）（　　　）
}

猜一猜

一瓜生得怪，有黑又有白，
剖开不能吃，踢它人人爱。（打一体育用品）

谜底：（足球）

雨字头（雷）

我是雨字头，
小雨淅沥沥……
大雨哗啦啦……
要想了解我，
动手写一写。

1	2	3	4	5	6	7	8
一	一	一	丅	丙	丙	雨	雨
横	点	横撇/横钩	竖	点	点	点	点

哈哈，我现身了！

我是雨字头（雷），是"雨"字分化出来的写法。在甲骨文和金文中，"雨"字像从天空降落水滴的样子。小篆后，"雨"字上面的横代表天空，竖和横折钩代表云朵，四个点代表雨点，中间的竖表示雨从天上的云朵里降下来。"雨"的本义是从云层中降落的水滴。用我作偏旁的字多与天气、气象有关，如"雪""雷"。

看我七十二变

→以"雷"字为例。甲骨文中的"雷"字由闪电符号加表示声音的"口"字组成，表示闪电发出的声音。因为雷和雨经常相伴。"雷"的金文字形增加了"雨"作形旁，"雷"变成了一个形声字。"口"字也演变成了四个"田"字。四个"田"字和三个"田"字，读音都是"léi"，意思是雷。"雷"的字形主要有以下几种：

| 甲骨文 | 金文 | 小篆 | 隶书 | 楷书 |

一、下面我来为大家介绍一下我的朋友们。

1 我和"田"字，组成"雷"字。每当打雷的时候妹妹就会躲进妈妈的怀里。

2 我和"辟"字，组成"霹"字。这消息来得这样突然，犹如晴天霹雳一般。

3 我和"务"字，组成"雾"字。雨后，山林间升起了大雾。

4 我和"而"字，组成"需"字。他需要你的帮助。

5 我和"相"字，组成"霜"字。霜降是二十四节气之一。

二、下面我来和你们做游戏。小朋友们，快来帮我找朋友！

今（　　　）　　林（　　　）　　包（　　　）　　文（　　　）

诗词链接

夜来风雨声，花落知多少。　　　　　　——［唐］孟浩然

清明时节雨纷纷，路上行人欲断魂。　　——［唐］杜　牧

柴门闻犬吠，风雪夜归人。　　　　　　——［唐］刘长卿

孤舟蓑笠翁，独钓寒江雪。　　　　　　——［唐］柳宗元

马作的卢飞快，弓如霹雳弦惊。　　　　——［宋］辛弃疾

九州生气恃风雷，万马齐喑究可哀。　　——［清］龚自珍

小学语文通用基础知识手册

专注小学阶段语文基础字、词、成语积累

语文其实并不难

曾 琴 陈慧颖 主编

近义词 反义词
运用有技巧

延边大学出版社

图书在版编目（CIP）数据

语文其实并不难 / 曾琴，陈慧颖主编. -- 延吉：
延边大学出版社，2023.5
ISBN 978-7-230-05006-7

Ⅰ．①语… Ⅱ．①曾…②陈… Ⅲ．①小学语文课 –
教学参考资料 Ⅳ．①G624.203

中国国家版本馆 CIP 数据核字（2023）第 091197 号

语文其实并不难

主　　编：曾琴　陈慧颖
责任编辑：王启东
出版发行：延边大学出版社
社　　址：吉林省延吉市公园路 977 号
邮　　编：133002
电　　话：0433-2732435
传　　真：0433-2732434
网　　址：http://www.ydcbs.com
印　　刷：咸宁市国宾印务有限公司
开　　本：880 mm × 1230 mm　1/32
印　　张：21
字　　数：460 千字
版　　次：2023 年 5 月第 1 版
印　　次：2023 年 7 月第 1 次印刷
书　　号：ISBN 978-7-230-05006-7
定　　价：110.00 元

目录

运用有技巧
近义词反义词
YUWEN QISHI BINGBUNAN

· 反 义 词 ·

运用有技巧

近义词反义词

YUWEN QISHI BINGBUNAN

近义词

近义词反义词

运用有技巧

YUWEN QISHI BINGBUNAN

爱慕——倾慕

知识小卡片

爱慕和倾慕：都有心里喜爱的意思。

爱慕：侧重于"喜爱"，指由于喜欢或敬重而愿意接近，适用范围广，适用对象可以是人，也可以是美好的事物，有时还可以是思想意识。一般不用程度副词修饰。

倾慕：侧重于"倾心"，用于对人的一心向往，程度较"爱慕"更深，适用范围较窄，只能用于人。可用程度副词修饰。

涂涂剧场

胡涂涂：瑰丽芬芳的花朵，使人一见就生倾慕之心。

胡爸爸：花朵是美好的事物，而不是人。"倾慕"只能用于人。你应该这样说——瑰丽芬芳的花朵，使人一见就生爱慕之心。

涂涂小天地

成语链接：

一见倾心：初次见面就产生爱慕之情。

涂涂来造句

1.牛郎和织女相互爱慕。因此，织女放弃天庭的荣华富贵，来到人间与牛郎一起生活。

2.他对遨游太空的宇航员十分倾慕。

安然——安稳

知识小卡片

安然和安稳：都有平静、安定的意思。

安然：侧重"然"，通常指人的心态。有平安、平静、没有顾虑、很放心的意思。

安稳：侧重"稳"，具有沉稳的意思，主要形容事物稳当平稳，也可以形容人举止沉静。

涂涂剧场

胡涂涂：那个失踪的孩子安稳无恙地回来了。

胡爸爸：我们要表达平安的意思，应该用安然。你应该这样说——那个失踪的孩子安然无恙地回来了。

胡涂涂：昨晚雨声太大，我一夜都没睡安然。

胡爸爸：形容晚上睡觉不够安定，应该用安稳。你应该这样说——昨晚雨声太大，我一夜都没睡安稳。

涂涂小天地

成语链接：

安然无恙：原指人平安没有疾病，后泛指平平安安、没有受到任何损伤。

涂涂来造句

看到堤坝在这次洪水中安然无恙，人们长舒一口气，终于可以安稳地睡一觉了。

奥妙——奥秘

知识小卡片

奥妙和奥秘：二者都有深奥的意思。

奥妙：侧重"妙"，形容内容、道理深奥微妙。

奥秘：侧重"秘"，着重指深奥的、尚未被认识的秘密，多用于口语。

涂涂剧场

胡涂涂：我想探索大自然中的奥妙。

胡爸爸：大自然中有很多尚未被人认识的秘密，我们应该用名词奥秘。你应该这样说——我想探索大自然中的奥秘。

胡涂涂：这个魔术师的表演变化莫测，奥秘无穷。

胡爸爸：这个魔术表演的内容很高深，我们应该用形容词奥妙。你应该这样说——这个魔术师的表演变化莫测，奥妙无穷。

涂涂小天地

大自然的奥秘：

1. 草木枯荣、候鸟来去等自然现象同气候关系密切，人们据以安排农事。

2. 杏花开了，好像大自然在传语要赶快耕地；桃花开了，又好像在暗示要赶快种谷子。

3. 立春过后，大地冰雪融化、草木萌发，各种花朵次第开放。

涂涂来造句

自然科学奥妙无穷，吸引着科学家们不断去探索其中的奥秘。

报酬——薪酬

知识小卡片

报酬和薪酬：报酬和薪酬都可以用货币和非货币来支付。

报酬：报酬是不需要有劳务事实关系的，一般指得到他人帮助之后进行报答或工作后所得到的物品、钱财。报酬是就完成某种事项而支付的钱或实物，完成期限一般不长。

薪酬：薪酬是基于劳务事实基础上的，可以是报酬中的一种。薪酬除了按事项支付钱或实物外，还存在一种雇佣劳务关系，一般有相对较长的固定合同期限。

涂涂剧场

胡涂涂：爸爸，你这个月的**报酬**是多少呀？

胡爸爸：爸爸每天工作获得工资，是有劳务事实关系的，我们应该用**薪酬**。你应该这样说——爸爸，你这个月的**薪酬**是多少呀？

胡涂涂：王叔叔帮助他人，从不计**薪酬**。

胡爸爸：**薪酬**要有劳务事实关系，而**报酬**是指得到他人帮助后进行报答。你应该这样说——王叔叔帮助他人，从不计**报酬**。

涂涂小天地

俗语链接：

无功不受禄：指没有建立功劳，就不可无故接受俸禄。泛指对人没有好处，就不可接受人家的馈赠或优待。

涂涂来造句

这个小女孩帮助老奶奶卖苹果。卖完苹果后，老奶奶送给小女孩一件礼物作为**报酬**。

帮助——援助

知识小卡片

帮助和援助：都有支援、使困难解决的意思。

帮助：替人出力、出主意或给以物质上、精神上的支援。帮助的施动者多为人，也可以是组织、集体等，多用于学习、生活、劳动、工作、思想等方面。

援助：通常指用物质或行动为别人出力，一般是国家、政府、政党、单位、集体的行为，而且规模比较大。

涂涂剧场

胡涂涂：我今天援助一个老奶奶过了马路。

胡爸爸：你个人帮助老奶奶过马路，是生活中一件比较小的事情，应该用帮助。你应该这样说——我今天帮助一个老奶奶过了马路。

胡涂涂：汶川地震后，全国人民都伸出了帮助之手。

胡爸爸：这是一次全国性的行动，规模比较大，应该用援助。你应该这样说——汶川地震后，全国人民都伸出了援助之手。

涂涂小天地

具有"帮助"意味的成语：

助人为乐	拔刀相助	两肋插刀	雪中送炭
慷慨解囊	古道热肠	见义勇为	

涂涂来造句

1.他的家庭比较困难，我们可以力所能及地帮助他走出困境。

2.本着人道主义精神，中国经常援助其他国家。

避免——避开

知识小卡片

避免和避开：都有设法不使某种情形发生的意思，都能与抽象事物搭配。

避免：设法不使某种情形发生，强调人为地不让某种情形出现，含有主观的意味，多与"危险""冲突""事故""损失"等抽象事物搭配。

避开：躲开，不接触，可与抽象事物"危险""问题"等搭配，但多用于具体的人、车辆等。

涂涂剧场

胡涂涂：我们过马路一定要注意避免来往的车辆。

胡爸爸：来往的车辆，是具体的事物，应该用"避开"。你应该这样说——我们过马路一定要注意避开来往的车辆。

胡涂涂：我们在做决定之前，要虚心听取大家的意见，避开武断。

胡爸爸：武断是只凭主观做判断，具有主观意思，应该用避免。你应该这样说——我们在做决定之前，要虚心听取大家的意见，避免武断。

涂涂小天地

成语链接：

你推我让：指双方互相谦让。

涂涂来造句

为了避免交通事故的发生，我们过马路时要小心避开来来往往的车辆。

出生——诞生

知识小卡片

出生和诞生：都含有降生到世间的意思，诞生比出生的词义范围更广一些。

出生：胎儿从母体中分离出来。多用于人，也可适用于动物，偏口语化。

诞生：偏书面语，一般用于政党、国家、社会团体等抽象事物的建立，还可用于伟大人物的出生。

涂涂剧场

胡涂涂：1949 年 10 月 1 日，中华人民共和国**出生**了。

胡爸爸：一个国家的出现，应该用**诞生**。你应该这样说——1949 年 10 月 1 日，中华人民共和国**诞生**了。

胡涂涂：我**诞生**于 2010 年。

胡爸爸：平时泛指一个新生命的出现，应该用**出生**。你应该这样说——我**出生**于 2010 年。

涂涂小天地

成语接龙：

出生入死——死里逃生——生离死别——别开生面——面目全非——非分之想——想方设法——法不容情——情同手足——足不出户——户枢不蠹

涂涂来造句

1.一个新的时代**诞生**了！

2.他**出生**在一个富裕的家庭。

成绩——成就

知识小卡片

成绩和成就:都有表示通过努力而取得成果的意思。

成绩:①侧重于"绩",指学习或工作的收获,用于一般性的成果,属于中性词;②常与"大、好、优异"或"小、不好、差"等字词搭配;③只用作名词。

成就:①侧重于"就",用于重大事情(如革命、建设、科技等),语气郑重,是褒义词;②"成就"常同"巨大、重大、辉煌"等词语搭配;③"成就"既可作名词,也可作动词。"成就"作动词时有完成、成全之意。

涂涂剧场

胡涂涂:我在这次考试中取得了优异的**成就**。

胡爸爸:一般表示在学习中取得的成果,用**成绩**一词。你应该这样说——我在这次考试中取得了优异的**成绩**。

涂涂小天地

具有"成就"意味的成语:

丰功伟绩　　震古烁今　　光前裕后　　功高盖世　　功不可没

涂涂来造句

1.没有远大的抱负无以**成就**伟大的事业。

2.我的学习**成绩**与以前相比有了很大进步。

督促——鞭策

知识小卡片

督促和鞭策：都是动词，都含有催促加紧、促使前进的意思。

督促：着重指一般的监督、催促，促使抓紧时间，语义较轻，多用于对别人，也可以用于对自己，可用于书面语和口语。

鞭策：本义是用鞭和策赶马，现多用来比喻严格督促、激励前进，语义较重，大多用于对自己，一般不用于对别人，多用于书面语。

涂涂剧场

胡涂涂：这些珍贵的记忆将永远留在我的脑海里，督促我不断前进。

胡爸爸：督促侧重于时间上的抓紧，而"珍贵的记忆"具有激励前进的意味，应该用鞭策一词。你应该这样说——这些珍贵的记忆将永远留在我的脑海里，鞭策我不断前进。

胡涂涂：在妈妈的鞭策下，我完成了作业。

胡爸爸：你按时完成作业需要的是一般的监督，你需要抓紧时间，应该用督促。你应该这样说——在妈妈的督促下，我完成了作业。

涂涂小天地

小叔眼光低，凡事却爱管。（打一汉字）

谜底：督

涂涂来造句

1. 他在妈妈的督促下才把作业做完。

2. 他常用"书山有路勤为径，学海无涯苦作舟"这句名言鞭策自己。

惭愧——羞愧

知识小卡片

惭愧和羞愧：都含有愧疚不安的意思。

惭愧：因为自己有缺点、做错了事或未能尽到责任而感到不安。

羞愧：感到羞耻和惭愧，突出的是"羞"，是一种由内及外的感觉，深感羞耻而害怕见人。

涂涂剧场

胡涂涂：我上课讲话影响了同学学习，我感到很羞愧。

胡爸爸：你是因为做错了事而感到不安、自责，不是因为害羞而产生的羞愧，用惭愧一词更合适。你应该这样说——我上课讲话影响了同学学习，我感到很惭愧。

胡涂涂：没有回答出来老师提出的问题，我感到很惭愧。

胡爸爸：回答不出来问题是正常的，你并没有做错事，这种感觉是你因为对自己颜面的在乎而产生的，应该用羞愧。你应该这样说——没有回答出来老师提出的问题，我感到很羞愧。

涂涂小天地

名言警句：

见人耳语，不可窃听。恐所言之事，其人避我。又恐正值议我短长，闻之未免动意，且使其人惭愧无地自容矣。

——[清]曾国藩

涂涂来造句

我由于违反纪律而损害了班级的荣誉，心里感到非常惭愧。

创 造——制 造

知识小卡片

创造和制造：都有制作、产生新的东西的意思。

创造：想出新方法、建立新理论、做出新的成绩或东西，有开创、首创的意思。指将两个或两个以上的概念或事物按一定方式联系起来，主观地制造客观上能被人普遍接受的事物，以达到某种目的的行为。

制造：侧重指通过劳动把原材料加工成适用的产品，也可指造成某种气氛或局面。

涂涂剧场

胡涂涂：唐太宗励精图治，制造了前所未有的"贞观盛世"。

胡爸爸：做出新的成绩，从无到有，应该用创造。你应该这样说——唐太宗励精图治，创造了前所未有的"贞观盛世"。

胡涂涂：这辆汽车是中国创造的。

胡爸爸：把原材料进行加工，制成某种产品，应该用制造。你应该这样说——这辆汽车是中国制造的。

涂涂小天地

中国制造：

"中国制造"是世界上认知度最高的标签之一，因为快速发展的中国和它庞大的工业制造体系，这个标签可以在众多的商品上找到。"中国制造"在进行物质产品出口的同时，也将人文文化和国内的商业文明连带出口到国外。从"中国制造"到"中国创造"，中国正改变世界的创新版图。

涂涂来造句

1.勤劳的中国人民创造了光辉灿烂的历史。

2.阅兵式上展示的新武器，都是我国自己制造的。

发源——起源——来源

知识小卡片

发源、起源和来源:都含有源头和开始的意思。

发源:指河流开始流出。

起源:指事物产生的根源,比如宇宙起源、生命起源和物种起源。

来源:指事物从哪里得来,比如经济来源、材料来源和情报来源。

涂涂剧场

胡涂涂:黄河起源于青藏高原上的巴颜喀拉山。

胡爸爸:河流只能和发源搭配。你应该这样说——黄河发源于青藏高原上的巴颜喀拉山。

胡涂涂:黄梅戏来源于湖北省黄梅县。

胡爸爸:黄梅戏最早是在黄梅县产生的,应该用起源。你应该这样说——黄梅戏起源于湖北省黄梅县。

胡涂涂:"夸父追日"这个成语,起源于古代神话故事。

胡爸爸:"夸父追日"是从古代神话故事中提炼而来的,古代神话故事不是起源而是来源。你应该这样说——"夸父追日"这个成语,来源于古代神话故事。

涂涂小天地

源代码:

指软件开发阶段使用的原始程序语言,体现计算机程序的原始状态。保护源代码有助于防止计算机黑客的入侵。

涂涂来造句

1.淮河发源于桐柏山。

2.当时人们所获得的消息,主要来源于报纸和电视等新闻媒体。

发明——发现

知识小卡片

发明和发现:都含有寻找事物,使其现身的意思。

发明:侧重于创造,带有主观色彩,是无中生有地创造出世界上原本就没有的新事物或者新方法。

发现:侧重于找到,带有客观色彩,一般指客观存在的事物或规律被人揭示出来。

涂涂剧场

胡涂涂:火药是我国古代劳动人民首先发现的。

胡爸爸:创造出一种从未有过的东西,应该用发明。你应该这样说——火药是我国古代劳动人民首先发明的。

胡涂涂:考古学家发明了举世无双的秦始皇陵兵马俑。

胡爸爸:揭示一个未知事物的存在及其属性,应该用发现。你应该这样说——考古学家发现了举世无双的秦始皇陵兵马俑。

涂涂小天地

四大发明:

造纸术、指南针、火药和印刷术(也指活字印刷术),是中国古代最具影响力的四大发明。这四大发明对中国古代的政治、经济、文化的发展产生了巨大的推动作用,对世界文明发展史也产生了很大的影响。

涂涂来造句

1.你听说过"发明大王"爱迪生的故事吗?

2.科学家在山脚下意外地发现了华南虎的足迹。

分量——重量

知识小卡片

分量和重量：都含有轻重的意思。

分量：本义指分为若干份时所当得之量，引申指质量，也表示有价值、起作用等。

重量：①物体受到的重力的大小。重量随高度或纬度变化而有微小差别。在高处比在低处小一些，在两极比在赤道大一些。②习惯上用来指质量。

涂涂剧场

胡涂涂：校长的这番话很有重量。

胡爸爸：形容校长讲的这番话很有价值、作用，应该用分量。你应该这样说——校长的这番话很有分量。

涂涂小天地

重量级：属性词。① 体育比赛中某些项目按照运动员体重划分参赛级别时，体重级别高的：～拳击比赛。②在重要性上级别高的：～人物|～产品。

涂涂来造句

1.这根小小的立柱，可以承受千斤的重量。

2.李老师的话不多，分量却很重，话语里的每个字都拨动了同学们的心弦。

辨认——辨别

知识小卡片

辨认和辨别：都有加以分辨和区别的意思。

辨认：根据特点辨别，作出判断，以便找出或认定某一对象。

辨别：根据不同事物的特点，在认识上加以区别。

涂涂剧场

胡涂涂：这张照片已经模糊不清，无法**辨别**了。

胡爸爸：**辨认**侧重于根据事物的特点而加以分辨，从而认出某一事物对象，你说的这句话中应该用**辨认**一词。你应该这样说——这张照片已经模糊不清，无法**辨认**了。

胡涂涂：通过防伪码我可以**辨认**真假。

胡爸爸：在认识不同事物的特点的基础上加以比较，予以区分，应该用**辨别**。你应该这样说——通过防伪码我可以**辨别**真假。

涂涂小天地

名言警句：

1. 浅明不见深理，近才不睹远体。　　　　　——《晋书·华谭传》

2. 不患人之不己知，患不知人也。　　　　　——《论语·学而》

3. 听不顺，不审不聪，不审不聪则缪。视不察不明，不察不明则过。

　　　　　　　　　　　　　　　　　　　　——《管子·宙合》

涂涂来造句

1. 我的眼镜雾蒙蒙一片了，我无法**辨认**方向了。

2. 我们应该培养学生**辨别**是非的能力。

抚养——赡养

知识小卡片

抚养和赡养：都有养育的意思。

抚养：主要是父母、祖父母、外祖父母等长辈对子女、孙子女、外孙子女等晚辈的抚育、教养。

赡养：供给生活所需，特指子女对父母在物质上或生活上进行帮助。

涂涂剧场

胡涂涂：父母赡养我们长大，我们要知恩图报。

胡爸爸：长辈对晚辈的教养、抚育，应该用抚养一词。你应该这样说——父母抚养我们长大，我们要知恩图报。

胡涂涂：抚养父母是子女应尽的义务。

胡爸爸：子女供给父母生活需要，使得父母生活上有依靠，应该用赡养一词。你应该这样说——赡养父母是子女应尽的义务。

涂涂小天地

名言警句：

1. 孝子之至，莫大乎尊亲。 　　　　　　　　　——《孟子》
2. 父母者，人之本也。　　　——[西汉]司马迁《屈原列传》
3. 谁言寸草心，报得三春晖。　　　——[唐]孟郊《游子吟》

涂涂来造句

1. 子女有赡养父母的义务。

2. 父母有抚养子女的义务。

覆盖——掩盖

知识小卡片

覆盖和掩盖：都有遮掩的意思。

覆盖：①遮盖。②指地面上的植物，对于土壤有保护作用。

掩盖：指从上面遮住、盖住（一般盖住的范围不大），也指隐藏、隐瞒。

涂涂剧场

胡涂涂：这座冰山常年被冰雪掩盖。

胡爸爸：冰山是一大片范围，所以应该用覆盖。你应该这样说——这座冰山常年被冰雪覆盖。

胡涂涂：我们要用布把显示屏覆盖住。

胡爸爸：显示屏是一个小范围，所以应该用掩盖。你应该这样说——我们要用布把显示屏掩盖住。

涂涂小天地

大蒜播种后，覆盖地膜的好处：

大蒜播种后覆盖地膜，有利于土壤保墒（shāng）保湿，提高抗旱能力；有利于抑制杂草的生长，减少中耕除草或喷施除草剂的次数等，降低种植成本，提高经济效益；有利于提高土壤温度，促进大蒜在冬季正常生长。

涂涂来造句

1.谎言是掩盖不住真理的。

2.南极的表面覆盖着厚厚的冰雪。

繁重——沉重

知识小卡片

繁重和沉重：都含有分量大、负担重的意思。

繁重：侧重于头绪多、数量大、责任重，适用范围较窄，常指体力上的感受，多用来形容具体的工作、任务、劳动等。

沉重：①分量大，程度深；②（心情）忧郁，不愉快。

涂涂剧场

胡涂涂：他一个人完成了沉重的工作。

胡爸爸：工作烦琐而且责任重，应该用繁重。你应该这样说——他一个人完成了繁重的工作。

胡涂涂：繁重的货物压得这位搬运工人满脸通红、汗流浃背。

胡爸爸：货物十分重是客观事实，应该用沉重。你应该这样说——沉重的货物压得这位搬运工人满脸通红、汗流浃背。

涂涂小天地

诗词欣赏：

1. 知我者谓我心忧，不知我者谓我何求。 ——《诗经》

2. 烟迷露麦荒池柳，洗雨烘晴。洗雨烘晴，一样春风几样青。

——[宋]辛弃疾《采桑子·书博山道中壁》

涂涂来造句

1. 听说国家队输了，他的心情十分沉重。

2. 这么繁重的工作，他竟然一个人完成了。

功劳——功勋

知识小卡片

功劳和功勋：都指在某一领域有所贡献。

功劳：指(人)对事情或事业的贡献，超越了平凡的劳动。多用于一般事情，也用于较大的事业。

功勋：指重大的贡献，特殊的功劳，尤指对国家、人民作出的重大贡献。

涂涂剧场

胡涂涂：我们班能评上"优秀班级"，班长有很大的**功勋**。

胡爸爸：在日常工作中作出突出贡献，应该用**功劳**。你应该这样说——我们班能评上"优秀班级"，班长有很大的**功劳**。

胡涂涂：王爷爷是一位**功劳**卓著的老红军，我们都非常尊重他。

胡爸爸：形容对国家、人民作出的重大贡献，应该用**功勋**一词。你应该这样说——王爷爷是一位**功勋**卓著的老红军，我们都非常尊重他。

涂涂小天地

共和国勋章：

"共和国勋章"和"国家荣誉称号"，为国家最高荣誉。截至 2020 年 12 月，"共和国勋章"获得者共有 9 位，分别是于敏、申纪兰、孙家栋、李延年、张富清、袁隆平、黄旭华、屠呦呦、钟南山。

涂涂来造句

1. 张爷爷是一位**功勋**卓著的科学家。

2. 他为公司的发展立下了汗马**功劳**。

感谢——感激

知识小卡片

感谢和感激:都有因得到了对方的帮助而向对方表示谢意的意思。

感谢:用言语行动表示谢意。

感激:因对方的好意或帮助而感动并产生谢意。

涂涂剧场

胡涂涂:小宇帮助了我,我应该用什么来感激他呢?

胡爸爸:想酬谢对方,应该用感谢。你应该这样说——小宇帮助了我,我应该用什么来感谢他呢?

胡涂涂:鲁迅非常感谢藤野先生对他的关怀。

胡爸爸:藤野先生的温情关怀感动了鲁迅,这是带有激动和感动情绪的感谢,应该用感激。你应该这样说——鲁迅非常感激藤野先生对他的关怀。

涂涂小天地

《藤野先生》:

《藤野先生》是现代文学家鲁迅所写的一篇回忆性散文。文中鲁迅回忆了在日本仙台医学专门学校(今日本东北大学)的留学生活,表达了对藤野先生深切的怀念之情,赞颂了藤野先生辛勤治学、诲人不倦的精神及其严谨踏实的作风,特别是他对中国人民的诚挚友谊。同时,这篇文章表现了作者强烈的爱国主义思想以及同帝国主义势力斗争的战斗精神。

涂涂来造句

1.小明扶老奶奶过马路,老奶奶很感谢他。

2.他很感激老师这三年来对他无微不至的关怀。

管理——治理

知识小卡片

管理和治理：都有统治照管的意思。

管理：①指一定组织中的管理者，通过实施计划、人员配备、组织、指导或领导、控制等来协调他人的活动，使别人与自己一起实现既定目标的活动过程；②照管并约束（人或动物）；③保管和料理。

治理：指政府的行为方式，以及通过某些途径用以调节政府行为的机制。

涂涂剧场

胡涂涂：他把公司治理得井井有条。

胡爸爸：治理多指政府的行为方式，管理指照管打理。你应该这样说——他把公司管理得井井有条。

胡涂涂：国家派了专人去管理黄河断流的问题。

胡爸爸：针对黄河断流的问题应该是整治和整修，且要有一个过程，应该用治理。你应该这样说——国家派了专人去治理黄河断流的问题。

涂涂小天地

大禹治水的故事：

"大禹治水"是中国古代神话故事。大禹是黄帝的后代。三皇五帝时期，黄河泛滥，鲧（Gǔn）、禹父子二人受命于尧、舜二帝，被命为崇伯和夏伯，负责治水。

涂涂来造句

1.我们学习别人先进的管理经验时，绝不能生搬硬套。

2.我们要治理好黄河，以防洪水泛滥成灾。

观赏——欣赏

知识小卡片

观赏和欣赏：都含有领略美好事物的情趣的意思。

观赏：突出的是"观"，是通过观看来欣赏，观看和欣赏的也都是能够看得见的具体事物。观赏通过视觉来进行。如：观赏风景、观赏动植物。

欣赏：突出的是"欣"，是心情愉悦地领略和感受，领略和感受的可以是看得见的具体事物，也可以是看不见的抽象事物。欣赏还可以通过思维或者听觉来进行。如：欣赏美文、欣赏乐曲。

观赏和欣赏，都能和"风景"搭配，但观赏只是体现观看而已，而欣赏则显得更有情调一些。

涂涂剧场

胡涂涂：我们在花园里欣赏牡丹。

胡爸爸：牡丹是自然景物，需要用眼睛来观看，应该用观赏。你应该这样说——我们在花园里观赏牡丹。

胡涂涂：我们正在观赏音乐。

胡爸爸：音乐是抽象事物，看不见，应该用欣赏。你应该这样说——我们正在欣赏音乐。

涂涂小天地

具有"观赏"意味的成语：

目不暇接　　走马观花　　游山玩水　　叹为观止

涂涂来造句

1.去秋游的路上，我一边唱歌，一边观赏沿路的风景。

2.这座古庙墙上的浮雕惟妙惟肖，前来欣赏的游客络绎不绝。

鼓励——激励——勉励

知识小卡片

鼓励、激励和勉励：都含有促人努力上进的意思。

鼓励：突出的是鼓劲，是通过增强信心和勇气催人上进。

激励：突出的是激发，是通过激发斗志催人奋进。

勉励：突出的是劝勉，是用积极的言语劝人向好或上进。

涂涂剧场

胡涂涂：老师激励我们再接再厉。

胡爸爸：让人增强信心和勇气，应该用鼓励。你应该这样说——老师鼓励我们再接再厉。

胡涂涂：英雄精神鼓励着我们前行。

胡爸爸：激发一个人的斗志，应该用激励。你应该这样说——英雄精神激励着我们前行。

胡涂涂：老首长激励他们保持廉洁自律。

胡爸爸：这是劝人向好，应该用勉励。你应该这样说——老首长勉励他们保持廉洁自律。

涂涂小天地

促人努力上进的成语：

学无止境　　闻鸡起舞　　悬梁刺股　　孜孜不倦　　自强不息

涂涂来造句

1. 校长勉励获奖的同学继续努力，争取取得更好的成绩。

2. 经过老师的教育和鼓励，他终于振作起精神。

3. 革命先烈的豪言壮语激励着我们奋发上进。

忽视——漠视——无视

知识小卡片

忽视、漠视和无视：都含有不注意和不在意的意思。

忽视：突出的是"忽"，是疏忽大意，不放在心上，不重视。

漠视：突出的是"漠"，是态度冷漠，冷眼旁观，不积极对待。

无视：突出的是"无"，是视而不见，不放在眼里，和没看到一样。

忽视是一个中性词，包括无意忽视和有意忽视。漠视和无视，都是贬义词，属于有意行为。

涂涂剧场

胡涂涂：我漠视了他，没想到他这么厉害。

胡爸爸：一开始没有多加注意某个人，这是忽视。你应该这样说——我忽视了他，没想到他这么厉害。

胡涂涂：酒驾是对他人生命的无视。

胡爸爸：明知酒驾会危及他人生命，还酒后驾车，这是态度冷漠，不积极对待。你应该这样说——酒驾是对他人生命的漠视。

涂涂小天地

表示态度冷漠的成语：

冷眼相待　　漠不关心　　冷眼旁观　　麻木不仁　　见死不救

涂涂来造句

1.这支队伍实力很强，不容忽视。

2.我们的热心肠换来的却是对方对我们的无视。

3.他们漠视群众的疾苦。

环游——漫游

知识小卡片

环游和漫游：都含有游览和游走的意思。

环游：突出的是"环"，是绕圈而游，游览一圈，大范围地游览。

漫游：突出的是"漫"，是漫无目的，随意游览，无拘无束。

涂涂剧场

胡涂涂：我多想无拘无束地在美丽的大山里环游啊！

胡爸爸：无拘无束，这应该是漫游。你应该这样说——
我多想无拘无束地在美丽的大山里漫游啊！

胡涂涂：法国作家儒勒·凡尔纳笔下的福克先生仅用八十天漫游了地球一圈。

胡爸爸：绕圈而游，应该用环游。你应该这样说——法国作家儒勒·凡尔纳笔下的福克先生仅用八十天环游了地球一圈。

涂涂小天地

《八十天环游地球》：

《八十天环游地球》是法国"科幻小说之父"儒勒·凡尔纳最受读者欢迎的长篇小说之一，也是世界冒险小说的经典之作，笔调生动活泼，富有幽默感。小说主人公是英国人福克先生。他与朋友打赌，能在八十天内环游地球一周回到伦敦。福克先生克服种种困难，但到达伦敦时还是迟到了五分钟，自以为挑战失败时，却因他的旅程是自西向东绕地球一周，正好节约了一天时间而意外获得胜利。

涂涂来造句

一个人环游世界，首先需要有足够的勇气。

宏伟——雄伟

知识小卡片

宏伟和雄伟:都含有伟大的意思。

宏伟:突出的是"宏",意思是规模宏大,布局广大,多用来形容建筑物或者抽象的事物,比如宏伟的事业、宏伟的目标和宏伟的计划。

雄伟:形象高大,气势雄壮,突出的是"雄",多用来形容建筑物。

涂涂剧场

胡涂涂:我们用勤劳的双手描绘出**雄伟**的蓝图。

胡爸爸:蓝图是一种图纸,也借指规划和计划。既然是规划和计划,应该用**宏伟**来修辞。你应该这样说——我们用勤劳的双手描绘出**宏伟**的蓝图。

胡涂涂:上海第一高楼,气势**宏伟**。

胡爸爸:建筑物很高,是纵向的,应该用**雄伟**来形容。你应该这样说——上海第一高楼,气势**雄伟**。

涂涂小天地

成语链接:

1. 气势磅礴:形容气势雄伟。
2. 气吞山河:气势可以吞掉高山和大河。形容气魄很大。
3. 声势浩大:声威和气势非常壮大。
4. 波澜壮阔:形容声势雄壮浩大(多用于诗文、群众运动等)。

涂涂来造句

1. 实现中华民族的伟大复兴,是我们的**宏伟**目标。

2. 天安门广场上矗立着**雄伟**的人民英雄纪念碑。

哄骗——欺骗

知识小卡片

哄骗和欺骗：都含有骗人上当的意思。

哄骗：突出的是"哄"，是用好听的假话来骗人上当。

欺骗：突出的是"欺"，是通过掩盖真相来骗人上当。

涂涂剧场

胡涂涂：这些花言巧语欺骗不了我们。

胡爸爸：花言巧语是好听的假话，应该用哄骗。你应该
这样说——这些花言巧语哄骗不了我们。

胡涂涂：他在哄骗大家，企图掩盖事情的真相。

胡爸爸：不把事情的真相告诉大家，应该用欺骗。你应
该这样说——他在欺骗大家，企图掩盖事情的
真相。

涂涂小天地

名言警句：

1. 撒谎是万恶之首。 ——诺贝尔

2. 生命不可能从谎言中开出灿烂的鲜花。 ——海涅

3. 相信谎言的人必将在真理之前毁灭。 ——赫尔巴特

涂涂来造句

1. 歹毒的王后哄骗白雪公主吃下了一个有剧毒的苹果。

2. 一些不法商家用假冒伪劣商品欺骗消费者。

和气——和蔼

知识小卡片

和气和和蔼：都含有态度温和的意思。

和气：态度温和。可以用来形容各种年龄、身份的人。

和蔼：态度温和，容易接近。主要用来形容上级、长辈和年长者。

涂涂剧场

胡涂涂：我们班的小明同学待人很和蔼。

胡爸爸：形容年龄和自己差不多的人时，应该用和气。
你应该这样说——我们班的小明同学待人很和气。

胡涂涂：老奶奶和气可亲。

胡爸爸：老奶奶是长辈，应该用和蔼。你应该这样说——老奶奶和蔼可亲。

涂涂小天地

名言警句：

1. 退一步海阔天空，让三分心平气和。 ——《增广贤文》

2. 乐之务在于心和，和心在于行之适。 ——吕不韦《吕氏春秋》

3. 与人言，宜和气从容。气忿则不平，色厉则取怨。 ——薛瑄

4. 人有拂郁，先用一忍字，后用一忘字，便是调和气畅。 ——陶铸

涂涂来造句

1. 待人要和气，不要轻易和别人发生口角。

2. 我永远不会忘记爷爷那慈祥和蔼的笑容。

回顾——回忆

知识小卡片

回顾和回忆：都有回想过去的意思。

回顾：回过头来看，多指有目的、有意识地回想过去发生的事情，内容可以是国家、社会等的历史，也可以是自己经历的事情。

回忆：指回想，内容多是自己经历的事情。

涂涂剧场

胡涂涂：回忆历史，我们要从中吸取教训。

胡爸爸：回想国家的历史，应该用回顾。你应该这样说——回顾历史，我们要从中吸取教训。

胡涂涂：我在回顾昨天体育课上老师教的动作。

胡爸爸：这是自己的亲身经历，也是过去的事情，用回忆一词更加合适。你应该这样说——我在回忆昨天体育课上老师教的动作。

涂涂小天地

诗词欣赏：

1. 年年雪里，常插梅花醉。接尽梅花无好意，赢得满衣清泪。今年海角天涯，萧萧两鬓生华。看取晚来风势，故应难看梅花。

——[宋]李清照《清平乐》

2. 谁念西风独自凉，萧萧黄叶闭疏窗，沉思往事立残阳。被酒莫惊春睡重，赌书消得泼茶香，当时只道是寻常。 ——[清]纳兰性德《浣溪沙》

涂涂来造句

1. 校园里有我们学生时代最美好的回忆。

2. 回顾过去，展望未来，我们对前途充满信心。

坚强——顽强

知识小卡片

坚强和顽强：都含有不为外力所动摇的意思。

坚强：①坚固有力，不可动摇或摧毁；②使坚强。

顽强：固执而要强，多指坚持到底、不放弃、不退让。

涂涂剧场

胡涂涂：妹妹很顽强，摔倒了也没流一滴眼泪。

胡爸爸：形容妹妹的心理承受能力强，应该用坚强。你应该这样说——妹妹很坚强，摔倒了也没流一滴眼泪。

胡涂涂：小草的生命力很坚强。

胡爸爸：体现小草对生命的执着和坚守，应该用顽强。你应该这样说——小草的生命力很顽强。

涂涂小天地

赋得古原草送别

[唐] 白居易

离离原上草，一岁一枯荣。

野火烧不尽，春风吹又生。

远芳侵古道，晴翠接荒城。

又送王孙去，萋萋满别情。

解析：这是一首应考习作，相传为白居易十六岁时所作。《赋得古原草送别》通过对野草的描绘，抒发了送别友人时的依依不舍之情。

涂涂来造句

1.军民携手同洪水进行了顽强的搏斗。

2.遇到困难，我们要勇敢坚强，不能懦弱。

规划——计划

知识小卡片

规划和计划：都有对未来进行打算的意思。

规划：指个人或组织制订的比较全面长远的发展计划，是对未来整体性、长期性、基本性问题的思考和考量。

计划：工作或行动前预先拟定的具体内容和步骤，大多比较详细、周密。

涂涂剧场

胡涂涂：我规划星期六写数学作业。

胡爸爸：规划是比较长远的大计划，而做作业是短暂的、一般的事情，应该用计划。你应该这样说——我计划星期六写数学作业。

胡涂涂：太棒了！市政府计划后年在我们居住的小区附近建一个公园。

胡爸爸：这是政府制定的比较长远的发展方案，用规划更合适。你应该这样说——太棒了！市政府规划后年在我们居住的小区附近建一个公园。

涂涂小天地

名言警句：

1. 用百折不回的毅力，有计划地克服所有的困难。 ——毛泽东
2. 已经完成的小事，胜于计划中的大事。 ——雷特

涂涂来造句

1. 她计划周日下午和她的好朋友会面。

2. 他们画出了城市规划的草图。

矫正——改正

知识小卡片

矫正和改正：都含有使事物变正确或恢复正常的意思。

矫正：突出的是"矫"，是矫畸为正，借助器具将畸形的事物和不健康的事物恢复为正常状态。

改正：突出的是"改"，是改错为正，把错误的改为正确的，比如改正错误、改正错别字。

涂涂剧场

胡涂涂：周末，妈妈带我去医院改正牙齿。

胡爸爸：牙齿畸形，使其恢复正常状态，应该用矫正。你应该这样说——周末，妈妈带我去医院矫正牙齿。

胡涂涂：他正在矫正错别字。

胡爸爸：把错误的改为正确的，应该用改正。你应该这样说——他正在改正错别字。

涂涂小天地

名言警句：

1. 不贵于无过，而贵于能改过。　　　　　　　　　　——王守仁

2. 正确的结果，是从大量错误中得出来的；没有大量错误作台阶，也就登不上最后正确结果的高座。　　　　　　　　　　——钱学森

3. 错误同真理的关系，就像睡梦同清醒的关系一样。一个人从错误中醒来，就会以新的力量走向真理。　　　　　　　　　　——歌德

涂涂来造句

1. 大家都愿意帮他改正错误。

2. 近视度数不高的人可以采取一些措施矫正视力。

居然——果然

知识小卡片

居然和果然:都含有预料事实或者结果的意思。

居然:表示预期和结果相反,意思是意想不到,出乎意料。多指事态向好的方面发展,含有惊喜的意味。

果然:表示事实与所说或所预料的相符,意思是果真这样和不出所料。

涂涂剧场

胡涂涂:妈妈说今天下午会下雨,下午**居然**下雨了。

胡爸爸:下雨是在妈妈意料之中的事情,应该用**果然**。你应该这样说——妈妈说今天下午会下雨,下午**果然**下雨了。

胡涂涂:我们以为他不能考满分,但他**果然**考了满分。

胡爸爸:他考满分是意料之外的事情,应该用**居然**。你应该这样说——我们以为他不能考满分,但他**居然**考了满分。

涂涂小天地

成语链接:

1. 果不其然:果然(强调不出所料)。

2. 果如其言:果然像他说的那样。指事情的变化和预想的一样。

3. 名不虚立:指宜有此盛名,果然不虚妄。

涂涂来造句

1.天气预报说今天有雨,今天**果然**下雨了。

2.我这次**居然**获得了这场比赛的冠军,真是不可思议。

克制——抑制

知识小卡片

克制和抑制：都含有制止、压制，使不表露出来的意思。

克制：压制某种思想或情绪，适用于不好的或不应有的情感、思想。

抑制：压下去，控制，对象多是思想感情，还专指阻止大脑皮质的兴奋，减弱器官的活动。

涂涂剧场

胡涂涂：他再也**抑制**不住自己，大声地叫了起来。

胡爸爸：形容不好的或不应有的思想、情绪时，用**克制**更合适。你应该这样说——他再也**克制**不住自己，大声地叫了起来。

胡涂涂：他**克制**不住心中的喜悦，激动得跳了起来。

胡爸爸：通过某种力量来压制某种兴奋情绪时，应该用**抑制**。你应该这样说——他**抑制**不住心中的喜悦，激动得跳了起来。

涂涂小天地

成语链接：

1. 按行自抑：约束自己的行为。

2. 按捺不住：心里急躁，克制不住。

涂涂来造句

1. 英语测验得了一百分，我**抑制**不住心中的喜悦，像小鸟一样飞进了家门。

2. 为了避免发生争吵，他**克制**住了自己。

恳求——乞求

知识小卡片

恳求和乞求：都含有请求的意思，都是请别人答应自己的要求。

恳求：指以一种诚恳真挚的态度请求对方帮助自己做事情。

乞求：突出的是"乞"，是不顾尊严，放低身段，低三下四地请求。

涂涂剧场

胡涂涂：他再三乞求爸爸带他去北京游玩。

胡爸爸：想让爸爸同意，态度要诚恳而殷切，用恳求更合适。你应该这样说——他再三恳求爸爸带他去北京游玩。

胡涂涂：我们绝不会恳求敌人的怜悯。

胡爸爸：请求别人的怜悯，带有贬义意味，用乞求更合适。你应该这样说——我们绝不会乞求敌人的怜悯。

涂涂小天地

成语链接：

1. 不情之请：客套话，不合情理的请求（向人求助时称自己的请求）。
2. 打躬作揖：弯身作揖，多用来形容恭顺谦卑的样子。
3. 高抬贵手：客套话，多用于请求对方饶恕或通融。

涂涂来造句

1. 卖火柴的小女孩乞求行人买她的火柴。

2. 小男孩再三恳求妈妈准许他参加这次的夏令营。

夸赞——夸耀

知识小卡片

夸赞和夸耀：都含有夸奖的意思。

夸赞：侧重于"赞"，多是夸奖和称赞他人。

夸耀：侧重于"耀"，多是夸奖和炫耀自己有本领、有功劳、有地位、有势力等。

涂涂剧场

胡涂涂：妈妈**夸耀**我的成绩好。

胡爸爸：妈妈表扬你，是褒义，用**夸赞**更合适。你应该这样说——妈妈**夸赞**我的成绩好。

胡涂涂：这个姑娘十分虚荣，特别喜欢**夸赞**自己的服装和首饰。

胡爸爸：向他人炫耀自己的衣服，应该用**夸耀**。你应该这样说——这个姑娘十分虚荣，特别喜欢**夸耀**自己的服装和首饰。

涂涂小天地

具有"夸赞"或"夸耀"意味的成语：

赞不绝口　　交口称誉　　有口皆碑　　口碑载道

涂涂来造句

1.长辈们都**夸赞**哥哥是一个有才华的青年。

2.他从不在别人面前**夸耀**自己成绩好。

沦落——沦陷

知识小卡片

沦落和沦陷：都有失败、陷入不良境地的意思。

沦落：被驱逐流落、陷入不良的境地等。

沦陷：领土或国土被敌人占领或陷落在敌人手里，常指被敌人占领一段较长的时间。

涂涂剧场

胡涂涂：几年不见，他竟沦陷到这个地步。

胡爸爸：一个人从较好的境地逐渐陷入较差的境地，应该用沦落。你应该这样说——几年不见，他竟沦落到这个地步。

胡涂涂：卢沟桥事变后，日军长驱直入，华北等地很快沦落了。

胡爸爸：某一地区或者某一个国家被另一个国家占据，应该用沦陷。你应该这样说——卢沟桥事变后，日军长驱直入，华北等地很快沦陷了。

涂涂小天地

诗词欣赏：

1. 国破山河在，城春草木深。　　　　　　　——[唐]杜甫《春望》
2. 王师北定中原日，家祭无忘告乃翁。　　　——[宋]陆游《示儿》

涂涂来造句

1. 东北沦陷后，中华儿女掀起了一场轰轰烈烈的抗日救亡运动。

2. 父母去世后，不思进取的他沦落到沿街乞讨的地步。

茂盛——旺盛

知识小卡片

茂盛和旺盛：都含有植物长势很好的意思。

茂盛：突出的是茂密，用来形容植物茂密而且苗壮，同时也用来形容经济等兴旺。

旺盛：突出的是兴旺，用来形容植物生长气势足和生命力强，同时也用来形容精力充沛和情绪高涨。

涂涂剧场

胡涂涂：树木一棵挨着一棵，长得十分旺盛。

胡爸爸：一棵挨着一棵，体现的是茂密，应该用茂盛。你应该这样说——树木一棵挨着一棵，长得十分茂盛。

胡涂涂：桃花开得很茂盛。

胡爸爸：桃花朵朵开的情景，应该用旺盛。你应该这样说——桃花开得很旺盛。

涂涂小天地

枫林风光，林木茂盛。（打一汉字）

谜底：森

涂涂来造句

1.新栽的小树，枝叶茂盛，长势很好。

2.年轻人精力旺盛，应该抓紧时间，多学些知识。

萌芽——发芽

知识小卡片

萌芽和发芽：都含有植物初生、生长的意思。

萌芽：指草木初生发芽，也用来比喻事物刚发生。

发芽：种子的胚发育长大，突破种皮而出。

涂涂剧场

胡涂涂：资本主义的发芽首先出现在手工业。

胡爸爸：一个事物的开端，应该用萌芽。你应该这样说——资本主义的萌芽首先出现在手工业。

胡涂涂：春天来了，除了那棵枣树，其余的树都萌芽了。

胡爸爸：春天来了，树木发芽，长出了新枝。你可以这样说——春天来了，除了那棵枣树，其余的树都发芽了。

涂涂小天地

种子发芽的过程：

当一粒种子萌发时，首先要吸收水分。随后，子叶或胚乳中的营养物质逐渐转运给胚根、胚芽、胚轴。胚根发育，突破种皮，形成根；胚轴伸长；胚芽发育成芽，芽进一步发育成茎和叶。

涂涂来造句

1.只有有了充足的空气和水分，种子才会生根发芽。

2.那些不良的习惯，在萌芽阶段就要消除。

冒犯——侵犯

知识小卡片

冒犯和侵犯：都含有因言行不当而给他人造成威胁或者带来损害的意思。

冒犯：突出的是言行粗鲁，顶撞对方，以下犯上，比如冒犯长辈。

侵犯：突出的是非法侵入和损害，比如侵犯领空。

涂涂剧场

胡涂涂：我不小心说错话侵犯了老师。

胡爸爸：用言语顶撞了老师，应该用冒犯。你应该这样说——我不小心说错话冒犯了老师。

胡涂涂：敌人冒犯了我们的领土。

胡爸爸：敌人非法侵入我们的领土，是侵犯。你应该这样说——敌人侵犯了我们的领土。

涂涂小天地

成语链接：

犯颜直谏：敢于冒犯尊长或君主的威严而极力相劝。

涂涂来造句

1.他的话冒犯了所有在场的人。

2.祖国的领土神圣不可侵犯。

灭亡——灭绝

知识小卡片

灭亡和灭绝：都含有消失和不再存在的意思。

灭亡：侧重于消亡，多指国家、种族等不再存在。

灭绝：侧重于断绝，多指物种的消失、人性的丧失。

涂涂剧场

胡涂涂：一个朝代灭绝了，另一个朝代建立了。

胡爸爸：一个朝代不存在了，侧重于消亡，应该用灭亡。你应该这样说——一个朝代灭亡了，另一个朝代建立了。

胡涂涂：世界上濒临灭亡的动物越来越多了。

胡爸爸：形容有的动物越来越少，即将消失的情形，应该用灭绝。你应该这样说——世界上濒临灭绝的动物越来越多了。

涂涂小天地

物种灭绝：

在长期进化过程中所形成的、具有不同遗传学性状特征的生物品种因天然和人为因素逐渐消失的过程。有地域性和全球性之分。有的物种由于自然原因而灭绝，如恐龙、三叶虫等。当前的物种灭绝主要是人类活动引起的，如对森林的乱砍滥伐，对动物的滥捕滥猎，滥用农药，严重的大气及水体污染等导致生物赖以生存的自然生态环境遭受严重破坏。

涂涂来造句

1. 他这样做犹如飞蛾扑火，自取灭亡。

2. 他们灭绝性的狩猎活动是不能以经济需要来辩护的。

便宜——廉价

知识小卡片

便宜和廉价：都含有价钱低的意思。

便宜：侧重于"宜"，多指价钱合适，也指不应得的利益。

廉价：侧重于"廉"，多指价钱比一般的低，隐含物美价廉的意思。

涂涂剧场

胡涂涂：我今天在路上捡了一个廉价。

胡爸爸：这不是你应得的利益，应该用便宜。你应该这样说——我今天在路上捡了一个便宜。

胡涂涂：这件衣服便宜出售。

胡爸爸：这里是说比平常、一般的价钱低，应该用廉价。你应该这样说——这件衣服廉价出售。

涂涂小天地

"便(biàn)宜"古义：

1. 有利于治国、合乎时宜的办法或建议。

如：释之既朝毕，因前言便宜事。

2. 因利乘便，见机行事。

如：(李牧)以便宜置吏，市租皆输入莫府，为士卒费。

涂涂来造句

1. 今天商场促销打折，卖的东西十分便宜。

2. 这群工人白天在工厂里劳作，晚上挤在廉价的出租屋里过夜。

缺点——缺陷

知识小卡片

缺点和缺陷：都含有缺乏的意思。

缺点：跟"优点"相对，多指不足和不好，这种不足是能够改正的，所以可以说"改正缺点""克服缺点"。

缺陷：侧重于"陷"，多指不完整和不健全，应该有的而没有，这种缺失可以弥补，但不能够完全恢复。有时可用于形容生理、性格、制度等抽象事物的不足。

涂涂剧场

胡涂涂：我上课喜欢说话，我认为这是我的一个缺陷。

胡爸爸：上课喜欢说话是一种坏习惯，可以改正，应该是缺点。你应该这样说——我上课喜欢说话，我认为这是我的一个缺点。

胡涂涂：对狗来说，不会叫是一种很大的缺点。

胡爸爸：生理上有问题，应该是一种缺陷。你应该这样说——对狗来说，不会叫是一种很大的缺陷。

涂涂小天地

名言警句：

1. 一个人的缺点来自他的时代，他的美德和伟大却属于他自己。

——康德

2. 怀疑并不是缺点。总是疑，而并不下断语，这才是缺点。——鲁迅

涂涂来造句

1. 不要只看到别人的缺点，看不到别人的优点。

2. 拿别人的生理缺陷取乐是不道德的行为。

去世——逝世

知识小卡片

去世和逝世：都含有人死亡的意思。

去世：离开人世，是死亡的委婉说法。偏口语化，语气比较随意。

逝世：从这个世界消失，也是死亡的委婉说法。多用于书面语，语气比较庄重，通常用于有影响力、有成就的大人物。

涂涂剧场

胡涂涂：袁隆平爷爷**去世**了。

胡爸爸：袁隆平爷爷是伟人，为了表示敬意，你可以用**逝世**。你可以这样说——袁隆平爷爷**逝世**了。

胡涂涂：我们班上有个同学的奶奶因病**逝世**了。

胡爸爸：这个同学的奶奶是个普通人，你可以用**去世**。你应该这样说——我们班上有个同学的奶奶因病**去世**了。

涂涂小天地

仙逝：

问候亲友家中死去亲人的关切用语，如亲人已仙逝，请节哀，保重身体。所谓仙逝，即像仙人一样离开人间，是去世的委婉说法，是对逝者的怀念和对生者的慰问。

涂涂来造句

1.爸爸**去世**了，他特别伤心。

2.听到毛泽东同志**逝世**的消息，全国人民的心情万分悲痛。

批评——批判

知识小卡片

批评和批判：都表示指出缺点、错误。

批评：对优缺点进行分析，专指对一般缺点、错误提出意见，与"表扬"相对。

批判：对错误的思想、言论或行为做系统的分析，并加以否定，对象多是严重错误或反动言行。

涂涂剧场

胡涂涂：我们应该有批评精神。

胡爸爸：这种精神应该是勇于对严重错误的思想和言论作出分析，并含有扬弃落后、吸取精华的意味，应该用批判。你应该这样说——我们应该有批判精神。

胡涂涂：我上课讲话被老师批判了。

胡爸爸：上课说话是一般性错误，老师指出来应该用批评。你应该这样说——我上课讲话被老师批评了。

涂涂小天地

当面批评。（打一数学用语）

谜底：质数

涂涂来造句

1.孩子有缺点要批评教育，不能一味纵容。

2.我们要批判地继承传统的文学艺术。

肃静——安静

知识小卡片

肃静和安静：都含有没有吵闹、没有喧哗的意思。

肃静：着重于"肃"，多指会场、法庭等环境的严肃安静。

安静：侧重于"安"，多形容没有声响、纷扰，也常指心情、环境或人的状态安稳平静。

涂涂剧场

胡涂涂：追悼会上，人虽然很多，但是很安静。

胡爸爸：追悼会是比较庄重严肃的场合，用肃静比用安静更合适。你应该这样说——追悼会上，人虽然很多，但是很肃静。

胡涂涂：小明同学是一个很肃静的人。

胡爸爸：形容人的性格状态，应该用安静。你应该这样说——小明同学是一个很安静的人。

涂涂小天地

山东安静。（打一《三国演义》中的人物）

谜底：鲁肃

涂涂来造句

1.会场上非常安静，大家都在倾听校长的讲话。

2.殿堂里十分肃静。

商议——商量

知识小卡片

商议和商量：都含有就某一问题展开讨论、交换意见的意思。

商议：为了对某些问题取得一致意见而进行讨论。

商量：常用于口语，侧重于讨论时相互交换意见。

涂涂剧场

胡涂涂：这个问题我需要和同学们好好**商量**才能做决定。

胡爸爸："这个问题"涉及你和同学们双方，你们需要共同讨论取得一致意见，用**商议**更合适。你应该这样说——这个问题我需要和同学们好好**商议**才能做决定。

胡涂涂：参加夏令营的事，我还要跟妈妈**商议**。

胡爸爸：这是一件小事，需要跟妈妈交换意见，应该用**商量**。你应该这样说——参加夏令营的事，我还要跟妈妈**商量**。

涂涂小天地

名言警句：

1. 推心置腹的谈话就是心灵的展示。 ——温·卡维林

2. 与人交谈一次，往往比多年闭门劳作更能启发心智。思想必定是在与人交往中产生，而在孤独中进行加工和表达。 ——列夫·托尔斯泰

3. 做一个好听众，鼓励别人说说他们自己。 ——戴尔·卡耐基

涂涂来造句

1. 请把你们**商量**后的意见及时转告我。

2. 这件事情必须经过开会**商议**后，才能最终决定。

赏识——赞赏

知识小卡片

赏识和赞赏：都指表扬、欣赏他人的才能或者作品。

赏识：认识到别人的才能或作品的价值而予以重视或赞扬。多用于前辈对后辈、领导对下属、老师对学生。

赞赏：从内心出发，赞美、欣赏他人或者他人的作品。

涂涂剧场

胡涂涂：哥哥得到了领导的**赞赏**，工作没多久就被委以重任。

胡爸爸：领导对下属才能的欣赏、赞扬，我们用**赏识**更加合适。你应该这样说——哥哥得到了领导的**赏识**，工作没多久就被委以重任。

胡涂涂：我对班长无私奉献的精神十分**赏识**。

胡爸爸：你和班长是同学，你赞美、欣赏班长这种无私奉献的精神品质，应该用**赞赏**。你应该这样说——我对班长无私奉献的精神十分**赞赏**。

涂涂小天地

米开朗琪罗与大卫像：

意大利著名雕塑家米开朗琪罗，费尽心血雕刻出著名的大卫像。人们皆惊叹于大卫像的辉煌，可在此之前，很少有人对这块用来雕刻大卫的石材给出好评，而米开朗琪罗发现了它，并赋予了它新的价值。

涂涂来造句

1. 孙膑因他的聪明才干，深得齐威王的**赏识**。

2. 他对李华父亲的高尚情操非常**赞赏**。

同意——赞成

知识小卡片

同意和赞成:指和别人有着相同的意见。

同意:指对某种主张表示相同的意见。

赞成:指表示与别人有相同的意见,但程度较"同意"更深,有拥护的意思。

涂涂剧场

胡涂涂:党委已经赞成他的要求。

胡爸爸:对于提出的要求,可以有相同的意见、想法,但不会拥护,用同意一词会更合适。你应该这样说——党委已经同意他的要求。

胡涂涂:关于夏令营,你是同意明明的意见,还是同意亮亮的意见?

胡爸爸:当我们需要在两者之间作出选择(含拥护意味)时,应该用赞成。你应该这样说——关于夏令营,你是赞成明明的意见,还是赞成亮亮的意见?

涂涂小天地

夏令营:

指利用暑假,选择某一场所为营地,组织学生开展的丰富多彩而有意义的活动。

涂涂来造句

1.大家都不赞成用投机取巧的办法参加竞赛。

2.爸爸同意星期天带我到自然博物馆参观。

微小——渺小

知识小卡片

微小和渺小:都含有某东西特别小的意思。

微小:突出的是极小,多是对事物的客观描述。

渺小:突出的是微不足道,多是在反差很大的对比之下,对弱小事物所产生的一种主观认识,或者是发自内心的感慨。

涂涂剧场

胡涂涂:用显微镜可以观察到渺小的物体。

胡爸爸:客观描述事物的细小,应该用微小。你应该这样说——用显微镜可以观察到微小的物体。

胡涂涂:相对于国家来说,个人是微小的。

胡爸爸:在某些大的事物或伟大的人物面前显得微不足道,应该用渺小。你应该这样说——相对于国家来说,个人是渺小的。

涂涂小天地

显微镜:

显微镜是观察微小物体用的仪器。光学显微镜主要由一个金属筒和两组透镜构成,通常可以放大几百倍到几千倍。此外,还有电子显微镜等。

涂涂来造句

1.人的眼睛容不得一粒微小的沙子。

2.一个人的力量是很渺小的,只有团结起来力量才是无穷的。

维护——爱护

知识小卡片

维护和爱护：都含有保护某事物或某人使其不会受到伤害的意思。

维护：指维持并加以保护，使不受到损坏、破坏，侧重于保全原有的免遭破坏，使之继续存在下去。适用范围较窄，多用于抽象事物，一般不用于人，多用于书面语。

爱护：指爱惜并保护，使不受损害。适用范围较广，可以用于人，也可用于具体的或抽象的事物，可用于书面语和口语。

涂涂剧场

胡涂涂：为了爱护世界和平，各国必须同霸权主义作坚决的斗争。

胡爸爸：要想世界和平这种状态保持下去，应该用维护。你应该这样说——为了维护世界和平，各国必须同霸权主义做坚决的斗争。

胡涂涂：我们应该维护花草。

胡爸爸：对于花草，我们要爱惜并保护，应用爱护。你应该这样说——我们应该爱护花草。

涂涂小天地

名言警句：

1. 只有服从大自然，才能战胜大自然。
———达尔文

2. 人们常常将自己周围的环境当作一种免费的商品，任意地糟蹋而不知加以珍惜。
———甘哈曼

3. 大地给予所有的人是物质的精华，而最后，它从人们那里得到的回赠却是这些物质的垃圾。
———惠特曼

涂涂来造句

1. 爱护学校的公共设施是每位同学义不容辞的责任。

2. 消费者协会的任务是维护广大消费者的权利。

吓唬——恐吓

知识小卡片

吓唬和恐吓：都有让人害怕的意思。

吓唬：使人害怕并产生恐惧或困惑，可以用于别人和自己。

恐吓：以要挟的话或手段威胁人，使对方有所畏惧，产生顾虑而屈服，多用于对人进行威胁。

涂涂剧场

胡涂涂：我做鬼脸恐吓妹妹，妹妹也做鬼脸恐吓我。

胡爸爸：以开玩笑的方式使对方感到害怕，用吓唬更合适。你应该这样说——我做鬼脸吓唬妹妹，妹妹也做鬼脸吓唬我。

胡涂涂：他常用吓唬的手段欺负比他小的同学。

胡爸爸：以要挟的话或手段威胁人，应该用恐吓。你应该这样说——他常用恐吓的手段欺负比他小的同学。

涂涂小天地

关于胆小、害怕、吓唬、吓人的歇后语：

披虎皮上山——吓唬人

见了猫就怕——胆小如鼠

小偷不经吓——做贼心虚

胆小鬼打仗——临阵脱逃

胆小鬼走夜路——提心吊胆

窗户上画老虎——吓不了谁

涂涂来造句

1.面对敌人的恐吓，坚强的江姐丝毫不畏惧。

2.他总是躲在门后吓唬小朋友。

喧哗——热闹

知识小卡片

喧哗和热闹：都有声音大的意思。

喧哗：声音大而杂乱。

热闹：形容人多欢腾。

涂涂剧场

胡涂涂：楼下传来的热闹声扰乱了我的思绪。

胡爸爸：这里的声音大而杂乱，应该用喧哗。你应该这样说——楼下传来的喧哗声扰乱了我的思绪。

胡涂涂：著名喜剧演员一出场，台下立刻欢腾喧哗起来。

胡爸爸：这里是指场面活跃欢腾的样子，应该用热闹。你应该这样说——著名喜剧演员一出场，台下立刻欢腾热闹起来。

涂涂小天地

诗词欣赏：

1. 去年元夜时，花市灯如昼。 ——[宋]欧阳修《生查子·元夕》

2. 东风夜放花千树，更吹落，星如雨。宝马雕车香满路。凤箫声动，玉壶光转，一夜鱼龙舞。蛾儿雪柳黄金缕，笑语盈盈暗香去。众里寻他千百度，蓦然回首，那人却在，灯火阑珊处。

——[宋]辛弃疾《青玉案·元夕》

涂涂来造句

1. 在公共场所大声喧哗是一种不文明的行为。

2. 广场上人山人海，十分热闹。

形态——状态

知识小卡片

形态和状态：都可以指事物或人表现出的样子。

形态：①事物的形状或表现；②生物体外部的形状；③词的内部变化形式，包括构词形式和词形变化的形式。

状态：指一个人的情绪好坏，或是物体现在的样子。

涂涂剧场

胡涂涂：我觉得今天李老师上课的**形态**不是很好。

胡爸爸：人表现出来的样子反映了一种心理状态，不单单只是**形态**。你应该这样说——我觉得今天李老师上课的**状态**不是很好。

胡涂涂：天上的云**状态**各异，什么样子的都有。

胡爸爸：这里是形容云的形状，应该用**形态**。你应该这样说——天上的云**形态**各异，什么样子的都有。

涂涂小天地

成语链接：

1. 丑态毕露：丑恶的形态彻底暴露。

2. 得意忘形：形容浅薄的人稍微得志，就高兴得控制不住自己。

3. 含苞待放：形容花朵将要开放时的形态，也比喻将要成年的少女。

4. 环肥燕瘦：形容女子体态不同，各有各好看的地方。借喻艺术作品因风格不同而各有所长。

涂涂来造句

1. 海洋中有许多**形态**各异的动植物。

2. 我们要善于发现和扶植处在萌芽**状态**的新生事物。

依赖——依靠

知识小卡片

依赖和依靠：都有靠着某物或者某人做某事的意思。

依赖：①依靠某种人或事物而不能自立或自给；②指各个事物或现象互为条件而不可分离。

依靠：①指望（某种人或事物来达到一定目的）；②指可以依靠的人或东西。

涂涂剧场

胡涂涂：我们应该学会独立生活，不应该一直依靠别人。

胡爸爸：依赖有依靠别人或事物而不能自立的意思，所以应该用依赖。你应该这样说——我们应该学会独立生活，不应该一直依赖别人。

胡涂涂：我应该依赖自己的力量来解决问题。

胡爸爸：你想表达的是靠自己解决问题，应该用依靠。你应该这样说——我应该依靠自己的力量来解决问题。

涂涂小天地

成语链接：

1. 傍人篱落：比喻依赖他人。

2. 傍人门户：比喻依附别人，不能自主。

3. 寄人篱下：寄居在别人家里，指依靠别人过活。

涂涂来造句

1.我们不能老想着依靠别人，要自己发奋努力。

2.工业和农业是互相依赖、互相支援的两大国民经济部门。

预防——防止

知识小卡片

预防和防止:都有事先做好准备的意思。

预防:事先防备。

防止:预先设法制止(坏事发生)。

涂涂剧场

胡涂涂:冬季干燥,我们要注意防止火灾。

胡爸爸:对于火灾我们只能预先做好防备工作,不能制止。你应该这样说——冬季干燥,我们要注意预防火灾。

胡涂涂:我们应该预防此类不好的事情再次发生。

胡爸爸:在这里,不好的事情应该设法制止,所以用防止。你应该这样说——我们应该防止此类不好的事情再次发生。

涂涂小天地

芳草没阶前。(打一汉字)

谜底:防

涂涂来造句

1.接种疫苗是预防传染病的有效方式。

2.情况紧急,校长立即采取有效措施,防止了意外事故的发生。

阴暗——昏暗

知识小卡片

阴暗和昏暗：都可以指光线不足。

阴暗：光线不足，阴沉。也可以形容人的心理和精神状态。

昏暗：光线不足，多形容天色昏黑的样子。

涂涂剧场

胡涂涂：太阳下山了，屋里渐渐阴暗起来。

胡爸爸：形容天色、灯光等外部环境，我们应该用昏暗。你应该这样说——太阳下山了，屋里渐渐昏暗起来。

胡涂涂：我们要克服内心的昏暗面，不能被它打败。

胡爸爸：形容人的心理和精神状态，我们应该用阴暗。你应该这样说——我们要克服内心的阴暗面，不能被它打败。

涂涂小天地

阴暗面。（打一成语）

谜底：不明真相

涂涂来造句

1. 天色越来越阴暗了，一场暴风雨即将来临。

2. 在昏暗的夜色里，我看不清四周的景物。

延续——持续

知识小卡片

延续和持续：都可以指继续做某事。

延续：照原来的样子继续下去。侧重于行为状态的延伸。

持续：着重指不间断地做某事。

涂涂剧场

胡涂涂：妈妈说我是她生命的持续。

胡爸爸：这里应该是侧重于行为状态的延伸，应该用延续。你应该这样说——妈妈说我是她生命的延续。

胡涂涂：这场激战整整延续了 11 个小时。

胡爸爸：这里着重表示战争不间断地进行，不是侧重行为状态的延伸，应该用持续。你应该这样说——这场激战整整持续了 11 个小时。

涂涂小天地

诗词欣赏：

1. 江山代有才人出，各领风骚数百年。　　　　——[清]赵翼《论诗》

2. 问渠那得清如许，为有源头活水来。　　——[宋]朱熹《观书有感》

涂涂来造句

1. 办理通行证的手续可以延续到明年一月底。

2. 这场大雨持续下了三天，水坑里、池塘里灌满了水。

滋味——味道

知识小卡片

滋味和味道：都可以指体会到的某种感受。

滋味：①指味道；②比喻某种感受。

味道：①物质所具有的能使舌头得到某种味觉的特性；②气味；③趣味、情趣。

涂涂剧场

胡涂涂：这道菜的滋味怎么样？

胡爸爸：你想询问这道菜的口感，用味道更加合适。你应该这样说——这道菜的味道怎么样？

胡涂涂：六年的小学生活就要结束了，大家的心里很不是味道。

胡爸爸：比喻某种感受，我们应该用滋味。你应该这样说——六年的小学生活就要结束了，大家的心里很不是滋味。

涂涂小天地

关于"滋味"的歇后语：

囫囵吞扁食——不知啥滋味　　连核吃枣——不辨滋味

打烂五味瓶——不是滋味　　六十年的干姜——老滋味

涂涂来造句

1.我们第一次尝到了胜利的滋味，心里十分高兴。

2.妈妈做的红烧鱼味道鲜美，是全家人的最爱。

阻塞——堵塞

知识小卡片

阻塞和堵塞：都有因塞住而不能通过的意思。

阻塞：侧重于"阻"，多指因有障碍物的阻挡而无法通过。

堵塞：侧重于"堵"，多指因空间完全堵住，不能畅通。

涂涂剧场

胡涂涂：下水道被污物**阻塞**了，脏水漫了一地。

胡爸爸：下水道被污物完全堵住了，使得下水道不畅通，应该用**堵塞**。你应该这样说——下水道被污物**堵塞**了，脏水漫了一地。

胡涂涂：小汽车络绎不绝，造成了交通**堵塞**。

胡爸爸：这里是指公路上汽车很多，使得交通变得有障碍，车辆不能快速通过，应该用**阻塞**。你应该这样说——小汽车络绎不绝，造成了交通**阻塞**。

涂涂小天地

下水道堵塞了。（打一城市名）

谜底：南通

涂涂来造句

1.火山喷发，炽热的岩浆**阻塞**了牡丹江的河道。

2.在交警的指挥下，**堵塞**的交通很快就畅通了。

中意——满意

知识小卡片

中意和满意：都指自己的想法得到满足。

中意：表示正中心意。

满意：满足自己的愿望，符合自己的心意。

涂涂剧场

胡涂涂：他回答完毕后，老师中意地点了点头。

胡爸爸：客观事物符合主观意愿，应该用满意。你应该这样说——他回答完毕后，老师满意地点了点头。

胡涂涂：爸爸是妈妈满意的人。

胡爸爸：主观上的看中、喜欢，用中意更加合适。你应该这样说——爸爸是妈妈中意的人。

涂涂小天地

成语链接：

1. 称心如意：符合心愿，心满意足。

2. 快心遂意：形容心满意足，事情的发展完全符合心意。

3. 心满意足：非常满足。

4. 踌躇满志：形容对自己的现状或取得的成就非常得意。

涂涂来造句

1. 面对自己非常中意的女孩，他有些拘谨。

2. 妈妈看了我的考试成绩单，脸上浮现出满意的笑容。

照射——照耀

知识小卡片

照射和照耀：都指光照在物体之上。

照射：指光线射在物体上，一般照在物体上的某一点，光线可强可弱。

照耀：指强烈的光线大面积地照在物体上，有时还有比喻义，带有一定的文艺色彩。

涂涂剧场

胡涂涂：首饰店里的各种珠宝在灯光的照耀下光彩夺目。

胡爸爸：这里指光线直射物体，光照面较小，用照射一词更合适。你应该这样说——首饰店里的各种珠宝在灯光的照射下光彩夺目。

胡涂涂：早晨，在阳光照射下的霜花闪着耀眼的光。

胡爸爸：因为光照面较大，用照耀一词更合适。你应该这样说——早晨，在阳光照耀下的霜花闪着耀眼的光。

涂涂小天地

成语链接：

1.光芒万丈：向四面放射的强烈光线照射得很远。形容极其光辉灿烂。比喻人或事业的伟大、不朽。

2.星月交辉：星星和月亮一起照耀，格外明亮。

涂涂来造句

1.地上的雪在阳光的照射下化成了水。

2.金碧辉煌的故宫在阳光的照耀下显得格外美丽。

争论——辩论

知识小卡片

争论和辩论:都含有讨论对错和说明事理的意思。

争论:着重于"争",指的是双方各执己见、互不相让,都想说服对方,目的是使问题的是非越争越明。

辩论:着重于"辩",指的是双方各抒己见,互相反驳,一般用摆事实、讲道理的方法,说明自己对问题的看法,同时揭露对方的错误和矛盾,以便最后得到正确的认识或共同的意见。

涂涂剧场

胡涂涂:因为买玩具的事情,我和妹妹**辩论**不休。

胡爸爸:对于买什么玩具你和妹妹都想说服对方买自己想要的,应该用**争论**。你应该这样说——因为买玩具的事情,我和妹妹**争论**不休。

胡涂涂:上周末,我们学校举行了一场**争论**赛。

胡爸爸:学校举办的活动,有一定规模,且这个活动需要用摆事实、讲道理的方法,应该用**辩论**。你应该这样说——上周末,我们学校举行了一场**辩论**赛。

涂涂小天地

辩论赛:

辩论赛也叫论辩赛,它在形式上是参赛双方就某一问题进行辩论的一种竞赛活动,实际上是围绕辩论的问题而展开的一种相关知识的竞赛、思维反应能力的竞赛、语言表达能力的竞赛,还有综合能力的竞赛。

涂涂来造句

1.你们两个人的观点大同小异,不要再**争论**了。

2.摆事实充分有力,讲道理精辟透彻,这场**辩论**赛太成功了!

反义词

深——浅

知识小卡片

深和浅：都可以用来形容距离的大小、颜色的浓淡。

深：①从上到下或从外到里的距离大；②（颜色）浓；③深度；④形容深奥或深刻；等等。

浅：①从上到下或从外到里的距离小；②（颜色）淡；③形容浅薄或浅显；④形容（感情）不深厚、（时间）短和（程度）轻；等等。

涂涂剧场

胡涂涂：这河水太**深**啦，我要掉下去了。

胡爸爸：哈哈，我看这河水很**浅**啊。你应该这样说——河水对于胡涂涂来说很**深**，对爸爸来说很**浅**。

胡涂涂：这朵粉色的小喇叭花颜色很淡。

胡爸爸：花朵的颜色可以用浓淡表示，也可以用**深浅**表示。你还可以这样说——这朵粉色的小喇叭花颜色很**浅**。

涂涂小天地

成语链接：

深入浅出：指文章或言论的内容很深刻，措辞却浅显易懂。

涂涂来闯关

1.这条河很（　　　），一眼看不到底；这条小溪很（　　　），可以看见水里的鱼儿游来游去。

2.叔叔和店铺老板的交情很（　　　），因此，店铺老板给叔叔要买的货品打了个八折。

明——暗

知识小卡片

明和暗：都可以用来形容在一定空间内事物的清晰程度。

明：明亮，清楚。

暗：光线不足，黑暗。

涂涂剧场

胡涂涂：为什么一到晚上天空就会变得很**暗**呢？走在路上什么也看不见。

胡爸爸：那是因为白天有太阳公公给我们提供光亮呀！白天因为有太阳光的照射，所有事物都能看得清楚、**明**朗；傍晚太阳落山，所有事物都会陷入黑**暗**之中。所以我们夜晚（如果没有灯光）会看不清东西。

涂涂小天地

诗词欣赏：

1. 宛转虚玄事不彰，明暗只在影中圆。

——[宋]释正觉《偈颂二百零五首》

2. 不坐两头明暗路，偏中归去正中来。

——[宋]释正觉《送愿上人归乡》

涂涂来闯关

1. 大街上到处亮着灯，看起来非常（　　　）亮，和天空的黑（　　　）形成鲜明的对比。

2. 这件事你就（　　　）说了吧，不要拐弯抹角。

轻——重

知识小卡片

轻和重：都可以用来形容物体的重量或对一件事的重视程度。

轻：①重量小，比重小；②负载小，装备简单；③数量少，程度浅；④不重要；⑤不庄重，不严肃。

重：①重量大，比重大；②程度深；③重要，重视。

涂涂剧场

胡涂涂：一斤的棉花和一斤的铁哪个**重**呢？

胡爸爸：一斤的棉花和一斤的铁一样**重**。很多人潜意识里觉得棉花肯定比铁**轻**，但它们只是体积不一样，质量是一样的。质量是由体积乘密度得到的。

涂涂小天地

名言警句：

1. 一生的生活是否幸福、平安、吉祥，则要看他的处世为人是否道德无亏，能否作社会的表率。因此，修身的教育，也成为他的学校工作的主要部分。

—— 裴斯泰洛齐

2. 大行不顾细谨，大礼不辞小让。　　　　　——[西汉]司马迁

3. 人固有一死，或重于泰山，或轻于鸿毛。　　——[西汉]司马迁

涂涂来闯关

1. 小明的爸爸提着一桶水爬到六楼，他看爸爸气喘吁吁的样子，就知道这桶水很（　　　）。此时，他肩上的背包就显得很（　　　）。

2. 一桶食用油对成年人来说很（　　　），对幼儿来说很（　　　）。

老——幼

知识小卡片

老和幼:都可以用来形容人的年纪。

老:年纪大。

幼:年纪小。

涂涂剧场

胡涂涂:为什么街上有很多宣传语都写着尊老爱幼呢?

胡爸爸:因为尊老爱幼是中华民族的传统美德呀!尊敬长辈,爱护晚辈,也是一个人品德良好的表现。衰老的长者和年幼的孩童的体力往往不如健康的青年,因此,老人和幼童更需要被照顾。

涂涂小天地

名言警句:

1.老吾老,以及人之老;幼吾幼,以及人之幼。——《孟子·梁惠王上》

2. 对老年人的尊敬是自然和正常的,尊敬不仅表现于口头上,而且应体现于实际中。

——戴维·德克尔

涂涂来闯关

1.在肥沃的原野上,孤零零地长着一棵(　　　)松树。它古铜色的树干向四处伸展,为身下无数(　　　)小的花草遮风挡雨。

2.雁群飞行的时候,队形、次序都有一定的规矩,一般大雁打头,(　　　)雁居中,(　　　)雁在后。

软——硬

知识小卡片

软和硬：都可以用来形容物体内部的组织是否紧密,受外力作用后是否容易变形。

软：物体内部的组织疏松,受外力作用后容易改变形状,引申为柔和、软弱,能力弱、质量差,容易被感动或动摇。

硬：物体内部的组织紧密,受外力作用后不容易改变形状,引申为性格刚强、意志坚定或能力强、质量好。

涂涂剧场

胡涂涂：水凝结成冰后好**硬**啊,做成果冻却又好**软**啊。

胡爸爸：它们摸起来有不同的**硬**度是因为它们的状态不同。我们明白,水在不同的情况下,加入不同的东西,它的**软硬**程度也不同。

涂涂小天地

名言警句：

1.智识太多,不是心活,就是心软。心活就会胡思乱想,心软就不肯下辣子手……所以智识非铲除不可。

——鲁迅

2.性格,既不坚固也不是一成不变,而是活动变化着的,和我们的肉体一样也可能会生病。

——爱略特

涂涂来闯关

1.遇到困难,一味地逃避是一种(　　　　)弱的行为。

2.她牙齿不好,只能吃一些(　　　　)的食物,稍微(　　　　)一点的都嚼不动。

饥——饱

知识小卡片

饥和饱:都可以用来形容身体是否需要补充能量。

饥:肚子空,想吃东西,感觉饿。

饱:满足了食量。

涂涂剧场

胡涂涂:当我感到饥饿时我就会吃东西,吃饱了我就和妈妈一起散步。

胡爸爸:真棒啊,但是注意饭后不要剧烈运动哟!我们知道,吃完东西可以散散步消化一下,但是不能剧烈运动,因为剧烈运动会伤害我们的胃。

涂涂小天地

名言警句:

1. 我扑在书籍上,就像饥饿的人扑在面包上。 ——高尔基

2. 人类第一种饥饿就是无知。 ——雨果

涂涂来闯关

1.忘记了寒冷与( )饿,女孩的心中预想着未来的快活,然后用( )满的精神面貌去面对生活。

2.当我们感觉到( )饿时,我们就要吃点东西,填( )肚子。

成——败

知识小卡片

成和败：都可以用来形容做事或竞争的结果。

成：完成，成功。

败：在战争或竞赛中失败。

涂涂剧场

胡涂涂：是不是坚持做一件事就会**成**功？

胡爸爸：坚持了也许会失**败**，但是什么也不做一定不会**成**功。做一件事最重要的就是坚持和努力，不能轻易放弃。

涂涂小天地

名言警句：

我们的科学史，只写某人某人取得成功，在成功者之前探索道路的，发现"此路不通"的失败者统统不写，这是很不公平的。　　——爱因斯坦

涂涂来闯关

1.所有创业者要永远告诉自己一句话：从创业的第一天起，你每天要面对的是困难和失(　　　)，而不是(　　　)功。

2.有行动不一定会(　　　)功，没有行动一定会失(　　　)。

3.每个人都会经历失(　　　)，但是只要不放弃，坚持到底就有可能(　　　)功。

苦——甜

知识小卡片

苦和甜:都可以用来形容食物的味道。

苦:像胆汁或黄连的味道,引申为难受、痛苦。

甜:像糖和蜜的味道,引申为舒适、愉快。

涂涂剧场

胡涂涂:糖果很**甜**,黄连很**苦**。

胡爸爸:多吃糖果会长蛀牙,吃黄连有利于清热降火。小朋友要少吃糖果,因为如果长蛀牙,牙齿会非常疼。所以,我们一定要吃健康的食物。

涂涂小天地

名言警句:

故天将降大任于是人也,必先苦其心志,劳其筋骨,饿其体肤,空乏其身,行拂乱其所为。
——《孟子》

涂涂来闯关

1.勤奋是学习的枝叶,当然很(　　　)。智慧是学习的花朵,当然香(　　　)。

2.没有谁的人生是一帆风顺的,总是要经历先(　　　)后(　　　)的生活。

3.小朋友一般喜欢吃香(　　　)的东西,不喜欢吃味道很(　　　)的东西。

信——疑

知识小卡片

信和疑：都可以用来形容对一个人是否信任。

信：诚实，不欺骗，不怀疑，认为可靠。

疑：不信，猜忌。

涂涂剧场

胡涂涂：当发生矛盾时，我们要相信我们的朋友，不能因为小矛盾就去怀疑我们的友谊。

胡爸爸：涂涂说得对，我们知道，朋友之间要相互信任。《论语》说，人无信不立。所以说现在的人需要彼此之间的信任，但是与陌生人打交道时，我们要有警惕心。

涂涂小天地

名言警句：

1. 对自己不信任，还会信任什么真理。 ——莎士比亚

2. 人与人之间最高的信任，无过于言听计从的信任。 ——培根

3. 怀疑有如草木之芽，从真理之根萌生…… ——但丁

涂涂来闯关

1. 人和人之间应该互相（ ）任，而不是互相怀（ ）。

2. 当你相（ ）你能做成某事的时候，你付出行动后极有可能真的会做成这件事。不要怀（ ）努力后的自己。

朝——暮

知识小卡片

朝和暮:都可以用来形容时间的早晚。

朝:早晨。

暮:傍晚,(时间)将尽。

涂涂剧场

胡涂涂:小朋友就像朝阳一样鲜艳美丽,老年人就像傍晚的暮色一样深沉但有韵味。

胡爸爸:早晨是一天中最好的学习时光,涂涂可不能虚度哟。我们懂得,不管是朝阳还是落日,都有存在的意义。

涂涂小天地

名言警句:

1. 朝菌不知晦(huì)朔(shuò),蟪(huì)蛄(gū)不知春秋。

——《庄子·逍遥游》

2. 在世界上我们只活一次,所以应该爱惜光阴。必须过真实的生活,过有价值的生活。 ——巴甫洛夫

涂涂来闯关

1. 小朋友就像早晨的太阳,每天都是( )气蓬勃。

2. 婶婶虽然已步入迟( )之年,但她依然精力充沛。

顺——逆

知识小卡片

顺和逆：都可以用来形容做一件事时是否遇到困难。

顺：指向着同一个方向，也指事情进展顺利，合乎心意。

逆：指向着相反的方向，引申为抵触，不顺从。

涂涂剧场

胡涂涂：今天考试真顺利啊，成绩也不错，老师奖励给我一朵小红花。

胡爸爸：真不错啊，要继续加油哟！我们知道，人生中不止有顺境也有逆境，不管是哪一种情况，我们都要以一颗平常心去面对。

涂涂小天地

名言警句：

1.逆境使天才脱颖而出，顺境会埋没天才。 ——贺拉斯

2.并非每一个灾难都是祸，早临的逆境常是幸福。经过克服的困难不但给了我们教训，并且对我们未来的奋斗有所激励。 ——波普

涂涂来闯关

1.没有谁的人生是（　　）风（　　）水的，每个人都会遇到困难。

2.当做一件事不太（　　）利时，要努力坚持下去，因为坚持下去可能会有（　　）风翻盘的机会。

恩——怨

知识小卡片

恩和怨：都可以用来形容自己内心对别人的感情。

恩：指内心感激受到的好处。

怨：指对人或事物有强烈的不满或仇恨。

涂涂剧场

胡涂涂："滴水之恩，当涌泉相报"是什么意思？

胡爸爸：别人给你的帮助不管大小，你都要怀有一颗感恩的心去回报对方。别人给予我们的小小帮助，我们要当作涌泉一样回报他；如果别人不小心伤害了我们，我们也不要因此心怀怨恨。

涂涂小天地

名言警句：

1. 人家帮我，永志不忘；我帮人家，莫记心上。 ——华罗庚
2. 没有感恩就没有真正的美德。 ——卢梭

涂涂来闯关

要学会感(　　)，用善意的眼光看世界，不能因为别人一点点的失误，就去抱(　　)别人。

兴——衰

知识小卡片

兴和衰：都可以用来形容国运。

兴：兴盛，兴旺。

衰：衰弱，变弱。

涂涂剧场

胡涂涂：为什么说少年兴盛，则国兴盛？

胡爸爸：因为国家是由人民组成的，所以国家的发展离不开人民。国家的兴盛和衰亡与青少年的发展有很大关系，所以我们要好好努力学习知识，将来成为国家的栋梁。

涂涂小天地

诗词欣赏：

英雄一去豪华尽，唯有青山似洛中。 ——[唐]许浑《金陵怀古》

涂涂来闯关

1.人的一生，有（　　　）盛，也有（　　　）败，不管是哪一种情况，我们都应该不忘初心。

2.东门老李家的生意一直都非常（　　　）旺，对面老王家的生意却（　　　）败了，因为老李待人非常真诚，老王常常偷奸耍滑。

忙——闲

知识小卡片

忙和闲：都可以用来形容一个人要完成的事的多少。

忙：指事情多，不得空。

闲：指没有事情，没有活动，有空。

涂涂剧场

胡涂涂：爸爸妈妈每天都**忙**着工作，但是他们一**闲**下来就会带我去公园玩。

胡爸爸：爸爸妈妈工作是为了给我们家创造更好的生活条件。爸爸妈妈都很爱涂涂，所以有时间就想陪涂涂玩。你要理解**忙**碌时的爸爸妈妈，因为我们是出于对这个家的爱，想给咱们家提供更好的生活才会辛苦工作的。

涂涂小天地

名言警句：

工作，越做越会工作。越是忙碌，就越会有闲暇。   ——海斯利特

涂涂来闯关

1.当我们变得（   ）碌，我们的生活才会变得充实。那些天天很（   ）的人，最终会一事无成。

2.清晨，工人们开始了一天（   ）碌的工作，而那些老年人，则在公园里悠（   ）地散步。

穷——富

知识小卡片

穷和富：都可以用来形容人的钱财是否充足。

穷：生活贫困，缺少钱财。

富：财产多。

涂涂剧场

胡涂涂：为什么有的人明明很**富**有，但是要说他自己很**穷**呢？

胡爸爸：可能是因为他物质上很**富**有，但生活里缺少朋友的关心和爱。我们要明白，**富**有不仅仅是指生活上的满足，我们的精神世界也需要得到满足，而贫**穷**也不只是指物质的匮乏，也指得到的爱和关心太少。

涂涂小天地

名言警句：

1. 夸耀贫穷比夸富裕更卑鄙。

——斋藤绿雨

2. 贫穷不会磨灭一个人高贵的品质，反而是富贵叫人丧失了志气。

——薄伽丘

涂涂来闯关

1. 只有靠自己摆脱（　　　）困，迎来（　　　）裕，金钱才会变得有意义。

2. 物质上的（　　　）有不是真的（　　　）有，但是精神上的（　　　）有是真的（　　　）有。

肥——瘦

知识小卡片

肥和瘦：可以用来说明一个人的身体里含有的脂肪是多还是少。

肥：脂肪多，肉多。

瘦：脂肪少，肉少。

涂涂剧场

胡涂涂：吃东西要适量，吃太多会长肥。

胡爸爸：涂涂说得对，吃太多对身体不好，过度节食太瘦了也对身体不好。因为吃太多胃很难将它们都消化，吃太少身体没有得到足够的营养。我们要明白，不管我们有多喜欢某样食物，食用时都要适量，过度饮食或者过度节食都会对身体造成伤害。

涂涂小天地

诗词欣赏：

昨夜雨疏风骤，浓睡不消残酒。试问卷帘人，却道海棠依旧。知否，知否？应是绿肥红瘦。

——[宋]李清照《如梦令》

涂涂来闯关

1.不是吃得越少就越（ ），有的人吃得少但不运动，也很（ ）。

2.减（ ）是一件需要长期坚持的事，只要你一直坚持运动，终有一天你会（ ）下来的。

文——武

知识小卡片

文和武：都可以用来形容一个人所擅长的方向。

文：指关于文化的，非军事的，与"武"相对。

武：指关于军事的，与"文"相对。

涂涂剧场

胡涂涂：什么是文武双全呢？

胡爸爸：文武双全就是文化知识和身体素质都达到一定的标准。文化知识和身体素质都非常重要，我们在努力学习的同时，也不要忘记锻炼身体。

涂涂小天地

名言警句：

文能提笔安天下，武能上马定乾坤。　　——[明]罗贯中《三国演义》

涂涂来闯关

1. 宋朝的开国皇帝赵匡胤在位16年，（　　）治（　　）功，开创了中国的文治盛世。

2. 古代的朝臣百官可以分为两类，分别是（　　）官和（　　）官。

雅——俗

知识小卡片

　　雅和俗：都可以用来形容一件物品的艺术性质或一个人言行举止、品位的高低。

　　雅：高尚，不粗俗。

　　俗：大众的，普遍流行的。

涂涂剧场

　　胡涂涂：有的人很优**雅**，有的人却很粗**俗**，这是为什么呢？

　　胡爸爸：因为有些人受过较好的教育，而有些人没有。我们在说话时一定要注意文明用语，不能说一些粗**俗**的话。

涂涂小天地

与优雅有关的名言：

　　只有当你有优雅的意念，优雅才有可能自然地出现；出自内在的优雅，就是神性的展现。　　　　　　　　　　　　　　——奥修

含有雅与俗的成语：

1. 雅俗共赏：文化高的人和文化低的人都能欣赏。
2. 超凡脱俗：形容非常高洁，不沾一丝庸俗之气。

涂涂来闯关

　　1.我们要志向高远，不做(　　　　)人。

　　2.说话做事要文(　　　　)，不能粗(　　　　)。

得——失

知识小卡片

得和失：都可以用来形容对物品或物质的拥有情况。

得：指某物体为自己所有，获得。

失：指原有的不再拥有。

涂涂剧场

胡涂涂：我**得**到一件东西时会很开心，**失**去它时会很难过。

胡爸爸：很多东西我们不能一直拥有它，所以**失**去了也没关系，因为我们还会遇到更好的。我们要明白，很多事物的来和去，都有其自由。我们要放平心态。

涂涂小天地

名言警句：

1.生，亦我所欲也；义，亦我所欲也。二者不可得兼，舍生而取义者也。

——《孟子》

2.天下者，得之艰难，则失之不易；得之既易，则失之亦然。

——[宋]苏轼《士燮（xiè）论》

3.早荣亦早枯，易得还易失。 ——[清]张廷玉《杂兴》

涂涂来闯关

1.只有通过自己的努力获（　　　）的东西才有它的意义，不劳而获往往容易（　　　）去。

2.很多东西的（　　　）到与（　　　）去都有必然性，我们要放平心态，不必强求。

醒——睡

知识小卡片

醒和睡：都可以指人类或自然界生物的一种生活状态。

醒：指睡眠状态结束或尚未入睡。

睡：指进入睡眠状态。

涂涂剧场

胡涂涂：妈妈每天早上都会叫**醒**我，晚上也会让我按时**睡**觉。

胡爸爸：因为妈妈想让你养成良好的生活习惯，这样你的身体才会更健康，才可以好好学习、玩耍。按时休息对身体好，我们一定要养成良好的生活习惯。

涂涂小天地

关于睡觉的谚语：

1. 睡多得疾病，哭多烂眼睛。

2. 贪吃贪睡，添病减岁。

3. 一夜不宿，十夜不足。

4. 早睡早起，赛过人参补身体。

涂涂来闯关

1. 弟弟每天早（　　　）早起，而且早上（　　　）来后都要喝一杯牛奶。

2. 人是需要休息的，如果没有休息好，身体就会不舒服。当别人午休时我们说话要小声，以免吵（　　　）别人。

温和——暴躁

知识小卡片

温和和暴躁：都可以用来形容一个人的脾气或对事物的态度好坏。

温和：指性情、态度、言语等不严厉、不粗暴，使人感到亲切。

暴躁：急躁，容易发怒。

涂涂剧场

胡涂涂：我一旦犯错，爸爸就会暴躁地责骂我，妈妈却温和地教导我。

胡爸爸：每个人的性格不同，对待事情的态度就会不一样。爸爸也知道这样对你的影响不好，以后我会尽量控制自己的情绪。

涂涂小天地

名言警句：

1.狂暴的人总是从一个极端到另一个极端。　　　　——托·富勒

2.礼仪的目的与作用本在使得本来的顽梗变柔顺，使人们的气质变温和，使他尊重别人，和别人合得来。　　　　——约翰·洛克

涂涂来闯关

1.我们的语文老师性情（　　　　），从不批评我们；我们的体育老师脾气（　　　　），动不动就训斥我们。

2.水有时候很（　　　　），有时候却很（　　　　），冲毁堤坝，咆哮着奔向前方。

安全——危险

知识小卡片

安全和危险：都可以形容某种形势或者处境。

安全：指没有危险，不受威胁。

危险：指不安全，容易受到伤害。

涂涂剧场

胡涂涂："把安全让给别人，把危险留给自己。"这是一种高尚的品格。

胡爸爸：人生好像是一盒火柴，严禁使用是愚蠢的，乱用是危险的。我们出门一定要留心周围的事物，要有安全意识。

涂涂小天地

名言警句：

1. 患生于所忽，祸起于细微。　　　　——[西汉]刘向《说苑》

2. 人生欲求安全，当有五要。一是清洁空气，二是澄清饮水，三是流通沟渠，四是扫洒屋宇，五是日光充足。　　　　——南丁格尔

涂涂来闯关

1. 我们要时时注意（　　　），预防事态朝（　　　）的方向发展。

2. 一边打电话一边驾驶是一种很（　　　）的行为，遵守交通安全法规才能保障我们每个人的（　　　）。

拒绝——同意

知识小卡片

拒绝和同意:都可以用来表达对某件事的态度。

拒绝:不接受(请求、意见或赠礼等)。

同意:对某种主张表示相同的意见或赞成、准许。

涂涂剧场

胡涂涂:自己未曾**同意**的观点,无权要求别人**拒绝**;自己未曾**拒绝**的约定,也无权要求别人**同意**。

胡爸爸:涂涂说得真对,我们不可以把自己的观点和决定强加于他人。

涂涂小天地

名言警句:

1. 拒绝别人一定要委婉,因为没有人喜欢被拒绝;被别人拒绝一定要大度,因为拒绝你的人总有他的理由。 ——汪国真

2. 拒绝是一种权利,就像生存是一种权利。 ——毕淑敏

涂涂来闯关

1.员工们(　　　)压榨式的加班,陈老板只好(　　　)支付加班费。

2.今天,我因为身体不舒服(　　　)了跑步,老师(　　　)让我回家休息。

陌生——熟悉

知识小卡片

陌生和熟悉：都可以用来形容对人或事物的接触和了解程度。

陌生：生疏，不熟悉。

熟悉：经常看到或者听到，知道和了解得很清楚。

涂涂剧场

胡涂涂：我们作为小学生，在**陌生**的地方不要随意走动，要待在**熟悉**的人身边。

胡爸爸：**陌生**人给的食物也不要吃，遇到危险要找**熟悉**的人帮忙。我们在**陌生**的环境中要有安全意识，遇到危险时要找警察叔叔帮忙。

涂涂小天地

名言警句：

必须熟悉历史，不仅仅是那些描写名人和重大事件的琐碎的近代史，而且要了解人类历史发展的主流，从而懂得什么行动创造了伟大的文明，什么破坏了文明。

——马歇尔

涂涂来闯关

1.为了迎合一些读者的口味而去写自己（　　　）的东西，放弃记录自己所（　　　）的事物，这是不可取的。

2.说起放牛，大家并不（　　　），但对于像我这种出生在农村家庭的小孩来说，放牛是再（　　　）不过的事情了。

洒脱——拘谨

知识小卡片

洒脱和拘谨：都可以用来形容一个人的言行举止。

洒脱：（言谈、举止、风格）自然，不拘束。

拘谨：（言语、行动）过分谨慎，拘束。

涂涂剧场

胡涂涂：他为人处世十分洒脱，即使在陌生人面前也从不拘谨。

胡爸爸：在听演讲的时候，我们更愿意看到一个洒脱随性的演说家，而不是怯弱拘谨的朗读者。在做一件事时，我们要落落大方、洒脱一点，不要扭扭捏捏，这样才能给别人留下好的印象。

涂涂小天地

诗词欣赏：

1. 人生自古谁无死，留取丹心照汗青。　——[宋]文天祥《过零丁洋》
2. 采菊东篱下，悠然见南山。　　　　——[晋]陶渊明《饮酒（其五）》
3. 闲来垂钓碧溪上，忽复乘舟梦日边。　　——[唐]李白《行路难》

涂涂来闯关

1.放下沉重的书包，放松麻木的大脑，忘记课堂的（　　　），享受旅行的（　　　）。

2.一本正经会让人感觉（　　　），而幽默风趣、（　　　）的开场白总是让人愿意听下去。

豪华——简陋

知识小卡片

豪华和简陋：都可以用来形容房屋的设备或装饰。

豪华：(建筑、设备或装饰)富丽堂皇,十分华丽。

简陋：(房屋、设备等)简单粗陋,不完备。

涂涂剧场

胡涂涂：这所山村学校虽简陋,却培养出了很多优秀学生。

胡爸爸：有一个姑娘,她过去住在简陋的房子里,后来经过不断努力,终于买了一栋豪华的别墅。我们要知道,每个人都有改变命运的机会,只要我们愿意努力奋斗,简陋的茅草屋终有一天会换成豪华的大别墅。

涂涂小天地

诗词欣赏：

1. 台城六代竞豪华,结绮临春事最奢。

——[唐]刘禹锡《金陵五题·台城》

2. 八月秋高风怒号,卷我屋上三重茅。

——[唐]杜甫《茅屋为秋风所破歌》

涂涂来闯关

1.即使他的别墅如此(　　　　),却还是掩盖不了他学识上的贫瘠。

2.无论学习条件多么(　　　　),我们都应该努力学习,因为我们明白(　　　　)的居所并不能让我们的精神世界得到实质性的提升。

疏远——亲近

知识小卡片

疏远和亲近：都可以用来形容人与人之间关系的亲密程度。
疏远：关系、感情上有距离，不亲密。
亲近：（双方）亲密，关系密切。

涂涂剧场

胡涂涂：沉默容易使人跟朋友疏远，热烈的诉说则使人们互相亲近。

胡爸爸：他被朋友们疏远的原因是他喜欢对别人的私事说长道短，喋喋不休，亲近的朋友也有受不了的时候。我们知道，亲近的人不会因为距离远而疏远，疏远的人不会因为距离近而亲近。

涂涂小天地

含"疏远"一词的句子：

1. 行之于亲近而疏远悦，修之于闺门之内而名誉驰于外。

——陆贾

2. 李白情知被高力士中伤，天子存疏远之意，屡次告辞求去。

——《警世通言》

涂涂来闯关

1.这种酒肉朋友对你毫无益处，你应该早点与他们（　　　　）才是，最该（　　　　）的是那些正义勇敢的人。

2.他即使对这件事怀恨在心，也绝不会暴露出来，仍然会一如既往地（　　　　）她，不让她感到（　　　　）。

高傲——谦逊

知识小卡片

高傲和谦逊：都可以用来形容人的品格或性情。

高傲：自以为了不起，看不起人；极其骄傲。

谦逊：谦虚恭顺。

涂涂剧场

胡涂涂：孔雀高傲地向人们展示它漂亮的羽毛。

胡爸爸：谦逊基于力量和底气，高傲基于空虚和无能。

我们要明白，一个人是否谦逊，取决于他对自己的认识与自我努力相结合的程度。

涂涂小天地

名言警句：

1. 谦虚温谨，不以才地矜物。 ——［唐］房玄龄

2. 谦逊是最高的克己功夫。 ——莎士比亚

3. 谦逊可以使一个战士更美丽。 ——奥斯特洛夫斯基

涂涂来闯关

1. 鹅伸长了头颈，我一看这姿态，心想："好一只

（ ）的动物！"

2. 饱满的谷穗低垂，我一看这姿态，心想："好一

株（ ）的植物！"

美丽——丑陋

知识小卡片

美丽和丑陋：都可以用来形容一个人的相貌或心灵。

美丽：使人看了产生快感的；好看。

丑陋：（相貌或样子）难看；（思想、行为等）丑恶，卑劣。

涂涂剧场

胡涂涂：《巴黎圣母院》中的敲钟人卡西莫多虽然丑陋，但却是我最喜欢的人物。

胡爸爸：他的相貌虽然丑陋，但心灵是纯洁而美丽的，因为他勇敢善良，乐于助人。我们不能因为外表而去评判一个人的好坏。有的人外貌丑陋但是心地善良，有的人外貌美丽但是内心险恶，总想着伤害别人。

涂涂小天地

名言警句：

1. 人的一切都应该是美丽的：面貌、衣裳、心灵、思想。 ——契诃夫

2. 地球上一切美丽的东西都来源于太阳，而一切美好的东西都来源于人。

——普利什文

涂涂来闯关

1.雪纷纷扬扬地下起来了，多么（　　　　）的雪花呀！不一会儿，漫天大雪覆盖了整个世界，仿佛要掩盖世间一切（　　　　）的东西。

2.那个穿着白裙子的女孩把垃圾丢到了地上。她长得很（　　　　），但是行为很（　　　　）。

镇定——慌张

知识小卡片

镇定和慌张：都可以形容人遇到事情时的一种心理状态。

镇定：遇到紧急的情况不慌不乱。

慌张：心里不沉着，动作忙乱。

涂涂剧场

胡涂涂：通过演习训练，消防员在出现火灾时能镇定自若，及时排除各种险情。

胡爸爸：不管学习什么，都要认真对待。消防员为了更好地应对突发事故，平时必须多训练。我们在遇到困难时，应做到不要慌张，镇定地思考解决办法。

涂涂小天地

名言警句：

1. 非淡泊无以明志，非宁静无以致远。 ——[三国]诸葛亮

2. 喜不应喜无事之事，怒不应怒无怒之物。 ——[三国]诸葛亮

3. 泰山在前而不见，疾雷破柱而不惊。 ——[宋]欧阳修

涂涂来闯关

1. 小明强压内心的（　　　　），故作（　　　　）地走出校门。

2. 洪水暴发，人们（　　　　）地四处奔逃，而那位老支书（　　　　）自若地指挥人们有序撤退。

杰出——平庸

知识小卡片

杰出和平庸：都可以用来形容人的能力强弱。

杰出：(才能、成就)出众。

平庸：寻常而不突出；平凡。

涂涂剧场

胡涂涂：陈景润先生在数学研究上取得了**杰出**的成就。我的数学成绩一般，那像我这样的是不是注定很**平庸**？

胡爸爸：我们大部分人确实不能像陈景润先生一样**杰出**。即使我们不能像陈景润先生一样**杰出**，也可以在自己所擅长的领域不甘于**平庸**。

涂涂小天地

名言警句：

1.平庸的人最大的缺点是常常觉得自己比别人高明。——富兰克林

2.有信心的人，可以化渺小为伟大，化平庸为神奇。——萧伯纳

3.庸才之所以平庸就是因为他们的思想愚昧而固执。——爱默生

4.平庸的生活使人感到一生不幸，波澜万丈的人生才能使人感到生存的意义。——池田大作

涂涂来闯关

1.他善于计算，在数学方面很(　　　)，但是他对于文字的应用并不擅长，因此在语文方面很(　　　)。

2.他一直觉得自己是个(　　　)的人，但是发现并且利用好自己的闪光点之后，他在自己研究的领域做出了一番(　　　)的成就。

清澈——混浊

知识小卡片

清澈和混浊：都可以用来形容水或心灵的纯净度。

清澈：形容清而透明。

混浊：（水、空气等）含有杂质，不清洁，不新鲜。

涂涂剧场

胡涂涂：为什么渔夫要把池塘的水搅混浊呀？

胡爸爸：渔夫捕鱼前故意把池塘里清澈的水搅混浊，是为了使鱼儿无路可逃，便于捕捉鱼儿。捕捉过后，经过一段时间的沉淀，池水不再混浊，恢复到原先清澈的状态。

涂涂小天地

名言警句：

1. 一个混浊的中游不可能带来一个清澈的下游。 ——余秋雨
2. 君含怒而待臣兮，不清澈其然否。 ——屈原

涂涂来闯关

1. 这个白衣少年看着白白净净，眼神（   ），但他偷东西的行为却揭示了他内心的（   ）。

2. 大雨过后，原本（   ）的溪水变得非常（   ）。

尊重——侮辱

知识小卡片

尊重和侮辱：都可以用来形容对某人或某事物的态度。
尊重：①尊敬，敬重；②重视并严肃对待。
侮辱：使对方人格或名誉受到损害，蒙受耻辱。

涂涂剧场

胡涂涂：为什么游客不能给动物园里的动物投喂食物呢？

胡爸爸：因为投喂食物会给动物带来一些不好的影响，比如有的人不怀好意地往动物身上投掷硬物，**侮辱**动物。我们不仅应该**尊重**他人，也应该**尊重**动物。动物不应该受到这样的**侮辱**，它们和人一样，也需要被**尊重**。**尊重**是人格的体现，**尊重**是我们彼此的追求。

涂涂小天地

名言警句：

1. 尊重别人，才能让人尊重。 ——笛卡儿
2. 对人不尊敬的人，首先就是对自己不尊敬。 ——陀思妥耶夫斯基

涂涂来闯关

1. 他一生都在基层默默无闻地工作，很受人们的（　　　）。

2. 这名高级官员对他人连最基本的（　　　）都没有，竟然在演说中公开（　　　）新闻工作者。

脆弱——坚强

知识小卡片

脆弱和坚强:都可以用来形容人的意志。

脆弱: 禁不起挫折,不坚强。

坚强: ①强固有力,不可动摇或摧毁;②使坚强。

涂涂剧场

胡涂涂:**脆弱**的小丽急得哭了起来,我该怎么劝她呢?

胡爸爸:你要告诉她,她应该**坚强**起来,积极思考解决问题的办法。我们要知道,每个人在学会**坚强**之前都是**脆弱**的,妈妈在成为妈妈之前也很**脆弱**,但是在生了小宝宝之后就变成了**坚强**的母亲。**脆弱**的小丽,终有一天也会变得**坚强**起来。

涂涂小天地

名言警句:

1. 患难困苦,是磨炼人格之最高学校。 ——梁启超

2. 即使在把眼睛盯着大地的时候,那超群的目光仍然保持着凝视太阳的能力。 ——雨果

3. 实行起来是有困难的,但是吸引着我的,正是这个困难本身。

——巴尔扎克

涂涂来闯关

1. 每个人都有( )的时候,但最终我们要学会( )。

2. 小刚因马虎而未考到全班第一,一回到家里就哭了起来,爸爸妈妈教育他不要这么( ),作为男子汉需要( )一点,在哪里跌倒就要在哪里爬起来。

飞快——缓慢

知识小卡片

飞快和缓慢：都可以用来形容行动的速度。

飞快：①非常迅速；②非常锋利。

缓慢：不迅速，非常慢。

涂涂剧场

胡涂涂：为什么猎豹跑得飞快？而蜗牛缓慢地爬呢？

胡爸爸：因为每种动物所擅长的东西是不一样的。有的动物跑得飞快，有的动物却爬得缓慢。我们要知道：猎豹跑得飞快，蜗牛爬得缓慢；小鸟飞得飞快，毛毛虫爬得缓慢；鱼儿游得飞快，乌龟爬得缓慢。每种动物都有自己的习性。

涂涂小天地

形容快的成语：

1.一目十行：一眼能看十行文字，形容阅读的速度极快。

2.一日千里：指马跑得很快，一天能跑一千里。后比喻进展极快。

3.风驰电掣：形容像刮风和闪电那样迅速。

形容慢的成语：

1.不紧不慢：形容心情平静，行动从容。

2.轻吞慢吐：形容歌唱时声音轻柔，吐词缓慢。

3.慢条斯理：形容动作缓慢，不慌不忙。

涂涂来闯关

1.时间过得（　　　　），转眼间，他已经长成大人了。

2.秒针（　　　　）地转完了一圈，而时针只是（　　　　）地移动了一下。

仔细——马虎

知识小卡片

仔细和马虎：都可以用来形容做事的态度。

仔细：小心，细心。

马虎：草率，敷衍，疏忽大意。

涂涂剧场

胡涂涂：为什么老师总是批评我呢？

胡爸爸：因为你做事老是粗心大意，很**马虎**。

胡涂涂：我以后做作业不再**马虎**了，我会**仔细**读题的。

胡爸爸：不管做什么事，都要认真对待。态度决定行为，细节决定成败。你每次写完作业之后记得**仔细**检查一遍。你表现得好，老师自然不会批评你了。

涂涂小天地

名言警句：

1. 把小事做细，把细事做透。

2. 关注细节，成就大事。

3. 一步不慎，满盘皆输。

4. 大处着眼，小处着手。

5. 尽小者大，慎微者著。

6. 细节在于观察，成功在于积累。

涂涂来闯关

1. 小明做试卷的时候因为（　　　　），很多会做的题目都做错了。他决定以后要（　　　　）一点，做完之后再检查一遍。

2. （　　　　）是犯错误的亲戚，（　　　　）是成功的好朋友。

喧闹——宁静

知识小卡片

喧闹和宁静：都可以用来形容环境和心境。

喧闹：①形容喧哗热闹；②作动词时表示喧哗吵闹。

宁静：（环境、心情）安静。

涂涂剧场

胡涂涂：开学了，学校变得喧闹了，但是图书馆还是一片宁静。

胡爸爸：因为大家在图书馆全神贯注地阅读书籍啊！学校图书馆是阅读书籍的场所，不可随意喧闹，而需要大家共同努力，营造一片宁静的氛围，让大家静下心来好好看书。

涂涂小天地

名言警句：

1.水静则明烛须眉，平中准，大匠取法焉。水静犹明，而况精神！圣人之心静乎！天地之鉴也，万物之镜也。 ——《庄子·天道》

2.夫君子之行，静以修身，俭以养德。非淡泊无以明志，非宁静无以致远。 ——[三国]诸葛亮《诫子书》

涂涂来闯关

1.白天的集市很（　　　　），而夜晚渐渐变得（　　　　）。

2.（　　　　）了一天的城市早已悄悄地进入梦乡，（　　　　）的夜晚里只有星星在眨着眼睛。

崭新——陈旧

知识小卡片

崭新和陈旧：都可以用来形容物品的新旧程度。

崭新：形容非常新，极新。

陈旧：旧的，过时的。

涂涂剧场

胡涂涂：我的书是崭新的，但是爷爷的书都是陈旧的。

胡爸爸：因为爷爷的书放了很久，所以变得陈旧。而你的书都是新买的，所以都是崭新的。我们要知道，不管多么崭新的东西，经过时间的沉淀终会变得陈旧。

涂涂小天地

成语链接：

1.焕然一新：形容出现了崭新的面貌。

2.推陈出新：去掉旧事物的糟粕，取其精华，并使它向新的方向发展（多指继承文化遗产）。

涂涂来闯关

1.新年到了，孩子们都脱下（　　　　）的衣服，穿上妈妈刚买的（　　　　）的棉袄，迎接新年的到来。

2.灰姑娘穿着（　　　　）的衣服，满身灰尘，而继母的两个女儿却穿着（　　　　）的礼裙准备去参加宴会。

容易——困难

知识小卡片

容易和困难：都可以用来形容做事时感觉到的难易程度。

容易：做起来不费事的。

困难：①事情复杂，阻碍多；②穷困，不好过；③工作、生活中遇到的不易解决的问题或障碍。

涂涂剧场

胡涂涂：为什么每次看起来**容易**的事情，做起来就很**困难**呢？

胡爸爸：说着**容易**做着**困难**。生活中的**困难**，对每个人来说，并不是那么**容易**克服的。把一件事情做得尽善尽美是很**困难**的。

涂涂小天地

名言警句：

1. 环境越是困难，精神越能发奋努力。 　　——郭沫若
2. 困难增强心力，犹劳动增强身体。 　　——塞涅卡

涂涂来闯关

1. 一个人做一件好事很（　　　），但一辈子都坚持做好事就很（　　　）！

2. 梦想是（　　　）的，但是实践起来却是（　　　）的。它的实现需要我们坚持不懈，敢于付出。

狡猾——老实

知识小卡片

狡猾和老实：都可以用来形容人的性格。

狡猾：诡计多端，不可信任。

老实：①诚实；②规规矩矩，不惹事；③婉辞，指人不聪明。

涂涂剧场

胡涂涂：狐狸为什么能骗到乌鸦嘴里的肉呢？

胡爸爸：因为狐狸很狡猾。

胡涂涂：那我们能为了自己的利益和狐狸一样吗？

胡爸爸：我们不能和狐狸一样狡猾，为了达到自己的目的不择手段。做人要做聪明的老实人。我们做人要老实，做事要踏实，这样才会得到他人的认同和尊重。凡事不能瞎动心思，不能狡猾处事。

涂涂小天地

名言警句：

1. 老老实实最能打动人心。　　　　　　　　——莎士比亚

2. 老实常在，狡猾常败。　　　　　　　　　——周恩来

涂涂来闯关

1.(　　　　)的狐狸的两只眼睛三眨两转悠，一个新的"鬼点子"马上出来了，而(　　　　)的棕熊却迟迟想不出办法。

2.(　　　　)的人，把生活看作连绵不断的山峰，一座座努力攀登；(　　　　)的人，把生活看作一艘帆船，见风使舵。

光滑——粗糙

知识小卡片

光滑和粗糙：都可以用来形容物体表面的质感。

光滑：物体表面平滑细腻，不粗糙。

粗糙：①（质料）不精细，不光滑；②（工作等）草率，不细致。

涂涂剧场

胡涂涂：大象的皮肤很**粗糙**，金枪鱼的表面很**光滑**。

胡爸爸：还有哪些例子呢？

胡涂涂：荔枝表面很**粗糙**，但是去皮之后很**光滑**。

胡爸爸：这块石头原来很**粗糙**，但是在河里经过长时间的冲刷后变得很**光滑**。我们要知道，有的东西**光滑**，有的东西**粗糙**，这是物体的不同属性，而这些属性也可能会由于环境等其他因素而改变。

涂涂小天地

成语链接：

1. 粗茶淡饭：指简单的、不精致的饮食。有时用来形容生活简朴。

2. 粗枝大叶：形容不细致，做事粗心大意。

涂涂来闯关

1. 爷爷（　　　　）的大手写满了辛劳，不像我的手那样（　　　　）。

2.（　　　　）的皮肤不一定蕴含美的灵魂，（　　　　）的贝壳却可能孕育着珍珠。

3. 结冰后的马路很（　　　　），行驶中的车辆需要在轮胎上绑上链条让轮胎变得（　　　　）才可以勉强通行。

开头——结尾

知识小卡片

开头和结尾：都可以用来指文辞或事件的某一部分。

开头：①事情、行动、现象等最初发生；②开始的时候或阶段。

结尾：①结束事情的最后一段，收尾；②结束的阶段。

涂涂剧场

胡涂涂：为什么生活的**结尾**和电影的**结尾**不一样呢？

胡爸爸：因为生活不是电影，电影只是美化后的生活。

胡涂涂：我们该怎样面对不那么如意的现实生活呢？

胡爸爸：我们无法决定人生的**开头**，但可以决定人生的**结尾**。故事的**开头**或许美好，或许悲伤，但大部分的**结尾**都是美好的。生活没有剧本，我们要认真对待人生的每一秒钟。

涂涂小天地

成语链接：

1. 旗开得胜：军队的战旗刚一展开就打了胜仗，比喻事情一开始就取得好成绩。

2. 余音绕梁：歌声停止后，余音好像还在绕着屋梁回旋，形容歌声或音乐优美，耐人回味。

涂涂来闯关

1. 这次演讲的（　　　　）以一个典故引入，非常有吸引力，但是最后败在（　　　　）那画蛇添足的笑话上了。

2. 一篇文章中，很多时候，（　　　　）的作用是统领全文，引起下文；（　　　　）的作用是总结全文。

严寒——酷热

知识小卡片

严寒和酷热：都可以用来形容气候。

严寒：（气候）极冷。

酷热：（气候）极热。

涂涂剧场

胡涂涂：为什么有的人可以靠一双脚，走遍全国的山山水水呢？

胡爸爸：因为他们意志坚定，不怕严寒和酷热，也不怕山高路陡。一旦认准目标，就勇往直前，恶劣的环境对他们来说算不了什么。

涂涂小天地

诗词欣赏：

1. 千山鸟飞绝，万径人踪灭。孤舟蓑笠翁，独钓寒江雪。

——[唐]柳宗元《江雪》

2. 万瓦鳞鳞若火龙，日车不动汗珠融。无因羽翮氛埃外，坐觉蒸炊釜甑中。

——[宋]陆游《苦热》

涂涂来闯关

1. 梅花是冬日的使者，不怕雪花摧残，在（   ）中稳稳站立。

2. 他觉得冬天的（   ）比夏天的（   ）更难以忍受。

伟大——渺小

知识小卡片

伟大和渺小：都可以用来形容气势、形象或者品格。

伟大：①品格崇高，才识卓越；②气势雄伟，规模宏大；③超出寻常，令人景仰钦佩的。

渺小：微小。

涂涂剧场

胡涂涂：什么是**伟大**，什么是**渺小**呢？

胡爸爸：**伟大**就是令人钦佩的，**渺小**就是微不足道的。

胡涂涂：那我是不是很**渺小**呢？

胡爸爸：不是。每个用心生活的人都能绽放异彩。在鲁迅先生这样**伟大**的文学家面前，我们是**渺小**的；但我们在生活中积极帮助他人，对于我们自己来说又是**伟大**的。

涂涂小天地

名言警句：

1. 人的真正伟大之处，就在于他能够认识到自己的渺小。

——约翰·保罗

2. 人的活动如果没有理想的鼓舞，就会变得空虚而渺小。

——车尔尼雪夫斯基

涂涂来闯关

我登上白雪皑皑的长白山后，望着脚下的林海，感到了自己的（　　　）和大自然的（　　　）。

109

诚实——虚伪

知识小卡片

诚实和虚伪：都可以用来形容人的言行举止是否与客观事实相符。

诚实：言行跟内心思想一致（指好的思想行为），不虚假。

虚伪：不真实，不实在，作假。

涂涂剧场

胡涂涂：做人不能太**虚伪**吗？

胡爸爸：是的，我们要**诚实**待人。

胡涂涂：我觉得您说得对，但是现在这个社会还是有很多**虚伪**的人。

胡爸爸：即使这样，我们也要做一个**诚实**的人。**诚实**是最宝贵的品质之一，**诚实**能获得大家的信任与尊重，也能帮助我们在这个社会沉稳地立足；**虚伪**的人是得不到真正的快乐的。

涂涂小天地

名言警句：

1. 虚伪喜欢躲藏在最高尚的思考之中。它从来企图脱离思考，因为思考能使它不费吹灰之力就获得高尚的美名。　　——埃德蒙·伯克

2. 凡是与虚伪相矛盾的东西都是极其重要而且有价值的。

——高尔基

涂涂来闯关

1. 无论做什么都要（　　　），（　　　）只会使你成为一个让人唾弃的人！

2. （　　　）的人是可悲的，因为他们总是忙着修补自己的谎言；（　　　）的人是美好的，因为他们总是给人带来安全感。

简单——复杂

知识小卡片

简单和复杂:都可以用来形容处理某件事时感受到的难易度。

简单:结构单一,易于理解、使用或处理。

复杂:(事物的种类、头绪等)多而杂。

涂涂剧场

胡涂涂:当我们要做某件事时,感到事情有些**复杂**时该怎么办?

胡爸爸:可以先想想有没有更**简单**的解决之道,而不是急急忙忙去动手,以免白白忙碌,却解决不了问题。

涂涂小天地

名言警句:

1. 把简单的事情考虑得很复杂,可以发现新领域;把复杂的现象看得很简单,可以发现新定律。 ——牛顿

2. 华丽常常伴随着伟大,幸运更经常地来自简单。 ——威·沃森

3. 世事本身就错综复杂并充满混乱,世事的复杂往往令人迷失。

——法朗士

涂涂来闯关

1. 面对( )的事情时不要紧张,把它分成几个部分,它就会变得( )。

2. 这道题很( ),并不( ),相信大家都能做对。

团结——分裂

知识小卡片

团结和分裂:都可以用来形容人或事物的状态。

团结: 为了集中力量实现共同理想或完成共同任务而联合或结合。

分裂: 使整体的事物分开。

涂涂剧场

胡涂涂:为什么在一个集体里面要**团结**?

胡爸爸:因为在一个集体里最重要的就是**团结**,大家齐心协力,就能事半功倍。我们应该精诚**团结**,克服困难,共同前进;不应该**分裂**独立,闹得人心散漫。要警惕极少数别有用心的人闹**分裂**,破坏安定**团结**。

涂涂小天地

名言警句:

1. 我们知道个人是微弱的,可是我们也知道整体就是力量。

——马克思

2. 凡是经过考验的朋友,就应该把他们紧紧地团结在你的周围。

——莎士比亚

涂涂来闯关

1.我们是一个(　　　　)的整体,不允许某些害群之马搞(　　　　)。

2.只要我们(　　　　)互助,同舟共济,就没有克服不了的困难;如果从集体中(　　　　)出去,结局注定只能失败。

有趣——乏味

知识小卡片

有趣和乏味：都可以用来形容对某事物是否产生兴趣。

有趣：能引起人的好奇心或喜爱。

乏味：没有趣味，缺少情趣。

涂涂剧场

胡涂涂：为什么小明舍近求远去打篮球，而不到小区附近的培训班学下象棋？

胡爸爸：人们都喜欢**有趣**、丰富多彩的活动。反之，枯燥**乏味**的就没人愿意参加。下象棋要注意力集中，还要静得下来，下棋过程中还要肯于动脑，而男孩子有好动的天性，可能他觉得下棋枯燥**乏味**，所以舍近求远去打篮球。

涂涂小天地

名言警句：

1. 世上充满了有趣的事情可做，在这令人兴奋的世界中，不要过着乏味的生活。

——戴尔·卡耐基

2. 人生最有趣的事情，就是送旧迎新，因为人类最高的欲求，是在时时创造新生活。

——李大钊

涂涂来闯关

南方的冬天很少下雪，即使下雪也只是薄薄的一层，所以有些小孩觉得它（　　　），因为既不能堆雪人也不能打雪仗；北方的冬天雪很大，雪都是厚厚的一层，还可以观赏冰雕，对孩子们来说才是（　　　）的。

受益匪浅——一无所得

知识小卡片

受益匪浅和一无所得：都可以用来形容收获和获益的多少。

受益匪浅：指收获不小，得到的好处很多。

一无所得：指什么东西都没有得到，形容毫无收获。

涂涂剧场

胡涂涂：老师告诉我们，生命是短暂的，我们应该好好学习才不至于虚度青春，一无所得。

胡爸爸：所以你想好要在"五一"假期做点什么了吗？

胡涂涂：这个"五一"假期我准备好好温习功课，虽然这样我会很辛苦，但是会让我受益匪浅。我知道只有自己有了目标和追求，才不至于一无所得。

涂涂小天地

成语链接：

1. 一无所有：什么都没有，形容非常贫穷。

2. 空手而归：指白忙活一场，什么也没有得到。

涂涂来闯关

1. 老师的一番话令我（　　　　）。

2. 读一本好书会使我们（　　　　），但是读一些低劣的书，会浪费时间，最后会（　　　　）。

应接不暇——应付自如

知识小卡片

应接不暇和应付自如：都可以用来形容应对能力。

应接不暇：原指美景繁多，看不过来。后形容来人或事情太多，接待应付不过来。

应付自如：处理事情从容不迫，很有办法。

涂涂剧场

胡涂涂：商场的商品真多啊！

胡爸爸：如果用一个四字词语来形容，你会怎么说？

胡涂涂：一进商场，琳琅满目的商品令人应接不暇。

胡爸爸：商场的销售员应付自如地为我们推荐或介绍产品。我们要知道这些销售员都受过专业的训练，他们的销售经验很丰富，因此，即使他们面对令人应接不暇的顾客，也能应付自如。

涂涂小天地

成语溯源：

1. 从山阴道上行，山川自相映发，使人应接不暇。

——[南北朝]刘义庆《世说新语》

2. 你在上课前仅仅查了生字，读了一两遍是不够的，必须完全了解全课的情节，才能胸有成竹，应付自如。 ——邹韬奋《经历·英文的学习》

涂涂来闯关

1.站在山顶极目眺望，美丽的景色映入眼帘，令人（ 　　　　 ）。

2.导游带着我们参观每一处名胜古迹。他将事情安排得很周到，面对突发事件都（ 　　　　 ）。

不甘示弱——甘拜下风

知识小卡片

不甘示弱和甘拜下风：都可以用来形容一个人和别人比较时的心理状态。

不甘示弱：不甘心比别人差，表示要较量一下，比个高低。

甘拜下风：原指甘心服从、听命（古代出令的人站在上风的位置，听令的人站在下风的位置）。后泛指真心佩服别人，自认不如。

涂涂剧场

胡涂涂：今天小丽对我说："你的知识真广博，我甘拜下风，以后还得多向你请教。"

胡爸爸：可是她之前好像不甘示弱的样子，怎么突然改变想法了？

胡涂涂：因为她看到我真正的实力了。

涂涂小天地

成语接龙：

不甘示弱→弱肉强食→食不求甘→甘拜下风→风调雨顺→顺手牵羊→羊肠小道→道听途说→说三道四→四脚朝天

涂涂来闯关

1.与王师傅比起来，我自愧不如，（　　　　　）。

2.看到姐姐被评为"三好学生"，我（　　　　　），学习更加勤奋刻苦，今年终于也被评为"三好学生"了。

彬彬有礼——盛气凌人

知识小卡片

彬彬有礼和盛气凌人：都可以用来形容人的修养和作风。

彬彬有礼：形容文雅有礼貌的样子。

盛气凌人：傲慢的气势逼人。

涂涂剧场

胡涂涂：我感觉这个人**盛气凌人**的，我根本插不上话。

胡爸爸：因为她有点傲慢自大。

胡涂涂：但我觉得我们应该**彬彬有礼**。

胡爸爸：是的，这样别人也愿意与我们交往。我们与人交往时应该**彬彬有礼**，这样别人便愿意听取我们的意见；如果**盛气凌人**，别人只会感到厌恶，更不会听取咱们的建议。

涂涂小天地

名言警句：

1. 君子以仁存心，以礼存心。仁者爱人，有礼者敬人。爱人者，人恒爱之；敬人者，人恒敬之。　　　　　　　　　　——《孟子》

2. 凡事廉恭，不得盛气凌人，自取其辱。　　　　　——[宋]朱熹

涂涂来闯关

1. 做思想工作，切不能（　　　），而应该循循善诱，以理服人。

2. 她是一个（　　　）的人，大家都很喜欢她。

当机立断——犹豫不决

知识小卡片

当机立断和犹豫不决：都可以用来形容人在做决定时的态度。

当机立断：抓住时机，立刻决断。

犹豫不决：迟疑，拿不定主意。

涂涂剧场

胡涂涂：我们班的小凯总是当机立断，做什么事都能把握时机。

胡爸爸：可是你遇事总是犹豫不决的。

胡涂涂：对，因为我经常犹豫不决，所以我错过了很多机会。

胡爸爸：你要向他学习，学会当机立断。我们要知道当机立断是成功的重要条件，犹豫不决只能让我们停滞不前，错失良机。

涂涂小天地

"当机立断"的近义词：

斩钉截铁　　毅然决然

"犹豫不决"的近义词：

瞻前顾后　　三心二意　　优柔寡断　　徘徊不定　　举棋不定

涂涂来闯关

1.关键时刻，我们必须（　　　　）。

2.他做事欠缺魄力，老是（　　　　）的。

不攻自破——固若金汤

知识小卡片

　　不攻自破和固若金汤：都可以用来形容国家或驻守地是否牢固。

　　不攻自破：不用攻击，自己就溃败了，多形容观点、情节等站不住脚，经不起反驳或责问。

　　固若金汤：形容城池或阵地坚固，不易攻破（金：指金属造成的城；汤：指灌满滚水的护城河）。

涂涂剧场

　　胡涂涂：怎样形容城池很难被攻下呢？

　　胡爸爸：可以说城池**固若金汤**。

　　胡涂涂：那在辩论中论点站不住脚，该怎么形容呢？

　　胡爸爸：可以说他的论点**不攻自破**。

涂涂小天地

成语溯源：

1.是有都立庙之言，不攻而自破也。

　　　　——[唐]顾德章《上中书门下及礼院详议东都太庙修废状》

2.边城之地，必将婴城固守，皆为金城汤池，不可攻也。

　　　　　　　——[东汉]班固《汉书·蒯(kuǎi)通传》

涂涂来闯关

1.关于小李偷了西瓜的谣言很快就（　　　）了。

2.这个城堡（　　　），但还是被摧毁了。

舍本逐末——逐本舍末

知识小卡片

舍本逐末和逐本舍末：都可以用来形容处理事情的方式。

舍本逐末：舍弃事物的根本的、主要的部分，而去追求细枝末节，指轻重倒置。

逐本舍末：抓住根本，放弃次要的东西。

涂涂剧场

胡涂涂：如何才能避免舍本逐末呢？

胡爸爸：要透过现象看到本质才能避免舍本逐末。

胡涂涂：那逐本舍末是不是比舍本逐末更好呢？

胡爸爸：是的，因为逐本舍末至少抓住了问题的根本。我们要知道舍本逐末是因为没有抓住问题的本质，所以容易在学习、工作中轻重倒置。我们应该致力于研究"本"而不是"末"。

涂涂小天地

成语溯源：

民舍本而事末则不令，不令则不可以守，不可以战。民舍本而事末则其产约，其产约则轻迁徙，轻迁徙则国家有患，皆有远志，无有居心。

——吕不韦《吕氏春秋》

涂涂来闯关

1.写文章只追求形式而不注重内容，那是(　　　　)。

2.你放着主要矛盾不管，却抓住次要矛盾不放，这是(　　　　)。要把工作做好，你首先要学会(　　　　)。

上下其手——光明磊落

知识小卡片

上下其手和光明磊落：都可以用来形容为人处世的态度。

上下其手：指玩弄手法，暗中作弊。

光明磊落：形容襟怀坦白，没有私心。

涂涂剧场

胡涂涂：历史上有**光明磊落**的人吗？

胡爸爸：有，但也有一些从事文牍拟制、收发和管理的书吏，**上下其手**，舞文弄法，以捞取好处。历史上有**光明磊落**的人，也有**上下其手**的人。我们要争做**光明磊落**的人。

涂涂小天地

成语溯源：

楚子、秦人侵吴，及雩娄，闻吴有备而还。遂侵郑，五月，至于城麇。郑皇颉戍之，出，与楚师战，败。穿封戍囚皇颉，公子围与之争之。正于伯州犁，伯州犁曰："请问于囚。"乃立囚。伯州犁曰："所争，君子也，其何不知？"上其手，曰："夫子为王子围，寡君之贵介弟也。"下其手，曰："此子为穿封戍，方城外之县尹也。谁获子？"囚曰："颉遇王子，弱焉。"戍怒，抽戈逐王子围，弗及。楚人以皇颉归。

——《左传·襄公二十六年》

涂涂来闯关

1.我们做人要（　　　　），不该乘人之危。

2.历史上有些官员常常（　　　　），十分腐败。

121

功败垂成——大功告成

知识小卡片

功败垂成和大功告成：都可以用来指事情最后的结果。
功败垂成：快要成功的时候遭到失败（含惋惜意）。
大功告成：指巨大工程或重要任务宣告完成。

涂涂剧场

胡涂涂：事情在将要成功的时候却遭到失败，用一个成语该怎么说呢？
胡爸爸：用"**功败垂成**"这个成语就很贴切。
胡涂涂：那一个大工程经过艰苦的努力，终于顺利完成又该怎么说呢？
胡爸爸：用"**大功告成**"这个成语就很恰当。

涂涂小天地

成语溯源：

1. 弃垂成之功，陷不义之名，阜以死守之。——［西晋］陈寿《三国志》
2. 十万众并集，平作二旬，大功毕成。
　　　　　　　——［东汉］班固《汉书·王莽传上》

涂涂来闯关

1.试验越接近尾声，越要谨慎小心，任何一个小小的失误，都会导致(　　　　)。

2.亚运会建筑工程的(　　　　)，彰显了我国建筑业的雄厚实力。

小学语文通用基础知识手册

专注小学阶段语文基础字、词、成语积累

学霸
必修课
XUEBA
BIXIUKE

语文其实并不难

曾琴 陈慧颖 主编

多音字 形近字
辨析有窍门

延边大学出版社

图书在版编目（CIP）数据

语文其实并不难 / 曾琴，陈慧颖主编. -- 延吉：
延边大学出版社，2023.5
ISBN 978-7-230-05006-7

Ⅰ．①语… Ⅱ．①曾…②陈… Ⅲ．①小学语文课 –
教学参考资料 Ⅳ．①G624.203

中国国家版本馆 CIP 数据核字（2023）第 091197 号

语文其实并不难

主　　编：曾琴　陈慧颖
责任编辑：王启东
出版发行：延边大学出版社
社　　址：吉林省延吉市公园路 977 号
邮　　编：133002
电　　话：0433-2732435
传　　真：0433-2732434
网　　址：http://www.ydcbs.com
印　　刷：咸宁市国宾印务有限公司
开　　本：880 mm × 1230 mm　1/32
印　　张：21
字　　数：460 千字
版　　次：2023 年 5 月第 1 版
印　　次：2023 年 7 月第 1 次印刷
书　　号：ISBN 978-7-230-05006-7
定　　价：110.00 元

目 录

多音字形近字
辨析有窍门
YUWEN QISHI BINGBUNAN

多音字

辨析有窍门

多音字形近字

YUWEN QISHI BINGBUNAN

· 形近字 ·

多音字

辨析有窍门

多音字形近字

好

知识小卡片

"好"字有两种读音：[hǎo]和[hào]

[hǎo] ①优点多的；使人满意的(跟"坏"相对)。如：好人、好天气。②表示赞许、同意、结束或转换话题等。如：好，就这么办。③用在动词后，表示完成或达到完善的地步。如：功课准备好了。

[hào] ①喜爱(跟"恶"相对)。如：好学、好吃懒做。②常容易(发生某种事情)。如：刚学会骑自行车的人好摔跤。

轻松剧场

爸爸：今天的天气真好(形容天气好，使人满意)，我们一起骑自行车去江滩放风筝吧！

乐乐：好(表示赞许、同意)！等我收拾好(表示完成或达到完善的地步)我的书包就去。

爸爸：放风筝也是一项利于健康的活动，千万不要变得好(喜爱)吃懒做。

乐乐：知道了，我刚好(正好)学会了骑自行车。

爸爸：刚学会骑自行车的人好(容易发生)摔跤，你要小心哟！

诗文天地

1. 好(hǎo)雨知时节，当春乃发生。随风潜入夜，润物细无声。

——[唐]杜甫《春夜喜雨》

2. 知之者不如好(hào)之者，好(hào)之者不如乐之者。

——《论语》

3. 我家洗砚池头树，朵朵花开淡墨痕。不要人夸好(hǎo)颜色，只留清气满乾坤。

——[元]王冕《墨梅》

说文解字

"好"是会意字,从"女"从"子",女子貌美。本义是美、貌美。

《乐府诗集》中"秦氏有好(hǎo)女"的"好"指的是女子貌美。

《诗经》中"妻子好(hǎo)合"的"好"是交好、友爱的意思。

《论语》中"敏而好(hào)学"的"好"作动词,表示喜好、喜爱。

《江南逢李龟年》中"正是江南好(hǎo)风景"的"好"表示优良、良好。

拼音串串烧

由于有共同爱好(hào),他们俩成了形影不离的好(hǎo)朋友。

轻松一练

1. 四川境内有个姓杜的隐士,爱好(　　)书画,他珍藏的好(　　)的书画作品有成百件。

2. 有一句话说得好(　　):"兴趣是最好(　　)的老师。"

3. 如果没有付出努力,有再好(　　)的头脑也不一定能成功。

说

知识小卡片

"说"字有三种读音：[shuō]、[shuì]和[yuè]

[shuō] ①用话来表达意思。如：我说了个笑话。②解释。如：一说就明白了。③指说合；介绍。如：说婆家。④言论；主张。如：学说。⑤责备；批评。如：我挨说了。

[shuì] 用话劝说使人听从自己的意见。如：游说。

[yuè] 通假字，同"悦"，高兴、愉快。

轻松剧场

爸爸：说（用话来表达意思）话做事要脚踏实地，不卑不亢(kàng)，做一个诚实守信的人，同时也要主动学习。孔子曾说过"学而时习之，不亦说（同'悦'，高兴；愉快）乎"。

乐乐：我知道了，爸爸！

爸爸：战国时期有个人叫苏秦，他发奋学习，最终成功游说（用话劝说使人听从自己的意见）六国，使得六国联合起来抗击强大的秦国。乐乐以后也要像他一样努力哟！

乐乐：苏秦真棒啊！我今后也要努力学习。

诗文天地

1. 明主不晓，以为仆沮贰师，而为李陵游说(shuì)，遂下于理。

——[汉]司马迁《报任安书》

2. 惶恐滩头说(shuō)惶恐，零丁洋里叹零丁。

——[宋]文天祥《过零丁洋》

3. 学而时习之，不亦说(yuè)乎？

——《论语》

说文解字

"说"是会意字,从"言(讠)",表示用语言表意;从"兑","兑"同"悦",表示说者尽兴,听者心服。本义是用话来表达意思,引申为介绍、言论、主张、责备,也是文体的一种。

《琵琶行》中"低眉信手续续弹,说(shuō)尽心中无限事"的"说"表示讲解、解说。

《论语》中"学而时习之,不亦说(yuè)乎"的"说"是通假字,同"悦",表示高兴、愉快。

《三国演义》中"子翼良苦,远涉江湖,为曹氏作说(shuì)客耶"的"说"表示说服、劝说。

《爱莲说(shuō)》《马说(shuō)》《捕蛇者说(shuō)》中的三个"说"代表的是一种文体。

拼音串串烧

为了拉到投资,他挖空心思,四处游说(shuì),终于说(shuō)服了三家公司。

轻松一练

1. 爸爸办事从来都是说(   )到做到,决不失信。

2. 在投票的最后阶段,许多持反对意见的人被说(   )客们说(   )服了。

3. 学而时习之,不亦说(   )乎?

教

知识小卡片

"教"字有两种读音：[jiāo]和[jiào]

[jiāo] 把知识或技能传给人。如：教唱歌、教写字、教画画。

[jiào] ①宗教。如：佛教、信教。②教导、教育。如：管教、请教。③使；令；让。如：教他无计可施。

轻松剧场

爸爸：乐乐，今天我来教（把知识或技能传给人）你踢足球吧，你想学吗？

乐乐：好，你是一个厉害的教（令某人学会）练，我一定能学会的。

爸爸：哈哈哈，那我可得好好教（把知识或技能传给人），你得好好学哟！

诗文天地

1. 但教(jiào)心似金钿坚，天上人间会相见。

——[唐]白居易《长恨歌》

2. 北风吹雪四更初，嘉瑞天教(jiào)及岁除。

——[宋]陆游《除夜雪》

3. 曲罢曾教(jiào)善才服，妆成每被秋娘妒。

——[唐]白居易《琵琶行》

说文解字

"教"的本义是教育、教导。

《礼记》中"教（jiāo）也者，长善而救其失者也"的"教"有教导、教育的意思。

《礼记》中"五教（jiào），诗、书、乐、易、春秋也"的"教"指的是教材。

《琵琶行》中"曲罢曾教（jiào）善才服，妆成每被秋娘妒"的"教"指的是使、令、让。

拼音串串烧

教（jiāo）书育人是教（jiào）师最基本的职责。

轻松一练

1. 魔术师在现场把秘诀教（　　）给了观众。

2. 老师常常教（　　）育我们，要尊重父母，爱护大自然。

3. 教（　　）室的窗台上摆着许多盆花，其中的一盆茉莉花是我放在那儿的。

转

知识小卡片

"转"字有三种读音:[zhuǎn]、[zhuàn]和[zhuǎi]

[zhuǎn]　①改换方向、位置、形势、情况等。如:转身、转换、转移、向后转、向前转。②把一方的物品、信件、意见等传到另一方。如:转交、转达。③迁官转任。如:转尚书令,事行便拜。

[zhuàn]　①绕着某物移动、打转。如:打转、转圈。②作量词,古代勋位每升一级称转,相当于"次"。如:策勋十二转。③旋转。如:轮子转得很快。

[zhuǎi]　转文。如:说大白话就行,用不着转文。

轻松剧场

医生:转(改换方向)个身,我们要打针啦!

乐乐:医生,麻烦您帮我把这个玩具转(把一方的物品、信件、意见等传到另一方)交给我的妈妈。

医生:不要紧张哦,乐乐。你的妈妈说等你打完针要带你出去转一转(转圈)哟!

乐乐:我不紧张,我已经长大了!

诗文天地

1. 山回路转(zhuǎn)不见君,雪上空留马行处。

——[唐]岑参《白雪歌送武判官归京》

2. 策勋十二转(zhuàn),赏赐百千强。

——[南北朝]《木兰诗》

3. 转(zhuǎn)朱阁,低绮户,照无眠。

——[宋]苏轼《水调歌头(明月几时有)》

说文解字

　　"转"是形声字，从"车"，"专"声。转运要用车，故从车。本义是转运的意思。

　　《说文解字》中"转（zhuǎn），运也"的"转"和《诗经》中"胡转（zhuǎn）予于恤"的"转"指的是转运。

　　《诗经》中"我心匪石，不可转（zhuǎn）也"的"转"有回还、转动的意思。

　　《中书即事》中"道直身还在，恩深命转（zhuǎn）轻"的"转"指的是情况的变化、改变。

　　《茅屋为秋风所破歌》中"下者飘转（zhuàn）沉塘坳"的"转"指的是旋转。

　　《木兰诗》中"策勋十二转（zhuàn），赏赐百千强"的"转"用作量词，次。

拼音串串烧

　　看到自己经营多年的店铺被转（zhuǎn）让，他伤心得泪水在眼眶里转（zhuàn）悠。

轻松一练

　　1. 小明的脑子总是转（　　）不过弯来。

　　2. 汽车在急转（　　）弯处刹住了车。

　　3. 吃完饭我们出去转（　　）一圈吧，屋子里太闷了。

中

知识小卡片

“中”字有两种读音：[zhōng]和[zhòng]

[zhōng] ①方位词。跟四周的距离相等；中心。如：中央、居中。②指中国。如：古今中外。③方位词。范围内；内部。如：家中、心中、山中。④等级在两端之间的。如：中学、中等、中型。

[zhòng] ①正对上；恰好合上。如：中选、猜中了。②受到；遭受。如：击中、中暑、中毒。

轻松剧场

妈妈：我们的中（指中国）文在国际上越来越受欢迎了，我们应该感到自豪！

爸爸：是呀，有句话说得好，只有挺拔的松柏，才能在冰雪中（表示范围）矗立！我国正是靠着独立自主、自力更生的精神，不断开拓前进道路，在世界上站稳了脚跟，才有了今天的辉煌！

乐乐：等我长大了，我也要积极努力地学习，主动为祖国做贡献！

诗文天地

1. 其中(zhōng)往来种作，男女衣着，悉如外人。

——[东晋]陶渊明《桃花源记》

2. 爆竹声中(zhōng)一岁除，春风送暖入屠苏。

——[宋]王安石《元日》

3. 宴酣之乐，非丝非竹，射者中(zhòng)，弈者胜，觥筹交错，起坐而喧哗者，众宾欢也。

——[宋]欧阳修《醉翁亭记》

说文解字

"中"的本义是中心、当中，指一定范围内适中的位置。

《战国策》中"上书谏寡人者，受中（zhōng）赏"的"中"指的是中等的。

《说岳全传》中"前番我王兄误中（zhòng）你的诡计，在青龙山上被你伤了十万大兵"的"中"指的是遭受、受到。

《二刻拍案惊奇》中"后来孟沂中（zhòng）了进士"的"中"指的是考取。

《醉翁亭记》中"射者中（zhòng）"的"中"指的是正对上、射中。

拼音串串烧

我们五个人当中（zhōng）没有一个人猜中（zhòng）她手里有几颗糖。

轻松一练

1. 我们要从失败中（　　）总结教训，不要怨天尤人。

2. 在这次劳动中（　　），同学们个个干劲十足！

3. 喜事真是从天而降，他终于中（　　）奖了。

正

知识小卡片

"正"字有两种读音：[zhēng]和[zhèng]

[zhēng] ①正月。②文言文中有"箭靶中心"的意思。如："终日射侯，不出正兮"。③作动词，同"征"，征伐；征税。

[zhèng] ①垂直或符合标准方向（跟"歪、偏"相对）。如：正前方、正后方。②位置在中间（跟"侧、偏"相对）。如：正院儿。③用于时间，指正在那一点上或在那一段的正中。如：正午。④正面（跟"反"相对）。⑤合乎法度；正楷。如：正楷。⑥改正；纠正（错误）。⑦属性词。大于零的（跟"负"相对）。如：正数。⑧恰好。如：正好。⑨表示动作的进行、状态的持续。如：正在。

轻松剧场

老师：你的文章格式非常**正**（符合标准方向）确，而且你的**正**（表示端正）楷字也很工整美观。乐乐，你的字怎么练得这么好？

乐乐：这是因为在我家的**正**（表示方位）前方有一家书法辅导班，我在里面学到了很多知识呢！

诗文天地

1. 大儿锄豆溪东，中儿正（zhèng）织鸡笼。

——[宋]辛弃疾《清平乐·村居》

2. 可怜身上衣正（zhèng）单，心忧炭贱愿天寒。

——[唐]白居易《卖炭翁》

3. 雁过也，正（zhèng）伤心，却是旧时相识。

——[宋]李清照《声声慢（寻寻觅觅）》

说文解字

"正"的本义是不偏斜、平正。

《管子》中"故诸侯服而无正(zhēng)"的"正"指的是征伐、征行。

《论语》中"席不正(zhèng)不坐"的"正"指的是不偏斜、平正。

《论语》中"名不正(zhèng)则言不顺"的"正"指的是正当、合适。

《荀子》中"正(zhèng)法则,选贤良'的"正"指的是改正、匡正。

《集韵》中"正(zhēng),岁之首月"的"正"指的是农历年的第一个月。

拼音串串烧

火车在正(zhēng)月初一的早上正(zhèng)点到达了目的地。

轻松一练

1. 正(　　)月十五,家家户户吃元宵,挂灯笼。

2. 等期末考试结束我们就正(　　)式放假了。

3. 我们要认认真真做事,堂堂正(　　)正做人。

薄

知识小卡片

"薄"字有三种读音:[báo]、[bó]和[bò]

[báo]　①扁平物上下两面之间的距离小(跟"厚"相对)。如:薄片。②(感情)冷淡;不深。如:待他的情分不薄。③(味道)不浓;淡。如:酒味很薄。④(土地)不肥沃。如:这儿地薄,产量不高。⑤(家产)少;不富有。如:家底儿薄。

[bó]　①薄(báo)。如:薄雾、如履薄冰。②轻微;少。如:薄技。③不厚道;不庄重。如:轻薄。④看不起;轻视;慢待。如:鄙薄、厚此薄彼。⑤迫近;靠近。如:日薄西山。⑥姓。

[bò]　薄荷,多年生草本植物。

轻松剧场

妈妈:虽然我收入微薄(表示工资少),买不了贵重的食材,但是这并不妨碍我做出美味的薄[扁平物上下两面之间的距离小(跟"厚"相对)]饼。

乐乐:妈妈做的薄饼是最好吃的!

爸爸:对啊! 尤其是加了薄(多年生草本植物)荷的薄饼,味道更香。对了,这几天降温,你要穿厚一点,不要为了好看故意穿很薄(与"厚"相对)的衣服,穿少了很容易感冒。

诗文天地

1. 散入珠帘湿罗幕,狐裘不暖锦衾薄(báo)。
　　　　　　　　　　　——[唐]岑参《白雪歌送武判官归京》

2. 峨嵋山下少人行,旌旗无光日色薄(bó)。
　　　　　　　　　　　——[唐]白居易《长恨歌》

3. 薄(bó)雾浓云愁永昼,瑞脑销金兽。

——[宋]李清照《醉花阴(薄雾浓云愁永昼)》

说文解字

"薄"是形声字,从"艸","溥"声。本义是指草木丛生。

《史记》中"地薄(bó),寡于积聚"的"薄"指的是不肥沃。

《岳阳楼记》中"薄(bó)暮冥冥,虎啸猿啼"的"薄"指的是迫近、接近。

《狱中杂记》中"而夫婿乐逸,为婢仆所惑,日以厌薄(bó)"的"薄"指的是轻视、看不起。

《诗经》中"如临深渊,如履薄(bó)冰"的"薄"指的是扁平物上下两面之间的距离小(跟"厚"相对)。

《论贵粟疏》中"薄(bó)赋敛,广畜积,以实仓廪"的"薄"指的是减少、减损、减轻。

🐷 **拼音串串烧**

薄(bó)暮时分,奶奶给我带来了两包薄(báo)饼和一袋薄(bò)荷味的糖果。

👑 **轻松一练**

1. 冬日的早晨湖面上覆盖了一层薄(　　)薄的冰。

2. 公司以薄(　　)利多销为宗旨,诚信守诺,满足顾客要求。

3. 口香糖有多种口味,有薄(　　)荷味、西瓜味、草莓味、橙子味等。

背

知识小卡片

"背"字有两种读音:[bēi]和[bèi]

[bēi] ①(人)用脊背驮。如:背回。②负担;承担。如:背债、背责任。③指一个人一次背的量。如:一背麦子、一背柴火。

[bèi] ①躯干的一部分,部位跟胸和腹相对。如:后背、背影。②某些物体的反面或后部。如:刀背、手背。③背部对着(跟"向"相对)。如:背水一战。④离开。如:背井离乡。⑤背诵。如:背书。⑥躲避;瞒。如:背着人哭。⑦朝着相反的方向。如:背道而驰。⑧偏僻。如:这条胡同很背。⑨听觉不灵。如:耳朵有点儿背。⑩不顺利;倒霉。如:背时。

轻松剧场

爸爸: 累了就趴在我背(躯干的一部分)上,我背(用脊背驮)着你走。

乐乐: 我要自己走! 我要做一个独立自强的好孩子!

爸爸: 这么乖? 是不是我不在家,背(瞒)着我偷偷干坏事了?

乐乐: 没有,这两天我可是很听话的!

诗文天地

1. 东坡右手执卷端,左手抚鲁直背(bèi)。

——[明]魏学洢《核舟记》

2. 背(bēi)绳墨以追曲兮,竟周容以为度。

——[战国]屈原《离骚》

3. 风力虽尚劲,然徒步则汗出浃背(bèi)。

——[明]袁宏道《满井游记》

说文解字

"背"的本义是脊背。

《核舟记》中"左手抚鲁直背(bèi)"的"背"指的是脊背。

英国著名博物学家赫胥黎的《天演论》中"背(bèi)山而面野"的"背"指的是背对着、背靠着。

《陈情表》中"生孩六月,慈父见背(bèi)"的"背"表示离去。

《史记》中"言沛公不敢背(bèi)项王也"的"背"表示违反、违背。

《雁》中"早背(bēi)胡霜过戍楼,又随寒日下汀洲"的"背"指的是用脊背驮。

拼音串串烧

贝贝在诗词背(bèi)诵比赛中获得第一名,妈妈送给她一个新背(bēi)包作为奖励。

轻松一练

1. 这首诗写得很好,老师要求我们全文背(   )诵。

2. 他身上背(   )负了太多的责任,这使得他年纪轻轻,就显得比同龄人更成熟。

盛

知识小卡片

"盛"字有两种读音：[chéng] 和 [shèng]

[chéng] ①把东西放在容器里。如：盛饭、盛满。②容纳。如：小桶盛不下多少东西。

[shèng] ①兴盛；繁盛。如：全盛时期。②强烈；旺盛。如：他年轻气盛。③盛大；隆重。如：盛宴、盛装出席。④深厚。如：盛情、盛意。⑤普遍；广泛。如：盛行。⑥姓。⑦用力大；程度深。如：盛赞。

轻松剧场

爸爸：今天累坏了吧，饿不饿呀？我给你盛（把东西放在容器里）了一碗饭，趁热吃！

乐乐：今天学校组织我们外出植树，费了好大力气呢，确实好饿。

爸爸：虽然累，但是你还是很开心吧？

乐乐：是呀，当我想到我们种下的树以后可能会成长为一片茂盛（繁盛）的林海，我就特别高兴。

诗文天地

1. 人间四月芳菲尽，山寺桃花始盛（shèng）开。

——[唐]白居易《大林寺桃花》

2. 种豆南山下，草盛（shèng）豆苗稀。

——[东晋]陶渊明《归园田居（其三）》

3. 兰陵美酒郁金香，玉碗盛（chéng）来琥珀光。

——[唐]李白《客中作》

说文解字

　　"盛"是形声字,从"皿","成"声。本义是把东西放在器皿里。

　　《孟子》中"自生民以来,未有盛(shèng)于孔子也"的"盛"指的是大、盛大。

　　《史记》中"物盛(shèng)则衰"的"盛"指的是兴盛、繁盛。

　　《庄子》中"平者,水停之盛(shèng)也"的"盛"指的是极、甚。

　　《礼记》中"食粥于盛(chéng)"的"盛"指盛放东西的器具(如:桶、瓶子、罐、杯、碗)。

　　《后汉书》中"北海太守盛(Shèng)苞"的"盛"指姓氏。

　　《大林寺桃花》中"人间四月芳菲尽,山寺桃花始盛(shèng)开"的"盛"指的是旺盛。

拼音串串烧

　　吃晚饭时,我主动给奶奶盛(chéng)饭,奶奶接过饭后笑逐颜开,那笑容就像盛(shèng)开的花儿一样。

轻松一练

　　1. 我的故乡在江南,那是一个盛(　　)产水果的地方,又甜又大的水蜜桃远近闻名。

　　2. 桂花树的叶子生长得可茂盛(　　)了,就像一把撑开的伞。

　　3. 奶奶盛(　　)了一壶水均匀地浇在了盛(　　)开的花朵上。

曲

知识小卡片

"曲"字有两种读音:[qū]和[qǔ]

[qū] ①弯曲(跟"直"相对)。如:曲线、山回水曲。②使弯曲。如:曲肱(gōng)而枕、曲突徙(xǐ)薪(xīn)。③弯曲的地方。如:河曲。④不公正;无理。如:是非曲直。⑤姓。

[qǔ] ①一种韵文形式,出现于南宋和金代,盛行于元代,是受民间歌曲的影响而形成的,句法较词更为灵活,多用口语,用韵也更接近口语。如:元曲。②歌曲。如:曲调、戏曲。③歌谱。如:《义勇军进行曲》是聂耳作的曲。

轻松剧场

主持人: 为庆祝中国共产党成立100周年,同学们排练了红色歌曲(歌曲)《红星闪闪》。下面有请合唱团全体同学。

乐 乐: 大家好,在此我们用这首歌曲表达对祖国母亲最真挚的祝福。

主持人: 好,让我们拭目以待,下面请欣赏合唱《红星闪闪》。(合唱结束)

主持人: 感谢合唱团的表演,我从歌声中感受到了你们为历经曲(形容道路曲折)折的祖国母亲献上赞歌的真情! 再次感谢同学们的表演。

诗文天地

1. 转轴拨弦三两声,未成曲(qǔ)调先有情。

——[唐]白居易《琵琶行》

2. 与君歌一曲(qǔ),请君为我倾耳听。

——[唐]李白《将进酒》

说文解字

"曲"是象形字,像器曲受物之形。本义是弯曲。

《荀子》中"木直中绳,輮以为轮,其曲(qū)中规"的"曲"指的是弯曲、不直。

《论语》中"饭疏食,饮水,曲(qū)肱而枕之,乐亦在其中矣"的"曲"是形容词作动词用,是使弯曲的意思。

《琵琶行》中"莫辞更坐弹一曲(qǔ),为君翻作琵琶行"的"曲"指的是乐曲。

《马伶传》中"不复能终曲(qǔ)"的"曲"指一种韵文形式。

拼音串串烧

我们唱着欢快的歌曲(qǔ),走在乡间弯曲(qū)的小路上。

轻松一练

1.深山里到处都是曲(　　　)折的山路。

2.溪水在乱石中蹦蹦跳跳,翻出洁白的水花,弹出动人的曲(　　　)调。

奇

知识小卡片

"奇"字有两种读音：[jī]和[qí]

[jī] ①单的；不成对的（跟"偶"相对）。如：奇数。②零数。如：五十有奇。

[qí] ①罕见的；特殊的；非常的。如：奇怪、奇特。②出人意料的；令人难测的。如：奇兵、奇计、奇袭。③惊异。如：惊奇、不足为奇。

轻松剧场

乐乐：晶晶，你见到过我的扇子吗？它怎么就离奇（出人意料的；令人难测的）失踪了呢？

晶晶：没有，不过你今天怎么穿着古装来上学呀？看着好奇怪（罕见的；特殊的；非常的）。

乐乐：你忘了？今天我们学校有古装表演呀！

老师：参加表演的同学来这边集合啦，男生站奇（跟"偶"相对）数列，女生站偶数列。

诗文天地

1. 水光潋滟晴方好，山色空蒙雨亦奇（qí）。

——[宋]苏轼《饮湖上初晴后雨》

2. 今日违情义，恐此事非奇（qí）。

——《孔雀东南飞》

3. 舟首尾长约八分有奇（jī），高可二黍许。

——[明]魏学洢《核舟记》

说文解字

"奇"是会意字,从"大"从"可"。本义是奇异、怪异。

《老子》中"以奇(qí)用兵"的"奇"指的是出人意料的。

《史记》中"此奇(qí)货可居"的"奇"指的是珍奇、稀奇。

《资治通鉴》中"每奇(jī)日,未尝不视朝"的"奇"指的是单数。

《伤仲永》中"邑人奇(qí)之"的"奇"指的是认为……奇异、奇怪。

《核舟记》中"长约八分有奇(jī)"的"奇"指的是零数、零头。

拼音串串烧

小明发现了一个奇(qí)怪的现象:街道一边商铺的门牌编号都是奇(jī)数,另一边商铺的门牌编号都是偶数。

轻松一练

1. 他这个奇(　　　)妙的想法真令人拍案叫绝!

2. 魔术师太神奇(　　　)了,刹那间就变出一只鸽子,然后又变出一朵玫瑰。

3. 100以内的奇(　　　)数有五十个。

强

知识小卡片

"强"字有三种读音：[qiáng]、[qiǎng]和[jiàng]

[qiáng] ①力量大；势力大（跟"弱"相对）。如：这人长得十分强壮。②感情或意志所要求达到的程度高；坚强。如：要强。③使强大或强壮。如：富国强兵。④使用强力；强迫。如：强制、强占。⑤优越；好（多用于比较）。如：今年的庄稼比去年更强。

[qiǎng] 勉强。如：强笑、强辩。

[jiàng] 强硬不屈；固执。如：倔强。

（操场上）

晶晶：乐乐，你真**强**（力量大；势力大）壮。

乐乐：是的，我每天都坚持跑步，晶晶你也一起来呀！

晶晶：你不要勉**强**（使人做他自己不愿意做的事）我了，这件事我真的做不了。

乐乐：可是这件事很重要啊，有一个健壮的身体是学习的基础呀！

（餐厅里）

乐乐：哎呀，真难吃，这家的饭菜没以前好吃了，我要找他们理论。

晶晶：你这人怎么这么倔**强**（固执）啊，换一家不就行了。

乐乐：不行，这家的饭菜合我的口味。

轻松剧场

诗文天地

1. 爱上层楼，为赋新词强（qiǎng）说愁。

——［宋］辛弃疾《丑奴儿·书博山道中壁》

2.外无期功强（qiǎng）近之亲，内无应门五尺之僮，茕茕孑立，形影相吊。

——[西晋]李密《陈情表》

3.策勋十二转，赏赐百千强（qiáng）。

——[南北朝]《木兰诗》

说文解字

"强"是会意字。本义是米中小虫。

《战国策》中"天下强（qiáng）国无过齐者"的"强"指的是强盛、势力大。

《荀子》中"筋骨之强（qiáng）"的"强"指的是强健、有力。

《前出塞》中"挽弓当挽强（qiáng）"的"强"指的是强有力的弓。

《聊斋志异》中"不可强（qiǎng）夺"的"强"指的是勉强。

拼音串串烧

经历了昨夜暴风雨的洗礼，小草仍然顽强（qiáng）地抬起了头，倔强（jiàng）地望着天空。它那瘦弱的身体里仿佛隐藏着某种强（qiáng）大的力量。

轻松一练

1.你在这件事上明明已经错了，还强（　　　）词夺理。

2.只要坚持体育锻炼，身体就会逐渐强（　　　）壮起来。

3.经过李老师一番耐心的开导，倔强（　　　）的明明深刻地认识到了自己的错误。

号

知识小卡片

"号"字有两种读音：[háo]和[hào]

[háo]　①拖长声音大声叫唤。如：呼号、号叫。②大声哭。如：号哭、哀号。

[hào]　①名称。如：国号、年号。②标志；信号。如：记号。③用于人数。如：昨天去了几十号人。④指等级。如：中号。⑤号令。如：发号施令。⑥军队或乐队里所用的西式喇叭。⑦用号吹出的表示一定意义的声音。如：集合号、冲锋号。

轻松剧场

爸爸：乐乐，不要再号（拖长声音大声叫唤）叫了。你这样会影响到楼上楼下的邻居的。

乐乐：对不起，爸爸，我会小点声。我只是看到电视里几十号（用于人数）人在送别逝去的亲人，听到那种哀号（大声哭），心里特别难过。

爸爸：需要我陪着你一起看吗？或者换一个频道，看看别的节目，缓解一下难过的情绪。

乐乐：好的，谢谢爸爸。

诗文天地

1. 八月秋高风怒号（háo），卷我屋上三重茅。

——[唐]杜甫《茅屋为秋风所破歌》

2. 但见悲鸟号（háo）古木，雄飞雌从绕林间。

——[唐]李白《蜀道难》

3. 先生不知何许人也，亦不详其姓字，宅边有五柳树，因以为号（hào）焉。

——[东晋]陶渊明《五柳先生传》

说文解字

"号"是会意字,从"号"从"虎"。上面是"口",下面代表声音,即号呼的意思。本义是大声叫唤。

《庄子》中"老聃死,秦失吊之,三号(háo)而出"的"号"指的是大声哭。

《韩非子》中"号(hào)之曰有巢氏"的"号"指的是给以称号、称作。

《史记》中"号(hào)为张楚"的"号"指的是名称、称号。

《史记》中"项羽兵四十万,号(hào)百万"的"号"指的是宣称、宣扬。

《岳阳楼记》中"阴风怒号(háo)"的"号"指的是(风)呼啸。

🦔 **拼音串串烧**

尽管天寒地冻,北风怒号(háo),同学们仍积极响应学校的号(hào)召,到敬老院开展送温暖活动。

🏺 **轻松一练**

1. 他认真地在试卷上把不懂的题目,详细地做了记号(   )。
2. 他被外面突然的一声号(   )叫声给吵醒了。

间

知识小卡片

"间"字有两种读音:[jiān]和[jiàn]

[jiān]　①方位词。中间。如:彼此间。②方位词。一定的空间或时间里。如:田间、人间。③一间屋子;房间。如:卫生间堆满了土和沙子。④量词,房屋的最小单位。如:一间房子。

[jiàn]　①空隙。如:乘间。②隔开;不连接。如:间隔、黑白相间。③挑拨使人不和;离间。如:反间计。④嫌隙;隔阂。如:亲密无间。⑤拔去或锄去(多余的苗)。如:间萝卜苗。

轻松剧场

老师:乐乐,你站在中间(一定的空间或时间里)。

乐乐:老师,我站在这里会挡着后面的同学。

老师:嗯……那你往旁边移动一下,注意和其他同学保持一定间(空隙)距,排练快要结束了,一定要坚持下去啊。

乐乐:好的,我会坚持下去的。

诗文天地

1. 起舞弄清影,何似在人间(jiān)。

——[宋]苏轼《水调歌头(明月几时有)》

2. 安得广厦千万间(jiān),大庇天下寒士俱欢颜,风雨不动安如山。

——[唐]杜甫《茅屋为秋风所破歌》

3. 醉翁之意不在酒,在乎山水之间(jiān)也。

——[宋]欧阳修《醉翁亭记》

说文解字

"间"是会意字，从"门"从"月"。古义指偏僻的小路(从小路走)。

《史记》中"故令人持璧归，间(jiàn)至赵矣"的"间"是小路、捷径的意思。

《史记》中"谗人间(jiàn)之"的"间"指的是挑拨使人不和、离间的意思。

《左传》中"肉食者谋之，又何间(jiàn)焉"的"间"是处于……的中间的意思。

《战国策》中"数月之后，时时而间(jiàn)进"的"间"指的是间断、间或。

《茅屋为秋风所破歌》中"安得广厦千万间(jiān)"的"间"作量词，指房屋的最小单位。

拼音串串烧

街道中间(jiān)没有放置隔栏,总有人不间(jiàn)断地在两边穿梭。

轻松一练

1. 在工作的间(　　)隙，他给父母打了个电话。

2. 顷刻间(　　)山摇地动，地震发生了。

3. 我们必须把潜伏的间(　　)谍分子消灭干净。

将

知识小卡片

"将"字有三种读音:[jiāng]、[jiàng]和[qiāng]

[jiāng] ①将要。②搀扶;领;带。如:出郭相扶将。③又;且(重复使用)。如:将信将疑。④拿。如:将功折罪。⑤用言语刺激。如:他做事很稳重,你将他没用。

[jiàng] ①将官;将领,也泛指军官。如:中将、上将、将领。②带(兵)。如:韩信将兵,多多益善。

[qiāng] 愿;请。如:将进酒。

轻松剧场

(爷爷和乐乐在别人家做客。)

爷爷:太阳将(将要)要落山了,乐乐,我们该回家了吧!

乐乐:再玩一会儿吧!就一会儿,爷爷。

爷爷:我们已经打扰别人半天了,该回家了。你要将(拿)心比心,这对你的将(将要)来说是大有裨益的。

乐乐:好吧,爷爷。不过,您要答应我,晚上念李白的《将(请)进酒》给我听?

爷爷:好。为了把你培养成一名具备将(军官)士风格的人,爷爷答应你。

诗文天地

1. 五花马、千金裘,呼儿将(jiāng)出换美酒,与尔同销万古愁。

——[唐]李白《将进酒》

2. 李白乘舟将(jiāng)欲行,忽闻岸上踏歌声。

——[唐]李白《赠汪伦》

3. 岑夫子,丹丘生,将(qiāng)进酒,杯莫停。

——[唐]李白《将进酒》

说文解字

"将"是会意兼形声字。古义指将领、带兵的人。

《诗经》中"将(qiāng)子无怒,秋以为期"的"将"指的是请求。

《孟子》中"鲁欲使慎子为将(jiāng)军"的"将"指的是带兵的人。

《孟子》中"故天将(jiāng)降大任于是人也"的"将"指的是就要、将要。

《过秦论》中"将(jiàng)数百之众"的"将"指的是率领、带领。

拼音串串烧

他的愿望是将(jiāng)来长大后,成为一名勇敢的将(jiàng)士。

轻松一练

1. 这里的条件不好,你就将( )就点儿吧!

2. 作为将( )士,他们的使命就是保家卫国。

3. 《将( )进酒》是唐代诗人李白沿用乐府古题创作的一首诗。

磨

"磨"字有两种读音：[mó]和[mò]

[mó]　①摩擦。如：脚上磨了几个水泡。②用磨料磨物体使光滑、锋利或达到其他目的。如：磨刀、磨地板、铁杵磨成针。③折磨。如：他被这场病磨得不像样子了。④没完没了地纠缠。如：这孩子可真磨人。⑤消耗时间；拖延。如：磨洋工、磨工夫。⑥消灭；磨灭。如：百事不磨。

[mò]　①把粮食弄碎的工具，通常是用两个圆石盘做成的。如：石磨、电磨、推磨。②用磨把粮食弄碎。如：磨面、磨麦子。

轻松剧场

爷爷：乐乐，现在你们的生活可比我们那个年代好太多了，想吃米吃米，想吃面吃面，以前想吃到这些可是要历经不少磨（折磨）难呢！

乐乐：爷爷以前确实是很苦，所以爸爸一直教导我要节约粮食，节约水资源。

爷爷：乐乐，你没有去过磨（把粮食弄碎的工具，通常是用两个圆石盘做成的）坊。以前我们的面粉都是在磨坊用石磨（把粮食弄碎的工具，通常是用两个圆石盘做成的）碾出来的，不像你们现在，缺了就去超市买。

乐乐：现在生活越来越好啦，感谢先辈们让我们再也不用担心吃不饱饭啦！

诗文天地

1. 千磨（mó）万击还坚劲，任尔东西南北风。

——[清]郑燮（xiè）《竹石》

2.湖光秋月两相和,潭面无风镜未磨(mó)。

——[唐]刘禹锡《望洞庭》

3.折戟沉沙铁未销,自将磨(mó)洗认前朝。

——[唐]杜牧《赤壁》

说文解字

　　"磨"是会意字,从"石",表示磨制石器;从"麻",麻有表面不平的意思,石器表面不平,所以需要磨平。本义是磨制石器。泛指研磨。

　　韩愈的《送穷文》中"人生一世,其久几何,吾立子名,百世不磨(mó)"的"磨"是磨灭、消失的意思。

　　《荀子》中"人之于文学也,犹玉之于琢磨(mó)也"的"磨"是研磨,使光滑的意思。

　　《说文通训定声》中"以磨(mò)碎物亦曰磨"的"磨"和《拟寒山拾得》中"作牛便推磨(mò)"的"磨"指的是把粮食弄碎的工具。

🔵 **拼音串串烧**

　　爷爷年轻的时候在磨(mò)坊里工作,艰苦的环境磨(mó)炼了他坚强的意志。

🟢 **轻松一练**

1.就这点儿活儿,他都磨(　　)叽好几天了还没干完。

2.走了一天的山路,爷爷的脚上磨(　　)了几个大泡。

3.外婆的音容笑貌在我的心中留下了难以磨(　　)灭的印象。

鲜

知识小卡片

"鲜"字有两种读音：[xiān]和[xiǎn]

[xiān]　①新鲜。如：鲜肉、鲜鱼。②（花朵）没有枯萎。如：鲜花。③鲜明。如：鲜红、鲜艳。④鲜美。如：味道鲜。⑤鲜美的食物。如：时鲜。⑥特指鱼虾等水产食物。如：海鲜、鱼鲜。

[xiǎn]　少。如：鲜为人知、寡廉鲜耻、鲜见。

轻松剧场

老师：在退伍军人调查之前，老英雄张富清的光辉事迹是鲜（少）为人知的。

乐乐：想不到张富清爷爷竟是如此淡泊名利，这么多的荣誉本应该让他享受更好的待遇吧？

老师：是呀，所以说这样的人才配得上鲜[（花朵）没有枯萎]花和赞美。张富清同志无愧于"人民功臣"的称号！

乐乐：是的，我要向张富清爷爷学习！

诗文天地

1. 菊之爱，陶后鲜（xiǎn）有闻。

——[宋]周敦（dūn）颐《爱莲说》

2. 李杜诗篇万口传，至今已觉不新鲜（xiān）。

——[清]赵翼《论诗五首（其二）》

3. 既无伯叔，终鲜（xiǎn）兄弟，门衰祚薄，晚有儿息。

——[西晋]李密《陈情表》

说文解字

　　"鲜"的本义是鱼名。引申为新鲜、美味等义。又有"少"义,读 xiǎn。

　　《诗经》中"靡不有初,鲜(xiǎn)克有终"的"鲜"指的是少。

　　《左传》中"惟君用鲜(xiān)"的"鲜"指的是鲜美的食物。

　　《礼记》中"冬宜鲜(xiān)、羽"的"鲜"指的是鲜鱼、活鱼。

　　《陈情表》中"既无伯叔,终鲜(xiǎn)兄弟"的"鲜"指的是缺少。

拼音串串烧

　　在那鲜(xiǎn)为人知的高山上,盛开着一大片鲜(xiān)艳的山茶花。

轻松一练

1. 多呼吸新鲜(　　　)的空气有利于身体健康。

2. 中国人民志愿军和朝鲜(　　　)人民建立了深厚的情谊。

3. 为了人民的解放,有不少鲜(　　　)为人知的先烈付出了生命。

空

知识小卡片

"空"字有两种读音：[kōng]和[kòng]

[kōng]　①不包含什么；里面没有东西或没有内容；不切实际的。如：空空如也、空话。②天空。如：高空、领空、空中楼阁。③没有结果地；白白地。如：空跑一趟、空欢喜。

[kòng]　①腾出来；使空。如：空出一间房来。②没有被利用或里面缺少东西。如：空白、空地。③尚未占用的地方或时间。如：填空、抽空。

轻松剧场

乐乐：晶晶，你看，今天的天气可真好呀！蓝蓝的天空（天空）飘着白白的云朵。

晶晶：是呀，这样的天气正适合出去玩呢！

乐乐：那你有空（尚未占用的时间）吗？我们可以一起去公园玩。

晶晶：好呀，真是一个好主意。

诗文天地

1. 人生得意须尽欢，莫使金樽空（kōng）对月。

——[唐]李白《将进酒》

2. 空（kōng）山新雨后，天气晚来秋。

——[唐]王维《山居秋暝》

3. 莫等闲，白了少年头，空（kōng）悲切。

——[宋]岳飞《满江红》

说文解字

"空"是形声字,从"穴","工"声。本义是洞穴。引申为内无所有。

《孟子》中"饿其体肤,空(kōng)乏其身"的"空"指的是空乏、困穷。

《送孟浩然之广陵》中"孤帆远影碧空(kōng)尽"的"空"指的是天空、空中。

《红楼梦》中"那里有个坐着的空(kòng)儿"的"空"表示尚未被占用的地方。

🐹 **拼音串串烧**

今天的空(kōng)气非常清新,我和小伙伴们在公园的空(kòng)地上尽情玩耍。

🏺 **轻松一练**

1.蜻蜓在低空(　　)中自由地飞舞,像一位姿态翩跹的舞者。

2.老师强调一定要将答案填在规定的空(　　)白处,不要答错地方。

3.他空(　　)有一腔凌云之志,但无真才实学。

结

知识小卡片

"结"字有两种读音：[jiē]和[jié]

[jiē]　长出（果实或种子）。如：开花结果。

[jié]　①在条状物上打疙瘩或用这种方式制成物品。如：结网、结绳、结彩。②发生某种关系；结合。如：结仇、结为夫妻。③条状物打成的疙瘩。如：蝴蝶结、中国结。④凝聚；凝结。如：结晶、结垢。⑤结束；了结。如：结账、归根结底。

轻松剧场

爸爸：乐乐，乡下的苹果园已经结[长出（果实）]出了圆润饱满的果实啦，我们一起去摘一点吧！

乐乐：好，爸爸，我最喜欢吃苹果啦！

爸爸：小时候，每当我心情烦躁，总喜欢待在苹果园里闻苹果的清香，烦躁的心也很快平静下来了。

乐乐：苹果树竟然有这么神奇的功效吗？

爸爸：那当然，还有更神奇的呢，我和你的妈妈也是在那里结（发生某种关系；结合）识的哟！

诗文天地

1. 结（jié）发为妻子，仓皇避乱兵。

——[宋]文天祥《妻第一百四十三》

2. 结（jié）庐在人境，而无车马喧。

——[东晋]陶渊明《饮酒（其五）》

3. 结（jié）实红且绿，复如花更开。

——[唐]王维《辋川集》

说文解字

　　"结"是形声字，从"纟"，"吉"声。本义是能很好地连接线、绳。

　　《史记》中"欲结（jié）于君"的"结"指的是结交。

　　《韩非子》中"心无结（jié）怨，口无烦言"的"结"指的是凝聚、凝结。

　　《淮南子》中"故君子行思乎其所结（jié）"的"结"指的是终了。

拼音串串烧

　　比赛结（jié）束了，那个看上去长得并不结（jiē）实的小伙子竟然获得了冠军。

轻松一练

1. 晶晶，你头上的蝴蝶结（　　）在哪里买的呀？真好看。

2. 我本来想去图书馆看书的，结（　　）果老师临时把我叫走了。

3. 他结（　　）巴得很厉害，半天说不出一句整话。

量

知识小卡片

"量"字有两种读音：[liáng] 和 [liàng]

[liáng] ①用尺、容器或其他作为标准的东西来确定事物的长短、大小、多少或其他性质。如：量体温、量地。②估量。如：酌量、端量、思量。

[liàng] ①估计；衡量。如：量入为出、量才录用。②古代指测量东西多少的器物。如：斗、升。③能容纳或禁受的限度。如：酒量、饭量、胆量。④数量；数目。如：饱和量、降雨量。

轻松剧场

乐乐：爸爸快来，有只大黑狗在我们家门口守着。

爸爸：别怕，乐乐，爸爸在这，我估量（揣度）着这应该是隔壁王奶奶家的狗。

乐乐：这只狗好大呀，等王奶奶有空我要给黑狗量（用尺、容器或其他作为标准的东西来确定事物的长短、大小、多少或其他性质）一下它的大小。养得这么大，狗狗的饭量（能容纳或禁受的限度）一定不小吧！

爸爸：哈哈哈，还是不要了，比较危险。不过我敢肯定这狗的饭量要比我们家狗的要大得多。

诗文天地

1. 十年生死两茫茫，不思量（liáng），自难忘。

——[宋]苏轼《江城子·乙卯正月二十日夜记梦》

2. 繁枝容易纷纷落，嫩叶商量（liáng）细细开。

——[唐]杜甫《江畔独步寻花七绝句》

3. 蚍蜉撼大树，可笑不自量（liàng）。

——［唐］韩愈《调张籍》

说文解字

"量"是形声字。本义是用量器测算轻重或长度。《礼记》中"量（liàng）入以为出"的"量"指估量、衡量。《左传》中"齐旧四量（liàng）：豆、区、釜、钟"的"量"指的是计算容积的器物。《三国志》中"度德量（liàng）力"的"量"指的是估量、衡量。

拼音串串烧

他的胆量（liàng）真大，经常去陡峭的山峰上测量（liáng）山峰的高度。

轻松一练

1. 这次火灾覆盖面积大，给经营者带来了难以估量（　　　）的损失。

2. 为了能顺利度过冬天，田鼠准备了大量（　　　）的食物作为后备资源。

3. 气象小组每天都要测量（　　　）气温、风向、风速等，并做详细记录。

假

知识小卡片

"假"字有两种读音：[jiǎ]和[jià]

[jiǎ] ①虚伪的；不真实的；伪造的；人造的（跟"真"相对）。如：假话、假发、假仁假义。②假定。如：假设、假说。③借用。如：假公济私。④假如。如：假若、假使。⑤凭借；依靠。如：不假思索。

[jià] 按照规定或经过批准暂时不工作或不学习的时间。如：假期、暑假。

轻松剧场

老　师：暑假（按照规定或经过批准暂时不工作或不学习的时间）要到了，同学们回家之后也要注意安全哟！

同学们：知道啦，老师！

老　师：最后再给同学们留下一个小任务，在假（按照规定或经过批准暂时不工作或不学习的时间）期里请同学们关注一下身边有哪些地方造假（不真实的），卖假（伪造的）货，发现后及时检举揭发，抵制假货，从我做起，做一名正义的打假（不真实的；伪造的）小卫士！

乐　乐：老师，为什么要打击假货呢？

老　师：因为假（伪造的）冒伪劣产品会假（依靠）借正品商家的影响力去售卖，这将会影响到正品商家的名誉，而且也会让消费者的利益受损，危害消费者的健康甚至生命。

诗文天地

1. 假(jiǎ)令风歇时下来，犹能簸却沧溟水。

——[唐]李白《上李邕(yōng)》

2. 当路谁相假(jiǎ)，知音世所稀。

——[唐]孟浩然《留别王侍御维》

3. 十旬休假(jià)，胜友如云；千里逢迎，高朋满座。

——[唐]王勃《滕王阁序》

说文解字

"假"是会意字，从"人"从"叚(jiǎ)"。

《荀子》中"君子生非异也，善假(jiǎ)于物也"的"假"有凭借的意思。

《送东阳马生序》中"以书假(jiǎ)余"的"假"指的是借用。

《荀子》中"假(jiǎ)之有人而欲南，无多"的"假"指的是假设、假定。

拼音串串烧

假(jiǎ)如我这次期中考试考得好，妈妈暑假(jià)就带我去旅游。

轻松一练

1. 做学问容不得半点虚假(　　　　)。

2. 开学第一天，同学们都兴奋地谈论着各自的假(　　　　)期见闻。

3. 假(　　　　)如我是一匹千里马，我愿驰骋在广阔的草原上。

更

知识小卡片

"更"字有两种读音：[gēng]和[gèng]

[gēng] ①改变；改换。如：更迭、更衣、更改。②经历。如：少不更事。③旧时一夜分为五更，每更大约两小时。如：更夫、打更。

[gèng] ①更加。如：更好地工作。②再；又。如：更上一层楼。

轻松剧场

爸爸： 有诗言：三更（旧时一夜分为五更，每更大约两小时）灯火五更（旧时一夜分为五更，每更大约两小时）鸡，正是男儿读书时。乐乐，不要偷懒，要多读书哟！

乐乐： 但是，如果三更起来读书的话，白天不是会更（更加）困吗？这样就得不偿失了呀！

爸爸： 哈哈哈，乐乐，你说得有道理，爸爸的理念确实该更（改变；改换）新了，不过这其实是在提醒我们在年轻的时候要更（更加）懂得学习的可贵。

乐乐： 哦，原来是这样啊，我知道了。

诗文天地

1. 落红不是无情物，化作春泥更（gèng）护花。

——[清]龚自珍《己亥杂诗（其五）》

2. 白头搔更（gèng）短，浑欲不胜簪。

——[唐]杜甫《春望》

3. 风一更（gēng），雪一更（gēng），聒碎乡心梦不成，故园无此声。

——[清]纳兰性德《长相思（山一程）》

说文解字

"更"是形声字,从"攴(pū)","丙"声。本义是改变。

《庄子》中"良庖岁更(gēng)刀,割也;族庖月更(gēng)刀,折也"的"更"是更换、代替的意思。

《旧唐书》中"既云常赦,不免皆赦除之,此非直赦其有罪,亦是与天下断当,许其更(gēng)新"的"更"指改正。

《玉台新咏》中"仰头相向鸣,夜夜达五更(gēng)"的"更"作量词,古代夜间的计时单位。

《宣州谢朓楼饯别校书叔云》中"抽刀断水水更(gèng)流,举杯消愁愁更(gèng)愁"的"更"指的是更加、愈发。

《登鹳雀楼》中"欲穷千里目,更(gèng)上一层楼"的"更"是再、又的意思。

拼音串串烧

三更(gēng)过后,雨下得更(gèng)大了。

轻松一练

1. 大雨过后,小河两岸一片新绿。树木更（　　）加苍翠挺拔,花草更（　　）加鲜艳娇嫩了。

2. 随着时代的变迁,我们的观念要不断更（　　）新。

3. 只要人人都献出一点爱,我们的世界会变得更（　　）美好。

泊

知识小卡片

"泊"字有两种读音:[bó]和[pō]

[bó] ①船靠岸;停船。如:泊船、泊舟、停泊。②停留。如:漂泊。③恬静。如:淡泊。④停放(车辆)。如:泊车。

[pō] 湖(多用于湖名)。如:湖泊、梁山泊。

轻松剧场

爸爸:乐乐,我们所看到的是古代曾号称八百里洞庭的洞庭湖,同时也是中国第二大淡水湖泊(湖)哟!

乐乐:是的,爸爸。洞庭湖我知道,我曾经在课本里看到过,今天终于看到实景了。它果真名不虚传!

爸爸:在古代,众多文人泊(船靠岸;停船)船洞庭湖,只希望不错过洞庭湖任何时刻的美景。著名诗人杜甫也为它写下"吴楚东南坼,乾坤日夜浮"的千古名句。

乐乐:啊,由此看来,洞庭湖的景色是真的美呀!

诗文天地

1. 烟笼寒水月笼沙,夜泊(bó)秦淮近酒家。

——[唐]杜牧《泊秦淮》

2. 移舟泊(bó)烟渚,日暮客愁新。

——[唐]孟浩然《宿建德江》

说文解字

"泊"是形声字,从"水","白"声。本义是停船的意思。

《过小孤山大孤山》中"晚泊(bó)沙夹,距小孤一里"的"泊"指停船靠岸。

《诫子书》中"非淡泊(bó)无以明志,非宁静无以致远"的"泊"指的是淡泊、恬静。

拼音串串烧

湖泊(pō)中央停泊(bó)着一只小船。

轻松一练

1. 为了养活一家人,爸爸四处漂泊(　　),赚钱养家。

2. 华丽的花园式庭院和宽敞的泊(　　)车位,成了这家餐厅的招牌。

3. 这片土地上有着最美的风景,湖泊(　　)星罗棋布,植物生机勃勃,动物欢快奔跑。

哄

知识小卡片

"哄"字有三种读音：[hōng]、[hǒng]和[hòng]

[hōng]　①表示许多人同时发出声音。如：哄传。②形容许多人大笑声或喧哗声。

[hǒng]　①哄骗。如：你别想哄我，我不信。②哄逗，特指看(kān)小孩儿或带小孩儿。如：哄小孩开心、哄孩子吃药。

[hòng]　吵闹；开玩笑。如：一哄而散、起哄。

轻松剧场

爸爸：孩子，你要记住，任何时刻都要热爱自己的祖国。

乐乐：怎么了爸爸，发生什么事了？

爸爸：爸爸看到那些不爱国的事件就来气，这群被反动势力所哄(欺骗)骗的乌合之众，傻傻地被当了枪使。

乐乐：我们的祖国如今发展得如此昌盛，怎么还会有人有这种想法呢？

爸爸：是啊，面对反动势力的阴谋，这群人就一哄(吵闹)而上，真的是让人哀其不幸，怒其不争啊！

诗文天地

待得清宵，彩衣花绶，哄(hōng)堂一笑。

——[宋]吴泳《水龙吟·寿李长孺》

说文解字

"哄"是会意字,从"口"从"共"。本义指许多人共同发出声音。

《说文解字》中"哄(hòng),斗也"的"哄"指的是吵闹、喧嚣。

《孟子》中"邹与鲁哄(hòng)"的"哄"指的是争斗。

《醒世恒言》中"怎与他一般见识,且哄(hǒng)了去再处"的"哄"指的是欺骗。

拼音串串烧

　　小明哄(hǒng)骗大家说老师来了,原本正在哄(hōng)闹嬉戏的同学们立刻一哄(hòng)而散。

轻松一练

1. 台下立刻开始起哄(　　　)了,那群看热闹的人正在拍手叫好。
2. 路边有些不良小贩常耍花招哄(　　　)骗孩子买东西。
3. 喜剧演员的精彩表演,逗得我们哄(　　　)堂大笑。

撒

知识小卡片

"撒"字有两种读音：[sā]和[sǎ]

[sā]　①放开；张开。如：撒手、撒网。②放出或漏出；排出。如：车胎的气都快撒光了。③尽量使出来或施展出来（多含贬义）。如：撒野、撒泼。

[sǎ]　①把颗粒状的东西分散着扔出去；散布（东西）。如：撒种。②散落；洒。如：碗里的汤撒了。

轻松剧场

乐乐：爸爸，奶奶常说你小时候可淘气了，每次干了坏事都向奶奶撒（说谎）谎，是个不老实的孩子哟！

爸爸：怎么会呢？我小时候还主动帮你奶奶播撒[把颗粒状的东西分散着扔出去；散布（东西）]种子，干农活儿了！

乐乐：奶奶还说，爸爸朝着邻居家的鱼塘撒（放开；张开）网，把人家的小鱼都捞了出来，最后被人家抓了个正着，怕奶奶发现还撒[尽量使出来或施展出来（多含贬义）]泼打滚，不肯回家。

爸爸：你奶奶怎么什么都乱说呀？我这就找她去！

乐乐：哈哈哈，爸爸，你别脸红呀！

诗文天地

1. 兄子胡儿曰："撒（sǎ）盐空中差可拟。"

——[南北朝]刘义庆《世说新语》

2. 一编香丝云撒（sǎ）地，玉钗落处无声腻。

——[唐]李贺《美人梳头歌》

3.此言还信,倜傥男儿,休更撒(sā)手空回。

——[元]姬翼《春从天上来(枯木寒灰)》

说文解字

"撒"是会意字,从"手"从"散"。本义是散布。

《月蚀诗效玉川子作》中"星如撒(sǎ)沙出"的"撒"指的是散布。

《红楼梦》中"众小厮见他撒(sā)野不堪了,只得上来几个揪翻捆倒"的"撒"指的是故意施展出来(含贬义)。

《水浒传》中"只在佛殿后撒(sā)尿撒(sā)屎"的"撒"指放、排泄;"梁园虽好,不是久恋之家,俺二人只好撒(sā)开"的"撒"指的是离开。

拼音串串烧

邻居家的小猪又跑到爷爷家刚撒(sǎ)种的菜园里撒(sā)野来了。

轻松一练

1.他到底是什么人,怎么敢跑来这里撒(　　)野?

2.播撒(　　)得越多,得到的就越多;保留再多也是缺少,还不如大方地给予。

3.经过这次教训,弟弟发誓再也不撒(　　)谎了。

扁

知识小卡片

"扁"字有两种读音：[biǎn]和[piān]

[biǎn] ①图形或字体上下的距离比左右的距离小；物体的厚度比长度、宽度小。如：扁圆、扁盒子。②打；揍。如：揍扁。

[piān] 扁舟，小船。如：扁舟。

轻松剧场

爸爸：驾一叶扁（扁舟，小船）舟，泡一壶清茶，陶醉于人生的明月清泉当中，功成名就之后远离世俗争斗，能做到这样的人，该是有多洒脱呀！

乐乐：爸爸，为什么突然发出这样的感慨呀？

爸爸：我最近深入了解了中国古代政治家范蠡（lǐ），为他那种淡泊名利的精神所折服。不过也要对自己充满信心，可不能被别人看扁（图形或字体上下的距离比左右的距离小；物体的厚度比长度、宽度小）了呀！

乐乐：您说得很对！

诗文天地

1. 人生在世不称意，明朝散发弄扁（piān）舟。

——[唐]李白《宣州谢朓楼饯别校书叔云》

2. 驾一叶之扁（piān）舟，举匏（páo）樽以相属。

——[宋]苏轼《赤壁赋》

3. 扁（Biǎn）鹊出，桓侯又不悦。

——《韩非子》

"扁"是会意字,从"户"从"册"。本义是在门户上题字。

《说文解字》中"扁(biǎn),署也"的"扁"作动词,指在门户上题字。

《宋史》中"梦至一亭,扁(biǎn)曰侍康"的"扁"指匾额,题字用的长方形牌子。

《迷神引》中"一叶扁(piān)舟轻帆卷"的"扁"作形容词,形容船只很小。

《后汉书》中"儿生,欲令其头扁(biǎn),皆押之以石"的"扁"作形容词,表示物体的厚度比长度、宽度小。

拼音串串烧

河边的一叶扁(piān)舟里放着一根扁(biǎn)担。

轻松一练

1. 仙人掌刚买来时是扁(　　)平的,由两片厚厚的绿叶掌连接而成,每个掌片都是中间大、两头小。

2. 不要因为和他人比较而看扁(　　)自己,每个人都是独一无二的。

3. 地球在群星灿烂的宇宙中,就像一叶扁(　　)舟。

屏

知识小卡片

"屏"字有三种读音:[bīng]、[bǐng]和[píng]

[bīng]　屏营,惶恐的样子(多用于奏章、书札)。如:不胜屏营待命之至。

[bǐng]　①除去;排除。如:屏除、屏弃。②抑止(呼吸)。如:屏气、屏声。

[píng]　①屏风。如:画屏。②形状像屏风的东西。如:屏幕、孔雀开屏。③屏条。如:四扇屏。④遮挡。如:屏蔽。

轻松剧场

爸爸:令人惊叹的皮影戏表演是由技艺高超的皮影戏艺人在**屏**(屏风)风后面使出浑身解数展示的。

乐乐:皮影戏艺人应该被人尊敬,他们太了不起了!

爸爸:刚刚看到最精彩的地方,我感觉全场人都**屏**[抑止(呼吸)]住呼吸,生怕自己影响到艺人的发挥。

乐乐:哈哈哈,这说明观众们看皮影戏时特别专注。

诗文天地

1. 云母**屏**(píng)风烛影深,长河渐落晓星沉。

——[唐]李商隐《嫦娥》

2. 银烛秋光冷画**屏**(píng),轻罗小扇扑流萤。

——[唐]杜牧《秋夕》

说文解字

"屏"是形声字,从"尸","并"声。本义是宫殿当门的小墙,又称"照壁"。

《书》中"尔不许我,我乃屏(bǐng)璧与珪"的"屏"作动词,隐藏的意思。

《口技》中"撤屏(píng)视之,一人、一桌、一椅、一扇、一抚尺而已"的"屏"指的是屏风。

《大铁椎传》中"宋将军屏(bǐng)息观之"的"屏"作动词,表示抑止(呼吸)。

《三国演义》中"又无门关闭,四边插荆棘以为屏(píng)蔽"的"屏"指屏障、遮蔽。

拼音串串烧

小明悄悄地藏在屏(píng)风后面,屏(bǐng)息凝视着小花猫捉老鼠。

轻松一练

1. 他们用屏(　　　)风把房间的一个角落隔开,给王明做办公室。

2. 看到精彩处大家都屏(　　　)气凝神,目不转睛。

3. 经过我的软磨硬泡,妈妈终于买了那台大屏(　　　)幕的电视。

燕

知识小卡片

"燕"字有两种读音：[Yān]和[yàn]

[Yān] ①周朝国名，在今河北北部和辽宁西部。②指河北北部。③指山名。如：燕山。

[yàn] ①鸟，嘴短而扁，翅膀尖而长，尾巴分开像剪刀。如：家燕。②通假字，同"宴"，宴请。如：燕客。

轻松剧场

爸爸：燕山(山名)是中国北部著名的山脉之一，位置大概在中国河北平原北侧，也是古代燕(国名)国所在之地哟！

乐乐：爸爸，燕山是燕子(鸟)的山吗？

爸爸：当然不是，这两者只是都有一个"燕"字，但是"燕"的读音可不同哟！乐乐要好好辨识一下。

乐乐：原来没关系呀！我还以为两者有什么关系呢。那这么说燕(同"宴"，宴请)客也不是燕子的客人喽？

爸爸：哈哈哈，当然不是的，燕客指的是宴请宾客。

诗文天地

1. 几处早莺争暖树，谁家新燕(yàn)啄春泥。

——[唐]白居易《钱塘湖春行》

2. 无可奈何花落去，似曾相识燕(yàn)归来。

——[宋]晏殊《浣溪沙(一曲新词酒一杯)》

3. 萧关逢候骑，都护在燕(Yān)然。

——[唐]王维《使至塞上》

说文解字

"燕"是象形字。甲骨文的字形像一只飞行的燕子。本义是指燕子。

《诗经》中"燕(yàn)笑语兮"的"燕"假借为"安",形容安乐、安逸。

《双燕》中"旅食惊双燕(yàn),衔泥入此堂"的"燕"指的是燕子。

《满井游记》中"燕(Yān)地寒,花朝节后,余寒犹厉"的"燕"和《史记》中"欲亡赵走燕(Yān)"的"燕"是指古代燕国。

拼音串串烧

春天刚到,燕(Yān)山脚下的树林里就立马迎来了一群可爱的小燕(yàn)子。

轻松一练

1. 春天到了,一只只活泼可爱的小燕(   )子从南方飞回来了。

2. 燕(   )山是中国北部著名山脉之一,在古代战争中,常常是兵家必争之地。

降

知识小卡片

"降"字有两种读音：[jiàng]和[xiáng]

[jiàng] ①使落下；降低。如：降价、降级。 ②落下（跟"升"相对）。如：降雨、降落。

[xiáng] ①投降。如：降顺、诱降。②降伏；使驯服。如：降龙伏虎、一物降一物。

轻松剧场

爸爸：乐乐，我给你讲个关于一个大圣人的故事。

乐乐：爸爸，这个大圣人是谁呀？

爸爸：这个大圣人叫王阳明，他早年官途不顺，甚至被**降**（使落下；降低）职成一个小官，但是他并不因此而陷入绝望，而是乐观对待现实，带领官兵四处剿匪，**降服**（降伏；使驯服）强盗，用自己高超的指挥能力迫使周围的匪徒投**降**（投降），最后他还钻研出了一门新学问，被后人尊为"圣人"。

乐乐：王阳明先生这么厉害呀，明天我要好好查资料去了解他。

诗文天地

1. 我劝天公重抖擞，不拘一格降（jiàng）人才。

——[清]龚自珍《己亥杂诗（其一百二十五）》

2. 故天将降（jiàng）大任于是人也，必先苦其心志，劳其筋骨，饿其体肤。

——《孟子》

说文解字

"降"是会意兼形声字。本义是从高处落下来。

《孟子》中"故天将降（jiàng）大任于是人也，必先苦其心志，劳其筋骨，饿其体肤，空乏其身，行拂乱其所为，所以动心忍性，曾益其所不能。"

《汉书》中"夏五月，羌虏降（xiáng）服"的"降"指的是降伏。

《诗经》中"既见君子，我心则降（xiáng）"的"降"指悦服、平静。

拼音串串烧

这场战斗持续到夜幕降（jiàng）临之时，才让敌人纷纷投降（xiáng）。

轻松一练

1. 敌人威胁利诱，也无法使革命者投降（   ）。

2. 唐僧能够降（   ）伏孙悟空，靠的就是观音菩萨教给他的紧箍咒语。

3. 他学习成绩下降（   ），是因为自己不刻苦。他不应该抱怨老师。

塞

知识小卡片

"塞"字有三种读音：[sāi]、[sài] 和 [sè]

[sāi] ①把东西放进有空隙的地方；填入。如：塞耳。②塞子。如：活塞、瓶塞。

[sài] 可做屏障的险要地方。如：要塞、塞外。

[sè] 义同"塞"(sāi)，用于某些合成词中。如：阻塞、茅塞顿开。

轻松剧场

爸爸：在古代的边塞(可做屏障的险要地方)地区，中外经济文化交流格外频繁。往来的拉货的马匹常常堵塞(阻塞)交通，足以证明那里的热闹。

乐乐：可是边塞地区不是经常发生战事吗？

爸爸：是呀，边塞地区也是最容易发生摩擦的地方，所以说，和平是多么可贵呀！

乐乐：话说回来，爸爸，有人往我们的信箱里塞(把东西放进有空隙的地方)了一封信，快来看看呀。

诗文天地

1. 欲渡黄河冰塞(sè)川，将登太行雪满山。

——[唐]李白《行路难(其一)》

2. 塞(sài)上秋来风景异，衡阳雁去无留意，四面边声连角起。

——[宋]范仲淹《渔家傲·秋思》

3. 征蓬出汉塞(sài)，归雁入胡天。

——[唐]王维《使至塞上》

说文解字

"塞"是会意字。本义是阻隔、堵住。

《礼记》中"志气塞(sāi)乎天地"的"塞"是填塞、充满的意思。

《出师表》中"不宜妄自菲薄，引喻失义，以塞(sāi)忠谏之路也"的"塞"是阻隔、堵住的意思。

《富郑公神道碑》中"南朝违约塞雁门，增塘水，治城隍，籍民兵，此何意也"的"塞"作动词，构筑要塞。

拼音串串烧

一辆大卡车阻塞(sè)了交通要塞(sài)，致使其附近路段出现了严重的塞(sāi)车现象。

轻松一练

1.战争过后，边塞(　　)又恢复了往日的宁静。

2.我家的下水道堵塞(　　)了，爸爸花了半个小时才修好。

3.下课了，他匆忙把书塞(　　)进了书包，冲出了教室。

观

知识小卡片

"观"字有两种读音：[guān] 和 [guàn]

[guān] ①看。如：观看、走马观花。②景象或样子。如：奇观、改观。③对事物的认识或看法。如：观点、乐观、世界观。

[guàn] 道教的庙宇。如：白云观、道观。

轻松剧场

爸爸：乐乐，经过我的观（看）察，你这段时间一直表现得很好，所以我决定带你出去旅游！

乐乐：好耶！爸爸，我们去哪里呢？

爸爸：我们去参观白云观（道教的庙宇）。白云观的前身是唐代的天长观（道教的庙宇）。

乐乐：太棒了！我们赶紧出发吧！

诗文天地

1. 东临碣石，以观（guān）沧海。

——[东汉]曹操《观沧海》

2. 坐观（guān）垂钓者，徒有羡鱼情。

——[唐]孟浩然《望洞庭湖赠张丞相》

3. 玄都观（guàn）里桃千树，尽是刘郎去后栽。

——[唐]刘禹锡《玄都观桃花》

说文解字

"观"是形声字,从"见","雚(guàn)"声。本义是仔细看。

《岳阳楼记》中"此则岳阳楼之大观(guān)也"的"观"表示景象或样子。

《战国策》中"由此观(guān)之,王之蔽甚矣"的"观"是观察、审察的意思。

《核舟记》中"启窗而观(guān),雕栏相望焉"的"观"是仔细看的意思。

《玄都观桃花》中"玄都观(guàn)里桃千树,尽是刘郎去后栽"的"观"指道教的庙宇。

🐻 **拼音串串烧**

每逢节假日前后,远郊山顶上的白云观(guàn)就会迎来许多参观(guān)者。

🏆 **轻松一练**

1.平时留心观( )察各种事物,写作文时就不会没有内容可写。

2.庐山香炉峰半山腰处的紫云观( )已经有百年之久。

3.金黄色的桂花挂满了枝头,在远处就能闻到沁人心脾的花香,满山的桂花树静静地等着游客们去参观( )。

劲

知识小卡片

"劲"字有两种读音：[jìn]和[jìng]

[jìn] ①力气。如：手劲、用劲。②精神；情绪。如：他做起事来干劲十足。③作用；效力。如：药劲。④神情；态度。如：瞧他那股骄傲劲儿。⑤趣味。如：没劲。

[jìng] 坚强有力；力量大。如：劲敌、强劲。

轻松剧场

乐乐：爸爸快看妈妈新买的风扇，风力强**劲**（坚强有力；力量大），好凉快呀！

爸爸：感受到了，这么热的天，热得我浑身没**劲**（力气），只想在阴凉处纳凉。

乐乐：是呀，秋天赶紧来吧！

爸爸：确实，我也期盼着秋天的到来，毕竟秋高气爽，没有那么闷热。

诗文天地

1. 疾风知劲（jìng）草，板荡识诚臣。

——[唐]李世民《赐萧瑀》

2. 风劲（jìng）角弓鸣，将军猎渭城。

——[唐]王维《观猎》

3. 千磨万击还坚劲（jìng），任尔东西南北风。

——[清]郑燮（xiè）《竹石》

说文解字

"劲"是形声字，从"力"，"巠"声。本义是指强劲有力。

《过秦论》中"良将劲（jìng）弩守要害之处，信臣精卒陈利兵而谁何"的"劲"是坚强有力的意思。

《荀子》中"筋力越劲（jìng）"的"劲"形容猛烈。

《素问》中"其气急疾坚劲（jìng）"的"劲"表示对疾病有抵抗力。

《史记》中"得其众不足以劲（jìng）兵"的"劲"是加强的意思。

拼音串串烧

他趁着酒劲（jìn）儿，在众目睽睽之下，唱了一首劲（jìng）歌。

轻松一练

1. 今年冬天的余威，似乎特别强劲（　　），至今尚不想褪尽那股让人生厌的寒意。

2. 面对劲（　　）敌，他依然从容不迫。

3. 不怕有劲（　　）没处使，就怕没劲（　　）让你使。

兴

知识小卡片

"兴"字有两种读音:[xīng]和[xìng]

[xīng] ①兴盛;流行。如:复兴、新兴。②开始;发动;创立。如:兴办、百废俱兴。③使盛行。④起;起来。如:兴起、夙兴夜寐。

[xìng] 兴致;兴趣。如:兴致、雅兴、助兴。

轻松剧场

爸爸:[兴(兴致;兴趣)高采烈地说]随着关于保护文物的电视节目的推出,社会上兴(兴盛;流行)起了一股保护文物的潮流,社会对文物保护的重视力度大大增强。看到这样的场景,我真的很高兴。

乐乐:是呀,文物是我们中华民族的文化瑰宝,我们都要重视文物的保护。

爸爸:如今我们的文物保护意识逐渐增强,希望文物保护事业能一直兴(流行)盛下去!

诗文天地

1. 关东有义士,兴(xīng)兵讨群凶。

——[东汉]曹操《蒿里行》

2. 无因见安道,兴(xìng)尽愁人心。

——[唐]李白《望月有怀》

3. 晨兴(xīng)理荒秽,带月荷锄归。

——[东晋]陶渊明《归园田居(其三)》

说文解字

"兴"是会意字,从"舁"从"同"。舁(yú),共举;同,同力。本义是兴起、起来。

《资治通鉴》中"但国家兴(xīng)自朔土,徙居平城"的"兴"是兴起、起来的意思。

《报任安书》中"稽其成败兴(xīng)坏之纪"的"兴"是兴旺、兴盛的意思。

《新书》中"国以民为兴(xīng)坏"的"兴"是兴旺、蓬勃发展的意思。

《如梦令》中"兴(xìng)尽晚回舟"的"兴"指的是兴致、情趣。

🐭 **拼音串串烧**

看他那高兴(xìng)劲儿,兴(xīng)许是这次考试取得了不错的成绩。

🎩 **轻松一练**

1. 听说明天去郊外春游,同学们高兴(　　)得手舞足蹈。

2. 学校周围的文具店生意很兴(　　)旺。

3. 祝你事事顺心,愿你生意兴(　　)隆。

处

知识小卡片

"处"字有两种读音:[chǔ]和[chù]

[chǔ] ①居住。如:穴居野处。②置身在(某地、某种情况等)。如:设身处地。③跟别人一起生活;交往。如:融洽相处、处得来。④处置;办理。如:处理、处事。⑤处罚。如:处治、处决。

[chù] ①地方。如:住处、处所。②机关组织系统中按业务职能划分的单位(级别一般比局低,比科高),也指某些机关。如:办事处、筹备处、科研处。

轻松剧场

乐乐:爸爸,我通过了学生会秘书**处**[机关组织系统中按业务职能划分的单位(级别一般比局低,比科高),也指某些机关]的面试,现在是一名学生会干事啦!

爸爸:不错,爸爸给你个建议:在部门中任职一定要学会与人和谐相**处**(跟别人一起生活;交往),这样做事才能事半功倍。

乐乐:嗯嗯,现在到了新的学校,**处**[置身在(某地、某种情况等)]于一个新的环境,我要好好把握这次机会,提高自己的交际能力。

爸爸:说得对,乐乐,就该这么做!

诗文天地

1.花自飘零水自流。一种相思,两**处**(chù)闲愁。

——[宋]李清照《一剪梅(红藕香残玉簟秋)》

2.晓看红湿**处**(chù),花重锦官城。

——[唐]杜甫《春夜喜雨》

说文解字

"处"的本义是中止、停止。

《岳阳楼记》中"处(chǔ)江湖之远则忧其君"的"处"作动词,是居住的意思。

《汉书》中"臣愚不能处(chǔ)也"的"处"是决断、定夺的意思;"议罪处(chǔ)罚"的"处"是对犯错误或有罪的人给予惩戒。

《回乡偶书》中"儿童相见不相识,笑问客从何处(chù)来"的"处"指地方。

《桃花源记》中"得其船,便扶向路,处处志之"的"处处"指各个地方。

拼音串串烧

在和朋友们相处(chǔ)的过程中,我们要多学习他们身上的长处(chù)。

轻松一练

1. 这些变更的规定在公布后应立即通知秘书处(　　　)。
2. 同学之间要和谐相处(　　　)!
3. 如果你犯规,可能会受到处(　　　)罚。

载

知识小卡片

"载"有两种读音：[zǎi]和[zài]

[zǎi] ①记载；刊登。如：转载、记载、载入史册。②年。如：一年半载、千载难逢。

[zài] ①装载。如：载客、载货。②运输工具所装的东西。如：卸载、过载。③充满（道路）。如：怨声载道。④又；且。如：载歌载舞。

轻松剧场

爸爸：神舟五号载（装载）人飞船进入太空，一时间各大报纸纷纷登载（记载；刊登）这一特大新闻，令国人载（又；且）欢载笑。中国在载人航天事业中取得了重大突破！

乐乐：太令人兴奋与激动了。

爸爸：可不是！现在国家经济稳定，人民幸福安康，我国的航天事业抓住这个千载（年）难逢的机会，取得了更有突破性的成就！

乐乐：是什么成就呀，爸爸？

爸爸：嫦娥五号成功采集了月球土壤并顺利带回了地球，这是中国首次取得月球土壤！

诗文天地

1. 出师一表真名世，千载（zǎi）谁堪伯仲间！

——[宋]陆游《书愤》

2. 焉知二十载（zǎi），重上君子堂。

——[唐]杜甫《赠卫八处士》

3. 只恐双溪舴艋舟, 载(zài)不动许多愁。

——[宋]李清照《武陵春·春晚》

说文解字

"载"是形声字。本义是乘坐。

《黔之驴》中"黔无驴, 有好事者船载(zài)以入"的"载"是搭载的意思。

《荀子》中"水则载(zài)舟, 水则覆舟"的"载"是承载、负担的意思。

《史记》中"汉兴, 至孝文四十有余载(zǎi)"的"载"表示年。

《左传》中"夫有勋而不废, 有绩而载(zǎi)"的"载"指记载(写在一定的册页里)。

🔵 拼音串串烧

这部书记载(zǎi)了我国对载(zài)人航天技术的探索过程, 展示了我国航天事业取得的辉煌成就。

🔵 轻松一练

1.在晚会上, 人们载(　　)歌载(　　)舞, 气氛非常热闹。

2.我的日记记载(　　)了生活中每一件值得纪念的事。

3.新的交通安全法对汽车载(　　)重有了明确的限制。

冠

知识小卡片

"冠"有两种读音:[guān]和[guàn]

[guān] ①帽子,古代指礼帽或较庄重场合戴的帽子。如:衣冠、皇冠。②形状像帽子或在顶上的东西。如:鸡冠、树冠。

[guàn] ①把帽子戴在头上(古代男子二十岁举行冠礼,表示已成年)。如:未冠、及冠。②在前面加上某种名号或文字。如:冠名。③居第一位。如:冠军、名冠全球。④指冠军。如:夺冠。

轻松剧场

老师: 下面我来宣布本次班级服装表演秀中表现最突出的同学! 本次表现最突出的是乐乐,乐乐衣冠(帽子)整齐,一袭白衣古装超凡脱俗,在决赛中荣膺桂冠(帽子;也指冠军),为我们班级争得了荣誉!

乐乐: 我很高兴能得到这份荣誉,可以为班级争光,另外,我取得这份成绩也离不开大家热情的帮助,大家也辛苦啦!

老师: 乐乐刚到加冠(表示已成年)之年,身上所带有的翩翩君子的气质更是令人眼前一亮。让我们祝贺乐乐!

诗文天地

1. 高余冠(guān)之岌岌兮,长余佩之陆离。

——[战国]屈原《离骚》

2. 怒发冲冠(guān),凭栏处、潇潇雨歇。

——[宋]岳飞《满江红(怒发冲冠)》

3. 无路请缨,等终军之弱冠(guàn);有怀投笔,慕宗悫之长风。

——[唐]王勃《滕王阁序》

说文解字

"冠"是会意字。字由三部分构成:"冖"是帽子;"元"是人的头部;"寸"同"又",就是手。合起来就是用手给人的头戴帽子。

《楚辞》中"新沐者必弹冠(guān)"的"冠"指帽子。

《战国策》中"孟尝君怪其疾也,衣冠(guàn)而见之"的"冠"作动词,指戴帽子。

《史记》中"位冠(guàn)群臣,声施后世"的"冠"表示超出众人、超过或位居第一的意思。

《礼记》中"男子二十冠(guàn)而字"的"冠"的意思是古代男子二十岁时行加冠礼,表示成人。

拼音串串烧

今年的全市小学生演讲比赛上,小明又一次摘得桂冠(guān),顺利实现了三连冠(guàn)的梦想。

轻松一练

1. 小林真厉害,获得跳高、跳远两项冠(   )军。

2. 妈妈常把影视歌星的名字张冠(   )李戴,弄得我们啼笑皆非。

3. 他一个人在家里待了五天,弄得衣冠(   )不整,精神疲惫。

奔

知识小卡片

"奔"字有两种读音：[bēn]和[bèn]

[bēn]　①奔走；急跑。如：狂奔、奔驰、奔逃。②紧赶；赶忙或赶急事。如：奔丧、奔赴。③逃跑。如：奔逃、东奔西窜。

[bèn]　①直向目的地走去。如：投奔、奔小康。②年纪接近（四十岁、五十岁等）。如：他是奔六十的人了。③朝；向。如：小船奔小岛而去。④为某事奔走。

轻松剧场

爸爸：马儿们自由自在地在大草原上奔（奔走；急跑）跑，看起来格外快乐。

乐乐：是呀，马儿好自由呀！爸爸，那里还有一条河，浩浩荡荡直奔（朝；向）东去！

爸爸：嗯，看到了，河边还有一大群羊，远看好像天上的白云一样！

乐乐：这次大草原之旅让我开阔了自己的眼界，真是不虚此行呀！

诗文天地

1. 奔（bēn）走半生头欲白，今年始得校书郎。

——［宋］苏辙《初闻得校书郎示同官三绝（其一）》

2. 君不见，黄河之水天上来，奔（bēn）流到海不复回。

——［唐］李白《将进酒》

"奔"是会意字。本义是快跑。

《聊斋志异》中"屠乃奔(bēn)倚其下"的"奔"是快跑的意思。

《红楼梦》中"只见那边两骑马直奔(bèn)凤姐车来"的"奔"表示直往、趋向的意思。

《捕蛇者说》中"永之人争奔(bēn)走焉"的"奔"指为某种目的而奔波忙碌。

🏆 拼音串串烧

他离开家乡奔(bēn)波数日,最终投奔(bèn)了远在上海的舅舅。

🏆 轻松一练

1. 汽车在望不到边际的平原上奔(　　)驰。

2. 哥哥毕业后要找工作,爸爸要他去投奔(　　)在北京工作的叔叔。

3. 由于工作的原因,爸爸长年累月在外奔(　　)波,和我们总是聚少离多。

逮

知识小卡片

"逮"字有两种读音：[dǎi]和[dài]

[dǎi]　捉。如：逮蚊子、逮特务、狗逮老鼠。

[dài]　①到；及。如：力有未逮。②义同"逮"(dǎi)，只用于"逮捕"。

轻松剧场

爸爸：今天有位勇敢的叔叔在公共汽车上逮（捉）到了一个正在偷窃的小偷！

乐乐：那个叔叔真厉害，我要向他学习！

爸爸：说得好，最后那个在公共汽车上偷别人钱包的小偷很快就被逮（捉拿）捕归案了，真是大快人心呀！

说文解字

"逮"是形声字，从"辵(chuò)"，"隶(dài)"声。本义指的是赶上、及、到。

《论语》中"政逮(dài)于大夫四世矣"的"逮"指的是赶上。

《史记》中"以罪过连逮(dǎi)"的"逮"是捉拿的意思。

此外，"逮"有特指经过追赶试图抓住的意思。

拼音串串烧

警察在逮(dài)捕坏人的途中遇到了一个正在逮(dǎi)老鼠的人。

轻松一练

1. 小猫逮（　　　）住老鼠，得意地说："看你往哪儿跑？"

2. 当被公安人员逮（　　　）捕的时候，他才追悔莫及。

3. 小男孩把杯子倒过来就逮（　　　）住了那只昆虫。

多音字形近字

辨析有窍门

YUWEN QISHI BINGBUNAN

半：伴、拌、绊、胖

我是汉字半。
我来介绍四兄弟：伴、拌、绊、胖。

巧辨析

伴、拌、绊、胖都是左形右声的形声字，它们字形相近。"半"是它们的声旁。

伴 的形旁是单人旁

伴指同伴。如：结伴同行
伴指陪伴、陪同。如：伴唱、伴送。
伴奏，指歌唱、跳舞或独奏时用器乐配合。

拌 的形旁是提手旁

拌指搅拌、搅和。如：拌面、拌菜。
拌嘴，指吵嘴。

绊 的形旁是绞丝旁

绊是挡住或缠住，使跌倒或使行走不方便。
绊脚石，比喻阻碍前进的人或事物。如：骄傲是进步的绊脚石。

胖 的形旁是月字旁

胖是多音字。
胖读"pàng"时，指（人体）脂肪多，肉多（跟"瘦"相对）。
胖嘟嘟、胖乎乎都形容人肥胖。
胖读"pán"时，指安泰舒适。如：心宽体胖。

巧记口诀

"伴"字"多人成伙伴"
"拌"字"用手来搅拌"
"绊"字"因绳而跌倒"
"胖"字"多肉就显胖"

我来组词

伴——伙伴
拌——拌嘴
绊——羁绊
胖——肥胖

包：泡、抱、饱、跑

我是汉字包。

我来介绍四兄弟：泡、抱、饱、跑。

巧辨析

泡、抱、饱、跑都是左形右声的形声字，它们字形相近。"包"是它们的声旁。

🔵**泡**的形旁是三点水

泡是多音字。

泡读"pāo"时，指鼓起而松软的东西。如：豆泡儿。泡指小湖（多用于地名）。如：莲花泡（在黑龙江）。

泡读"pào"时，指气体在液体内使液体鼓起来形成球状或半球状体。如：水泡。

泡沫，指聚在一起的许多小泡，也比喻某一事物所存在的表面上繁荣、兴旺而实际上虚浮不实的成分或现象。

巧记口诀

"泡"字"有水把茶泡"
"抱"字"有手去拥抱"
"饱"字"有饭才吃饱"
"跑"字"有脚就能跑"

🟢**抱**的形旁是提手旁

抱是用手臂围住的意思。

抱负，指远大的志向。

抱怨，表示心中不满，数说别人不对；埋怨。

🟢**饱**的形旁是食字旁

饱形容满足了食量（跟"饿"相对）。如：酒足饭饱。饱也有饱满、充足和满足的意思。如：颗粒饱满、精神饱满。

我来组词

泡——泡澡
抱——抱负
饱——温饱
跑——赛跑

🔴**跑**的形旁是足字旁

跑形容两只脚或四条腿迅速前进（脚可以同时腾空）。如：赛跑、跑步。跑也有逃走和为某种事务而奔走的意思。如：逃跑、跑买卖。

暴：曝、瀑、爆

我是汉字暴。

我来介绍三兄弟：曝、瀑、爆。

巧辨析

曝、瀑、爆都是左形右声的形声字，它们字形相近。"暴"是它们的声旁。

曝的形旁是日字旁

曝是多音字。

曝读"bào"时，曝光，使照相底片或感光纸感光，也比喻隐秘的事（多指不光彩的）显露出来，被众人知道。

曝读"pù"时，表示晒。如：一曝十寒、曝晒。

曝露，指露在外头。

瀑的形旁是三点水

瀑指瀑布。

瀑布，是从山壁上或河床突然降落的地方流下来的水，远看好像挂着的白布。

爆的形旁是火字旁

爆，指猛然破裂或迸出。爆也指出人意料地出现、突然发生。

爆发，指火山内部的岩浆突然冲破地壳，向四外迸出。爆发也指突然发作、（事变）突然发生。

爆冷门，指在某方面突然出现意料不到的事情。

巧记口诀

"曝"字"有日才曝光"
"瀑"字"有水成瀑布"
"爆"字"有火要爆炸"

我来组词

曝——曝露
瀑——瀑布
爆——爆竹

卑：脾、牌、碑、啤

我是汉字卑。

我来介绍四兄弟：脾、牌、碑、啤。

巧辨析

　　脾、牌、碑、啤都是左形右声的形声字，它们字形相近。"卑"是它们的声旁。

脾的形旁是月字旁

　　脾，人和高等动物的内脏之一，也叫脾脏。

　　脾气是指性情，还指容易发怒的性情或急躁的情绪。

　　脾性是指性格或习性。

牌的形旁是片字旁

　　牌，通常指牌子。如：路牌、门牌、广告牌。

　　牌还指一种娱乐用品（也用于赌具）。如：纸牌、牌九、打牌。

　　牌也指古代兵士用来遮护身体的东西。如：盾牌。

碑的形旁是石字旁

　　碑是指刻着文字或图画，竖立起来作为纪念物或标记的石头。

　　碑额，指碑的上端，也叫碑首或碑头。

　　碑座，指碑下边的底座。

啤的形旁是口字旁

　　啤，指啤酒。

　　啤酒，指以大麦和啤酒花为主要原料发酵制成的酒，有泡沫和特殊的香味，味道微苦，含酒精量较低，也叫麦酒。

巧记口诀

"脾"字"月旁表脾脏"
"牌"字"木牌做标志"
"碑"字"石碑刻文告"
"啤"字"用口喝啤酒"

我来组词

脾——脾气
牌——打牌
碑——碑文
啤——啤酒

昌：唱、倡、猖

我是汉字昌。
我来介绍三兄弟：唱、倡、猖。

巧辨析

　　唱、倡、猖都是左形右声的形声字，它们字形相近。"昌"是它们的声旁。

唱 的形旁是口字旁

　　唱指口中发出（乐音），依照乐律发出声音。如：独唱、合唱。唱还表示大声叫。如：唱名。
　　唱反调，指提出相反的主张，采取相反的行动。

倡 的形旁是单人旁

　　倡是多音字。
　　倡读"chāng"时，指以演奏、歌舞为业的人。
　　倡读"chàng"时，指带头发动，提倡。
　　提倡，是指出事物的优点鼓励大家使用或实行。
　　倡议，是首先建议，发起或首先提出的主张。

猖 的形旁是反犬旁

　　猖是凶猛、狂妄的意思。
　　猖狂，形容狂妄而放肆。

巧记口诀

　　"唱"字"有嘴把歌唱"
　　"倡"字"带头去提倡"
　　"猖"字"有犬很猖狂"

我来组词

　　唱——唱歌
　　倡——倡议
　　猖——猖獗

成：诚、城、盛

我是汉字成。
我来介绍三兄弟：诚、城、盛。

巧辨析

诚、城是左形右声的形声字，盛是上声下形的形声字，它们字形相近。"成"是它们的声旁。

诚 的形旁是言字旁

诚形容（心意）真实，表示真心、属实、不虚伪。
诚恳，形容真诚而恳切。
诚服，表示真心地服从或佩服。如：心悦诚服。

城 的形旁是土字旁

城指城墙和城墙以内的地方。如：万里长城、东城。
城上的矮墙叫城堞。
城还指城市（跟"乡"相对）。如：城市、城镇。
大型营业性场所也叫城。如：服装城、美食城。

盛 的形旁是皿字底

盛是多音字。
盛读"chéng"时，指把东西放在容器中。如：盛饭。
盛读"shèng"时，表示兴盛、繁盛。如：盛开。盛也可表示强烈、旺盛。如：年轻气盛。盛还可表示盛大、隆重。如：盛宴、盛会。盛亦可表示普遍、广泛。如：盛行、盛传。

巧记口诀

"诚"字"有言显真诚"
"城"字"有土就有城"
"盛"字"有皿很丰盛"

我来组词

城——城墙
诚——真诚
盛——繁盛

氏：低、底、抵、砥

我是汉字氏。

我来介绍四兄弟：低、底、抵、砥。

巧辨析

低、抵、砥是左形右声的形声字，底是半包围结构的形声字，它们字形相近。"氏"是它们的声旁。

低的形旁是单人旁

低是从下向上距离小，离地面近（跟"高"相对）。如：低空、低层。低也形容在一般标准或平均程度之下。如：低产、低速。

低档，是质量差，价格较低的（商品）。

底的形旁是广字头

底指物体最下面的部分。如：底层、锅底。底还指事情的根源和内情。如：交底、底细、摸底。

底稿，是公文、信件、文章等的原稿，多保存起来备查。

抵的形旁是提手旁

抵是支撑的意思。如：抵住。

抵抗，是用力量制止对方的进攻。如：奋力抵抗。

抵制，是阻止某些事物，使不能入侵或发生作用。如：抵制不正之风。

砥的形旁是石字旁

砥指磨刀石。

中流砥柱，比喻坚强的、能起支撑作用的人或集体，就像立在黄河激流中的砥柱山（在三门峡）一样，也比喻在动荡艰难的环境中能起支柱作用的力量。

巧记口诀

"低"字"有人就低头"
"底"字"有广罩为底"
"抵"字"用手挡为抵"
"砥"字"有石立为砥"

我来组词

低——低头
底——底部
抵——抵抗
砥——砥砺

弟：梯、剃、递、涕

我是汉字弟。

我来介绍四兄弟：梯、剃、递、涕。

巧辨析

梯、涕是左形右声的形声字，剃是左声右形的形声字，递是半包围结构的形声字，它们字形相近。"弟"是它们的声旁。

梯 的形旁是木字旁

梯是为便利人上下攀登的用具或设备，常见的是梯子、楼梯。

木梯、竹梯，是一级一级的。

电梯是多层建筑物中用电做动力的升降机，用来载人或载物。

扶梯是有扶手的楼梯。

巧记口诀

"梯"字"用木搭阶梯"
"剃"字"用刀去剃发"
"递"字"依次来传递"
"涕"字"眼泪同鼻涕"

剃 的形旁是立刀

剃是用特制的刀子刮去（头发、胡须等）。如：剃光头、剃胡子。

剃发，是剃头、理发的意思。

递 的形旁是走之

递是传送、传递的意思。如：投递、递话。递还有顺次的意思。如：递增、递减。

涕 的形旁是三点水

涕指眼泪或鼻涕。如：痛哭流涕、涕泪。

痛哭流涕，是涕泪交加的样子，形容伤心到极点。

我来组词

梯——电梯
剃——剃发
递——递送
涕——流涕

帝：谛、啼、蹄、缔

我是汉字帝。

我来介绍四兄弟：谛、啼、蹄、缔。

巧辨析

谛、啼、蹄、缔都是左形右声的形声字，它们字形相近。"帝"是它们的声旁。

谛 的形旁是言字旁

谛是仔细（看或听）。如：谛视、谛听。

谛视，是仔细地看。

谛听，是仔细地听。

啼 的形旁是口字旁

啼是啼哭的意思。如：啼笑皆非。啼也指（某些鸟兽）叫。如：啼鸣、虎啸猿啼。

啼叫、啼鸣是指某些鸟兽的叫声。

啼泣、哭哭啼啼是指人发出的声音。

蹄 的形旁是足字旁

蹄指马、羊、牛等动物生在趾端的角质物，也指具有这种角质的脚。如：猪蹄、马蹄。

蹄筋，指牛、羊、猪的四肢中的筋，作为食物时叫作蹄筋。

蹄髈，指肘子。

缔 的形旁是绞丝旁

缔是结合、订立的意思。如：缔交、缔约。

缔约，是订立条约。

缔约国，是共同订立某项条约的国家。

巧记口诀

"谛"字"有言是真谛"

"啼"字"有口才啼哭"

"蹄"字"有足为马蹄"

"缔"字"有绳去缔结"

我来组词

谛——谛听

啼——啼叫

蹄——马蹄

缔——缔造

丁：打、灯、盯、订

我是汉字丁。
我来介绍四兄弟：打、灯、盯、订。

巧辨析

打、灯、盯、订都是左形右声的形声字，它们字形相近。"丁"是它们的声旁。

打的形旁是提手旁

打是用手或器具撞击物体。如：打铁、打鼓。打也指进行某种活动，从事或担任某种工作。如：打交道、打短工。

打抱不平，是帮助受欺压的人说话或采取某种行动。

巧记口诀

"打"字"有手才有打"
"灯"字"有火有灯明"
"盯"字"眼睛紧盯人"
"订"字"商讨才订下"

灯的形旁是火字旁

灯是指照明或做其他用途的发光的器具。如：电灯、路灯、探照灯等。
电灯、路灯都是通过电来发出光亮。
河灯、冰灯是做装饰张挂的彩灯。

盯的形旁是目字旁

盯是把视线集中在一点上、注视。如：盯住靶心。
盯视、盯梢是集中视力看着，不放松。
直盯盯，是形容两眼死死盯着看。

我来组词

打——趁热打铁
灯——灯光
盯——紧盯
订——预订

订的形旁是言字旁

订指经过研究商讨而立下（条约、契约、计划、章程等）。如：订婚、订合同。订也指预先约定。如：预定。订还有改正（文字中的错误）的意思。如：订正、修订。

87

度：渡、镀、踱

我是汉字度。
我来介绍三兄弟：渡、镀、踱。

巧辨析

渡、镀、踱都是左形右声的形声字，它们字形相近。"度"是它们的声旁。

渡的形旁是三点水

渡是由这一岸到那一岸、通过（江河等）。如：横渡、远渡重洋。
渡口，是有船或筏子摆渡的地方。

镀的形旁是金字旁

镀是用电解或其他化学方式使一种金属附着到别的金属或物体表面上，形成薄层。如：镀金、镀银。
镀金，指在器物的表面上镀上一层薄薄的金子，也比喻为了取得虚名而到某种环境去深造或锻炼。

踱的形旁是足字旁

踱的意思是慢步行走。
踱步是慢步，也就是慢慢地走。
踱来踱去，是慢慢地走来走去，来回走动。

巧记口诀

"渡"字"有水能渡河"
"镀"字"有金能镀金"
"踱"字"有足能踱步"

我来组词

渡——渡船
镀——镀金
踱——踱步

乏：泛、眨、砭、贬

我是汉字乏。

我来介绍四兄弟：泛、眨、砭、贬。

巧辨析

泛、眨、砭、贬都是左形右声的形声字，它们字形相近。"乏"是它们的声旁。

泛的形旁是三点水

泛是漂浮的意思。如：泛舟、泛萍浮梗。

泛红，指脸上浮现出红晕。

泛滥，指江河湖泊的水溢出，四处流淌，也比喻坏的事物不受限制地流行。如：洪水泛滥。

眨的形旁是目字旁

眨指(眼睛)闭上立刻又睁开。如：眨眼。一眨眼是形容时间极短。

砭的形旁是石字旁

砭是指砭石，即古代用来治病的石针或者石片，也指用石针扎穴位或者用石片刮擦身体来治病，还可比喻讥刺、批评。如：针砭时弊。

贬的形旁是贝字旁

贬是降低(封建时代多指官职，现代多指价值)的意思，还表示指出缺点，给予不好的评价(跟"褒"相对)。

贬义词是含有贬义的词，如"阴谋、顽固"等。

巧记口诀

"泛"字"有水能泛舟"

"眨"字"有目能眨眼"

"砭"字"有石能针砭"

"贬"字"有贝能贬值"

我来组词

泛——空泛

眨——眨眼

砭——针砭

贬——褒贬

分：忿、贫

我是汉字分。
我来介绍两兄弟：忿、贫。

巧辨析

忿、贫是上声下形的形声字，它们字形相近。

忿 的形旁是心字底

忿是指因为不满意而感情激动、发怒。
人们现在习惯用"愤"字来代替它。如：愤怒、愤恨、愤愤不平。
忿还有一层意思，是服气。
心里不忿是心里感到不平、感到不服气。
忿忿和愤愤的意思一样，都是形容很生气的样子。

贫 的形旁是贝字底

贫是穷的意思（跟"富"相对）。如：贫农、贫苦、贫民。贫还有缺少、不足的意思。如：贫血。
贫穷，是指生产资料和生活资料缺乏。

巧记口诀

"忿"字"有心是不忿"
"贫"字"有贝是贫穷"

我来组词

忿——心怀不忿
贫——贫穷

奉：棒、捧、俸

我是汉字奉。

我来介绍三兄弟：棒、捧、俸。

巧辨析

棒、捧、俸都是左形右声的形声字，它们字形相近。"奉"是它们的声旁。

棒 的形旁是木字旁

棒指棍子。如：木棒、铁棒。棒还可以形容（体力或能力）强、（水平）高、（成绩）好。如：字写得真棒、功课棒。

身体很棒，是说身体很健壮，像木棒一样硬实。

成绩很棒，是说成绩很好，像木棒一样坚挺。

捧 的形旁是提手旁

捧是用双手托。如：双手捧住孩子的脸。捧还指奉承人或代人吹嘘。如：捧场。

捧腹大笑是用两手托着肚子大笑。

捧读是用两手托着书籍或者信函读，也指以庄重、恭敬的态度读（别人的书、文章等）。

捧场，原指特意到剧场去赞赏某位戏曲演员的表演，今泛指特意到场对别人的某种活动表示支持，或对别人的某种活动说赞扬的话。

俸 的形旁是单人旁

俸指俸禄（封建时代官吏的薪水）。

巧记口诀

"棒"字"有木是木棒"

"捧"字"有手能捧腹"

"俸"字"有人拿俸禄"

我来组词

棒——木棒

捧——追捧

俸——俸禄

91

干：杆、肝、秆

我是汉字干。

我来介绍三兄弟：杆、肝、秆。

巧辨析

杆、肝、秆都是左形右声的形声字，它们字形相近。"干"是它们的声旁。

杆 的形旁是木字旁

杆是多音字。

杆读"gān"时，指杆子。如：旗杆、栏杆、电线杆。

杆读"gǎn"时，指器物的像棍子的细长部分（包括中空的）。如：枪杆、秤杆。杆作量词时，用于有杆的器物。如：一杆秤、一杆枪。

肝 的形旁是月字旁

肝指肝脏，是人和高等动物的消化器官之一。

肝肠，指肝和肠，借指内心。

肝胆，借指真诚的心或勇气、血性。

秆 的形旁是禾字旁

秆指某些植物的茎（秆子）。如：高粱秆。

高粱秆、玉米秆和麦秆，都是禾本植物的茎秆。

草是草本植物，它们的茎秆也叫"秆"，是草秆。

巧记口诀

"杆"字"有木是木杆"

"肝"字"有肉是肝脏"

"秆"字"有禾是茎秆"

我来组词

杆——桅杆

肝——肝脏

秆——苇秆

夬：快、块、诀、缺

> **我是汉字夬。**
> 我来介绍四兄弟：快、块、诀、缺。

巧辨析

快、块、诀、缺都是左形右声的形声字，它们字形相近。"夬"是它们的声旁。

快 的形旁是竖心旁

快是形容速度高，走路、做事等费的时间短（跟"慢"相对）。如：快车、快步。

快还有快要、将要的意思。如：他从事教育工作快四十年了。

快也有爽快、痛快、直截了当，以及愉快、高兴、舒服的意思。如：快人快语、大快人心、拍手称快。

快递，是特快专递的简称。

快餐，是能够迅速提供给顾客食用的饭食，如盒饭、汉堡包等。

块 的形旁是土字旁

块是成疙瘩或成团儿的东西。如：糖块儿。块作量词时，用于块状或某些片状的东西。如：一块手表、两块肥皂、三块试验田。

块头，指人身材的高矮胖瘦。

诀 的形旁是言字旁

诀是分别的意思。

诀别是分别的意思（多指不易再见的离别）。

永诀是永别的意思（多指不可能再见的离别）。

诀还有诀窍的意思。如：秘诀、妙诀。

秘诀，是能解决问题的不公开的巧妙办法。

妙诀，是高妙的诀窍、窍门。

诀也指就事物内容编成的顺口押韵的、容易记忆的词句。如：口诀、歌诀。

缺 的形旁是缶

缺是残缺、残破的意思。如：缺口、完美无缺。

缺还有缺乏、短少的意思。如：缺人、缺斤少两。

缺德，是指缺乏好的品德，指人做坏事，恶作剧，开玩笑，使人为难等。

缺点，是欠缺或不完善的地方（跟"优点"相对）。

缺勤和缺席，都有该到而未到的意思。

巧记口诀

"快"字"心情很快乐"
"块"字"用土堆成块"
"诀"字"用言语告别"
"缺"字"缺失不完美"

我来组词

快——痛快
块——块状
诀——口诀
缺——缺乏

工：杠、虹、扛、贡

我是汉字工。

我来介绍四兄弟：杠、虹、扛、贡。

巧辨析

　　杠、虹、扛是左形右声的形声字，贡是上声下形的形声字。"工"是它们的声旁。

杠 的形旁是木字旁

　　杠是多音字。

　　杠读"gāng"时，指旗杆或桥。

　　杠读"gàng"时，通常指较粗的棍子或锻炼身体用的一种器械。如：杠铃、双杠。

虹 的形旁是虫字旁

　　虹是天空中的小水珠经日光照射发生折射和反射作用而形成的弧形彩带。

　　因为虹像拱桥，所以古人常把虹作为拱桥的代称。现在表示一些好的寓意。如：收视长虹。

扛 的形旁是提手旁

　　扛是多音字。

　　扛读"gāng"时，指用两手举（重物）。

　　力能扛（gāng）鼎，形容气力特别大。

　　扛读"káng"时，指用肩膀承担物体。如：扛枪。

贡 的形旁是贝字旁

　　贡是指古代臣民或属国把物品献给朝廷，或封建时代称选拔（人才），荐给朝廷。如：贡奉、贡生。

　　贡还指贡品。如：进贡、纳贡。

巧记口诀

"杠"字"用木做杠杆"

"虹"字"弯弯的彩虹"

"扛"字"用手去扛枪"

"贡"字"有贝去进贡"

我来组词

杠——杠杆

虹——长虹

扛——扛枪

贡——进贡

曷：渴、歇、揭、遏

我是汉字曷。

我来介绍四兄弟：渴、歇、揭、遏。

巧辨析

　　渴、揭是左形右声的形声字，歇是左声右形的形声字，遏是半包围结构的形声字，它们字形相近。"曷"是它们的声旁。

渴的形旁是三点水

　　渴是形容口干想要喝水。如：临渴掘井、又渴又饿。

　　渴也表示迫切地。如渴望、渴念。

歇的形旁是欠字旁

　　歇是休息的意思。如：歇一会儿。歇也表示停止的意思。

　　歇脚，指走路疲乏时停下休息。

巧记口诀

"渴"字"没水很口渴"
"歇"字"歇息为休息"
"揭"字"用手去揭开"
"遏"字"遏制为阻止"

揭的形旁是提手旁

　　揭是把附着在物体上的片状物成片取下。如：揭膏药。揭还表示把覆盖或遮挡的东西拿开。如：揭幕、揭锅盖。揭也有揭露的意思。如：揭他的老底。

　　揭晓，指公布（事情的结果）。

　　揭幕，指在纪念碑、雕像等落成典礼的仪式上，把蒙在上面的布揭开，或指重大活动开始。

　　揭穿、揭底和揭秘，都有揭露秘密的意思。

我来组词

渴——口渴
歇——歇业
揭——揭幕
遏——遏制

遏的形旁是走之

　　遏是阻止、禁止的意思。

　　遏制和遏止，都有阻止的意思。

　　怒不可遏，是愤怒得不能抑制。形容愤怒到了极点。

及：级、极、吸、汲

我是汉字及。
我来介绍四兄弟：级、极、吸、汲。

巧辨析

级、极、吸、汲都是左形右声的形声字，它们字形相近。"及"是它们的声旁。

级 的形旁是绞丝旁

级是等级的意思。如：高级、上级。级还有年级和台阶等意思。如：留级、石级。

级别，指等级的区别、等级的高低次序。

极 的形旁是木字旁

极是顶天、尽头的意思。如：登峰造极、无所不用其极。极也有最终的、最高的意思。如：极端、极度。极也可表示达到最高程度。如：极好、极重要。极还可以指地球的南北两端，磁体的两端、电源或电器上电流进入或流出的一端。如：南极、北极、阴极、阳极。

吸 的形旁是口字旁

吸是生物体把液体、气体等引入体内（跟"呼"相对，但"呼"限于气息）。如：呼吸、吸烟。吸还有吸收、吸引的意思。如：吸尘器、吸铁石。

吸睛，是吸引人的注意力。

汲 的形旁是三点水

汲是从下往上打水的意思。
汲汲，形容心情急切、努力追求。
汲取，是吸取的意思。如：汲取经验、汲取营养。

巧记口诀

"级"字"丝线分等级"
"极"字"程度高为极"
"吸"字"用口来吸气"
"汲"字"从井里打水"

我来组词

级——年级
极——极好
吸——吸气
汲——汲水

吉：秸、诘、拮、洁、结、桔

我是汉字吉。

我来介绍六兄弟：秸、诘、拮、洁、结、桔。

巧辨析

秸、诘、拮、洁、结、桔都是左形右声的形声字，它们字形相近。"吉"是它们的声旁。

秸 的形旁是禾字旁

秸指秸秆。

麦秸、秫秸和豆秸，都是农作物脱粒后剩下的茎。

诘 的形旁是言字旁

诘是多音字。

诘读"jié"时，是诘问的意思。

诘难，是责难的意思。诘责，是责问的意思。

诘读"jí"时，诘屈，是曲折的意思。

拮 的形旁是提手旁

"拮"和"据"字组成"拮据"一词，形容缺少钱，境况窘迫。

洁 的形旁是三点水

洁是干净的意思。如：整洁、清洁。

洁还有清白的意思。如：纯洁、廉洁。

洁也有使清洁、使洁白的意思。如：洁面乳、洁身自好。

洁白，指没有被其他颜色染污的白色。如：洁白的衬衫。

洁具，指澡盆、抽水马桶等卫生设备。

🐱 **结** 的形旁是绞丝旁

结是多音字。

结读"jiē"时，指长出（果实或种子）。如：树上结了不少苹果。结巴，指说话口吃。结实（jiē shí），指长出果实。结实（jiē shi），形容坚固、牢固或健壮。

结读"jié"时，指在条状物上打疙瘩或用这种方式制成物品，也指条状物打成的疙瘩。如：结绳、结网、打结、蝴蝶结。

结还有发生某种关系、结合以及结束的意思。如：结账、归根结底。

结识，是跟人相识并来往。

结局，是最后的结果、最终的局面。

结束，是发展或进行到最后阶段，不再继续。

瞠目结舌，指瞪着眼睛说不出话来，形容受窘或惊呆的样子。

🧡 **桔** 的形旁是木字旁。

桔是多音字。

桔读"jié"时，可以组成"桔梗"和"桔槔"两个词语。

桔梗，多年生草本植物，叶子卵形或卵状披针形，花暗蓝色或暗紫白色，根可入药。

桔槔，汲水的一种工具，在井旁或水边的树上或架子上挂一杠杆，一端系水桶，一端坠大石块，一起一落，汲水可以省力。

桔读"jú"时，"橘"俗作"桔"。有南桔北枳，南方之橘移植淮河之北就会变成枳。比喻同一物种因环境条件不同而发生变异。

🦡 巧记口诀	🦉 我来组词
"秸"字"有禾成秸秆"	秸——秸秆
"诘"字"有言变诘问"	诘——反诘
"拮"字"有手也拮据"	拮——拮据
"洁"字"有水很洁净"	洁——洁白
"结"字"有绳可结网"	结——结束
"桔"字"有木采桔梗"	桔——桔梗

夹：浃、侠、峡、狭

我是汉字夹。
我来介绍四兄弟：浃、侠、峡、狭。

巧辨析

浃、侠、峡、狭都是左形右声的形声字，它们字形相近。"夹"是它们的声旁。

浃的形旁是三点水

浃形容透、遍及。

汗流浃背，指流出来的汗水湿透了脊背上的衣服。形容汗出得很多。

侠的形旁是单人旁

侠是侠客或侠义的意思。

侠客，旧时指有武艺、讲义气、肯舍己助人的人。

侠义，形容讲义气，肯舍己助人。

峡的形旁是山字旁

峡指两山夹水的地方（多用于地名）。如：三门峡、青铜峡。

海峡，是夹在两块陆地中间，连接两个海域的狭窄水道。

三峡，是长江流经四川到湖北的交界一带所经过的三个峡谷，其中有瞿塘峡、巫峡、西陵峡。

狭的形旁是反犬旁

狭是窄的意思（跟"广"相对）。

狭长，形容窄而长。

狭窄，形容宽度小或范围小。

巧记口诀

"浃"字"有汗流浃背"
"侠"字"有人成侠客"
"峡"字"有山成峡谷"
"狭"字"一犬走狭路"

我来组词

浃——汗流浃背
侠——侠义
峡——三峡
狭——狭小

兼：歉、赚、嫌、谦

我是汉字兼。

我来介绍四兄弟：歉、赚、嫌、谦。

巧辨析

　　赚、嫌、谦都是左形右声的形声字，歉是左声右形的形声字，它们字形相近。"兼"是它们的声旁。

歉 的形旁是欠字旁

歉表示收成不好。如：歉年、以丰补歉。

歉也可表示对不住人的心情。如：抱歉、道歉。

道歉，表示歉意，特指认错。

歉收，指收成不好（跟"丰收"相对）。

歉意，表示抱歉的意思。

赚 的形旁是贝字旁

赚指获得利润（跟"赔"相对）。如：赚钱。

赚还可以指挣的意思。如：他这两年财运亨通，赚了不少钱。

嫌 的形旁是女字旁

嫌是嫌疑的意思。如：避嫌、涉嫌。

嫌还有厌恶、不满意的意思。如：嫌弃、讨人嫌。

嫌犯，指犯罪嫌疑人。

嫌疑，被怀疑有做过某种事情的可能性。

嫌弃，厌恶而不愿意接近。

🐸 **谦**的形旁是言字旁

谦是谦虚的意思。如：自谦、谦让。

谦卑，形容谦虚，不自高自大（多用于晚辈对长辈）。

谦辞，表示谦虚的言辞，如："过奖、不敢当"等。

谦虚，形容虚心，不自满，肯接受批评。

谦和、谦恭和谦逊，都含有谦虚而礼貌的意思。

巧记口诀

"歉"字"表示对不住"
"赚"字"表示有利润"
"嫌"字"表示不满意"
"谦"字"表示心谦虚"

我来组词

歉——歉意
赚——赚头
嫌——嫌弃
谦——谦让

交：校、绞、郊、效、较、胶

我是汉字交。

我来介绍六兄弟：校、绞、郊、效、较、胶。

巧辨析

校、绞、较、胶都是左形右声的形声字，郊、效是左声右形的形声字，它们字形相近。"交"是它们的声旁。

校的形旁是木字旁

校是多音字。

校读"xiào"时，表示学校。如：母校、夜校。

校还指校官，在"将"之下，"尉"之上。如：中校、上校。

校读"jiào"时，是订正、校对的意思。还有比较、较量的意思。如：校场。

校订，指对照可靠的材料改正书籍、文件中的错误。

校对，指核对是否符合标准。也指按原稿核对抄件或付印样张，看有没有错误。也指做校对工作的人。

校样，指书刊报纸等印刷品印前供校对用的样张。

绞的形旁是绞丝旁

绞是把两股以上的条状物扭在一起。如：麻绳是用许多丝线绞成的。还可以指握住条状物的两端同时向相反方向转动，使受到挤压；拧。如：把毛巾绞干。

绞杀，是用绳勒死，也比喻压制、摧残使不能存在或发展。

郊的形旁是双耳旁

郊指城市周围的地区。如：郊外、郊野、郊游。

郊外，指城市外面的地方(对某一城市说)。

郊游，指到郊外游览。

🐸 **效** 的形旁是反文旁

效是仿效的意思。如：效法、上行下效。

效还有效果、功用的意思。如：功效、见效。

效力和效劳，表示出力服务。

效忠和效命，表示全心全意、奋不顾身地出力服务。

🐢 **较** 的形旁是车字旁

较是比较（高低大小等）的意思。如：较量、较劲儿。较还有计较的意思。如：锱铢必较。

较真儿，形容非常认真。

较著，形容显著、明显。

🐞 **胶** 的形旁是月字旁

胶是某些具有黏性的物质，用动物的皮、角等熬成或由植物分泌出来，也有人工合成的。胶通常用来黏合器物。如：鳔胶、桃胶、万能胶。有的胶供食用或入药。如：阿胶、果胶。胶也指橡胶。如：胶皮、胶鞋。

胶泥，指含有水分的黏土，黏性很大。

胶着，比喻相持不下，不能解决。

巧记口诀	我来组词
"校"字"校桌木头做"	校——校长
"绞"字"细线紧相交"	绞——绞刑
"郊"字"城市外为郊"	郊——郊游
"效"字"训诫真有效"	效——效力
"较"字"一起相比较"	较——较真
"胶"字"黏性胶一起"	胶——胶带

京：惊、凉、谅、掠、晾

我是汉字京。

我来介绍五兄弟：惊、凉、谅、掠、晾。

巧辨析

惊、凉、谅、掠、晾都是左形右声的形声字，它们字形相近。"京"是它们的声旁。

🐹 **惊** 的形旁是竖心旁

惊是由于突然来的刺激而精神紧张。如：惊喜、胆战心惊。惊还有惊动的意思。如：惊扰、打草惊蛇。

惊愕，形容吃惊而发愣。

惊喜，形容又惊又喜。

惊诧、惊讶和惊异，都有惊奇诧异的意思。

惊惶、惊惧和惊悚，都有惊慌害怕的意思。

🐶 **凉** 的形旁是两点水

凉是多音字。

凉读"liáng"时，形容温度低、冷（指天气时，比"冷"的程度浅）。如：阴凉、凉水、凉爽。

热水、温水和凉水，都是水，凉水的温度最低。

凉还形容灰心或失望。如：听到这个消息，他心里就凉了。

凉丝丝，是形容稍微有点儿凉。凉飕飕，是形容有些凉。凉飕飕比凉丝丝程度深。

凄凉和悲凉，都有悲伤、愁苦的意思。

荒凉和苍凉，都有冷落、不热闹的意思。

凉读"liàng"时，指把热的东西放一会儿，使温度降低。如：把粥凉一凉再吃。

谅的形旁是言字旁

谅是体察、原谅的意思。如：体谅、谅解。谅还有料想的意思。如：谅不见怪。

谅解，指了解实情后原谅或消除意见。

体谅，指设身处地为人着想，给以谅解。

掠的形旁是提手旁

掠指抢劫、夺取。如：抢掠、掠取。

掠还指轻轻地擦过或拂过。如：燕子掠过水面。

掠也指用棍子或鞭子打。如：拷掠、笞掠。

掠影，指一掠而过的影像，指某些场面的大致情况（多用于标题）。如：浮光掠影。

晾的形旁是日字旁

晾是把东西放在通风或阴凉的地方，使干燥。如：晾干菜、晾葡萄。

晾还有晒的意思。如：晾晒衣服。

晾晒，是把东西摊开让日光晒。

晾台，是楼顶上晾晒衣服或乘凉的平台，也指阳台。

巧记口诀

"惊"字"内心很惊讶"
"凉"字"有水很凉快"
"谅"字"言语有诚意"
"掠"字"用手来抢掠"
"晾"字"阳光下晾晒"

我来组词

惊——惊动
凉——凉爽
谅——谅解
掠——掠取
晾——晾干

具：惧、俱、真

我是汉字具。
我来介绍三兄弟：惧、俱、真。

巧辨析

惧、俱都是左形右声的形声字，"真"是上形下声，它们字形相近。"具"是它们的声旁。

惧的形旁是竖心旁

惧是害怕、恐惧的意思。

畏惧和惧怕都是害怕的意思。如：我们不惧怕任何敌人。

不惧，是不害怕的意思。

惧色，指畏惧的神色。

巧记口诀

"惧"字"内心很惧怕"
"俱"字"有人在一起"
"真"字"正直才是真"

俱的形旁是单人旁

俱是全、都的意思。

俱全，形容齐全、完备。

俱乐部，是进行社会、文化、艺术、体育、娱乐等活动的团体或场所。

声色俱厉，是指说话时声音和脸色都很严厉。

我来组词

惧——畏惧
俱——俱全
真——真诚

真的形旁是十字头

真是真实(跟"假"相对)的意思。如：真心诚意、千真万确。

真还有的确、实在的意思。如：时间过得真快！

真还指人的肖像、事物的形象。如：写真、传真。

真空，指没有空气或只有极少空气的状态或真正的空间。

真情，指真实的情况、真诚的心情或感情。

真相，指事情的真实情况区别于表面或假造的情况。

军：浑、辉、挥、晖

我是汉字军。
我来介绍四兄弟：浑、辉、挥、晖。

巧辨析

浑、辉、挥、晖都是左形右声的形声字，它们字形相近。"军"是它们的声旁。

浑的形旁是三点水

浑形容浑浊、糊涂、不明事理。如：浑水。
浑还有天然的意思。如：浑厚、浑金璞玉。
浑也有全、满的意思。如：浑身、浑似。
浑浊，形容混浊（含有杂质、不清洁）。

巧记口诀

"浑"字"水流很浑浊"
"辉"字"有光显光辉"
"挥"字"用手去挥舞"
"晖"字"日字表阳光"

辉的形旁是光字旁

辉是闪耀的光彩或照耀的意思。
辉煌，形容光辉灿烂。如：灯火辉煌、金碧辉煌。辉煌也指（成绩等）显著、卓著。如：战果辉煌、辉煌的成绩。
辉映，是照耀、映射的意思。

挥的形旁是提手旁

挥是挥舞的意思。如：挥手、挥鞭。
挥还指用手把眼泪、汗珠儿抹掉。如：挥泪、挥汗如雨。
挥还有散出、散的意思。如：挥发、挥金如土。

我来组词

浑——浑厚
辉——辉煌
挥——挥舞
晖——余晖

晖的形旁是日字旁

晖指阳光。春晖，指春天的阳光，比喻父母恩惠。
朝晖，指早晨的阳光。
斜晖和余晖，都指傍晚的阳光。

开：刑、形、邢

我是汉字开。

我来介绍三兄弟：刑、形、邢。

巧辨析

刑、形、邢是左声右形的形声字，它们字形相近。"开"是它们的声旁。

刑的形旁是立刀

刑指刑罚或特指对犯人的体罚。如：徒刑、判刑、动刑、受刑。

刑罚，是审判机关依据刑事法律对罪犯所施行的法律制裁。

刑警，是刑事警察的简称。

刑拘，是刑事拘留的简称。

形的形旁是三撇

形指形状和形体。如：圆形、图形、形影不离。

形还有显露、表现的意思。如：喜形于色、形诸笔墨。

形也有对照的意思。如：相形见绌。

形状，是物体或图形由外部的面或线条组合而呈现的外表。

形体，是形状和结构，或指身体（就外观而言）。

邢的形旁是双耳旁

邢指古诸侯国名邢国。邢国是周公第四个儿子姬苴(jū)的封国，姬苴就是邢侯，他的后代都以国名为姓。现今邢演变成了姓氏。

巧记口诀

"刑"字"拿刀上刑场"

"形"字"三撇有形状"

"邢"字"河北有邢台"

我来组词

刑——刑罚

形——形象

邢——邢台

亢：抗、坑、吭、航

我是汉字亢。

我来介绍四兄弟：抗、坑、吭、航。

巧辨析

抗、坑、吭、航都是左形右声的形声字，它们字形相近。"亢"是它们的声旁。

抗的形旁是提手旁

抗是抵抗、抵挡的意思。如：顽抗、抗灾。

抗还有拒绝、抗拒的意思。如：抗命、抗法。

抗衡，指对抗，不相上下。

坑的形旁是土字旁

坑是指洼下去的地方。如：泥坑、弹坑。

火坑，是比喻极端悲惨的生活环境。

坑骗，指用欺骗的手段使人受到损害。

吭的形旁是口字旁

吭是多音字。

吭读"háng"时，指喉咙。如：引吭高歌。

引吭高歌，指放开喉咙、高声歌唱。

吭读"kēng"时，指出声、说话。如：一声不吭。

吭哧，拟声词，形容某些重浊的声音。如：马吭哧吭哧地喘着粗气。

航的形旁是舟字旁

航是航行的意思。

航海，指驾驶船只在海洋上航行。

航空，指飞机在空中飞行。

宇宙航行，简称为"宇航"。

巧记口诀

"抗"字"有手能抵抗"

"坑"字"有土是土坑"

"吭"字"有口能吭声"

"航"字"有舟可航行"

我来组词

抗——对抗

坑——泥坑

吭——吭声

航——航线

考：拷、烤、铐

我是汉字考。

我来介绍三兄弟：拷、烤、铐。

巧辨析

拷、烤、铐都是左形右声的形声字，它们字形相近。"考"是它们的声旁。

拷 的形旁是提手旁

拷是拷打的意思。

拷问，指拷打和审问。

拷还有拷贝（复制）的意思。如：把那份文件拷下来。

烤 的形旁是火字旁

烤是将物体挨近火使热、熟或干燥。如：烤肉、烤红薯。

烤还指将身体挨近火取暖。如：烤火。

烤烟，是指把烟叶烤干。

烤地瓜，是指把地瓜烤熟。

烤火和烤手，都是靠近火取暖。

铐 的形旁是金字旁

铐指手铐（锁手腕的金属刑具）。如：镣铐。

铐作动词用，是给人戴上手铐。如：把犯人铐起来。

巧记口诀

"拷"字"用手来拷打"

"烤"字"有火能烘烤"

"铐"字"警察有手铐"

我来组词

拷——拷贝

烤——烤炉

铐——镣铐

兰：拦、烂、栏

我是汉字兰。
我来介绍三兄弟：拦、烂、栏。

巧辨析

拦、烂、栏都是左形右声的形声字，它们字形相近。"兰"是它们的声旁。

拦的形旁是提手旁

拦是不让通过、阻挡的意思。如拦堵、拦击。

拦还有当、正对着(某个部位)的意思。如：拦腰斩断、拦头一棍。

拦路、拦截都有阻挡、阻拦的意思。

拦路虎，过去指拦路打劫的匪徒，现在比喻前进道路上的障碍和困难。

巧记口诀

"拦"字"用手去阻拦"
"烂"字"火大而煮烂"
"栏"字"木头做栏杆"

烂的形旁是火字旁

烂形容某些固体物质组织被破坏或水分增加后变得松软。如：烂泥、牛肉煮烂了。

烂还形容腐烂、破碎、破烂。如：烂苹果、衣服穿烂了。

烂还可以表示程度极深。如：烂熟、烂醉。

烂摊子，比喻不易收拾的局面或混乱难于整顿的单位。

我来组词

拦——拦截
烂——灿烂
栏——护栏

栏的形旁是木字旁

栏指栏杆，木头做成的遮拦物。

栏杆，是桥两侧或凉台、看台等边上起拦挡作用的东西。

布告栏和宣传栏是专供张贴布告、报纸等的装置。

栏目，是报纸、杂志等版面上或广播、电视等节目中内容按性质分成的部分。

娄：楼、搂、褛、缕

我是汉字娄。
我来介绍四兄弟：楼、搂、褛、缕。

巧辨析

楼、搂、褛、缕都是左形右声的形声字，它们字形相近。"娄"是它们的声旁。

楼 的形旁是木字旁

楼指楼房。如：高楼、教学楼。
楼也指楼房的一层。如：楼层。
楼还用于某些店铺的名称。如：茶楼、酒楼。
茶楼，是喝茶聊天的地方，也叫茶馆。
酒楼，是喝酒吃饭的地方，也叫酒馆。
楼盘，指在建的或正在出售的商品楼。

搂 的形旁是提手旁

搂是多音字。
搂读"lōu"时，指用手或工具把东西聚集在自己面前。如：搂柴火。
搂还有用手拢着提起来（指衣服）的意思。如：搂起袖子。
搂账，是算账的意思。
搂头盖脸，指正对着头和脸。如：她抄起个碗对着那个人搂头盖脸扔过去。也说搂头盖顶。
搂读"lǒu"时，指搂抱。如：妈妈把孩子搂在怀里。
搂还可以用作量词，两臂合抱的量为一搂。如：两搂粗的大树。

🏵 **褛**的形旁是衣字旁

褛通常指衣襟。

褴褛，形容(衣服)破烂。

🐸 **缕**的形旁是绞丝旁

缕指的是线。如：千丝万缕、不绝如缕。

缕还指一条一条、详详细细的意思。如：条分缕析。

缕也作量词，用于细长而软的东西。如：一缕麻、一缕头发。

缕述，指详细叙述。

缕析，指详细地分析。

缕缕，形容一条一条、连续不断。

千丝万缕，指有千条丝万条线连着，形容彼此之间关系复杂，难以割断。

巧记口诀

"楼"字"用木做楼房"
"搂"字"用手来搂抱"
"褛"字"衣服很褴褛"
"缕"字"丝线可为缕"

我来组词

楼——木楼
搂——搂抱
褛——褴褛
缕——缕述

力：劝、励、动、劫

我是汉字力。

我来介绍四兄弟：劝、励、动、劫。

巧辨析

　　劝、励、动、劫是左声右形的形声字，它们字形相近。"力"是它们的形旁。

劝 的形旁是力字旁

　　劝指拿道理说服人，使人听从。如：规劝、劝导。

　　劝还有勉励的意思。如：劝勉、劝学。

　　劝和和劝解，都是劝人和解的意思。

　　劝止、劝阻和劝架，都有劝人阻止做某事的意思。

　　劝说和劝告都有说服人，使人接受意见或表示同意的意思。

励 的形旁是力字旁

　　励是勉励的意思。如：勉励、奖励。

　　励还有振奋；振作的意思。如：励精图治。

　　励志，指奋发志气，把精力集中在某方面。

　　奖励，是给予荣誉和财物来鼓励。

　　激励，是激发鼓励。

　　励精图治，指振作精神，想办法把国家治理好。

动 的形旁是力字旁

　　动是指(事物)改变原来位置或脱离静止状态(跟"静"相对)。如：流动、风吹草动。

　　动也有动作、行动的意思。如：一举一动、轻举妄动。

动还有使用、使起作用的意思。如：动手、动脑筋。

动车，是指自身装有动力装置的轨道车辆。

动人，形容感动人。

动心，指思想、感情发生波动，多指产生某种动机、欲望等。

劫 的形旁是力字旁

劫是抢劫的意思。如：打劫、打家劫舍、劫持。

劫也有灾难的意思。如：浩劫、劫后余生。

劫犯和劫匪都是用暴力进行抢劫或劫持的人。

浩劫和劫难，都是指灾难、灾祸。

在劫难逃，指命中注定要遭受祸害，逃也逃不脱。现在借指坏事情一定要发生，要避免也避免不了。

巧记口诀

"劝"字"又来用心劝"
"励"字"做人要励志"
"动"字"云轻而移动"
"劫"字"强取为抢劫"

我来组词

劝——劝说
励——励志
动——动作
劫——劫数

列：例、烈、裂、洌

我是汉字列。
我来介绍四兄弟：例、烈、裂、洌。

巧辨析

例、洌是左形右声的形声字，烈、裂是上声下形的形声字，它们字形相近。"列"是它们的声旁。

例 的形旁是单人旁

例是用来帮助说明或证明某种情况或说法的事物。如：例证、举例。

例如，是举例用语，放在所举的例子前面，表示下面就是例子。

例还指从前有过，后来可以效仿或依据的事情。如：先例、史无前例。

例还有规则、体例，以及按条例规定的、照成规进行的意思。如：条例、例行公事。

例会，是按照规定定期举行的会。

例外，是指在一般的规定、规律之外。

烈 的形旁是四点底

烈形容强烈、猛烈。如：烈日、烈酒。

烈也有刚直、严正的意思。如：刚烈。

烈还指为正义而死难的，及为正义而死难的人。如：烈士、先烈。

烈风，指猛烈的风。烈火，指猛烈的火。

烈焰，指猛烈的火焰。烈日，指火热的太阳。

烈马，指性情暴烈的马。

烈士，指为革命或正义事业而牺牲生命的人，或有志于建立功业的人。

烈属，指烈士家属。

轰轰烈烈，形容气魄雄伟，声势浩大。如：开展了轰轰烈烈的群众运动。

裂 的形旁是衣字底

裂是多音字。

裂读"liě"时，指东西的两部分向两旁分开。如：衣服没扣好，裂着怀。

裂读"liè"时，指破而分开、破成两部分或几部分。如分裂、裂纹。

裂缝，指裂成狭长的缝儿或裂开的缝儿。

裂痕，指器物破裂的痕迹。

洌 的形旁是三点水

洌指(水、酒)清。

巧记口诀

"例"字"凡事有例外"
"烈"字"火势很迅猛"
"裂"字"破开而为裂"
"洌"字"有水味甘洌"

我来组词

例——照例
烈——热烈
裂——破裂
洌——甘洌

令：岭、铃、聆、龄、玲、伶

我是汉字令。
我来介绍六兄弟：岭、铃、聆、龄、玲、伶。

巧辨析

岭、铃、聆、龄、玲、伶都是左形右声的形声字，它们字形相近。"令"是它们的声旁。

岭的形旁是山字旁

岭的本义是山顶上的路，引申指山。
秦岭和大兴安岭，都是山脉。

铃的形旁是金字旁

铃是用金属制成的响器。如：电铃、车铃。
铃还指形状像铃的东西。如：杠铃、哑铃。
铃铛，指晃荡而发声的铃，球形或扁圆形而下部或中部开一条口，里面放金属丸或小石子儿，式样大小不一，有骡马带的、儿童玩的或做服饰的。
掩耳盗铃，字面意思是把耳朵捂住去偷铃铛，比喻自己欺骗自己，明明掩盖不了的事偏要设法掩盖。

聆的形旁是耳字旁

聆是听的意思。
聆教，是聆听教诲的意思。
聆听，是听的意思。
侧耳聆听，指偏着头，转过耳朵，恭恭敬敬听别人讲话。
屏息聆听，指很认真地听某人说话，或某种声音，连呼吸这样轻微的动作，也不敢发出。

龄的形旁是齿字旁

龄指岁数,也泛指年龄。如:学龄、工龄、军龄。

年龄,指人或动植物已经生存的年数。

工龄,指工人或职员的工作年数。

军龄,指军人在军队中已服役的年数。

玲的形旁是王字旁

玲玲,拟声词,形容玉器碰击的声音。

玲玲盈耳,指满耳都充满玉器碰击声。

玲珑,形容(东西)精巧细致或(人)灵活敏捷。如:小巧玲珑、八面玲珑。

伶的形旁是单人旁

伶,旧时指戏曲演员。如:名伶。

伶仃,是孤独、没有依靠的意思。

伶俐,形容聪明、灵活。

伶牙俐齿,形容口齿伶俐,能说会道。

巧记口诀

"岭"字"有山成山脉"

"铃"字"金属做铃铛"

"聆"字"用耳去聆听"

"龄"字"看齿知年龄"

"玲"字"有玉声玲珑"

"伶"字"有人很伶俐"

我来组词

岭——山岭

铃——铃声

聆——聆听

龄——年龄

玲——玲珑

伶——伶仃

仑：沦、论、轮、伦、抢

我是汉字仑。

我来介绍五兄弟：沦、论、轮、伦、抢。

巧辨析

沦、论、轮、伦、抢都是左形右声的形声字，它们字形相近。"仑"是它们的声旁。

沦的形旁是三点水

沦是沉没、没落、陷入（不利的境地）的意思。如：沉沦、沦落、沦陷。

沦丧，是消亡、丧失的意思。

沦陷，指（领土）被敌人占领、失陷。

沉沦，指陷入罪恶的、痛苦的境地。

论的形旁是言字旁

论是多音字。

论读"lún"时，论语（古书名，内容主要是记录孔子及其门徒的言行）。

论读"lùn"时，指分析和说明事理，分析和说明事理的话或文章。如：论述、辩论、舆论、社论。

论也有说、看待的意思。如：相提并论。

论还有衡量、评定的意思。如：论功行赏、按质论价。

论述，是叙述和分析的意思。

论坛，是对公众发表议论的地方。

轮的形旁是车字旁

轮指轮子和像轮子的东西。如：车轮、齿轮、年轮。

轮也指依照次序一个接一个地（做事）。如：轮换、轮班。

轮也特指轮船。如：油轮、轮渡。

轮廓，是构成图形或物体的外缘的线条，或(事情的)概况。

轮休，指某一个耕种时期不种植农作物，让土地空闲起来，以恢复地力。一般指(职工)轮流休息。

伦 的形旁是单人旁

伦是人伦的意思。如：伦常、天伦。

伦也有条理、次序的意思。如：伦次。

伦还有同类、同等的意思。如：不伦不类。

伦比，是同等、匹敌的意思。

伦次，是语言、文章的条理次序。

抡 的形旁是提手旁

抡是多音字。

抡读"lūn"时，表示用力挥动。如：抡拳、抡刀。抡也指挥动胳膊抛出去、扔。如：把菜抡了一地。

抡读"lún"时，表示挑选、选拔。如：抡选、抡才。

抡元，指古代科举考试中的第一名。

巧记口诀

"沦"字"沦落街头无人管"

"论"字"开口才能互交谈"

"轮"字"车辆必须有轮胎"

"伦"字"遵守道德有伦理"

"抡"字"抡起木棍要用手"

我来组词

沦——沦落

论——评论

轮——邮轮

伦——伦比

抡——抡起

苗：猫、锚、喵、描、瞄

我是汉字苗。

我来介绍五兄弟：猫、锚、喵、描、瞄。

巧辨析

　　猫、锚、喵、描、瞄都是左形右声的形声字，它们字形相近。"苗"是它们的声旁。

- -

猫 的形旁是反犬旁

　　猫，哺乳动物，行动敏捷，善跳跃，能捕鼠。种类很多。

　　猫还有蹲、蹲伏的意思。如：猫在家里不出来。

　　猫腰，是弯腰的意思。

　　猫眼，是门镜的俗称。

锚 的形旁是金字旁

　　锚是船停泊时所用的器具，用铁制成。一端有两个或两个以上的带倒钩的爪儿，另一端用铁链连在船上，停船时，把带倒钩的一端抛到水底或岸边，用来稳定船舶。

　　轮船抛锚是想让船只停泊。

　　汽车抛锚是指汽车在行驶途中发生故障而停止行驶。

喵 的形旁是口字旁

　　喵是拟声词，形容猫的叫声。

描 的形旁是提手旁

　　描是指照着底样画（多指用薄纸蒙在底样上画）。如：描花、描图。

　　描还指在原来颜色淡或需要改正的地方重复地涂抹。如：

描红。

描红,指用毛笔蘸墨在红模子上描着写字。

描写,指用语言文字等把事物的形象或客观的事实表现出来。

六. 瞄 的形旁是目字旁

瞄是注视,把视力集中在一点上。

瞄准,指射击时为使子弹、炮弹打中一定目标,调整枪口、炮口的方位和高低,也泛指对准。

瞄向,指集中视线看向某个事物。

巧记口诀

"猫"字"有犬抱小猫"

"锚"字"有金抛铁锚"

"喵"字"有口喵喵叫"

"描"字"有手会描红"

"瞄"字"有目能瞄准"

我来组词

猫——猫咪

锚——抛锚

喵——喵呜

描——描述

瞄——瞄准